T0224903

Grundkurs Betriebssysteme

Peter Mandl

Grundkurs Betriebssysteme

Architekturen, Betriebsmittelverwaltung, Synchronisation, Prozesskommunikation, Virtualisierung

5., aktualisierte Auflage

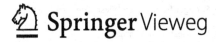 Springer Vieweg

Prof. Dr. Peter Mandl
Fakultät für Informatik und Mathematik
Hochschule München
München, Deutschland

ISBN 978-3-658-30546-8   ISBN 978-3-658-30547-5 (eBook)
https://doi.org/10.1007/978-3-658-30547-5

Die Deutsche Nationalbibliothek verzeichnet diese Publikation in der Deutschen Nationalbibliografie; detaillierte
bibliografische Daten sind im Internet über http://dnb.d-nb.de abrufbar.

Springer Vieweg
© Springer Fachmedien Wiesbaden GmbH, ein Teil von Springer Nature 2008, 2010, 2013, 2014, 2020

Planer: Sybille Thelen
Springer Vieweg ist ein Imprint der eingetragenen Gesellschaft Springer Fachmedien Wiesbaden GmbH und ist
ein Teil von Springer Nature.
Die Anschrift der Gesellschaft ist: Abraham-Lincoln-Str. 46, 65189 Wiesbaden, Germany

Vorwort

Betriebssysteme stellen Dienste für Anwendungssysteme bereit und werden auch nur für diese entwickelt. Ohne Anwendung bräuchte man nämlich auch kein Betriebssystem. Heutige Betriebssysteme wie Unix, Linux, Windows, macOS oder Großrechnerbetriebssysteme sind sehr komplexe Programmsysteme, in denen viele Jahre Entwicklungsleistung stecken und die auch ständig weiterentwickelt werden müssen. Sie nutzen viele Techniken und Strategien zur Gewährleistung einer hohen Leistungsfähigkeit und zur Bereitstellung von optimalen Services für die Anwendungen.

Das vorliegende Lehrbuch befasst sich mit den Grundlagen von Betriebssystemen. In kompakter Form werden wichtige Grundkonzepte, Verfahren und Algorithmen dargestellt, die in modernen Betriebssystemen eingesetzt werden. Das Buch behandelt die folgenden Themenkomplexe:

1. Einführung
2. Betriebssystemarchitekturen und Betriebsarten
3. Interruptverarbeitung
4. Prozesse und Threads
5. CPU-Scheduling
6. Synchronisation und Kommunikation
7. Hauptspeicherverwaltung
8. Geräte- und Dateiverwaltung
9. Betriebssystemvirtualisierung

Der Schwerpunkt liegt bei sog. Mehrzweckbetriebssystemen oder Universalbetriebssystemen, die überwiegend für betriebliche Informationssysteme eingesetzt werden, weniger bei Realzeit- bzw. Embedded Systemen, die mehr in technischen Fragestellungen relevant sind. Einige grundlegende Konzepte gelten aber für alle Typen von Betriebssystemen.

Kap. 1 enthält eine Einführung in grundlegende Konzepte und Aufgaben von Betriebssystemen sowie eine historische Betrachtung. Kap. 2 stellt wichtige Architekturvarianten und Betriebsarten von Betriebssystemen vor. In Kap. 3 werden die Konzepte zur Interruptbearbeitung und zur Behandlung von Systemaufrufen diskutiert.

Im Kap. 4 wird erläutert, wie heutige Betriebssysteme die Ressourcen „Prozess" und „Thread" verwalten. Was Threads sind und wie sie in höheren Programmiersprachen wie Java und C# verwendet werden können, wird ebenfalls dargestellt. Kap. 5 beschreibt verschiedene Strategien zur Verwaltung von Prozessen und Threads (CPU-*Scheduling* = Ablaufplanung) und erläutert, wie ein Betriebssystem einen Prozess-/Threadwechsel durchführt (*Dispatching* = Arbeitsvorbereitung, Disposition). Verschiedene Scheduling-Strategien werden vorgestellt und mit Fallbeispielen unterlegt.

Das Thema *Synchronisation und Kommunikation* wird in Kap. 6 behandelt, wobei die grundlegenden Prinzipien paralleler bzw. nebenläufiger Bearbeitung von Objekten durch Prozesse und Threads erläutert werden. Als Mechanismen zur Synchronisation nebenläufiger Prozesse und Threads werden Locks, Semaphore, Mutexe und Monitore behandelt. Es wird gezeigt, wie man diese Mechanismen in höheren Sprachen wie Java und C# einsetzen kann. Kommunikationsmöglichkeiten zwischen Prozessen oder Threads werden ebenfalls vorgestellt, wobei z. B. auf das Pipe-Konzept eingegangen wird.

In Kap. 7 werden schließlich die Konzepte der *Hauptspeicherverwaltung* ausführlich erläutert, wobei die virtuelle Speichertechnik im Mittelpunkt steht. Seitenersetzungsstrategien werden vorgestellt und Ansätze für die Verwaltung großer Adressräume skizziert.

Ein grundlegender Einblick in einige Konzepte der *Geräte- und Dateiverwaltung* innerhalb von Betriebssystemen folgt in Kap. 8. Es wird erläutert, wie die Geräteverwaltung ins Betriebssystem eingebettet ist und wie Dateisysteme prinzipiell funktionieren.

Schließlich befasst sich das Kap. 9 mit den grundlegenden Konzepten und Lösungsansätzen für die Virtualisierung von Betriebssystemen.

Im Anhang sind einige sinnvolle Ergänzungen zu finden. Hier werden häufig verwendete Bezeichnungen für große Zahlen, zu den metrischen Grundeinheiten, die Dezimal- und die Binärpräfix-Notation und einige gebräuchliche Datenstrukturen, die auch in Betriebssystemen häufig verwendet werden, überblicksartig erläutert.

In diesem Buch wird ein praxisnaher Ansatz gewählt. Der Stoff wird mit vielen Beispielen aus aktuell relevanten Betriebssystemen und Programmiersprachen angereichert. Als Beispiel-Betriebssysteme werden vorwiegend Windows, Unix und Linux herangezogen. Zu jedem Kapitel sind Übungsaufgaben beigefügt. Für das Verständnis einiger Programmbeispiele sind grundlegende Kenntnisse von Programmiersprachen (C, C++, Java und C#) nützlich, jedoch können die wesentlichen Konzepte auch ohne tiefere Programmierkenntnisse verstanden werden. Vom Leser werden ansonsten keine weiteren Grundkenntnisse vorausgesetzt.

In der zweiten Auflage wurden textliche Überarbeitungen sowie einige Aktualisierungen vorgenommen und es wurden zahlreiche Fehler behoben. Der Aufbau des Buches blieb bis auf die Aufteilung von Kap. 1 in drei Einzelkapitel unverändert. Die Einführung in wichtige Datenstrukturen wurde in den Anhang verlegt.

In der dritten Auflage wurde die Kapitelaufteilung ebenfalls beibehalten und es wurde das Kap. 9 zum Thema Betriebssystemvirtualisierung ergänzt. Dieses Thema war uns aufgrund der immensen Entwicklung in den letzten Jahren ein eigenes Kapitel wert. Innerhalb der einzelnen Kapitel wurden teilweise umfangreiche Aktualisierungen vorgenommen.

Der didaktische Aufbau wurde verbessert und es wurden neue Fallbeispiele wie etwa das Betriebssystem macOS in die einzelnen Kapitel eingearbeitet.

Die vierte Auflage dient der Aktualisierung und Fehlerbehebung, wobei die grundlegende Struktur beibehalten wurde.

Die fünfte Auflage dient vor allem der Aktualisierung der einzelnen Kapitel, der Fehlerbehebung und der Komprimierung, wobei die grundlegende Struktur beibehalten wurde. Das Kap. 6 wurde etwas gekürzt, die C#-Beispiele zur Synchronisation sowie auch einige Aspekte der Kommunikation wurden entfernt. Der Anhang wurde ebenfalls etwas reduziert.

Bedanken möchte ich mich sehr herzlich bei meinen Kolleginnen und Kollegen sowie bei all meinen Tutoren für die Diskussionen im Rahmen der Vorlesungen und Übungen. Ganz herzlich möchte ich mich an dieser Stelle für die Anregungen von Studierenden bedanken, die das Buch für die Nachbearbeitung von Vorlesungen und zur Prüfungsvorbereitung nutzten. Ein herzliches Dankeschön geht auch an meine Kolleginnen und Kollegen aus anderen Hochschulen, die das Buch ebenfalls für ihre Veranstaltungen verwenden und mir wichtige Hinweise und Anregungen übermittelten. Für die zahlreichen textlichen Hinweise und die inhaltlichen Verbesserungsvorschläge zur zweiten Auflage möchte ich meinem Kollegen Herrn *Prof. Dr. Christian Vogt* recht herzlich danken. Dem Verlag, insbesondere Frau *Sybille Thelen*, danke ich für die Unterstützung bei den ersten beiden Auflagen sowie der vierten Auflage und für die allzeit problemlose Zusammenarbeit. Bei Frau *Maren Mithöfer* möchte ich mich ebenfalls ganz herzlich für die konstruktive Zusammenarbeit und für die wertvolle Unterstützung bei der dritten Auflage bedanken.

Fragen und Korrekturvorschläge richten Sie bitte an mandl@cs.hm.edu. Ich freue mich auf weitere Vorschläge, die sich aus der Nutzung des Buches ergeben. Begleitende Informationen zur Vorlesung finden Sie http://www.prof-mandl.de oder unter https://github.com/GrundkursBetriebssysteme.

München   Peter Mandl
April 2020

Inhaltsverzeichnis

Einführung

1

Dieses Kapitel geht auf die grundlegenden Aufgaben von Betriebssystemen ein. Das Kapitel beginnt mit einer Einführung in den Aufbau eines Computersystems, das aus Software und Hardware besteht. Ausgehend von der Von-Neumann-Maschine als Basis unserer heutigen Rechnersysteme wird ein einfaches Hardwaremodell für unsere weitere Betrachtung eingeführt. Weiterhin wird ein kurzer Abriss der Geschichte der Betriebssystementwicklung vor allem am Beispiel von Windows und Unix gegeben. Betriebssysteme stellen gewissermaßen Betriebsmittelverwalter dar, welche die Anwendungen mit den verfügbaren Betriebsmitteln wie Speicher und Prozessorzeit sowie Geräte und Dateien versorgen. Darauf wird in diesem Kapitel ebenfalls eingegangen.

Zielsetzung des Kapitels

Der Studierende soll die grundlegenden Aufgaben von Betriebssystemen verstehen und erläutern können. Weiterhin soll die historische Entwicklung von Betriebssystemen nachvollzogen werden können.

Wichtige Begriffe

Von-Neumann-Maschine, Prozessor, Mehrkernprozessor, CPU-Register, Betriebsmittel, Programmzähler, PSW, Universalbetriebssystem, Mehrzweckbetriebssystem.

1.1 Computersysteme

In diesem Abschnitt soll zunächst ein Überblick über die Aufgaben von Computersystemen gegeben werden, so weit sie für das Verständnis von Betriebssystemen von Belang sind. Wichtig sind vor allem die grundlegenden Zusammenhänge der Rechnerhardware. Wir werden später noch auf einige Aspekte der Hardware im Zusammenhang mit der

© Springer Fachmedien Wiesbaden GmbH, ein Teil von Springer Nature 2020
P. Mandl, *Grundkurs Betriebssysteme*,
https://doi.org/10.1007/978-3-658-30547-5_1

Speicherverwaltung und der Interrupt-Verarbeitung eingehen, jedoch auch dort auf einem relativ abstrakten Level.[1]

1.1.1 Einführung

Computersysteme (Synonym: Rechnersysteme) bestehen – etwas vereinfacht dargestellt – aus Hardware, System- und Anwendungssoftware. Unter *Systemsoftware* versteht man zum einen das Betriebssystem (Operating System) und zum anderen systemnahe Software wie Compiler, Interpreter, Editoren usw. Anwendungssoftware wie Bankanwendungen, Buchhaltungssysteme, Browser usw. nutzen die Systemsoftware für einen ordnungsgemäßen Ablauf. In Abb. 1.1 wird die grobe Zusammensetzung eines Computersystems skizziert.

Aus der Abbildung wird auch deutlich, dass man zur Hardware neben den physikalischen Ein- und Ausgabe-Geräten auch die sog. Mikroarchitektur (auch Mikroprozessorarchitektur) einschließlich der *Mikroprogramme* zählt, wobei es hier keine Rolle spielt, ob letztere software- oder hardwaretechnisch realisiert sind. Weiterhin wird die Maschinensprache der Hardware zugeordnet. Jedes Computersystem hat seine eigene Maschinensprache, die aus Maschinenbefehlen besteht. Die Menge der Maschinenbefehle eines Rechnersystems wird als *Befehlssatz* bezeichnet. Jeder Befehl ist durch ein Mikroprogramm realisiert. Mikroprogramme werden oft auch als *Firmware* bezeichnet. Man unterscheidet Testbefehle, Sprungbefehle (BRANCH), Transportbefehle (MOV), arithmetische (ADD) und logische Befehle (CMP, SHIFT) usw. Die Bezeichnungen für die Befehle werden vom Hardware-Architekten des Rechnersystems festgelegt und daher hier nur beispielhaft aufgeführt.

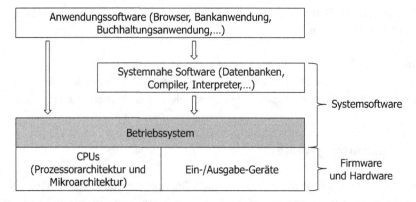

Abb. 1.1 Hard- und Software eines Computersystems

---

[1] Wer sich für Hardware und Rechnerarchitekturen interessiert, dem seien (Herrmann 2002) und (Brinkschulte und Ungerer 2010) wärmstens empfohlen.

1.1.2 Aufgabe von Betriebssystemen

Das Betriebssystem soll den Anwendungsprogrammierer bzw. den Anwender von Details der Rechnerhardware entlasten. Modern strukturierte Betriebssysteme *kapseln* den Zugriff auf die Betriebsmittel, der Zugriff funktioniert also nur über Betriebssystemfunktionen. Das Betriebssystem stellt somit eine *virtuelle Maschine* über der Hardware bereit.

Für das weitere Verständnis wollen wir vorab den *Begriff des Prozesses* einführen. Er wird in Kap. 4 ausführlich diskutiert. Wir vereinbaren vorerst, dass ein Prozess eine Ablaufumgebung eines Programms darstellt und aus Sicht des Betriebssystems eine Verwaltungseinheit für die Zuordnung von Ressourcen zu Programmen darstellt. Eine wichtige Ressource ist der erforderliche Speicher, den wir zunächst logisch als den *Adressraum* des Prozesses bezeichnen. Programme werden also in den Adressraum eines Prozesses geladen und kommen in diesen zum Ablauf. Ebenso kann ein Prozess in mehrere Ablaufeinheiten zerlegt werden, die auch parallel ablaufen können. Für die Beschreibung dieser Ablaufeinheiten verwenden wir den *Begriff des Threads*, der auch in Kap. 4 noch eingehend diskutiert wird. Bis dahin soll uns diese einfache Definition genügen.

Die wesentliche Aufgabe des Betriebssystems ist also die *Betriebsmittelverwaltung*. Als Betriebsmittel versteht man Hardware- und Software-Ressourcen und zwar u. a. die Prozessoren, die Prozesse (Software), Speicher, Dateien und Geräte. Dies sind *reale* Betriebsmittel, aber auch sog. *virtuelle* Betriebsmittel wie virtueller Speicher, virtuelle Prozessoren und virtuelle Koprozessoren werden durch das Betriebssystem verwaltet.

Man kann Betriebsmittel auch nach verschiedenen Kriterien klassifizieren. Genannt wurde bereits die Unterscheidung nach Hardware- und Softwarebetriebsmittel. Ein Hardwarebetriebsmittel ist z. B. der Prozessor, ein Softwarebetriebsmittel eine Nachricht oder ein Prozess. Weiterhin unterscheidet man *entziehbare* und *nicht entziehbare*, sowie *exklusiv* oder *gemeinsam („shared")* nutzbare Betriebsmittel.

Beispiele
- Prozessoren sind entziehbare Betriebsmittel
- Drucker sind nicht entziehbare Betriebsmittel
- Prozessoren sind zu einer Zeit nur exklusiv nutzbar
- Magnetplatten sind „shared", also gemeinsam nutzbar

Das Betriebssystem muss dafür Sorge tragen, dass exklusive Betriebsmittel *konfliktfrei* genutzt werden. Die Entscheidung hierfür trifft üblicherweise ein Scheduling-Algorithmus, der im Betriebssystem implementiert ist.

1.1.3 Grundlegende Hardwaremodelle

Das Betriebssystem verwaltet also die Rechnerhardware und sonstige softwaretechnische Ressourcen. Die zu Grunde liegende Rechnerhardware sollte daher in den Grundzügen klar sein, um die Aufgaben und die Funktionsweise von Betriebssystemen zu verstehen. Ein Systemprogrammierer, der hardwarenahe Programme entwickelt, muss natürlich von der Hardware etwas mehr verstehen als wir hier für das grundlegende Verständnis von Betriebssystemen benötigen.

Man unterscheidet zwei grundlegende Computermodelle:[2]

- Von-Neumann-Rechner
- Harvard-Rechner

Von-Neumann-Architektur Wie Abb. 1.2 zeigt besteht der Von-Neumann-Rechner, der von John von Neumann im Jahre 1946 entwickelt wurde, aus den vier Funktionseinheiten Steuereinheit oder Leitwerk (Control Unit, CU), Rechenwerk bzw. Arithmetisch Logische Einheit (ALU oder Processing Unit, PU), Speicher (Memory) sowie Ein-/Ausgabe (Input/Output, I/O). Das Leitwerk holt die Maschinenbefehle[3] nacheinander in den Speicher und

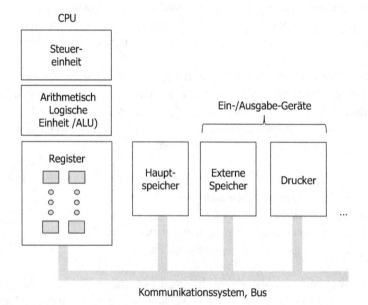

Abb. 1.2 Architektur eines Von-Neumann-Rechners

---

[2] Quantencomputer betrachten wir in diesem Buch nicht. Hierfür sei auf (Homeister 2015) verwiesen.

[3] Eine Folge von zusammengehörigen Maschinenbefehlen nennen wir übrigens ein Programm.

führt sie aus. Damit stellt das Leitwerk den „Befehlsprozessor" dar. Das Rechenwerk kann auch als „Datenprozessor" bezeichnet werden, der logische und arithmetische Operationen ausführt. Im Speicher liegen die Maschinenbefehle und die zu verarbeitenden Daten. Maschinenbefehle und Daten sind also in einem gemeinsamen Speicher.

Die Ein-/Ausgabe ist die Verbindung externer Geräte (Tastatur, Maus, Festplatten, …) mit dem Rechenwerk, stellt also die Schnittstelle nach außen dar. Alle Komponenten werden über ein Transport- oder Kommunikationssystem, auch als Bussystem bezeichnet, miteinander verbunden.

Rechenwerk und Leitwerk werden heute in der Regel in einem Prozessor, der als Zentraleinheit (CPU, Central Processing Unit) oder Rechnerkern bezeichnet wird, zusammengefasst. Wir gehen im Weiteren auch davon aus. Die in der Abbildung gezeigten Register sind kleine und schnelle Speicherbereiche, auf die weiter unten noch eingegangen wird.

Harvard-Architektur Der Harvard-Rechner, der nach der Struktur des Mark-I-Rechners (entwickelt von 1939 bis 1944 an der Harvard University) benannt ist, hat im Unterschied zum Von-Neumann-Rechner zwei getrennte Speicher, einen für die Daten und einen für die Maschinenbefehle. Beide Speicher werden auch über einen getrennten Bus mit der CPU verbunden. Für die Übertragung von Maschinenbefehlen und Daten stehen damit doppelt so viele Leitungen zur Verfügung, weshalb der Harvard-Rechner auch effizienter ist. Diese Effizienz muss aber mit einem Hardware-Mehraufwand erkauft werden. Zudem muss man sich überlegen, wie man Daten und Maschinenbefehle trennen kann. Heute wird die Harvard-Architektur daher nur sehr selten eingesetzt. Den Standard stellt die Von-Neumann-Architektur dar, die in modernen Rechnern um einige Bausteine erweitert wurde.

Caches Eine wichtige Erweiterung für Rechnerarchitekturen sind *Caches*. Hier handelt es sich um schnelle Pufferspeicher, die in unterschiedlichen Speicherebenen zum Einsatz kommen. Ein Cache speichert Daten bzw. Codeteile und dient der Zugriffsoptimierung. Heute werden auch Hierarchien von Caches verwendet. Je näher ein Cache an der CPU liegt, desto höher ist die Zugriffsgeschwindigkeit. Man spricht hier auch von Level-n-Caches (Level-1, Level-2 oder L1, L2, usw.). Je kleiner n ist, desto schneller ist der Cache. Heutige Rechnersysteme haben meist zwei, drei oder sogar vier Cache-Levels. Um ein Gefühl für die Leistungsfähigkeit von Speichersystemen bzw. Caches zu bekommen, sei hier erwähnt, dass die Zugriffszeiten auf heutige Hauptspeichersysteme etwa um den Faktor 10^6 schneller als die Zugriffszeiten auf externe Speichermedien (Festplatten) und die Zugriffszeiten von heutigen Cache-Speichern etwa 10 bis 100 mal schneller als die Zugriffszeiten gängiger Hauptspeicher sind. Es soll noch erwähnt werden, dass bei Caches zum Teil eine Trennung von Code- und Daten gemäß der Harvard-Architektur durchaus üblich ist.

Bussystem CPU und Hauptspeicher sind über ein schnelles Bussystem – auch CPU-Bus oder Systembus genannt – miteinander verbunden, wobei ein Bussystem im Prinzip eine Menge von parallelen Datenleitungen darstellt. Je nach Rechnersystem sind z. B. 32 bzw. 64 (und in Zukunft sicher mehr) Datenleitungen verfügbar, womit – vereinfacht ausgedrückt – zwischen CPU und Hauptspeicher genau so viele Bit parallel übertragen werden können. Der CPU-Bus bestand ursprünglich aus drei Teilen: Der Datenbus, der Adressbus und der Steuerbus. Über den Datenbus werden Daten zwischen Hauptspeicher und CPU übertragen, der Adressbus dient der Adressierung des Hauptspeichers, und über den Steuerbus werden Steuerinformationen ausgetauscht. CPUs und Arbeitsspeicher kommunizieren heute über sehr optimierte Bussysteme wie etwa einem *Front Side Bus (FSB)* oder über Punkt-zu-Punkt-Verbindungen. Der Chip-Hersteller AMD verwendet beispielsweise ein bidirektionales Kommunikationssystem namens *HyperTransport* mit einer Bandbreite von mehr als 50 GBit/s. Intel nutzt in seiner Intel-Core i-Serie eine serielle, bidirektionale Punkt-zu-Punkt-Schnittstelle zwischen Prozessoren mit der Bezeichnung *QuickPath Interconnection* (QPI), die eine maximale Bandbreite von mehr als 100 GBit/s erreicht.

Externe Systeme Externe Systeme sind über einen Ein-/Ausgabe-Bus (E-/A-Bus) untereinander und über den CPU-Bus mit der CPU und dem Hauptspeicher verbunden. An externen Systemen gibt es u. a. Plattenspeicher, Bildschirm, Keyboard und Maus, sowie Drucker und Netzwerkadapter. Viele externe Geräte verfügen wiederum über eigene Controller, die mit der CPU zum Zwecke des Datenaustauschs kommunizieren.

Takt Eine Rechneranlage arbeitet taktgesteuert. Das sog. System-Clock-Signal wird von einem Clock-Generator erzeugt. Die Ausführung eines Maschinenbefehls erfordert in der Regel eine festgelegte Anzahl an Bearbeitungsphasen, wobei jede in einem Takt abgearbeitet wird. Bei den meisten Prozessoren sind es mindestens drei bis vier Phasen, die gemeinsam als Maschinenzyklus bezeichnet werden: Diese Phasen sind das Holen vom Speicher, das Dekodieren, das Ausführen des Befehls und das Zurückschreiben der Ergebnisse in den Speicher oder in ein Register. Bei der Entwicklung neuer Prozessoren versuchte und versucht man ständig, die Anzahl der Takte durch eine parallele Ausführung der Phasen zu reduzieren.

Die Rechnerleistung wird über verschiedene Kenngrößen dargestellt. Hierzu gehören die Größe des Hauptspeichers (gemessen in Megabyte bzw. Gigabyte), die Größe der Plattenbereiche (gemessen in Gigabyte bzw. Terabyte) und die Rechengeschwindigkeit der CPU gemessen in MIPS (Million Instructions Per Second, also Maschinenbefehlsausführungen pro Sekunde). Oft wird auch noch die Taktfrequenz zur Bewertung herangezogen, die aber heute für sich alleine keine allzu großen Schlüsse zulässt. Es kommt nämlich immer darauf an, was das Rechnersystem in einem Taktzyklus ausrichten kann.

Die und Chipsatz Heute legt man in der Halbleitertechnik soviel Funktionalität wie möglich rund um die CPUs auf einen Chip, bzw. auf einen sog. *Die*. Ein Die (Nacktchip) ist ein rechteckiger Halbleiter-Chip.[4] Weiterhin wird heute der Zugang zum Hauptspeicher sowie zu den externen Geräten oft auf dem sog. *Chipsatz* bereitgestellt. Die CPUs greifen z. B. über den Front Side Bus oder über eine andere Technologie auf die North- und Southbridge zu. Über die Southbridge werden die externen Geräte wie Festplatten angebunden, die schnellere Northbridge dient der Anbindung des Arbeitsspeichers. Die und Chipsatz sind auf einem Motherboard platziert.

Speicher Der in Rechnersystemen verbaute Speicher ist vielfältig (Abb. 1.3). Man unterscheidet flüchtige und nicht flüchtige Speicherchips. Flüchtige Speicherchips vom Typ SDRAM oder SRAM werden für Arbeitsspeicher oder Caches benutzt. Der Arbeitsspeicher, auch Hauptspeicher oder Main Memory genannt, ist der zentrale Speicher im Rechnersystem, in dem auch die Programme und Daten für die Ausführung liegen. Nicht flüchtige Speicherchips werden für das Basic Input Output System (BIOS)[5] genutzt. Die Speicherbausteine werden als ROM (Read Only Memory) oder EEPROM (Electrically Erasable Read Only Memory) bezeichnet. In kleineren Rechnersystemen etwa für Smartphones sowie für externe Speicher von Rechnersystemen wie Solid State Drives (SSD) und Chipkarten werden häufig Flashspeicher eingesetzt. Die technischen Details der verschiedenen Speichervarianten sind für unsere Betrachtung nicht weiter relevant.

Für externe Speicher werden häufig noch mechanische Festplatten, sog. Hard Disk Drives (HDD) verwendet, bei denen Daten auf magnetisch beschichteten Scheiben gespeichert werden.

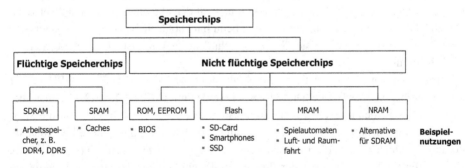

Abb. 1.3 Übersicht über Speicherchips

---

[4] Man spricht auch von einem ungehäusten Halbleiter-Chip.

[5] Auf das BIOS und dessen Funktion werden wir noch zu sprechen kommen.

1.1.4 CPU-Registersatz

Jede CPU enthält einen Registersatz mit einigen kleinen aber schnellen Speichern (sog. Register). Diese schnellen Speicher werden benötigt, um die Maschinenbefehle auszuführen. Alle Register, die durch Software direkt angesprochen werden können, repräsentieren das Programmiermodell eines Prozessors. Darüber hinaus gibt es weitere Register, sog. Hilfsregister, die nur prozessorintern verwendet werden. Je nach Maschinenbefehl wird ein Register oder es werden sogar mehrere Register verwendet. Die Maschinenbefehle schreiben ihre Operanden oft in Register oder lesen Operanden aus Registern. Man nennt die Register je nach Typ Integerregister, Universalregister, Gleitkommaregister, Datenregister, Segmentregister usw.

Weitere, spezielle Register sind der Program Counter (PC, Programmzähler, Befehlszähler), der die Hauptspeicheradresse des nächsten auszuführenden Befehls enthält, das Instruction Register (IR, Befehlsregister), das den aktuellen auszuführenden Maschinenbefehl enthält und das Stack-Pointer-Register (SP), das auf den aktuellen Programmstack[6] verweist. Darüber hinaus gibt es Statusregister, auch *PSW* (= *Program Status Word*) genannt, welche für Vergleichsoperationen benutzt werden, und weitere Kontrollbits wie etwa den aktuellen Modus[7] (Benutzermodus, Kernelmodus), in dem sich die Rechneranlage befindet, enthalten.

Der Registersatz des mittlerweile in die Jahre gekommenen Prozessors 8086 von Intel (I-8086) verfügt unter anderem beispielsweise über vier 16-Bit breite Arbeits- bzw. Mehrzweckregister mit den Bezeichnungen AX, BX, CX und DX, vier Adress- und Indexregister, wovon eines auf den Anfang des Stacks zeigt (SS) und ein Register, das als Stapelzeiger bzw. Stack-Pointer (SP) bezeichnet wird und auf den aktuellen Stack-Inhalt verweist. Der Befehlszähler bzw. Befehlszeiger heißt beim Intel 8086 auch Instruction Pointer oder kurz IP. Das 16-Bit-Statusregister SR (entspricht dem PSW-Register) hat die oben erläuterte Bedeutung.

Hinzu kommen noch spezielle interne Kontroll- und Steuerregister für die CPU und für die Steuerung externer Geräte. Diese Register werden mit CR0, CR1, CR2, CR3 usw. bezeichnet. Sie werden u. a. für die Interruptbearbeitung (siehe Kap. 3) sowie für die Speicherverwaltung benötigt. Im Register CR0 kann z. B. über ein Flag eingestellt werden, ob der Paging-Mechanismus für die Speicherverwaltung aktiviert werden soll (siehe Kap. 7). Im Register CR2 steht die Speicheradresse, bei der ein Seitenfehler ausgelöst wurde, im Register CR3 steht die Basisadresse für die Seitentabellen eines Prozesses, ebenfalls eine wichtige Adresse für die Speicherverwaltung (zur Speicherverwaltung siehe Kap. 7).

Exkurs: Stack
Unter einem Stack im o. g. Sinne versteht man einen reservierten Teil des Adressraums und ein dazugehöriges Prozessor-Spezialregister, das als Stack-Pointer oder Stapelzeiger

---

[6] Was ein Stack ist, wird weiter unten erläutert.

[7] Die Begriffe „Benutermodus" und „Kernelmodus" werden in Kap. 2 erläutert.

bezeichnet wird. Der Stack-Pointer zeigt immer auf die Adresse des oberen Endes des Stapels (Top of Stack). Im Stapelspeicher legt das Betriebssystem die Aufrufinformation (Aufrufrahmen) aller Unterprogramme ab, die noch nicht beendet sind, sowie einige zusätzliche, zwischengespeicherte Daten. Wie wir noch sehen werden, legt das Betriebssystem bei Unterbrechungen oder Funktionsaufrufen die Rücksprunginformationen auf den Stack. Damit kann nach Abarbeitung einer Unterbrechungsroutine oder der aufgerufenen Funktion, Prozedur oder Methode wieder der Weg zurück zur unterbrochenen Codestelle gefunden werden. Heutige Programmiersprachen nutzen ebenfalls einen Stack für diese Zwecke. In der Softwaretechnik wird unter einem Stapelspeicher auch allgemein eine Datenstruktur mit der oben dargestellten Funktionalität bezeichnet (siehe auch Anhang).

1.1.5 Multicore-Prozessoren und Hyperthreading-CPUs

Multicore-Prozessoren (auch: Mehrkernprozessor) sind Mikroprozessoren mit mehreren vollständigen CPUs. Rechnerkerne oder auch Prozessorkerne sind Funktionseinheiten, die unabhängig von anderen Rechnerkernen Programme ausführen können. Sie stellen also eigene Ausführungseinheiten dar und ermöglichen die Parallelisierung der Programmausführung. Viele Ressourcen mit Ausnahme des Busses und ggf. einiger Caches-Levels sind bei Mehrkernprozessoren repliziert. Als *Dualcore-Prozessor* (Doppelkernprozessor) bezeichnet man einen Multicore-Prozessor mit zwei CPUs. Mikroprozessoren mit einem Hauptprozessor bezeichnet man zur Abgrenzung als Singlecore-Prozessoren (Einzelkernprozessor). Bei vier Kernen spricht man von einem *Quadcore-Prozessor* usw.

Multicore-Prozessoren sind kostengünstiger zu entwickeln als mehrere einzelne CPUs. Man kann mit einem Dualcore-Prozessor je nach Anwendung die 1,3- bis 1,7-fache Leistung erbringen als mit einem Singlecore-Prozessor.

Der Einsatz von Multicore-Prozessoren dient auch dazu, das Abwärmeproblem bei Prozessoren zu lösen, da z. B. ein Dualcore-Prozessor unwesentlich mehr Abwärme erzeugt als ein Prozessor mit einem Rechnerkern.

Im Gegensatz dazu sind sog. *Hyperthreading-CPUs* mehrfädige (engl. multithreading) Singlecore-Prozessoren mit mehreren Programmzählern und Registersätzen sowie Interrupt-Controllern, die sich gegenüber dem Betriebssystem aber als Multicore-Prozessor darstellen. Das Betriebssystem sieht also zwei oder mehrere CPUs (Rechnerkerne), obwohl auf der physikalischen CPU nur einer vorhanden ist. Die Rechnerkerne sind logische Bausteine. Es handelt sich bei Hyperthreading-CPUs also nicht um echte Multicore-Prozessoren. Hyperthreading wurde von Intel eingeführt. Intel arbeitet bei einigen Prozessoren (z. B. bei der Core-i-Serie) sowohl mit Multicore-Prozessoren als auch mit Hyperthreading. Aus Sicht des Betriebssystems hat damit z. B. eine Dualcore-Maschine mit Hyperthreading vier Rechnerkerne.

1.1.6 Prozessorarchitektur und Mikroarchitektur

Architekturen von Rechnersystemen beschreiben den Aufbau eines Prozessors, wobei zwei Sichten eingenommen werden. Man unterscheidet die *Prozessorarchitektur* und die *Mikroarchitektur* oder *Mikroprozessorarchitektur.*

Die Prozessorarchitektur (auch als Befehlssatzarchitektur oder Programmiermodell bezeichnet) definiert die Grenze zwischen Hardware und Software und stellt für den Systemprogrammierer und den Compiler den sichtbaren Teil des Prozessors dar. Hierzu gehören der Befehlssatz (Maschinenbefehle), die Befehlsformate, die Adressierungsarten für Befehle, das Unterbrechungssystem und das Speichermodell (Register, Adressraumaufbau). Hardware-Details und interne Prozessorvorgänge werden nicht betrachtet und spielen für den systemnahen Programmierer auch nicht die wesentliche Rolle. Beispiele für Prozessorarchitekturen sind die Intel Architekturen 32 und 64 (IA 32 und IA 64) sowie Intel 64 und AMD x64.

Die Mikroarchitektur beschreibt die Implementierung der Prozessorarchitektur bzw. des Befehlssatzes. Hierzu gehören die Hardware-Struktur, der Entwurf der Kontroll- und Datenpfade im Prozessor, die Art und Anzahl der Ausführungseinheiten (Rechnerkerne), spezielle Mechanismen wie Pipelining und die Cache-Nutzung. Beispiele für Mikroarchitekturen der Firma Intel sind *Haswell, Sandy- Skylake* und *Ice Lake.* Systemprogrammierer und Compiler müssen die Mikroarchitektur zumindest grob verstehen, sonst kann kein effizienter Code erzeugt werden. Allerdings steht das Verständnis über die Prozessorarchitektur im Vordergrund. Je hardwarenäher ein Systemprogrammierer entwickelt, umso mehr muss er sich mit der Funktionsweise der Hardware (CPU, externe Geräte), also mit der Mikroarchitektur, beschäftigen.

Für unsere weitere Betrachtung der Aufgaben und der Funktionsweise von Betriebssystemen verwenden wir ein vereinfachtes Modell der Mikroarchitektur, wobei wir uns stark an heutiger PC-Hardware mit mehreren Rechnerkernen orientieren. Konkret betrachten wir in diesem Buch sog. *UMA-Multiprozessoren (Uniform Memory Access),* bei denen sich alle Rechnerkerne einen gemeinsamen Speicher teilen, der über ein Kommunikationssystem (Bus) für alle erreichbar ist. Dabei kann jeder Rechnerkern den gesamten Speicher mit gleicher Geschwindigkeit adressieren.

Als Alternative dazu seien NUMA-Multiprozessoren (Non Uniform Memory Access) ewähnt, bei denen jede CPU einen eigenen Speicher (Arbeitsspeicher) besitzt, aber der gesamte Speicher als ein einziger Adressraum für alle Rechnerkerne sichtbar ist. Lokale Speicherbereiche sind bei dieser Architektur schneller im Zugriff als weiter entfernte Speicher (Tanenbaum und Bos 2016).

Bei unserer weiteren Betrachtung befassen wir uns vor allem mit *symmetrischen Multiprozessorsystemen (SMP),* bei denen es nur eine Kopie des Betriebssystems gibt, das alle Ressourcen, auch alle Rechnerkerne verwaltet. Das Betriebssystem regelt also, welche Programmteile auf welchen Rechnerkernen wann zum Ablauf kommen.

Heute sind meist mehrere Rechnerkerne samt ihrem Leit- und Rechenwerk und dem Registersatz auf einem Chip (einem Die) untergebracht. In jedem Rechnerkern bzw. auf dem Die liegen gewöhnlich auch meist zwei bis vierstufige Caches sowie die MMU (Memory Management Unit) und der TLB (Translation Lookaside Buffer).

Was den Registersatz anbelangt, sind für uns neben den Mehrzweck- und Gleitkommaregistern einige Steuerregister von Bedeutung. Zu diesen zählen wir beispielsweise das PSW, das Befehlsregister, aber auch spezielle Register zur Adressierung von Daten und Code, wie etwa der Programmzähler, der Stackpointer sowie Register zur Adressierung von Code und Daten spielen in unserer Betrachtung eine Rolle.

Abb. 1.4 zeigt ein Schema eines Main- bzw. Motherboards mit mehreren Rechnerkernen, in denen jeweils Caches sowie eine MMU integriert sind. Ein weiterer gemeinsamer (shared) Cache befindet ebenfalls meist auf dem gleichen Die. Dies kann aber von Prozessor zu Prozessor unterschiedlich sein und ist auch ständig in Weiterentwicklung. Für unsere eher logische Sicht spielt es im Weiteren keine Rolle. Im Modell sind auch ein Chipsatz mit einer Northbridge, an welcher der Hauptspeicher und der Grafikprozessor angebunden sind, sowie eine Southbridge zur Anbindung externer Geräte bzw. Bussysteme skizziert. Die Northbridge wird über einen Speicherbus, in diesem Fall ein Front Side Bus, an die Rechnerkerne gekoppelt. Auch dies kann in konkreten Rechnersystemen, insbesondere bei Server- und Mainframe-Systemen anders gelöst sein.

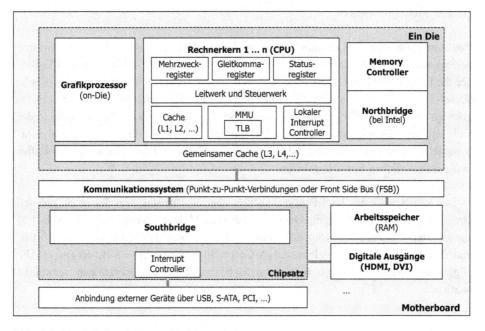

Abb. 1.4 Vereinfachtes Mikroarchitekturmodell

Wie wir im Kap. 7 noch sehen werden, sind die Bausteine MMU und TLB für die Verwaltung des Hauptspeichers von Bedeutung. Der Interrupt-Controller, für unsere vereinfachte Sicht in der Southbridge integriert, ist für die Ein-/Ausgabe von Bedeutung (siehe Kap. 3). Einige Ausführungen zum Zugriff auf externe Geräte über die bekannten Busssysteme werden im Kap. 8 erläutert. Zu weiteren Einzelheiten wird auf die Literatur verwiesen (Brinkschulte und Ungerer 2010).

Ein handelsüblicher PC verfügt heute z. B. über vier bis acht Rechnerkerne, einen Hauptspeicher mit sechzehn Gigabyte, einen Festplattenspeicher (HDD = hard disk drive) mit einem bis zu mehreren Terabyte bei einer Rechnergeschwindigkeit von mehreren Tausend MIPS. Neben den klassischen Festplattenlaufwerken, die heute noch in Rechnersysteme verbaut werden, verbreiten sich die schnelleren Flash-Speicher (SSD) immer mehr. Mischungen beider Speichervarianten sind heute vorwiegend anzutreffen.

1.1.7 Beispiele für Mikroprozessor-Architekturen

Das oben dargestellte Architekturmodell ist natürlich eine starke Vereinfachung. Heutige Mikroarchitekturen sind weit komplexer und verfügen über weitere Bausteine wie etwa Pipelines, Gleitkomma-Arithmetik und schnelle Netzwerkanbindungen, und man spricht dabei auch von superskalaren Architekturen, bei denen die Befehlsbearbeitung mehr und mehr parallelisiert wird, um die Leistung zu verbessern. Betrachten wir beispielhaft einige gängige Mikroprozessoren:

Pentium-Prozessor Der *Pentium-Prozessor* der Firma Intel[8] wurde 1993 eingeführt und verfügt schon über eine superskalare Architektur. Er hat einen 64-Bit breiten CPU-Bus, der die CPU mit einem Code-Cache (Level-1- bzw. L1-Cache) und einem Daten-Cache (Level-2- bzw. L2-Cache) verbindet. Der Vorgängerprozessor Intel-80386 hatte aus Platzgründen noch keinen Cache. Erst mit der 80486-Architektur wurde ein L1-Cache in der CPU und ein L2-Cache außerhalb der CPU auf dem Motherboard realisiert. Die Maschinenbefehle werden vom Hauptspeicher über den L1-Cache und über einen Prefetch-Puffer in die erforderlichen Register geladen.

Der Registersatz des Intel Pentium verfügt über 16 Register, von denen die meisten eine Breite von 32 Bit verfügen. Davon sind vier als Mehrzweckregister (siehe Abb. 1.5) ausgestattet, die auch aus Kompatibilitätsgründen zu Vorgängerprozessoren als 16-Bit- und als 8-Bit-Register verwendbar sind (AX = 16-Bit-Register, AH = 8-Bit-Register). Alle allgemeinen Register können für arithmetische und logische Operationen verwendet werden.

---

[8]Pentium ist eigentlich eine ganze Serie von Prozessoren mit unterschiedlicher Ausstattung (Pentium Pro, Pentium II, Pentium III, Pentium III Xeon, Pentium 4, …).

Itanium-Prozessor Der *Itanium-Prozessor*, der von Intel und HP (Hewlett-Packard) entwickelt wurde und im Jahre 2001 auf den Markt kam, verfügt über eine echte 64-Bit-Architektur und ist der erste Prozessor mit der sog. IA64-Architektur. Er ist nur noch über einen Firmware-Emulationsmodus mit der IA32-Architektur kompatibel. Diese Prozessorserie ist mit 128 Integerregistern (General Purpose Register) und 128 Gleitkommaregistern ausgestattet. Die Integerregister sind 64 Bit und die Gleitkommaregister 82 Bit breit. Der L1- und der L2-Cache sind hier in der CPU untergebracht. Je nach Modell befindet sich ein L3-Cache auch direkt auf dem Die oder außerhalb. Die Caches sind natürlich schon viel größer als beim Intel Pentium (je nach Modell 3, 8, 24, 30, … MiB). Die Entwicklung des Itanium-Prozessor wurde mittlerweile wegen Erfolglosigkeit eingestellt.

Core-i-Prozessoren Die Firma Intel entwickelt seit 2008 die Prozessorfamilie *Intel Core-i-Serie* in mehreren Klassen (Intel Core i3, i5, i7, i9). Es handelt sich hier um x64-Mehrkernprozessoren mit aktuell bis zu 18 Kernen, welche die etwas ältere Intel-Core-2-Familie ablöst. Je Kern gibt es jeweils einen L1- und L2-Cache ab der Mikroarchitektur *Haswell* und folgende (*Skylake, Icelake*) auch einen gemeinsam für alle Kerne verfügbaren L3-Cache. In der Haswell-Mikroarchitektur wird auch ein gemeinsamer L4-Cache unterstützt. Die Größen der Caches sind je nach Typ und Ausstattung unterschiedlich. Eine typische Größe des L1-Cache ist z. B. 64 KiB, für den L2-Cache 256 KiB und für den L3-Cache zwei bis acht MiB. Der L4-Cache kann deutlich größer sein (128 MiB). Die Prozessoren verfügen über 16 Gleitkommaregister (64-Bit breit) und 16 Mehrzweckregister (128-Bit breit).

Opteron-Prozessoren Die Firma AMD entwickelt die verschiedenen 64-Bit-Mehrkernprozessoren auf Basis der AMD64-Mikroarchitektur (AMD-K8-, AMD-K9-und Mikroarchitektur) mit der Bezeichnung *AMD Opteron* (genaue Bezeichnungen sind AMD Opteron K8, K9) speziell für Serversysteme. Der AMD Opteron K10 basiert bereits auf der AMD-K10-Mikroarchitektur und verfügt wie die Core-i-Prozessoren von Intel je Kern über einen L1- und einen L2-Cache, der L3-Cache ist auch nur einmal für alle Kerne vorhanden. Ein L3-Cache kann je Kern zwei MiB (insgesamt 16 MiB) groß sein, der L1- und der L2-Cache sind je nach Ausstattung vergleichbar mit den Intel-Prozessoren. Der L1-Cache ist zweigeteilt in einen Daten-Cache je Kern (max. zwei MiB) und einen Cache für

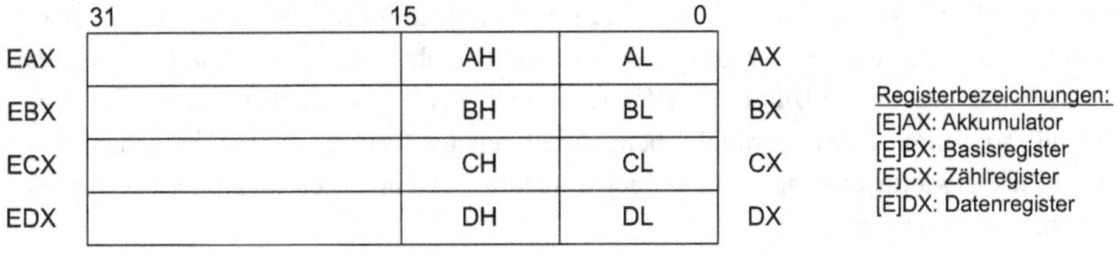

	31	15		0	
EAX		AH	AL		AX
EBX		BH	BL		BX
ECX		CH	CL		CX
EDX		DH	DL		DX

Registerbezeichnungen:
[E]AX: Akkumulator
[E]BX: Basisregister
[E]CX: Zählregister
[E]DX: Datenregister

Abb. 1.5 Intel-Pentium-Prozessor, allgemeine Register

die Machinenbefehle (64 KiB). Auch die Registersätze sind vergleichbar. Die letzte Opteron-Verison wurde 2012 auf dem Markt gebracht.

Ryzen-Prozessoren Seit 2017 gibt es von AMD die Ryzen-Prozessoren mit unterschiedlichen Ausprägungen bis zu 16 Kernen mit 32 Threads und einem L3-Cache bis zu 64 MiB auf der Basis der Zen-Mikroarchitektur.

Weitere Prozessoren Einige weitere Mikroprozessoren sollen noch erwähnt werden: Die Firma Sun (nun Oracle) bietet mit ihrem RISC-Prozessoren vom Typ *SPARC64* ebenfalls eine Familie von superskalaren Mikroprozessoren mit einer 64-Bit-Architektur an. Ein im Jahr 2009 auf dem Markt gekommener Prozessor dieser Familie hat die Bezeichnung *SPARC64 VIII*. Er ist mit acht Rechnerkernen ausgestattet, verfügt über einen bis zu 64 KiB großen L1-Cache, und einen bis zu sechs MiB großen L2-Cache, hat jedoch keinen L3-Cache. Die Anzahl der verfügbaren Register variiert je nach Prozessortyp. Die ersten SPARC-Prozessoren hatten 128 Register mit einer Breite von 32 Bit. Bei den 64-Bit-Prozessoren sind es deutlich weniger. Einer der neueren Prozessoren aus dem Jahr 2017 von Oracle ist der SPARC M8 mit 32 Kernen, einem 16 KiB L1-Cache, einem 128 KiB L2-Cache und einem 64 MiB L3-Cache.

Erwähnt werden sollen noch der *AMD Athlon* (in PCs verwendet), der *MIPS64*, der *IBM Power 4,* der *DEC Alpha* sowie Prozessoren für Großrechner wie etwa der IBM System z[9] (die Vorgängerversionen hieß zSeries und noch früher System/370). Die Prozessoren der IBM-Mainframe-Technologie verfügen heute über eine Vielzahl von Prozessoren (z. B. bis zu 64 Prozessoren im IBM-System z10 Enterprise Class), von denen einige für spezielle Aufgaben wie die Virtualisierung verwendet werden und einige als Ersatzprozessoren dienen.

Genannt werden sollen noch *Grafikprozessoren (GPU)*, die rechenintensive Aufgaben der Computergrafik übernehmen und damit die CPUs entlasten. Sie werden meist auf dem Die der CPU integriert oder sind „onboard" auf der Hauptplatine als integrierte Grafikprozessoren zu finden. Nvidia Corporation, Intel und AMD sind die bekanntesten Hersteller von Grafikprozessoren. Sie verfügen über einen eigenen Speicher und über viele (tausende) von kleinen Rechnerkernen. Da diese speziellen Prozessoren sehr gut geeignet sind, um viele kleine Berechnungen parallel durchzuführen, werden sie heute nicht nur für die Darstellung der grafischen Oberfläche verwendet, sondern immer mehr auch für andere Aufgaben wie etwa für umfangreiche Berechnungen im Machine Learning oder für Simulationen. Diese „Fremdnutzung" bezeichnet man als *General Purpose Computation on Graphics Processing Unit (GPGPU)*. Es handelt sich um spezielle Grafikprozessoren, die aufgrund ihrer massiv parallel arbeitenden Recheneinheiten oft auch für andere Aufgaben, wie etwa für umfangreiche Berechnungen im Machine Learning oder für Simulationen, eingesetzt werden.

---

[9] z steht für „zero downtime", da das System z von IBM komplett redundant ausgelegt ist.

Anzumerken ist noch, dass für mobile Geräte wie Smartphones spezielle Prozessoren mit geringer Leistungsaufnahme wie z. B. ARM-Prozessoren (Advanced RISC Machines)[10] eingesetzt werden. Diese Prozessoren werden in der Regel in Ein-Chip-Systeme gemeinsam mit einem Grafikprozessor (GPU), einem LTE-Modem, einem Multimedia-Prozessor, Einheiten für Bluetooth und WLAN usw. integriert. Bei den ARM-Prozessoren handelt es sich heute auch schon um 64-Bit-Prozessoren.

Anmerkungen zu 64-Bit-Architekturen von Intel und AMD
Die IA64- und die IA32-Architektur sind Intel-Architekturen (IA), welche die prinzipiellen Arbeitsweisen von Prozessoren und deren Befehlssätze festlegen. Die IA64-Architektur löst die IA32-Architektur ab. Die IA32-Architektur wird oft auch als i386- oder x86-Architektur bezeichnet und ist die Basis aller Intel-80386-Prozessoren. Die IA64-Architektur wurde speziell für den Intel-Itanium/Itanium2-Prozessor entwickelt.

Das Attribut „64-Bit" wird in der Computertechnik vielfältig benutzt und trägt daher auch zur Verwirrung bei. Man spricht u. a. von 64-Bit-CPUs, 64-Bit-Hauptspeichern, 64-Bit-Architekturen und 64-Bit-Betriebssystemen. Man kann grundsätzlich sagen, dass 64-Bit-Betriebssysteme 64-Bit-Architekturen unterstützen. Sinngemäß gilt dies auch für die Attribute „16-Bit", „32-Bit" und „128-Bit". Wenn man von einer 64-Bit-Architektur spricht, so meint man allerdings in erster Linie, dass die CPU auf die parallele Verarbeitung von 64 Bit ausgelegt ist. Davon sind die Daten- und Adressbusbreite (64 Datenleitungen, 64 Adressleitungen), die Registergrößen und auch der Befehlssatz betroffen. Ein 64-Bit-Mikroprozessor verfügt über 64 Datenleitungen, mit denen Daten parallel zwischen CPUs und Hauptspeicher übertragen werden können. Es ist aber *nicht* unbedingt der Fall, dass alle CPUs mit 64-Bit-Datenpfaden auch 64-Bit-Adresspfade zur Adressierung des Hauptspeichers zur Verfügung stellen. Ein Pentium-Prozessor verfügt z. B. über 64-Bit-Datenpfade, aber nur 32-Bit-Adressleitungen. Auch 64-Bit-Prozessoren nutzen nicht immer 64 Adressleitungen für die Hauptspeicheradressierung (mehr dazu in Kap. 7).

Zwei wichtige Mitbewerber am Markt der 64-Bit-Mikroprozessoren sind die Unternehmen AMD und Intel. Diese Unternehmen haben für die Entwicklung von 64-Bit-CPUs unterschiedliche Ansätze gewählt. Während Intel mit seiner IA64-Architektur eine Abkoppelung von der 32-Bit-Architektur unternahm, ging AMD mit seiner AMD64-Architektur, die auch als *x64-Architektur*[11] bezeichnet wird, eine Kompatibilitätsstrategie im Hinblick auf die Kompatibilität zu x86-fähigen Programmen. Die älteren 32-Bit-Prozessoren wurden von AMD um 64-Bit-Register erweitert. Die x64-Architektur ist dadurch zu vorhandener 32-Bit- und sogar 16-Bit-Software abwärtskompatibel. Es gibt entsprechende Kompatibilitätsmodi, die man im Prozessor einstellen kann. Die Register der x64-Architektur sind nur Erweiterungen der 32-Bit-Architektur. Dementsprechend heißen diese Register auch so ähnlich wie die Register der 80 × 86-Prozessoren (aus EAX wird z. B. RAX).

---

[10] Siehe hierzu http://www.arm.com, letzter Zugriff am 02.03.2020.
[11] Früher nannte man die Architektur auch AMD64- und noch früher x86-64-Architektur.

Die Firma Intel hat aufgrund der nicht so erfolgreichen Itanium-Vermarktung ebenfalls eine IA32-kompatible Prozessorarchitektur namens *Intel 64* auf den Markt gebracht (siehe Intel-Core-Prozessoren), die sich in einigen Instruktionen von der x64-Architektur unterscheidet.

1.2   Entwicklung von Betriebssystemen

Bevor wir die Entwicklungsgeschichte der Betriebssysteme betrachten, wollen wir eine Kategorisierung versuchen und den Begriff des *Mehrzweckbetriebssystems* bzw. *Universalbetriebssystems*, das wir im Weiteren in den Fokus unserer Betrachtung stellen, einführen.

1.2.1   Betriebssystemkategorien

Man kann heutige Betriebssysteme grob in mehrere Kategorien einordnen, und wie man sieht, werden manche Betriebssysteme auch für verschiedene Zwecke verwendet:

- Großrechner oder Mainframes (High-End-Systeme wie IBM OS/390 (heute IBM z/OS)[12] und Fujitsu BS 2000/OSD)
- Serverbetriebssysteme (Unix, Windows NT/2000/2003/2008, Windows 10)
- PC-Betriebssysteme (Windows-Derivate, Linux aus verschiedenen Distributionen, Mac OS X, …)
- Echtzeitbetriebssysteme (VxWorks, QNX, Embedded Linux, NetBSD, …)
- Embedded Systems (VxWorks, QNX, Embedded Linux, NetBSD, Microsoft Windows CE)
- Betriebssysteme für Tablet-PCs wie das Apple iPad (iOS, Erweiterungen von Windows und Linux, Android Honeycomb)
- Betriebssysteme für Handheld-Computer (Palm OS, Windows Mobile, Windows Phone, Symbian, Android von der Open Handset Alliance (Hauptmitglied ist Google))
- Smartcard-Betriebssysteme (Chipkarte mit spezieller Java Virtual Machine, JVM) wie *TeleSec Chipcard Operating System* (TCOS) von T-Systems, *Java Card OpenPlatform* (JCOP) für Java Smartcards ursprünglich von IBM und *Smart Card Chip Operating System* (STARCOS) von G&D

---

[12] System z (vorher: zSeries) heißt die aktuelle Architektur der Mainframes der Firma IBM. Gegenüber der Vorgängerarchitektur S/390 unterscheidet sich System z u. a. durch die 64-Bit-Adressierung. Das Modell IBM z15 mit bis zu 190 Prozessorkernen und bis zu 40 Terabyte Hauptspeicher erschien 2019.

Typisch für Echtzeitsysteme ist die Forderung nach einer garantierten maximalen Reaktionszeit, in der auf ein externes Ereignis (Signal eines technischen Prozesses) reagiert werden muss.

Embedded Systems (eingebettete Systeme) können als Spezialfall von Echtzeitsystemen betrachtet werden (Baumgarten und Siegert 2006). Als Embedded System bezeichnet man ein Rechner- bzw. Steuerungssystem, das in Geräten (Telefone, DVD-Player, Waschmaschinen, Fernseher), Fahrzeugen (Flugzeuge, Autos) oder Robotern eingebaut ist und dort seine Aufgaben meist unsichtbar verrichtet. Embedded Systems kann man weitgehend als geschlossene Systeme betrachten, die eine dedizierte Aufgabe übernehmen. Das Betriebssystem ist klein ausgelegt, da meist wenige Ressourcen verfügbar sind. Oft verfügen Embedded Systems aufgrund der knappen Ressourcen nicht über ein Betriebssystem. Die Software bedient dann direkt die Hardwareschnittstellen. Embedded Systems sind oft auch Echtzeitsysteme.

Weiterhin kann man noch Netzwerkbetriebssysteme (wie Novell Netware) und verteilte Betriebssysteme als spezielle Betriebssystemkategorien sehen.

1.2.2 Universalbetriebssysteme

Unter die Kategorie *Universal-* oder *Mehrzweckbetriebssystemen* (engl.: general purpose operating system) fallen Betriebssysteme wie Unix und Windows, aber auch Großrechnerbetriebssysteme, die für verschiedenste Zwecke, meist aber nicht für strenge Realzeitanforderungen einsetzbar sind. Diese Betriebssysteme findet man häufig in Unternehmen. Sie sind besonders gut für betriebliche Informations- und Steuerungssysteme und für Systeme in der Verwaltung geeignet.

1.2.3 Historische Entwicklung

In (Tanenbaum und Bos 2016) wird die Entwicklung von Betriebssystemen seit 1945 in fünf Generationen eingeteilt. In den ersten Jahren der Nachkriegszeit bis etwa 1955 gab es noch keine Betriebssysteme. Die heutigen Universalbetriebssysteme werden seit den 50er-Jahren entwickelt. Anfangs waren die Betriebssysteme noch sehr einfach. Mit der Verbesserung und Verkleinerung der Hardware (Ablösung der Transistoren durch integrierte Bausteine (Integrated Circuits, IC))[13] Mitte der 60er-Jahre wurden Betriebssysteme immer komplexer. Bekannte Systeme zu dieser Zeit waren IBM System/360 (Serie von Rechnern), IBM System/370, 3080 und 3090. Mehrere Programme liefen bereits gleichzeitig oder quasi-gleichzeitig im Rechnersystem ab. Später kam der Mehrbenutzerbetrieb

---

[13] Integrierte Schaltkreise (IC) sind auf einem einzigen Stück Halbleitersubstrat untergebrachte elektronische Schaltungen.

hinzu. Am M.I.T. entwickelte man die Betriebssysteme CTSS[14] und MULTICS.[15] DEC entwickelte die Minicomputer DEC PDP-1 und PDP-11 auf denen Unix als Betriebssystem eingeführt wurde. Seit den 80er-Jahren folgten verbesserte Betriebssysteme für Großrechner wie IBM OS/360. Personal Computer und Workstations wie mit Betriebssystemen MS-DOS, Unix, Unix BSD, Unix System V, IBM OS/2, Microsoft Windows-Derivate und Linux kamen auf dem Markt. Die Benutzerfreundlichkeit stieg immer mehr durch komfortable Bediensysteme, sog. grafische Oberflächen. Gerade was die Benutzerfreundlichkeit anbelangt wurden vor allem in den letzten Jahren nochmals deutliche Fortschritte erzielt. Besonders zu erwähnen sind hier die Benutzerschnittstellen der Betriebssysteme des Unternehmens Apple. Heutige PCs und Notebooks sind wesentlich leistungsfähiger als die Mainframes der 70er- und 80er-Jahre.

In den letzten Jahren wurden zudem die kleineren mobilen Geräte ebenfalls immer leistungsfähiger und deren Betriebssysteme immer komplexer. Sie ähneln heute den Betriebssystemen für klassische PCs. Die Verbreitung von kleinen, leistungsfähigen Geräten (Mobiltelefone, Smartphones, PDAs, Notepads) stieg rasant und die Einsatzmöglichkeiten ebenso. Insbesondere Betriebssysteme wie Google Android und Apple iOS gelten derzeit als die Vorreiter in diesem Umfeld. Der Trend zu mobilen Anwendungen hat aber erst begonnen und es bleibt abzuwarten, was die nächsten Jahre ergeben werden.

1.2.4 Geschichte von Microsoft Windows

Das Betriebssystem mit der größten Verbreitung ist Windows, das aus *MS-DOS* (Microsoft Disk Operating System) hervorging. MS-DOS wurde 1981 im IBM-Auftrag von Microsoft entwickelt. Microsoft kaufte es seinerseits von der Firma Seattle Computer Products. Es wurde zunächst auf Basis eines Intel-8088-Prozessors als 8-Bit-Betriebssystem (es unterstützte also einen 8-Bit-Datenbus) auf dem Markt gebracht und bis MS-DOS V8.0 weiterentwickelt.

MS-DOS war ein einfaches Betriebssystem mit Kommandozeilen-orientierter Benutzeroberfläche. Die Basis war QDOS (quick and dirty operating system), ein Betriebssystem für den Mikroprozessor Intel 8088. QDOS wurde von Tim Paterson bei der Firma Seattle Computer Products entwickelt, 1981 von Microsoft übernommen und zu MS-DOS weiterentwickelt. Das Betriebssystem war CP/M sehr ähnlich, hatte aber einige Verbesserungen bei der Dateiverwaltung, z. B. das FAT-Dateisystem, das wir in Kap. 8 noch betrachten werden. Die Ursprungsversion von MS-DOS unterstützte noch keine Festplatte, sondern nur Floppy-Laufwerke.

Windows war zunächst nur eine grafische Oberfläche für MS-DOS, entwickelte sich anfangs sehr langsam und war durch die Kompatibilität zu MS-DOS sehr eingeschränkt und auch fehleranfällig. Erst mit Windows NT und Windows 95 gelang der Durchbruch.

---

[14] CTSS ist die Abkürzung für „Compatible Timer Sharing System".
[15] MULTICS steht abkürzend für „MULTIplexed Information and Computing Service".

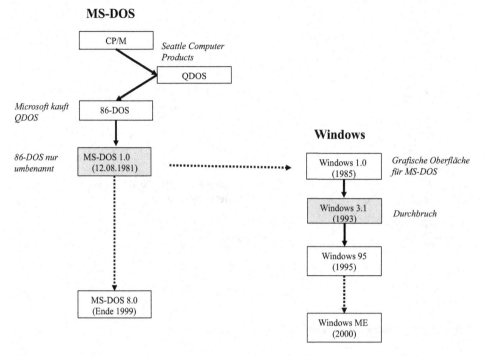

Abb. 1.6 Von MS-DOS zu Windows

Heute sind mit Windows 2008 bzw. Windows 7 leistungsfähige Betriebssysteme auf dem Markt, die sowohl im Arbeitsplatzbereich, als auch im Serverbereich eingesetzt werden. Die Geschichte von Windows und dessen Ursprung in MS-DOS bzw. QDOS bis hin zum heutigen Windows NT 10.0 ist in Abb. 1.6 und 1.7 etwas vereinfacht skizziert. Das heutige Windows setzt immer noch auf Windows NT (New Technology) auf. Die Planung von Microsoft ist nicht genau durchschaubar. So ist noch nicht ersichtlich, wann ein Betriebssystem auf dem Markt kommt, das nicht mehr auf NT basiert.

Windows NT hatte im Jahre 2000 einen Codeumfang von ca. 29 Mio. LOC (Lines of Code). Bei Windows Vista sprach man bereits von einem Codeumfang von 50 Mio. LOC. Entsprechend dürften die weiteren Versionen von Windows noch umfangreicher sein, genauere Zahlen sind nicht veröffentlicht. Dem gegenüber wirkt der Linux-Kernel (siehe unten), ein Unix-Derivat, mit über 26 Mio. LOC in Version 5.2 (2019) bzw. recht schlank. Allerdings muss man beim Vergleich beachten, welche Softwarebausteine mitgerechnet werden.[16]

---

[16] Die Anzahl der Codezeilen sind nicht unbedingt eine gute Metrik für die Funktionalität. Die Metrik erlaubt aber doch eine gewisse Einschätzung, wenn man bedenkt, dass die Entwickler von Betriebssystemen meist guten Code entwickeln.

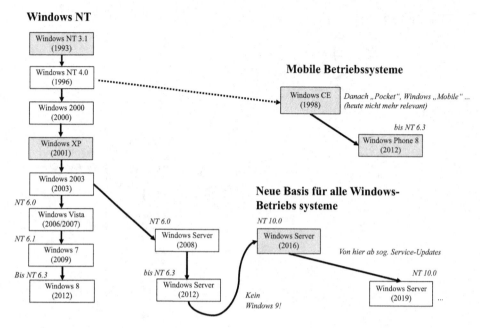

Abb. 1.7   Von Windows zu Windows NT

1.2.5   Geschichte von Unix

Unix entstand aus dem Betriebssystem MULTICS zunächst unter einer PDP-7 und wurde von Ken Thompson und Dennis Ritchie in den Bell Labs entwickelt. Danach entstanden zwei inkompatible Versionen: BSD Unix aus der Berkeley University als Vorgänger von Sun OS und System V von AT&T. Das BSD-System findet man heute in Derivaten wie FreeBSD, OpenBSD, BSDI, Mac OS X und NetBSD wieder.

Standardisierungsbemühungen der IEEE[17] brachten gegen Ende der 80er-Jahre einen Standard namens POSIX (Portable Operating System Interface) hervor, der eine einheitliche Schnittstelle eines kompatiblen Unix-Systems definiert. Andere Standardisierungsbemühungen der *Open Group*[18] brachten den als XPG (Unix Portability Guide) bezeichneten Standard hervor, der durch diverse Unix-Hersteller unterstützt wird. Weiterhin wird das *System V*, das ursprünglich von den *USL* (Unix System Laboratories) von AT&T stammt, als Standard gehandelt. Hier wurde der Standard *SVID* (System V Interface Definition) als Schnittstellenspezifikation entwickelt.

Die neueste Standardisierung von Unix-Systemen ist die sog. *Single Unix Specification (SUS)*, die seit dem Jahr 2013 in einer Version 4 (*SUSv4*) vorliegt und auch durch einen

---

[17] IEEE = Institute for Electrical and Electronic Engineers, vergleichbar mit VDI in Deutschland.

[18] Die Open Group ist ein Konsortium aus mehreren Unternehmen, die (u. a.) Unix-Systeme herstellen.

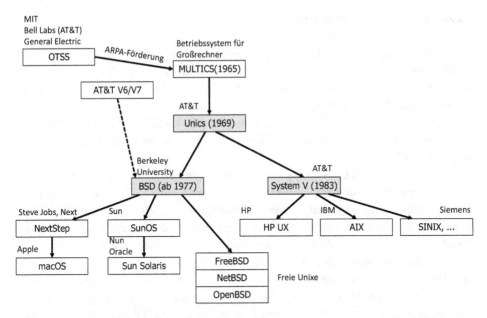

Abb. 1.8 Unix-Entwicklungsgeschichte

internationalen Standard der ISO/IEC[19] genormt ist. Dieser Standard wurde gemeinsam von IEEE und der Open Group entwickelt und wird derzeit von der *Austin Common Standards Revision Group* (kurz Austin Group) gepflegt. Den Normierungen sind im Wesentlichen Schnittstellenspezifikationen für die Unix-Kommandos und für Systemdienste unterworfen. Die Unix-Hersteller müssen nachweisen, dass sie die Standards erfüllen, und dürfen dann ihre Unix-Produkte als standardkonform bezeichnen. Eine Zertifizierung nach dem ISO-Standard erlaubt z. B. die Führung des Labels *Unix 04*. Die wichtigsten Unix-Hersteller unterstützen heute diese Standards (IBM AIX, HP-UX, Mac OS X, Oracle Solaris), was sie aber nicht daran hindert, Alleinstellungsmerkmale zu ergänzen, sodass sich Unix-Derivate trotzdem teilweise stark unterscheiden.

In Abb. 1.8 ist die Unix-Entwicklung beginnend bei OTSS über MULTICS und Unics bis hin zu den heutigen Derivaten skizziert. Wie man aus der Skizze erkennen kann, ging auch das Betriebssystem macOS über den Vorgänger NextStep aus dieser Entwicklung hervor. Der Übergang von OTSS zu MULTICS wurde seinerzeit über ein ARPA-Projekt gefördert.[20]

---

[19] ISO = International Standardisation Organisation; die Unix-Norm heißt 9945:2003. IEC = International Electrotechnical Commission; IEC ist ein internationales elektrotechnisches Normierungsgremium mit Sitz in Genf für Normen im Bereich der Elektrotechnik und Elektronik. Einige Normen werden gemeinsam mit ISO entwickelt, darum ISO/IEC.

[20] ARPA war die US-amerikanische Forschungsbehörde, die heute DARPA (Defences Advandes Research Project Agency) heißt.

1.2.6 Geschichte von Linux

Linus Torvalds begann schließlich 1991 aus dem Unix-Clone MINIX von Tanenbaum das Betriebssystem Linux (der Name stammt von seinem Vornamen, anstelle von „s" wurde „x" von Unix eingesetzt) als Open-Source-Unix zu entwickeln (Abb. 1.9). Er verwendete dabei die GNU-GPL-Lizenz (General Public Licence), was für eine freie Nutzung von Vorteil war. Linux V1.0 wurde schließlich im Jahre 1994 und Linux 2.0 im Jahre 1996 freigegeben. Im Januar 2020 wurde die zu der Zeit aktuelle Version mit der Versionsnummer 5.5 bezeichnet.

Linux wird wie auch Unix im Wesentlichen in der Programmiersprache C entwickelt. Heute ist Linux das populärste Unix-Derivat und ist zertifiziert nach POSIX 1003.1a. Weiterhin implementiert Linux auch die Systemaufrufe von SVID Release 4 und BSD-Unix, ist allerdings nicht SUSv3-konform. Es gibt mittlerweile eine Reihe von sog. Linux-Distributionen, die alle auf dem gleichen Kernel aufsetzen. Hierzu gehören Debian, Red Hat (derzeit am bekanntesten und größten), Fedora (kostenloser Entwicklungszweig von Red Hat), SUSE, Ubuntu (sehr populär für Privatanwender), CentOS und Chrome OS, um nur einige zu nennen. Android (Google) nutzt ebenfalls einen Linux-Kernel, allerdings in einer abgekoppelten Version. Verschiedene Distributoren bieten kommerzielle Dienste wie Wartungs- und Supportleistungen und sog. Enterprise Lizenzen an. Damit ist Linux auch seit längerer Zeit für den kommerziellen Einsatz geeignet und wird insbesondere im Web-Umfeld (z. B. als Betriebssystem für Webserver) stark eingesetzt.

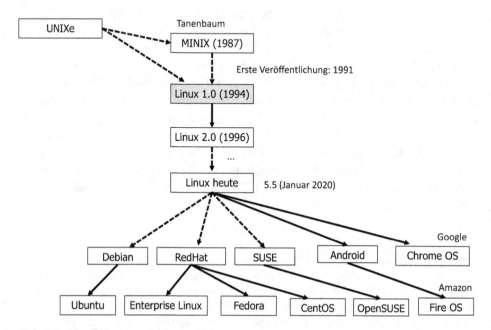

Abb. 1.9 Entwicklungsgeschichte von Linux

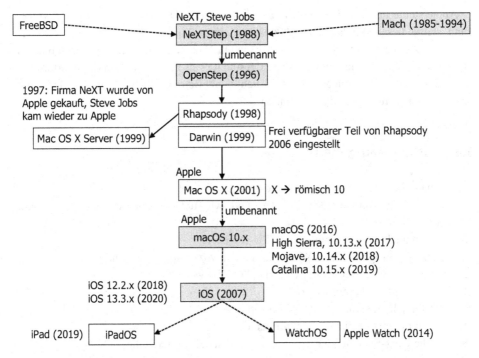

Abb. 1.10 Entwicklungsgeschichte von macOS

Der Linux-Kernel wird heute, mehr als 25 Jahre nach der ersten Version, immer noch von Linus Torvalds verwaltet. Er legt fest, welche Funktionen in den offiziellen Kernel eingebaut werden.

1.2.7 Geschichte von macOS

macOS ist ein Betriebssystem der Firma Apple Inc., einem US-amerikanischer Hard- und Softwarehersteller. Wie schon bei der Unix-Geschichte ging auch das Betriebssystem macOS über den Vorgänger NeXTStep aus der Unix-Entwicklung hervor, wie in Abb. 1.10 skizziert ist. Das Betriebssystem NeXTStep wurde von NeXT, einem Unternehmen von Steve Jobs entwickelt und zwar zu der Zeit, nachdem er Apple verlassen hatte. Neben FreeBSD hatte auch noch Mach, das an der Carnegie Mellon University (CMU) in Pennsylvania entwickelte Betriebssystem, Einfluss auf NeXTStep. NeXTStep wurde später zu OpenStep (1996) umbenannt. Als Steve Jobs, einer der Apple-Gründer wieder zu Apple zurückkam (die Firma NeXT wurde von Apple gekauft), nahm er OpenStep mit. Apple entwickelte aus OpenStep das Betriebssystem Rhapsody, aus dem dann schließlich im Jahre 2001 Mac OS X wurde. Bereits zwei Jahre vorher wurde das Betriebssystem Mac OS X Server auf Basis von Rhapsody veröffentlicht.

Apple stellte im Jahre 1999 einen Teil von Rhapsody, Darwin genannt, frei zur Verfügung, stellte diesen Teil dann aber 2006 wieder ein.

Mac OS X wurde zunächst im Jahr 2012 in OS X und dann im Jahr 2017 nach macOS umbenannt. Weitere Ableitungen aus macOS sind iOS als Betriebssystem für Smartphones sowie das wiederum davon abgeleitete WatchOS als Betriebssystem für die Apple-Uhren und das iPadOS für Apple iPads (Tablets).

1.3   Übungsaufgaben

1. Nennen Sie fünf Betriebssystemkategorien!
2. Was ist ein Von-Neumann-Rechner und wie unterscheidet er sich von einem Harvard-Rechner?
3. Wozu braucht man in Computern CPU-Register?
4. Was ist ein Program Status Word (PSW) und wozu wird es verwendet?
5. Was ist ein Mehrzweck- oder Universalbetriebssystem?
6. Was ist ein Mehrkernprozessor?
7. Was versteht man unter einer Prozessorarchitektur?
8. Was ist mit einer Mikroarchitektur gemeint?
9. Welche Unix-Standards kennen Sie und was standardisieren diese?
10. Was versteht man unter einem symmetrischen Multiprozessorsystem?
11. Was sind UMA-Multiprozessoren?

Literatur

Baumgarten, U., & Siegert H.-J. (2006). *Betriebssysteme* (6. Aufl.). München: Oldenbourg.
Brinkschulte, U., & Ungerer, T. (2010). *Mikrocontroller und Mikroprozessoren* (3. Aufl.). Berlin/ Heidelberg: Springer.
Herrmann, P. (2002). *Rechnerarchitektur* (3. Aufl.). Braunschweig/Wiesbaden/Vieweg.
Homeister, M. (2015). *Quantum Computing verstehen Grundlagen – Anwendungen – Perspektiven* (4. Aufl.). Wiesbaden: Springer Vieweg.
Tanenbaum, A. S., & Bos, H. (2016). *Moderne Betriebssysteme* (4., akt. Aufl.). (deutsche Übersetzung von Tanenbaum & Bos 2015). Hallbergmoos/Pearson Deutschland.

Betriebssystemarchitekturen und Betriebsarten

2

Dieses Kapitel führt in Betriebssystemarchitekturen und typische Betriebsarten von Betriebssystemen ein. Dazu ist es zunächst notwendig, die Zugriffsschutzkonzepte von Betriebssystemen zu erläutern und Begriffe wie Benutzermodus und Kernelmodus einzuführen. Häufig verwendete Begriffe zu historischen und aktuell üblichen Betriebsarten wie Multitasking und Timesharing werden gegeneinander abgegrenzt. Spezielle Betriebsarten wie Teilnehmer- und Teilhaberbetrieb sowie der Application-Server-Betrieb werden eingeführt. Der heute wieder an Bedeutung gewinnende Terminalbetrieb, allerdings im Gegensatz zu früher mit grafischer Oberfläche anstelle von blockorientierten, alphanumerischen Terminals, wird ebenfalls kurz vorgestellt. Dabei wird erläutert, was ein Terminalserver ist. Ebenso wird auf die sich immer weiter verbreitenden Konzepte der Virtualisierung, insbesondere auf die Virtualisierung von Betriebssystemen eingegangen. Eine kurze Einführung zu Cloud Computing, das zunehmend an Bedeutung gewinnt, rundet diese Einführung ab.

Zielsetzung des Kapitels
Der Studierende soll die gängigen Architekturvarianten verstehen und erläutern können. Weiterhin sollen die verschiedenen Betriebsarten und die grundlegenden Konzepte zur Virtualisierung und für das Cloud Computing wiedergegeben werden können.

Wichtige Begriffe
Kernel, Betriebssystemkernel, Timesharing, Stapelsystem, Teilnehmer- und Teilhaberbetrieb, Transaktionsmonitor, Application-Server, Multiprocessing, Multitasking, Mehrzweckbetriebssystem, Verteiltes System, Terminalserver, Virtualisierung, Betriebssystemvirtualisierung, Cloud Computing.

© Springer Fachmedien Wiesbaden GmbH, ein Teil von Springer Nature 2020
P. Mandl, *Grundkurs Betriebssysteme*,
https://doi.org/10.1007/978-3-658-30547-5_2

2.1   Zugriffsschutz in Betriebssystemen

Das Betriebssystem wird üblicherweise von den Anwendungen abgeschottet, damit es vor unprivilegierten Zugriffen geschützt ist. Gewisse Aufgaben, wie der Zugriff auf die Hardware oder die Verwaltung spezieller Ressourcen dürfen nicht direkt durch Anwendungen möglich sein. Auch ist es nicht zulässig, dass Anwendungen andere Anwendungen beeinträchtigen, z. B. indem sie Datenbereiche von ihnen sehen oder verändern können. Da Anwendungen aber die Dienste des Betriebssystems benötigen, um die vom Betriebssystem verwalteten Betriebsmittel nutzen zu können, ist eine dedizierte, abgesicherte Schnittstelle erforderlich, die einen kontrollierten Übergang von einer Anwendung in das Betriebssystem ermöglicht.

Für diese Zwecke gibt es in der Regel einen privilegierten und einen nicht-privilegierten Modus. Man spricht in diesem Zusammenhang auch von Benutzer- und Kernelmodus. Diese beiden Modi sind für heutige Betriebssysteme typisch. Sie haben folgende Bedeutung:

- Im *Benutzermodus* (Usermodus) laufen üblicherweise Anwendungsprogramme ab. In diesem Modus ist ein Zugriff auf kernelspezifische Code- und Datenbereiche nicht möglich
- Im *Kernelmodus* (privilegierter Modus) werden Programmteile des Betriebssystems ausgeführt, die einem gewissen Schutz unterliegen. Damit kann das Betriebssystem auch eine Abschottung von Datenstrukturen und Codeteilen des Betriebssystems vor Zugriffen aus Anwendungsprogrammen heraus vornehmen

Für die Realisierung dieser beiden Modi benötigt man die Unterstützung des Prozessors in zweifacher Hinsicht. Zum einen müssen diese Modi darstellbar bzw. einstellbar sein, was in der Regel über ein Steuer- und Kontrollregister (z. B. interne Kontrollregister bei Intel-Prozessoren) möglich ist. Zum anderen muss es einen Maschinenbefehl geben, der einen kontrollierten Übergang vom Benutzermodus in den privilegierten Modus ermöglicht, damit ein Anwendungsprogramm eine Betriebssystemfunktion, wie z. B. zum Anlegen einer Datei, aufrufen kann.

Bei den älteren x86-Intel-Architekturen wird das Schutzkonzept über vier Privilegierungsstufen realisiert, die als Ringe (Ring 0 bis 3) bezeichnet werden (siehe hierzu Abb. 2.1). Ein Anwendungsprogramm läuft zu einer Zeit in genau einem Ring. In anderen Prozessoren und auch bei neueren x64/IA64-Prozessoren gibt es seit jeher nur zwei Ringe, weshalb Betriebssysteme aus Kompatibilitätsgründen ebenfalls nur zwei Ringe nutzen.

Die Abbildung bzw. Nutzung der Ringe auf Modi erfolgt häufig folgendermaßen:

- Mit dem Ring 0 wird der Kernelmodus realisiert
- Der Benutzermodus wird auf Ring 3 abgebildet

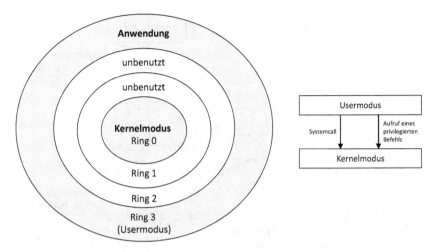

Abb. 2.1 Schutzringe bei x86-Prozessoren und deren Nutzung in Betriebssystemen

- Der Übergang von einem höheren auf einen niedrigeren (höher priorisierten) Ring, also von Ring 3 nach Ring 0 erfolgt über eine privilegierte Operation (z. B. der int-Befehl im x86-Befehlssatz)[1]. Die anderen Ringe werden nicht verwendet[2]
- Beim Wechsel von Ring 3 nach Ring 0 wird ein Kontextwechsel durchgeführt. Was dies genau bedeutet, wird in Kap. 3 noch weiter ausgeführt
- Bei Aufruf eines privilegierten Befehls in einem nicht dafür gedachten Ring wird eine Ausnahme (ein sog. Trap) ausgelöst, die in dem dafür privilegierten Ring bearbeitet wird

Von diesem Zugriffsschutz gehen wir nun bei der weiteren Betrachtung der Architekturen aus und werden in Kap. 3 im Rahmen der Virtualisierungskonzepte nochmals darauf zurückkommen.

2.2 Betriebssystemarchitekturen

2.2.1 Klassische Architekturen

Betriebssysteme sind sehr komplexe Softwaresysteme und intern in Komponenten bzw. Module strukturiert. Etwas ältere Betriebssysteme besitzen meist einen rein monolithischen Betriebssystemkern (Kernel), wie dies in Abb. 2.2 dargestellt ist. Der gesamte Kern mit allen Modulen stellt bei dieser Architekturvariante ein zusmmenhängendes Programm dar.

---

[1] Mehr dazu in Kap. 3 bei der Diskussion von Systemcalls.

[2] Bei der Betriebssystemvirtualisierung mit Hardwareunterstützung kommt wieder ein neuer Modus hinzu; dazu mehr in Kap. 9.

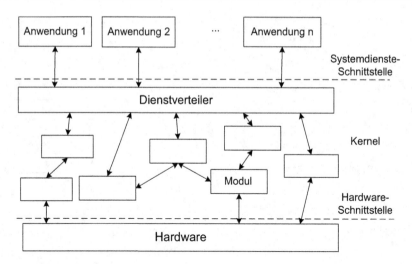

Abb. 2.2 Monolithischer Kernel

Alle Module eines monolithischen Kerns werden im privilegierten Modus ausgeführt und haben den kompletten Kerneladressraum im Zugriff. Meist findet man einen sog. Diensteverteiler, der die Systemaufrufe der Anwendungen entgegennimmt und an die einzelnen Kernelmodule weiterleitet. Die ursprüngliche Struktur des Betriebssystems wird ggf. im Zuge der Weiterentwicklung aufgegeben. Das alte MS-DOS, aber auch ältere Unix-Derivate und auch Linux verfügen über eine derartige Architektur.

Als Weiterentwicklung bzw. Verbesserung des monolithischen Kerns wurden neuere Betriebssysteme üblicherweise in Schichten strukturiert, wie dies in Abb. 2.3 beispielhaft dargestellt ist. Dadurch gelang es, den Kernel flexibler und überschaubarer zu gestalten. Einen Standard für die Schichtung gibt es allerdings nicht, da dies vom jeweiligen Design des Systems abhängt. Höhere Schichten nutzen die Module der darunter liegenden Schicht und nur in äußersten Ausnahmefällen und wohlbegründet (z. B. aufgrund von Leistungsargumenten) tiefere Schichtenfunktionalität direkt. Die unterste Schicht dient meist dem Zugriff auf die konkrete Hardware. Abhängigkeiten von der Hardware sind also in dieser Schicht gekapselt, was eine Portierung auf eine andere Hardwareplattform erleichtert. Die Schnittstelle zur Hardware wird oft noch – zumindest teilweise – in Assemblersprache programmiert.

Die typischen Komponenten des Kernels wie Memory-Manager (Speicherverwaltung), Prozess-Manager (Prozessverwaltung), File-Manager (Dateiverwaltung), E/A-Manager (Ein-/Ausgabeverwaltung), Netzwerk-Manager (Netzwerkzugang) und Treiber (Hardwarezugang) werden auf Schichten verteilt, die in den verschiedenen Betriebssystemen zum Teil sehr unterschiedlich festgelegt sind.

Als Beispiele heute weit verbreiteter Betriebssysteme mit Schichtenarchitektur sind verschiedene Unix-Derivate (Ableitungen von Unix sind HP UX, Sun Solaris, ...) und Windows-Derivate (2000, 2003, XP, Vista, 7, 2008, 8, 2012) zu nennen.

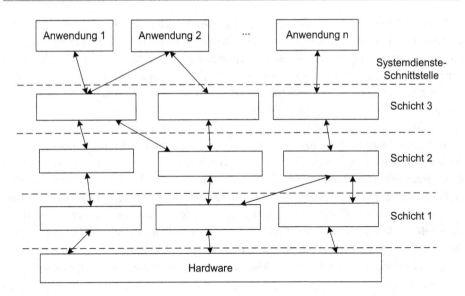

Abb. 2.3 Schichtenorientierter Kernel

2.2.2 Mikrokern-Architektur

Im Gegensatz zu monolithischen Architekturen wird eine Betriebssystemarchitektur, die einen leichtgewichtigen Kernel enthält, als Mikrokern-Architektur (auch Mikrokernel-Architektur) bezeichnet. Der Kernel wird bei dieser Architekturvariante dadurch entlastet, dass Funktionalität in Anwendungsprozesse, sog. Serverprozesse, die im Benutzermodus laufen, ausgelagert wird. Nicht die gesamte Kernelfunktionalität läuft also im Kernelmodus und auch nicht in einem einzigen zusammenhängenden Programm.

Der Kernel übernimmt hier im Wesentlichen die Abwicklung der Kommunikation zwischen den sog. Client- und Serverprozessen. Beispiele für Mikrokern-Betriebssysteme sind Mach von der Carnegy Mellon University (CMU), Hurt, L4 sowie Amoeba und Chorus (Tanenbaum und Bos 2016). Besonders für Echtzeitanwendungen werden Mikrokern-Betriebssysteme häufig verwendet. Beispielsweise wird QNX (Entwicklungsfirmen Gordon Bell und Dan Dodge), das auch als BlackBerry Tablet OS im Smartphone Blackberry eingesetzt wird, als echtzeitfähiges Betriebssystem mit Mikrokern für eingebettete Systeme bezeichnet. Das Betriebssystem Mach diente auch als eine Basis des Betriebssystems macOS von der Firma Apple Inc (siehe Kap. 1).

Die Mikrokern-Architektur entstand aus dem Trend, den Kernel „leichter" zu machen. Aus dem Kernel ausgelagerte Serverprozesse können z. B. ein File-Server oder ein Memory-Server sein. Clientprozesse greifen bei dieser Betriebssystemarchitektur auf den Mikrokern über eine Service-Request-Schnittstelle zu. Der Mikrokern leitet die Requests an die entsprechenden Server, die in nicht privilegierten Anwendungsprozessen ablaufen, weiter und stellt umgekehrt den Clientprozessen die Ergebnisse zu.

Generell kann man sagen, dass die Mikrokern-Architektur nicht sehr leistungsfähig ist und daher auch in der Praxis in ihrer reinen Form nicht angewendet wird. Heutige Implementierungen wie Windows sind z. B. so ausgelegt, dass zumindest der Memory-Manager, der Prozess-Manager, der Netzwerk-Manager, der E/A-Manager und der File-Manager im Kernelmodus ablaufen (Russinovich et al. 2012b). Abb. 2.4 verdeutlicht diese Architekturvariante (nach Tanenbaum und Bos 2016).

Eine Weiterführung des Mikrokernel-Konzepts wird in der sog. Exokernel-Architektur versucht. Hier wird der Kern bzw. der Code, der im Kernelmodus abläuft, weiter reduziert. Abstraktionsschichten werden dort, wo es möglich ist, entfernt. Der Zugriff auf Hardware-Ressourcen erfolgt hier direkt über die Anwendungen, wobei der Exokernel lediglich die Aufgabe der Konfliktvermeidung übernimmt. Mit diesem Ansatz zielt man darauf ab, die Effizienz zu erhöhen (Tanenbaum und Bos 2016). Reduzierungen des Kernels werden auch gelegentlich als Nano- oder Picokernel bezeichnet (Shapiro et al. 1992). Man spricht dann auch von einem Hybrid-Kernel. In Abb. 2.5 findet sich eine grobe Gegenüberstellung der drei Architekturansätze Monolith, Mikrokernel und Hybrid-Kernel mit typischen Aufgabenverteilungen.

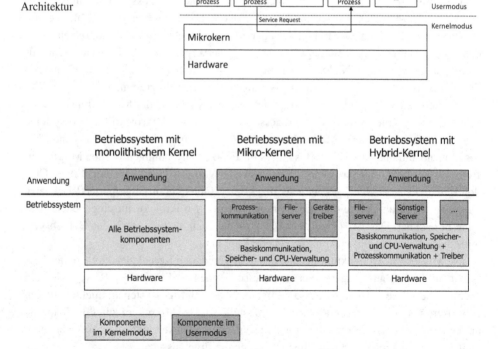

Abb. 2.4 Mikrokern-Architektur

Abb. 2.5 Vergleich der verschiedenen Kernel-Architekturansätze

2.2.3   Architekturbeispiele

Im Folgenden werden die konkreten Betriebssystemarchitekturen von Unix, Linux, Android und Windows (ab 2003) etwas vereinfacht beschrieben.

Bei **Unix** ist eine klare Systemcall-Schnittstelle vorhanden, welche den Zugang zur geschichteten, monolithischen Kernelfunktionalität ermöglicht. Jedes Benutzerprogramm wird in der Regel von einer sog. *Shell* aus gestartet. Eine Shell stellt einen Kommando-Interpreter dar. Beispiele hierfür sind die Korn-Shell und die Bourne-Shell. Innerhalb der Shell können dann weitere Programme gestartet werden. Wie man aus der Abb. 2.6 ersehen kann, gibt es im Unix-Kernel Komponenten wie die Speicherverwaltung, das Dateisystem, die Prozessverwaltung usw.

Die **Linux**-Architektur (Abb. 2.7) ähnelt der Unix-Architektur sehr stark. Auch hier handelt es sich um einen geschichteten, monolitischen Kernel, der für alle Linux-Derivate gleich ist. Aus dem Usermodus kommt man über einen Aufruf aus der C-Library über eine Systemcall-Schnittstelle geordnet in den Kernelmodus. Im monolitischen Kernel sind die wesentlichen Betriebssystemfunktionen implementiert. Die Systemdienst-Schnittstelle (Systemcall Interface) stellt ca. 380 Systemcalls bereit, die C-Library etwa 2000 Funktionen für den kontrollierten Zugriff auf den Linux-Kernel.[3]

Android ist ein Linux-Derivat und wurde als Open-Source-Plattform von der Open Handset Alliance, einem Zusammenschluss unterschiedlicher Unternehmen, entwickelt und wird heute überwiegend für Smartphones, Fernseher und Tablets eingesetzt. Vor allem Google war und ist in der Android-Entwicklung federführend. Für Android wurde der

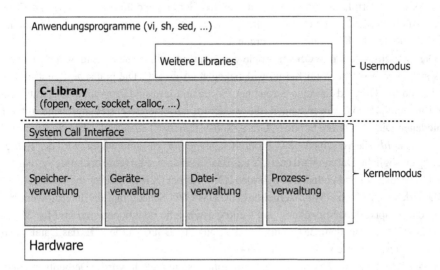

Abb. 2.6   Architektur von Unix

---

[3] Stand März 2020, siehe https://en.wikipedia.org/wiki/Linux_kernel, letzter Zugriff am 03.03.2020.

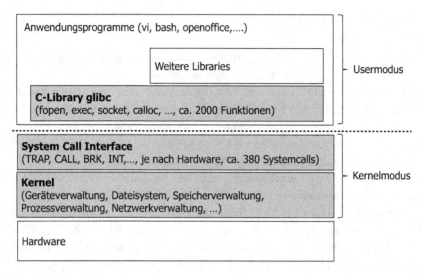

Abb. 2.7 Architektur von Linux

Linux-Kernel 2.6.26 als Basis verwendet und von der Linux-Kernel-Entwicklung abgekoppelt. Mit der Android-Version 4.x wurde auf den Linux-Kernel 3.x umgestellt. Seit
2019 ist die Android-Version 10 im Einsatz.

Der Kernel wurde an einigen Stellen abgespeckt und an mehreren Stellen auch erweitert, um den Anforderungen von mobilen Geräten gerecht zu werden. Beispielsweise
wurde ein spezielles Energie-Management ergänzt, da die Steuerung der Stromversorgung
über Aku in Smartphones und sonstigen mobilen Geräten andere Anforderungen erfüllen
muss. Auch wurde die Speicherverwaltung angepasst und es wurden spezielle Mechanismen für die interne Kommunikation ergänzt.

Das Betriebssystem **macOS** von Apple wurde aus verschiedenen Richtungen beeinflusst,
was sich auch heute noch im Kernel widerspiegelt (Abb. 2.8). Die grafische Benutzeroberfläche von macOS wird als Aqua bezeichnet. Cocoa und Java sind Programmierschnittstellen
zur Entwicklung von Anwendungen, die wiederum auf eine Bereitstellungsebene mit verschiedenen Diensten (Core Services, Grafik-Subsystem usw.) aufsetzen. Über die Bibliothek
libSystem.dylib, die verschiedene C-Bibliotheken wie *libc* zusammenfasst, wird der Kernel-
zugang ermöglicht. Darwin wird auch als das Basisbetriebssystem (core operating system) für
macOS bezeichnet und enthält den hybriden XNU-Kernel (X is not Unix), der wiederum aus
BSD-Teilen und Mach's Mikrokernel besteht. Das CPU-Scheduling, die Interruptverarbeitung, die Hauptspeicherverwaltung und weitere essenzielle Funktionen sind im Mac Mikor-
kernel enthalten. Aus dem BSD-Unix (konkret aus FreeBSD) wurde z. B. das Dateisystem
und die Netzwerkimplementierung übernommen.

iOS ist ein macOS-Derivat, das für Smartphones entwickelt wurde. Dementsprechend
enthält es auch einen Darwin-Kern, ebenso wie die Betriebssysteme watchOS und iPadOS
von Apple, die wiederum von iOS abstammen.

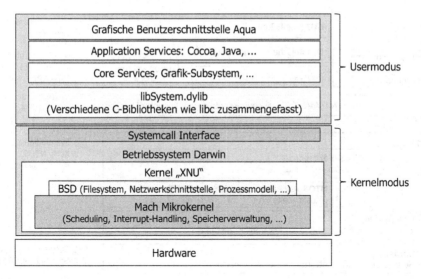

Abb. 2.8 Architektur von macOS

Windows (bzw. dessen Vorgänger) wurde so konzipiert, dass auch Nicht-Windows-Anwendungen wie OS/2- und POSIX-Anwendungen in diesem Betriebssystem ablaufen können. Bei Windows ist die Architektur daher etwas komplizierter als beim klassischen Unix. Verschiedene Subsysteme laufen im Benutzermodus ab, die wesentlichen Komponenten des Betriebssystems sind aber nur im Kernelmodus ablauffähig.

Die Subsysteme für POSIX und OS/2 sind heute nicht mehr so relevant. Das POSIX-Subsystem wurde nur entwickelt, um den Anforderungen des amerikanischen Verteidigungsministeriums an Betriebssysteme Rechnung zu tragen. In diesem Subsystem können POSIX-konforme Anwendungen ablaufen. Das OS/2-Subsystem ermöglichte den Ablauf von OS/2-Anwendungen und wurde nur entwickelt, um IBM-Kunden eine Möglichkeit der Migration zu bieten. Dieses Subsystem wird seit Windows 2000 nicht mehr unterstützt. Auch das POSIX-Subsystem wird nicht mehr in allen Windows-Derivaten unterstützt. Unter Windows XP ist es beispielsweise nicht mehr im Lieferumfang enthalten. In neueren Windows-Versionen erscheint das POSIX-Subsystem wieder mit der Bezeichnung „Subsystem for Unix-based Application" (SUA) (Russinovich et al. 2012a). Die Subsysteme werden im Benutzermodus über den Prozess *csrss* zur Verfügung gestellt.

Wichtige Windows-Schichten und deren Zusammenhänge sind in Abb. 2.9 grob skizziert. Anwendungen im Usermodus können die Dienste des Betriebssystems über die Windows-API (Win32-API, WinAPI) aus der Bibliothek[4] kernel32.dll nutzen, die ihrerseits wieder die Dienste der NT-API (implementiert in der DLL Ntdll.dll) nutzt, um Systemcalls wie *NtCreateFile* usw. abzusetzen.

---

[4] Bibliotheken (Libraries) heißen unter Windows auch DLLs = Dynamic Link Libraries, da die Module dynamisch zur Laufzeit nachgeladen werden.

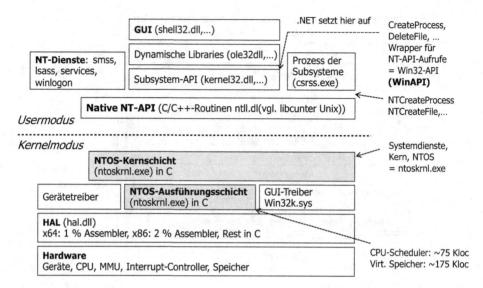

Abb. 2.9 Architektur von Windows

Im Benutzermodus laufen auch aus dem Kernelmodus ausgelagerte wichtige Systemprozesse und Windows-Services sowie die genannten Subsysteme. Im Windows-
Betriebssystem sind durch die Ausgliederung dieser Komponenten vom Kernel- in den
Benutzermodus gewisse Ansätze (nur Ansätze!) der Mikrokern-Architektur implementiert. Interessant ist auch die sog. *Hardware Abstraction Layer* (*HAL*), die den Zugriff auf
die eigentliche Hardware weitgehend kapselt und somit durch eine Austauschmöglichkeit
dieser Schicht auch die vereinfachte Unterstützung verschiedener Rechnerarchitekturen
ermöglicht (Russinovich et al. 2012a).

Die oberen Schichten des Kernelmodus werden auch gemeinsam als *Executive* bezeichnet und ebenfalls in der Datei *Ntoskrnl.exe* zur Verfügung gestellt. Hier werden im
Wesentlichen die Implementierungen der Systemdienste über einen Dispatching-
Mechanismus zugänglich gemacht. Die Hauptkomponenten des Kernels sind der Prozess-
und Thread-Manager, der E/A-Manager und der Memory-Manager.

In der Abbildung werden auch einige Hinweise über die Größenordnungen von Softwarekomponenten gegeben. Der CPU-Scheduler alleine hat z. B. eine Größe von ca.
75.000 Codezeilen. Interessant ist auch, dass das gesamte .NET-Framework im Usermodus abläuft und ebenso wie die anderen Anwendungen die Windows-API für den Zugriff
auf das Betriebssystem nutzt.

Wie die Architekturskizzen zeigen, sind sowohl moderne Unix- als auch Windows-
Derivate geschichtete Betriebssysteme mit einer gekapselten Hardwareschnittstelle. Dieser Aspekt wird heute auch immer wichtiger, da man nicht mehr das ganze Betriebssystem
neu entwickeln möchte, wenn man die Hardwareplattform (z. B. durch Unterstützung

eines neuen Prozessors) austauscht. Betriebssysteme wie Unix und Windows unterstützen heute eine ganze Fülle von verschiedenen Hardwareplattformen. Ohne eine Abstraktionsschicht wie die Hardware Abstraction Layer von Windows wäre dies nicht mit vertretbarem Aufwand möglich.

2.3 Klassische Großrechnerbetriebsarten

Viele Begriffe aus der Welt der Betriebssysteme haben ihren Ursprung in Mainframe-Systemen. Insbesondere wurde dort auch der Begriff „Betriebsart" verwendet, um gewisse Eigenschaften von Betriebssystemen zu erläutern. Einige Begriffe sollen im Folgenden eingeführt werden.

2.3.1 Multiprocessing und Multitasking

Multitasking (Syn.: *Mehrprogrammbetrieb* oder *Multiprogramming)* ist ein Begriff, der bereits mehrfach verwendet wurde. Dieser Begriff bezeichnet im Gegensatz zum *Einprogrammbetrieb (Singletasking)* die Möglichkeit der „gleichzeitigen" oder aber auch „quasigleichzeitigen" Ausführung von Programmen in einem Betriebssystem. Unter einem Einprogrammbetrieb versteht man, dass zu einer Zeit nur ein Programm in den Speicher geladen und ausgeführt werden kann. Parallelverarbeitung wird in diesem Fall nicht unterstützt. Die alten PC-Betriebssysteme wie MS-DOS unterstützen z. B. nur Singletasking. Diese Betriebsart ist heute, außer in einfachen Betriebssystemen (z. B. bei einfachen Embedded Systems), nicht mehr üblich.

Die meisten modernen Mehrzweckbetriebssysteme wie *Windows, Unix, macOS, IBM/390, BS2000 OSD* usw. unterstützen heute den Mehrprogrammbetrieb, wobei die Anzahl der nebenläufigen Programme meist wesentlich höher als die Anzahl der vorhandenen CPUs ist. Auch mit einer CPU ist ein Mehrprogrammbetrieb möglich und auch üblich. Wesentliches Merkmal ist hier, dass ein Programm zu einer Zeit auf einem Prozessor, den das Betriebssystem zugewiesen hat, ausgeführt wird.

Im Mehrprogrammbetrieb können also mehrere Programme nebenläufig ausgeführt werden. Die erforderlichen Betriebsmittel werden nach verschiedenen Strategien (Prioritäten, Zeitscheibenverfahren) zugeteilt. Die Zuordnung des Prozessors nach Zeitintervallen an die nebenläufigen Programme wird als *Timesharing* bezeichnet.

Einprozessorsysteme verwalten genau einen Prozessor (CPU). Die meisten Mehrzweckbetriebssysteme sind heute *Mehrprozessorsysteme*, die mehrere CPUs oder sonstige Spezialprozessoren verwalten. Spezialprozessoren sind z. B. Prozessoren in Grafik- und Netzwerkkarten.

2.3.2   Batchverarbeitung und interaktive Verarbeitung

Im Stapelbetrieb, auch Batchprocessing genannt (Unterscheidung nach der zeitlichen Abwicklung), werden die Aufträge (Jobs) an das Betriebssystem zunächst in eine Warteschlange des Betriebssystems eingetragen und dann z. B. unter Berücksichtigung von
Prioritäten oder der Reihe nach abgearbeitet. Insbesondere in Mainframe-Anwendungen
ist der Stapelbetrieb z. B. für Abrechnungs- oder Buchungsläufe immer noch weit verbreitet. Dagegen wird bei der Dialogverarbeitung eine Kommunikation des Benutzers mit dem
System ermöglicht. Der Auftrag an das System muss zum Startzeitpunkt nicht vollständig
formuliert sein, sondern wird sozusagen im Dialog ergänzt.

2.3.3   Teilnehmerbetrieb

Im Hinblick auf die Programmnutzungsart unterscheidet man *Teilhaber-* und *Teilnehmerbetrieb,* wobei der Teilhaberbetrieb in der Regel eine Systemsoftware mit der Bezeichnung *Transaktionsmonitor* benötigt. Die Unterscheidung ist auf den ersten Blick nicht
ganz einleuchtend und soll daher erläutert werden.

Die ursprünglich typische Nutzungsart von Online-Systemen, die von Benutzern über
eine Dialogschnittstelle verwendet werden konnten, war der Teilnehmerbetrieb. Im Teilnehmerbetrieb erhält jeder Anwender seinen eigenen Benutzerprozess[5] sowie weitere Betriebsmittel vom Betriebssystem zugeteilt. Der Benutzer meldet sich über einen Login-
Dialog beim System an und bekommt die Betriebsmittel dediziert zugeordnet. Dies ist
auch heute noch die übliche Vorgehensweise in modernen Betriebssystemen. Unter Unix
und Windows arbeitet man üblicherweise nach dem Login-Vorgang im Teilnehmerbetrieb.

Größere Anwendungen, die viele Benutzer unterstützen, sind aber durch eine dedizierte
Betriebsmittelzuweisung nicht besonders leistungsfähig. Wenn z. B. 100 oder mehr Benutzer gleichzeitig ein Buchhaltungssystem verwenden, dann muss das Betriebssystem im
Teilnehmerbetrieb jedem Benutzer einen Prozess zuordnen (siehe Abb. 2.10). Das Programm wird jedes Mal neu gestartet, und das System muss sehr viel Leistung erbringen,
obwohl es vielleicht gar nicht sein müsste. Diese klassischen betrieblichen Informationssysteme wie Buchhaltungs-, Auftrags- oder Kundenverwaltungssysteme haben nämlich
meistens nur kurze Dialogschritte zu bearbeiten. Die meiste Zeit sitzt der Anwender vor
seinem Bildschirm und denkt. Der zugeordnete Prozess muss sehr wenig tun, belegt aber
viele Betriebsmittel. Hinzu kommt, dass derartige Anwendungen in der Regel auch Datenbanken benötigen. Wenn viele Prozesse Verbindungen zu einer Datenbank unterhalten
müssen, reduziert dies die Leistungsfähigkeit eines Systems enorm.

---

[5] Ein Prozess stellt im Betriebssystem eine Ablaufumgebung für ein Programm bereit. Wir werden
diesen Begriff noch ausführlich erläutern.

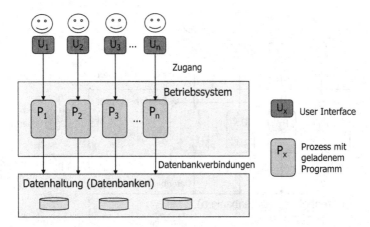

Abb. 2.10 Teilnehmerbetrieb

2.3.4 Teilhaberbetrieb

Gewissermaßen zur Optimierung dieser Anwendungen wurde der *Teilhaberbetrieb* erfunden. Im Teilhaberbetrieb werden Prozesse und Betriebsmittel über einen *Transaktionsmonitor* zugeteilt (Abb. 2.11). Dies ist möglich, da die Benutzer aus Sicht des Betriebssystems die meiste Zeit „denken", bevor eine Eingabe in das System erfolgt. Die Betriebsart *Teilhaberbetrieb* ist ideal für dialogorientierte Programme mit vielen parallel arbeitenden Anwendern, die meistens kurze und schnelle Transaktionen ausführen, wie dies etwa bei einem Buchungssystem für Flugbuchungen der Fall ist. Unter einer Transaktion wird hierbei ein atomar auszuführender Service verstanden, der entweder ganz oder gar nicht ausgeführt wird. Werden innerhalb der Ausführung einer Transaktion mehrere Operationen etwa auf einer Datenbank erforderlich, so darf dies nur in einem Stück erfolgen.[6] Das Transaktionskonzept ist für betriebliche Informationssysteme ein sehr wichtiges Konzept, das bei der Entwicklung fehlertoleranter Anwendungssysteme unterstützt.

Ein Transaktionsmonitor ist ein sehr komplexes Dienstprogramm, das oberhalb des Kernels angesiedelt ist und viele Aufgaben wie die Zugangskontrolle, die Verteilung der Anfragen auf bereitgestellte Prozesse und die Optimierung der Zugriffe sowie die Verwaltung der Ressourcen und auch die Zuordnung von Datenbankverbindungen übernimmt. Transaktionsmonitore kommen ursprünglich aus der Mainframe-Welt, sind aber heute auch in Unix- und Windows-Umgebungen stark verbreitet.[7] Bei der Programmierung einer Transaktionsanwendung geht man etwas anders vor als bei der klassischen Programmierung. Man hängt in der Regel seine Programme, auch Transaktionsprogramme genannt, in

---

[6] Klassische Transaktionen müssen verschiedene Korrektheitskriterien erfüllen, die auch mit dem Akronym ACID (Atomarity, Consistency, Isolation und Durability) umschrieben werden.

[7] Beispiele für Transaktionsmonitore sind IBM CICS, IBM IMS, Fujitsu OpenUTM (früher von Siemens), Oracle BEA Tuxedo und IBM Encina (früher von Transarc).

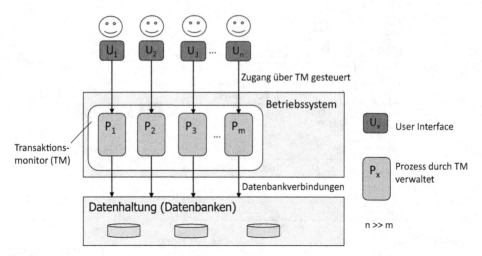

Abb. 2.11 Teilhaberbetrieb

den Transaktionsmonitor ein, der die eigentliche Steuerung übernimmt. Transaktionsmonitore stellen also die Ablaufumgebung für die Transaktionsanwendungen bereit. Der Aufruf eines Transaktionsprogramms erfolgt über die Angabe eines Transaktionscodes (TAC), der die Programmteile adressiert.

In Abb. 2.12 ist ein vereinfachter Ablauf des Aufrufs eines Transaktionsprogramms dargestellt. Das Transaktionsprogramm läuft in der Umgebung des Transaktionsmonitors. Über einen TAC erfolgt die Adressierung. Ein Dispatcher (Verteiler) teilt benötigte Ressourcen wie z. B. einen Prozess zu und gibt den Aufruf samt seiner Input-Daten an das Transaktionsprogramm weiter. Meist werden Daten aus Datenbanken gelesen, verarbeitet und ggf. verändert. Nach der Bearbeitung werden die Ergebnisse für die Ausgabe auf dem Terminal aufbereitet und an das Terminal gesendet.

2.4   Terminalserver-Betrieb

Ein Terminalserver verwaltet Terminals bzw. Client-Arbeitsplätze. Sinn und Zweck von Terminalserver-Systemen ist es, die Administration verteilter Komponenten zu vereinfachen und besser kontrollieren zu können. Eine zentrale Serverlandschaft, die aus großen Serverfarmen bestehen kann, bedient „dumme" Clientrechner (sog. Thin Clients), wobei die Anwendungsprogramme vollständig in den Servern ablaufen und die Clientrechner nur noch für Zwecke der Präsentation eingesetzt werden. Die Idee hinter Terminaldiensten ist die Zentralisierung von Betriebsmitteln, um die beteiligten Systeme leichter administrieren zu können. Dies kann als Gegenbewegung zur starken Verteilung der Systeme gesehen werden. Eine leistungsfähige „Terminalserverfarm" stellt Ressourcen wie Rechenleistung, Hauptspeicher, Plattenspeicher usw. bereit. Der Anwender arbeitet mit der gewohnten Benutzeroberfläche, die Anwendungen laufen aber komplett im Server ab,

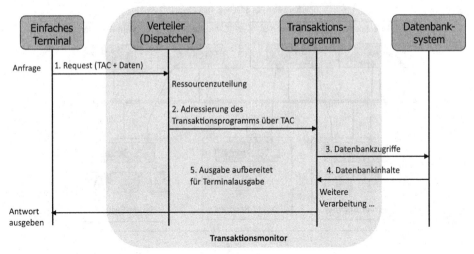

TAC: Transaktionscode als eindeutige Id für das Transaktionsprogramm

Abb. 2.12   Ablauf beim Aufruf einer Transaktion im Teilhaberbetrieb

ohne dass dies der Benutzer bemerken soll. Lediglich Bildschirmänderungen werden im
Client dargestellt. Ein Server bedient je nach Leistungsfähigkeit mehrere oder viele
Benutzer.

In Abb. 2.13 ist ein typischer Einsatz von Terminalserver-Software skizziert. Auf den
Servern, die in einer sog. Serverfarm organisiert sind, werden die Anwendungen installiert. Über die Terminalserver-Software wird der Zugang zu den Anwendungen geregelt.
Auf der Clientseite ist ebenfalls spezielle Software, die hier als Terminalserver-Client bezeichnet wird, erforderlich.

TS-Client und TS-Server kommunizieren miteinander über spezielle Kommunikationsmechanismen (z. B. das Remote Desktop Protocol (RDP) von Microsoft) zum Austausch
der Informationen, die an der Oberfläche des Clientrechners präsentiert werden sollen.

Jede Eingabe an der Oberfläche wird an den Terminalserver (bzw. die Serverfarm) gesendet und von dort bei Bedarf, also wenn sich die GUI verändert, für die Darstellung
zurück zum Client transportiert. Terminalserver leisten heute darüber hinaus eine Fülle
von Diensten wie z. B. die Verwaltung von Lizenzen, die zentrale Benutzerverwaltung,
gewisse Sicherheitsdienste, Dienste zur Softwareverteilung und zur Systemkonfiguration.
Sie zeichnen sich vor allem durch eine einfache und zentralisierte Administration aus. Die
Softwareverteilung spielt sich z. B. nur im Serverumfeld ab.[8]

---

[8]Typische Terminalserver-Produkte sind die unter Windows standardmäßig vorhandenen Win-
dows-Terminaldienste (www.microsoft.com) und Citrix MetaFrame bzw. XenServer von der Firma
Citrix (www.citrix.com).

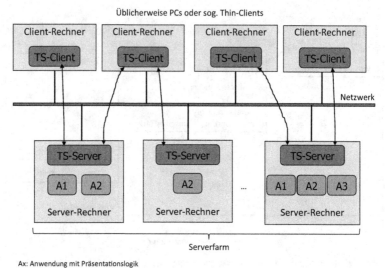

Ax: Anwendung mit Präsentationslogik
TS-Client: Clientseitige Software des Terminalservers
TS-Server: Serverseitige Software des Terminalservers

Abb. 2.13 Typischer Terminalservereinsatz

2.5   Verteilte Verarbeitung

2.5.1   Echt verteilte Betriebssysteme

Die Mikrokern-Architektur vereinfacht auch eine Verteilung der Serverprozesse auf mehrere Rechner in einem Netzwerk. Ein Mikrokern lässt sich also vom Konzept her zu einem *verteilten Betriebssystem* ausbauen.

Unter einem echt verteilten Betriebssystem versteht man die transparente Verteilung eines Betriebssystems in einem Netzwerk, in dem die Betriebssystemdienste auf mehreren Rechnersystemen liegen. Die Anwendung weiß nicht, wo sie genau welche Ressourcen benutzt. Der Hauptspeicher könnte einem Anwendungsprogramm beispielsweise auf einem, die CPU auf einem zweiten und der externe Speicher auf einem dritten Rechnersystem zugeordnet werden. Der Kernel ist auf die Rechnersysteme verteilt und die verteilten Komponenten kooperieren für die Anwendungsprozesse transparent über ein Netzwerk.

Echt verteilte Betriebssysteme, wie z. B. *Amoeba* (siehe Tanenbaum und Bos 2016), sind heute nicht praxisrelevant. Aus Leistungsgründen ist die umfangreiche Kommunikation zur Nutzung von verteilten Ressourcen wie Hauptspeicher und Prozessor nicht konkurrenzfähig. Die Hersteller heutiger Betriebssysteme befassen sich aktuell nicht mit einer echten Verteilung. Vielmehr wird auf andere Konzepte zurückgegriffen (Client-/Server-Systeme, Cloud Computing, Virtualisierung, …).

2.5.2 Client-/Server-Systeme

Heute weit verbreitete Client-/Server-Systeme kann man ebenso als Weiterentwicklung des Mikrokerns in verteilter Umgebung bezeichnen. In diesem Modell gibt es die dedizierten softwaretechnischen Rollen *Client* und *Server*. Der Server stellt für Clients Dienste (Services) zur Verfügung, die diese nutzen. Client- und Serverkomponenten sind üblicherweise über ein Netzwerk verteilt und kommunizieren über einen Request-/Response-Mechanismus. Client- und Serverkomponenten laufen auf Rechnersystemen ab, die im Gegensatz zu einem echt verteilten Betriebssystem alle unabhängige Betriebssystemkerne enthalten.

In Abb. 2.14 ist ein Client-/Server-System mit drei Servern und einen Client skizziert. Wie man sieht, sind die Server auf eigenen Serverrechnern platziert. Trotzdem ist das Client-/Server-Modell in erster Linie ein Softwaremodell.

Für die Entwicklung und den Betrieb von Client-/Serveranwendungen wird heute meist eine spezielle Kommunikationsschicht genutzt, die komfortable Schnittstellen für die Anwendungsprogrammierer bereitstellt und damit die Anwendungsentwicklung wesentlich vereinfacht (siehe Kommunikations-Middleware).

2.5.3 Peer-to-Peer-Systeme (P2P)

Nicht immer ist eine klare Rollenaufteilung sinnvoll und erwünscht. Es gibt auch Softwaresysteme, die diese Rollen nicht dediziert zuordnen, sondern vielmehr gleichberechtigte Partner benötigen. Eine Alternative zu Client-/Server-Systemen stellen Peer-to-Peer-Systeme (P2P) dar. Die Kommunikationspartner bezeichnet man auch als Peers und man spricht daher auch von einem Peer-to-Peer-System (P2P-System). Jeder Peer kann sowohl in der Rolle eines Clients als auch eines Servers oder sogar in einer Doppelrolle agieren. Alle Peers verfügen jeweils über einen eigenen Betriebssystemkernel, wobei unterschiedlichste Betriebssysteme zum Einsatz kommen können.

P2P-Systeme sind überwiegend im Internet z. B. für die Entwicklung von Tauschbörsen entstanden. Man unterscheidet verschiedene Varianten wie reine (pure) und hybride

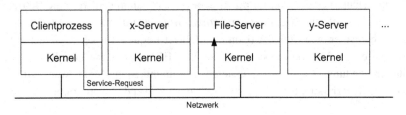

Abb. 2.14 Client-/Server-System

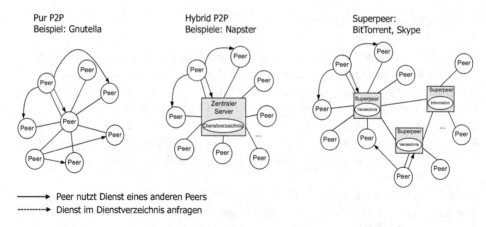

```
            Peer nutzt Dienst eines anderen Peers
            Dienst im Dienstverzeichnis anfragen
```

Abb. 2.15 Peer-to-Peer-Systeme (nach Mandl 2008)

P2P-Systeme sowie P2P-Systeme mit speziellen Peers, die auch als Superpeers bezeichnet
werden (siehe Abb. 2.15). Meistens sind reine P2P-Systeme nicht effizient genug und man
nutzt daher entweder hybride Konzepte mit zentralen Komponenten oder neben den Peers
auch Superpeers mit speziellen Aufgaben wie etwa Verzeichnisdienste für die Verwaltung
der Peers. Superpeers können auch als Weiterentwicklung hybrider Konzepte betrachtet
werden. Im Vergleich zu Client-/Server-Systemen verfügen P2P-Systeme über wesentlich
bessere Skalierungsmöglichkeiten und ermöglichen auch eine deutlich höhere Verfügbar-
keit. Der Grund liegt darin, dass Serverrechner im Client-/Server-Modell einen Engpass
darstellen können, während P2P-Systeme so gestaltet werden können, dass weitere Peers
jederzeit ergänzt werden können.

Heutige Systeme, die P2P-Konzepte anwenden, sind z. B. das Internet-Telefonie-
System *Skype*, das Filesharing-System *BitTorrent* und *BitCoin*, ein elektronisches Wäh-
rungssystem mit einer verteilten, manipulationsfreien Datenhaltung, die als Blockchain
bezeichnet wird.

2.5.4 Kommunikations-Middleware

Wie bereits erläutert findet man im praktischen Einsatz kaum echt verteilte Betriebssysteme. Vielmehr setzt man sog. *Kommunikations-Middleware*[9] mit geeigneten Kommunikationsmechanismen wie CORBA (Common Object Request Broker Architecture), Java
RMI (Java Remote Method Invocation) oder Java EJB (Enterprise Java Beans) ein, um
verteilte Anwendungssysteme zu realisieren. Kommunikations-Middleware wird in der
Regel im Benutzermodus betrieben und stellt dem Anwendungsprogramm komfortable

---

[9] Es gibt auch andere Arten von Middleware, die sich nicht mit der Kommunikation befassen. Ein
Beispiel hierfür ist Middleware für den Zugriff auf persistente (dauerhafte) Daten.

Dienste zur Kommunikation mit anderen, in einem Netzwerk verteilten Bausteinen zur Verfügung.

Jeder Rechnerknoten verfügt bei Einsatz von Kommunikations-Middleware über ein eigenes Betriebssystem, wobei durchaus unterschiedliche Betriebssysteme zum Einsatz kommen können. In der Regel ist die Middleware in den kommunizierenden Anwendungs-prozessen implementiert (siehe Abb. 2.16). Der Anwendungsprogrammierer muss sich damit befassen, wo sein Service-Request ausgeführt wird (keine echte Verteilungstrans-parenz). Dem Benutzer einer Anwendung, die auf mehrere Rechnersysteme verteilt ist, kann die Verteilung aber verborgen werden. Klassisches Beispiel für verteilte Anwendun-gen, in der auch verschiedene Middleware-Komponenten zum Einsatz kommen, sind Web-basierte Anwendungen.

2.5.5 Application-Server-Betrieb

Neuere Entwicklungen im Zuge verteilter Objektsysteme und verteilter Komponenten-systeme haben sog. Application-Server als Middleware hervorgebracht, die im Wesentli-chen eine Weiterentwicklung der klassischen Transaktionsmonitore darstellen. Während Transaktionsmonitore für die Mainframe-Welt entwickelt wurden, sind Application-Ser-ver für verteilte Anwendungssysteme konzipiert. Transaktionsmonitore unterstützten im Wesentlichen eine prozedurale Entwicklung von Transaktionsprogrammen. Applicati-on-Server nutzen die Konzepte der Objekt- und vor allem der Komponentenorientierung. Anwendungen werden in sog. Komponenten zerlegt, die über Schnittstellen nach außen verfügen. Application-Server unterstützen vorwiegend das Request-Response-Modell bzw. das Client-/Server-Konzept, aber auch andere Kommunikationsmodelle wie Mes-sage-Passing werden ermöglicht. Clientanwendungen nutzen die Dienste der Serverkom-ponenten, die in der Ablaufumgebung des Application-Servers ablaufen.

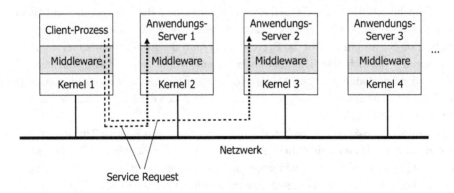

Abb. 2.16 Einsatz von Kommunikations-Middleware

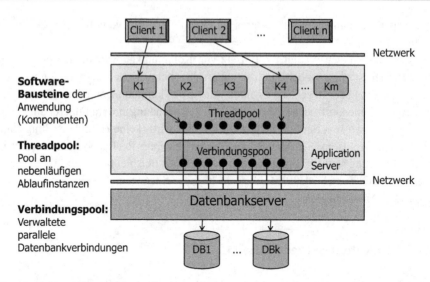

Abb. 2.17 Application-Server-Betrieb

In modernen Application-Servern werden für den Anwendungsprogrammierer bestimmte Schnittstellen bereitgestellt, die man nutzen muss, um ein Programm in der Umgebung des Application-Servers ablaufen zu lassen. Ein typischer Standard in diesem Umfeld ist der *Enterprise-Java-Bean-Standard* (EJB) in der Java-Welt. Anwendungsprogramme werden als sog. Komponenten in die Ablaufumgebung des Application-Servers (auch als *Container* bezeichnet) eingebettet. Eine Komponente muss bestimmte Schnittstellen bereitstellen, die der Container für den Aufruf verwendet. Diese Schnittstellen werden dann über eine Netzwerkverbindung von den Clients aufgerufen. Dazu werden Nachrichten über standardisierte Protokolle übertragen. Die Ergebnisse werden an den Client zurückgesendet.

Das Grundprinzip der Arbeitsweise eines Application-Servers ist in Abb. 2.17 dargestellt. Die Clientanwendungen laufen – im Gegensatz zum klassischen Teilhaber- und auch Teilnehmerbetrieb – auf eigenen Rechnern mit eigenen Betriebssystemen ab. Auf den Clientrechnern muss eine entsprechende Software ablaufen, die den Zugang zum Application-Server ermöglicht. Im Serverrechner läuft der Application-Server ab. In diesem liegen – ähnlich wie Transaktionsprogramme – die Softwarekomponenten (K1, K2, ...) der Anwendungen. Zum Ablaufzeitpunkt werden diesen Komponenten nach Bedarf Threads[10] aus einem Threadpool zugeordnet, in denen der Programmcode der Komponenten zum Ablauf kommt.

Der Application-Server verwaltet also üblicherweise einen Pool an Threads (mehr zu Threads in Kap. 4) und ordnet diese dynamisch den Komponenten zu. Das Datenbanksystem liegt meist – aber nicht zwingend – auf einem eigenen Serverrechner. Die Zugriffe auf die Datenbank werden über das Netzwerk durchgeführt, wobei vom Application-Ser-

---

[10] Ein Thread ist ein leichtgewichtiger Prozess (mehr dazu in Kap. 3).

ver ein Verbindungspool mit parallelen Verbindungen zu den Datenbankservern angelegt und bei Bedarf den Threads zugeordnet werden. Die Datenbankverbindungen werden auch über den Application-Server kontrolliert. Application-Server leisten also, wie Transaktionsmonitore, umfangreiche Dienste. Sie verwalten die Softwarekomponenten, ordnen diese zur Laufzeit Threads zu, optimieren die Datenbankzugriffe und erleichtern die Programmierung durch vordefinierte Standardschnittstellen.[11] Der Ablauf eines Requests ähnelt dem Aufruf eines Teilprogramms im Teilhaberbetrieb, nur dass der Initiator kein Terminal, sondern meist ein Clientrechner ist.

2.6   Virtualisierung von Betriebs- und Laufzeitsystemen

Schon in den frühen Mainframe-Systemen hat man immer wieder das Konzept der virtuellen Maschinen für die Betriebssystemvirtualisierung eingesetzt und in diesem Umfeld gehört diese Technik zur Standardausstattung. Mehrere (virtuelle) Gast-Betriebssysteme können hier auf einem Host- bzw. Wirtsbetriebssystem zum Ablauf kommen. Sinn und Zweck der Technik ist es unter anderem, eine gemeinsame Hardware mehrfach zu nutzen. Typischer Vertreter für diese Architektur war und ist das Betriebssystem z/VM von IBM. z/VM, das früher auch als VM/CMS bezeichnet wurde, war schon in frühen Jahren in der Lage, eine Vielzahl von virtuellen Maschinen ablaufen zu lassen. Die Geschichte von z/VM begann mit CTSS in den 50er-Jahren. Heute dient z/VM (heute als System z bezeichnet) als Basissystem für mehrere 1000 Linux-Systeme auf einem Großrechner.

Die Client-/Server-Bewegung brachte mit sich, dass die Anzahl der Server in den Unternehmen extrem gestiegen ist. Im Zuge der Konsolidierung der Serverlandschaft hat in den letzten Jahren das Konzept der Betriebssystemvirtualisierung erneut an Bedeutung gewonnen und wird heute auch für andere Aufgaben eingesetzt.

Das Grundkonzept der Betriebssystemvirtualisierung wird in Abb. 2.18 skizziert. Wie das Bild zeigt, können auf der Basismaschine konkrete Betriebssysteme wie Windows oder Linux aufsetzen. Die Basismaschine simuliert die Hardware und stellt den einzelnen Gast-Betriebssystemen eine Ablaufumgebung bereit. Die Betriebssysteme laufen völlig isoliert voneinander. In Kap. 9 werden wir noch ausführlicher auf die Konzepte der Betriebssystemvirtualisierung eingehen.

Virtuelle Maschinen als Laufzeitsysteme Eine andere Art von virtuellen Maschinen entwickelte sich in den letzten Jahren im Bereich der Laufzeitumgebungen von Programmiersprachen. Moderne Sprachen wie Java und .NET-Sprachen erzeugen heute keinen Maschinencode mehr, sondern einen Zwischencode, der dann von einer virtuellen Maschine wie der JVM (Java Virtual Machine) oder der CLR (Common Language Runtime) unter .NET interpretiert und in Maschinenbefehle umgesetzt wird. Diese virtuellen Ma-

---

[11]Bekannte Application-Server-Produkte aus dem Java-Umfeld sind u. a. *Oracle IAS, Oracle BEA Weblogic AS, IBM Websphere AS* und JBoss AS.

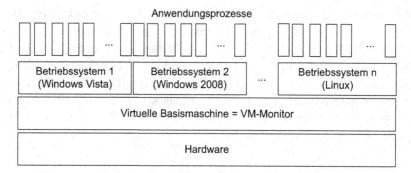

Abb. 2.18 Virtualisierung von Betriebssystemenen

schinen sorgen für eine Entkopplung der Anwendungssoftware vom konkreten Betriebs-system. Zum Ablauf einer Anwendung ist nur noch die virtuelle Maschine notwendig, die heute üblicherweise im Anwendungsprozess und nicht im Kernel liegt. Auch diese Art der Virtualisierung hat sich aufgrund ihrer Flexibilität durchgesetzt.

2.7   Cloud Computing

Zum Abschluss dieses Kapitels soll noch die Idee des Cloud Computings erläutert werden. Unter einer Cloud versteht man eine Art „Rechnerwolke", in der Cloud-Anbieter IT-Dienste und IT-Infrastruktur über ein Netzwerk (in der Regel das Internet) zur Verfügung stellen. Es dabei sich dabei um Rechnerkapazität, ganze Betriebssysteme, Datenspeicher und Anwendungssoftware handeln. Der Begriff „Cloud" dient gewissermaßen als Sinnbild für das Internet oder ein anderes Netzwerk.

Je nach Betriebsart unterscheidet man aus Betreibersicht private und öffentliche (public) Cloud-Angebote, aber auch hybride Formen sind möglich. Ebenso können mehrere Organisationen eine gemeinsame Cloud nutzen. Diese Form bezeichnet man als Community-Cloud.

Damit die Cloud-Idee auch praktikabel ist, darf es keinen Unterschied in der Zugriffs-geschwindigkeit im Vergleich zur klassischen Nutzung der Infrastruktur in den eigenen Räumen geben. Die Nutzung in eigenen Räumen bezeichnet man auch mit „On Premises" oder auch „On Premise". Bei Cloud-basierten Nutzungsmodellen spricht man auch von „Off Premises".

Großer Vorteil von Cloud-Lösungen ist, dass diese keiner Installation auf lokalen Rechnern (in den eigenen Räumen) mehr bedürfen. Der Anbieter kümmert sich um die Hardware und Software. Die Nutzung erfolgt gewöhnlich über einen Internet-Browser.

Nach Dienstmodellen lassen sich unter anderem folgende Varianten unterscheiden:

• *Infrastructure as a Service* (*IaaS*): Der Cloud-Provider bietet Zugang zu virtualisierten Rechnern einschließlich ganzer Betriebssysteme und Speichersysteme. Betriebssystemvirtualisierung stellt hierfür die grundlegende Technologie bereit. Als Beispiel für ein IaaS-Angebot ist Amazon Elastic Compute Cloud (EC2) zu nennen.[12]

- Platform as a Service (PaaS): Bei diesem Ansatz bietet ein Cloud-Provider Zugang zu ganzen Programmierumgebungen zur Entwicklung von Anwendungen an. Als Beispiele für ein derartiges Angebot können Google App Engine und Windows Azure genannt werden.[13]
- *Software as a Service* (*SaaS*): Bei diesem Dienstmodell bietet der Cloud-Provider Zugang zu Anwendungsprogrammen wie etwa Google Docs, Microsoft Cloud Services und Salesforce.com (Customer-Realtionship-Management-System).[14]

Abb. 2.19 zeigt die Unterschiede in den einzelnen Dienstmodellen auf. Bei „On Premises" liegt alles in der eigenen Umgebung. Bei IaaS liegen nur noch das Betriebssystem und die oberen Anwendungsschichten in der eigenen Nutzungsumgebung. Bei PaaS sind es dagegen nur noch Laufzeitsysteme, Daten und Anwendungen und bei SaaS ist alles in der Cloud-Umgebung, auch die Anwendungen und Daten.

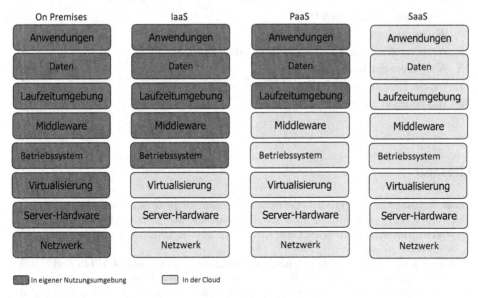

Abb. 2.19 Cloud Computing Dienstmodelle

---

[12] Siehe http://www.amazon.com, letzter Zugriff am 10.04.2020.

[13] Siehe http://www.google.com, http://www.microsoft.com, letzter Zugriff am 10.04.2020.

[14] Siehe http://www.google.com http://www.microsoft.com, http://salesforce.com, letzter Zugriff am 10.04.2020.

2.8   Übungsaufgaben

1. Was versteht man unter einem Mikrokern?
2. Nennen Sie ein Beispiel für ein Betriebssystem mit Mikrokern-Architektur!
3. Was versteht man unter einem „echt" verteilten Betriebssystem im Gegensatz zu den heutigen Client-/Server-Systemen?
4. Was versteht man unter Kommunikations-Middleware?
5. Nennen Sie vier Betriebsmittel, welche das Betriebssystem verwaltet! Welche davon sind hardware- und welche software-technische Betriebsmittel?
6. Erläutern Sie den Unterschied zwischen Teilnehmer- und Teilhaberbetrieb! In welcher Betriebsart wird üblicherweise ein Transaktionsmonitor eingesetzt?
7. Welche Aufgaben erfüllt ein Transaktionsmonitor, welche ein Application-Server?
8. Wie läuft eine Anfrage im Teilhaberbetrieb ab?
9. Nennen Sie einen Vorteil der Schichtenarchitektur bei Betriebssystemen!
10. Was versteht man unter Multitasking?
11. Benötigt man für Multitasking mehrere CPUs?
12. Verfügen die Betriebssysteme Unix und neuere Windows-Derivate ab Windows 2000 über Mikrokern-Architekturen und wenn nein, wie sind sie konzipiert?
13. Was ist ein Hybrid-Kernel?
14. Was bezeichnet man als Timesharing?
15. Wozu verwendet man Embedded Systems? Nennen Sie ein Beispiel!
16. Wozu dient ein Terminalserver?
17. Welche Dienstmodelle im Cloud Computing kennen Sie?
18. Was bedeutet On Premise?

Literatur

Mandl, P. (2008). *Masterkurs Verteilte betriebliche Informationssysteme*. Wiesbaden: Springer Vieweg.
Shapiro, J. S., et al. (1992) *The KeyKOS Nanokernel Architecture*. In: Proceedings of the USENIX Workshop on Micro-Kernels and Other Kernel Architectures. USENIX Association, April 1992. S. 95–112.
Russinovich, M., Solomon, D. A., & Ionescu, A. (2012a) *Windows Internals, Part 1* (6. Aufl.). Redmond: Microsoft Press. (sehr detaillierte Einführung in Windows-Internas).
Russinovich, M., Solomon, D. A., & Ionescu, A. (2012b) *Windows Internals, Part 2* (6. Aufl.). Redmond: Microsoft Press. (sehr detaillierte Einführung in Windows-Internas).
Tanenbaum, A. S., & Bos, H. (2016). *Moderne Betriebssysteme* (4., akt. Aufl.). (deutsche Übersetzung von Tanenbaum & Bos 2015). Hallbergmoos: Pearson Deutschland.

Interruptverarbeitung 3

Heutige Betriebssysteme unterstützen verschiedenste externe Geräte wie Festplatten, Netzwerkkarten usw. und ermöglichen den Anwendungen einen komfortablen Zugriff auf diese. Externe Geräte müssen schnell bedient werden, wofür das Betriebssystem zuständig ist. Wenn ein Gerät Signale oder Daten an die CPU übertragen möchte, erzeugt es zunächst eine Unterbrechungsanforderung, die der richtigen Bearbeitungsroutine im Betriebssystem übergeben werden muss. Dazu müssen aktuell ablaufende Aktivitäten ggf. unterbrochen werden. Nach der Abarbeitung muss wieder der alte Zustand hergestellt werden. Ähnliches geschieht bei der Bearbeitung von Systemdiensten, wie etwa dem Lesen einer Datei. Systemdienste werden über sog. Systemcalls durch die Programme aktiv initiiert. Man spricht hier allgemein von Unterbrechungsanforderungen (Interrupt-Anforderung oder Interrupt-Request) und der zugehörigen Unterbrechungsbearbeitung (Interrupt-Bearbeitung).

Dieses Kapitel befasst sich mit den Aktivitäten bei der Unterbrechungsbearbeitung. Zunächst werden die verschiedenen Interrupt-Typen klassifiziert. Anschließend wird die Interrupt-Bearbeitung erläutert und anhand einiger konkreter Beispiele untersucht. Betrachtet werden die von der Hardware bereitgestellten Mechanismen der Interrupt-Verarbeitung insbesondere bei Intel-Prozessoren. Fallbeispiele der Interrupt-Verarbeitung unter Windows und Linux sollen darstellen, wie diese Aufgabe in konkrete Betriebssysteme eingebettet ist. Schließlich wird noch der Ablauf eines Systemcalls (Software-Interrupt), also einer aktiv von einem Programm angeforderten Unterbrechung aufgezeigt und an einem konkreten Codebeispiel demonstriert.

Zielsetzung des Kapitels
Der Studierende soll verstehen, was ein Interrupt ist, welche Arten von Interrupts es gibt und wie die Interruptbearbeitung durch ein Betriebssystem unterstützt wird. Weiterhin soll er den Ablauf von Systemcalls nachvollziehen können.

© Springer Fachmedien Wiesbaden GmbH, ein Teil von Springer Nature 2020
P. Mandl, *Grundkurs Betriebssysteme*,
https://doi.org/10.1007/978-3-658-30547-5_3

Wichtige Begriffe
Synchroner und asynchroner Interrupt, Unterbrechungsanforderung, Interrupt-Request, IRQ, Interrupt Service Routine (ISR), Interrupt-Controller, Interrupt-Sharing, Interrupt-Vektor-Tabelle, Prozess-Kontext, Trap, Systemcall, Software-Interrupt.

3.1 Interrupts

3.1.1 Überblick

Bei der Bearbeitung unvorhergesehener Ereignisse unterscheidet man die zwei Verfahren *Polling* und *Interrupts*. Unter Polling versteht man das zyklische Abfragen von Ereignisquellen (z. B. E/A-Geräte), um deren Kommunikationsbereitschaft festzustellen bzw. um anliegende Ereignisse oder Kommunikationswünsche der Ereignisquelle abzufragen. Polling hat den Nachteil, dass die CPU ständig arbeiten muss und damit die Effizienz eines Systems beeinträchtigt ist. Die meiste Zeit wird umsonst nachgefragt. Allerdings ist das Verfahren relativ leicht zu implementieren.

Im Gegensatz zu Polling sind *Interrupts* (Unterbrechungen) Betriebssystembedingungen oder auch asynchrone Ereignisse, die den Prozessor veranlassen, einen vordefinierten Code auszuführen, der außerhalb des normalen Programmflusses liegt (Russinovich et al. 2012). Überwachte Ereignisquellen müssen nicht ständig abgefragt werden, sondern die Ereignisquellen melden sich beim Auftreten eines Ereignisses, das behandelt werden muss. Interrupts können grundsätzlich durch *Hardware* oder *Software* (Software-Interrupt, Systemcall) verursacht werden. Software-Interrupts werden auch als *Traps* bezeichnet. Man unterscheidet auch zwischen *synchronen* und *asynchronen* Interrupts. Eine Klassifizierung von Interrupts ist in Abb. 3.1 gegeben.

Synchrone Interrupts Synchrone Interrupts treten bei synchronen Ereignissen auf. Dies sind Ereignisse, die bei identischen Randbedingungen (Programmausführungen mit gleichen Daten) immer an der gleichen Programmstelle auftreten. Synchrone Interrupts können *Exceptions (Ausnahmen)* oder Systemcalls sein. Synchrone Interrupts sind vorhersehbar und auch bei gleicher Konstellation wiederholbar.

Ausnahmen werden von der CPU selbst ausgelöst und sind für das laufende Programm bestimmt. Eine typische Ausnahme ist die Division-Durch-Null-Ausnahme. Ausnahmen werden vom Betriebssystem erst nach der Ausführung des betroffenen Maschinenbefehls erkannt und an das Anwendungsprogramm gemeldet. In der Speicherverwaltung spricht man – wie wir noch sehen werden – von einem Seitenfehler (Page Fault), wenn ein benötigter Speicherbereich nicht im Hauptspeicher vorhanden ist oder ein nicht zugewiesener Speicherbereich adressiert wird. Dies ist auch ein Ereignis, das einen synchronen Interrupt auslöst. Bei dieser Art von Interrupt spricht man von einem *Fault*. Faults werden

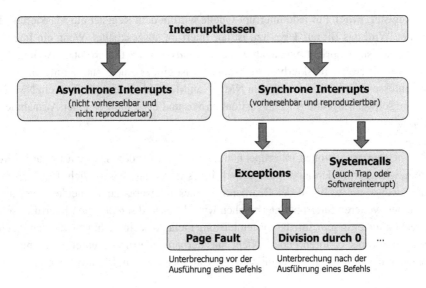

Abb. 3.1 Interrupt-Klassifizierung

vom Betriebssystem vor der eigentlichen Ausführung des Maschinenbefehls abgefangen und gemeldet.

Beide Typen können aufgrund eines Softwarefehlers verursacht werden. Dies sind Ausnahmesituationen, die vom Prozessor alleine nicht gelöst werden können. Diese Ausnahmen müssen an das Anwendungsprogramm oder an das Betriebssystem gemeldet werden, das (hoffentlich) eine entsprechende Bearbeitungsroutine zu deren Behandlung bereitstellt.

Asynchrone Interrupts Asynchrone Interrupts sind die klassischen Interrupt-Typen, die nicht an ein laufendes Programm gebunden sind. Sie treten unabhängig davon auf, was das System gerade macht. Beispiele für asynchrone Interrupts sind die Ankunft einer Nachricht an einem Netzwerkadapter oder die Zustellung eines Plattenspeicherblocks im Hauptspeicher zur weiteren Verarbeitung. Beide Ereignisse unterbrechen in der Regel für kurze Zeit den Ablauf des laufenden Programms. Asynchrone Interrupts sind nicht vorhersehbar und können auch nicht ohne weiteres exakt reproduziert werden.

3.1.2 Interrupt-Bearbeitung

Bei der Interrupt-Bearbeitung wird die Steuerung an eine definierte Position im Kernel übergeben. Es wird also veranlasst, dass – sofern noch nicht geschehen – vom Benutzermodus in den Kernelmodus gewechselt wird, um den Interrupt zu bearbeiten.

Maskierung Die Maskierung, also das Ein- oder Ausschalten von Interrupts bestimmter Geräte, kann über ein *Interrupt-Maskenregister* bzw. *Maskenregister* erfolgen (Interrupt

Mask Register, IMR). Für jede Interrupt-Quelle wird in dem Register ein Maskierungsbit verwaltet. Wird das Bit auf 1 gesetzt, ist der Interrupt ausgeschaltet. Wenn ein Interrupt verhinderbar ist, so spricht man auch von einem *maskierbaren* Interrupt. E/A-Geräte benutzen typischerweise maskierbare Interrupts. Meist gibt es eine Steuerleitung, die davon ausgeschlossen wird. Diese nennt man NMI (Non Maskable Interrupt). Tritt ein NMI ein, liegt eine schwerwiegende Ausnahmesituation vor und es kommt zu einer Ausnahmebehandlung.

Die meisten asynchronen Interrupts können maskiert werden. Dies wird zwar im Kernel möglichst vermieden, aber gelegentlich ist es unbedingt erforderlich. Ein Grund ist beispielsweise, um während der Bearbeitung eines Interrupts zu vermeiden, dass diese durch einen weiteren Interrupt unterbrochen wird. Dieses Abschalten von Interrupts sollte aber recht kurzzeitig sein, um die Systemleistung nicht zu beeinträchtigen und damit keine anderen Interrupts verloren gehen. Nicht maskierbare Interrupts werden meist nur zum Signalisieren sehr kritischer Ereignisse, z. B. von Speicherparitätsfehlern, benutzt.

Interrupt-Service-Routine (ISR)   Das Programmstück, das für die Interruptbearbeitung zuständig ist, wird als *Interrupt-Service-Routine* (*ISR*, Interrupt-Bearbeitungsroutine) bezeichnet. In einem Treiberprogramm zur Steuerung eines externen Geräts ist zum Beispiel auch in der Regel eine ISR enthalten. Für jeden Interrupt-Typen gibt es eine ISR. Eine ISR kann aber auch mehreren Interrupt-Typen zugeordnet werden. Das Betriebssystem stellt für alle Interrupts eine passende ISR zur Verfügung. Ein Interrupt ist also ein zur Programmausführung synchrones oder asynchrones Ereignis, das die sequenzielle Programmausführung unterbricht und die Kontrolle an ein speziell dafür vorgesehenes Programm, die Interrupt-Service-Routine, übergibt.

Interrupt-Request-Bearbeitung (IRQ-Bearbeitung)   Hardwarebedingte Interrupts können in der Regel nicht direkt vom auslösenden Gerät an die CPU signalisiert werden. Ereignisse der Geräte, wie zum Beispiel die Ausführung einer Positionierungsanweisung an den Festplatten-Controller, werden daher zunächst an einen *Interrupt-Controller*[1] (vgl. Abb. 3.2) wie etwa den Intel 8259A PIC-Baustein gemeldet. Dies geschieht in Form eines sog. *Interrupt-Request* oder *IRQ* (Interruptanforderung). Der Interrupt-Controller erzeugt dann aus einem IRQ eine Unterbrechung der CPU, die mit Hilfe eines passenden Programmstücks (einer ISR) bearbeitet werden muss. Im Interrupt-Controller liegt auch das oben erwähnte Interrupt-Maskenregister. Der 8289A PIC (Programmable Interrupt Controller) ist ein programmierbarer Interrupt Controller, der häufig in x86-Systemen vorzufinden ist.

---

[1] Nicht alle Rechnersysteme verfügen über einen Interrupt-Controller. In diesem Fall erzeugt jedes einzelne Gerät direkt Interrupts bei der CPU.

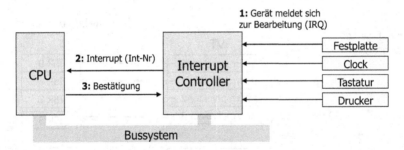

Abb. 3.2 Zusammenspiel der CPU mit Interrupt-Controller

Interrupt-Vektor-Tabelle Interrupt Service Routinen werden in heutigen Systemen meist nicht direkt, sondern über einen *Interrupt-Vektor* adressiert. Die Interrupt-Vektoren sind meist in einer Interrupt-Vektor-Tabelle (IVT) gespeichert. Ein Interrupt-Vektor ist also ein Eintrag in dieser Tabelle, der die Speicheradresse der Interrupt-Service-Routine enthält. Die Tabelle liegt an einer vordefinierten Stelle im Kernelspeicher. Der Index zur Adressierung in der Tabelle wird der CPU bei Auftreten einer Unterbrechung implizit durch den Interrupt-Controller anhand der belegten Adressleitungen übermittelt. Die Adresse eines Eintrags in der IVT ergibt sich wie folgt:

IVT-Anfangsadresse + (Int-Nr * Länge eines IVT-Eintrags in Byte)

In Abb. 3.3 ist eine typische Interrupt-Vektor-Tabelle, die üblicherweise im Kerneladressraum liegt, skizziert. Die Anfangsadresse ist fest definiert. Jeder Eintrag der IVT verweist auf eine ISR, die ebenfalls im Kerneladressraum liegt.

Jeder Interrupt-Quelle wird ein fester Index auf einen Eintrag in der Interrupt-Vektor-Tabelle zugeordnet. Dieser Index wird als Interrupt-Nummer bezeichnet. Die Abbildung des IRQ auf die Interrupt-Nummer übernimmt der Interrupt-Controller.

Interrupt-Level Jeder Interrupt hat ein vorgegebenes *Interrupt-Level*, also eine Priorität, welche das Betriebssystem verwaltet. Diese Priorität legt fest, wie der Interrupt in die Gesamtverarbeitung eingebaut werden soll. Bei exakt gleichzeitigem Auftreten mehrerer Interrupt-Anforderungen ist über die Priorität genau festgelegt, in welcher Reihenfolge diese bearbeitet werden sollen. Tritt während einer Interrupt-Bearbeitung noch einmal ein Interrupt auf, so entscheidet die Priorität, ob er ausgeführt werden soll oder nicht. Eine ankommende Interrupt-Anforderung mit niedrigerer oder gleicher Interrupt-Priorität als die gerade laufende Interrupt-Bearbeitung wird nicht angenommen.

Erkennung von Unterbrechungsanforderungen Das Betriebssystem muss anstehende Interrupts bearbeiten. Wie erkennt aber die CPU eine Unterbrechungsanforderung? Die Prüfung, ob eine Unterbrechung ansteht, ist Teil des Befehlszyklus, wie dies in Abb. 3.4 vereinfacht skizziert ist. Nach Ausführung eines Maschinenbefehls

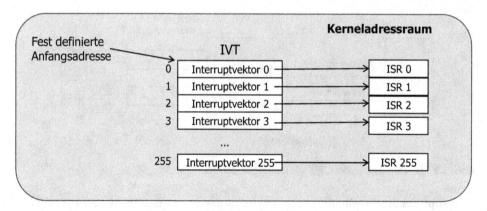

Abb. 3.3 Interrupt-Vektor-Tabelle

Abb. 3.4 Prüfung, ob ein
Interrupt vorliegt (vereinfachte
Befehlsausführung)

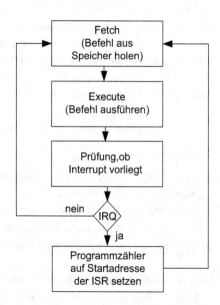

wird überprüft, ob ein Interrupt-Request anliegt.[2] Ist dies der Fall, wird in ein spezielles Unterprogramm, die oben genannte ISR oder bei größeren Betriebssystemen
in eine entsprechend davor geschaltete Verteilungsroutine, verzweigt. Bei dieser Art
von Interrupt-Erkennung spricht man auch von präzisen Interrupts. Viele Prozessoren nutzen dieses Modell. Andere Prozessoren sind aufgrund der Parallelverarbeitung mit vielen Verarbeitungs-Pipelines in dieser Hinsicht etwas komplexer. Hier

---

[2] Tatsächlich gibt es auch die Möglichkeit, einen Maschinenbefehl zu unterbrechen. Es ist allerdings
viel aufwändiger, auch noch den Maschinenbefehlszustand zu sichern und anschließend wiederherzustellen.

spricht man von unpräzisen Interrupts (siehe Tanenbaum und Bos 2016). Wir bleiben für unsere Betrachtung beim Modell der präzisen Interrupts.

Die Bearbeitung eines Interrupts kann sofort oder evtl. erst nach Abarbeitung wichtigerer Arbeiten erfolgen. Wie bereits erwähnt, können Interrupts vom Betriebssystem auch ausgeblendet (maskiert) werden, wenn gerade ein Codestück durchlaufen wird, das gar nicht unterbrochen werden darf. In diesem Fall muss der Interrupt-Controller ggf. den Interrupt so lange wiederholen, bis er angenommen wird. In den meisten Fällen sind Interrupts ebenfalls unterbrechbar.

Nach der Bearbeitung des Interrupts bestätigt die ISR dem Interrupt-Controller die Bearbeitung, damit dieser wieder auf den nächsten Interrupt warten kann. In Abb. 3.5 ist die Bearbeitung eines Interrupts grob skizziert.

Der Ablauf sieht wie folgt aus:

- Ein Interrupt unterbricht zunächst (sofern der Interrupt-Level dies zulässt) das aktuell laufende Programm, das in unserem Fall ein Anwendungsprogramm eines beliebigen Prozesses ist (1).
- Der aktuelle Prozessorstatus des laufenden Programms wird am Anfang der Interrupt-Bearbeitung gerettet (2).
- Die Interrupt-Bearbeitungsroutine wird in der Interrupt-Vektor-Tabelle gesucht und anschließend ausgeführt (3).
- Am Ende der Bearbeitung sendet die ISR an den Interrupt-Controller eine Bestätigung (4).
- Anschließend wird der alte Prozessorstatus wieder hergestellt, und es wird an der vorher unterbrochenen Stelle weitergearbeitet (5).

Letzteres kann natürlich durch eine entsprechende Scheduling-Entscheidung der Prozessverwaltung (mehr hierzu in Kap. 5) etwas anders aussehen. Ein Prozess mit höherer Priorität kann z. B. die CPU erhalten, bevor der unterbrochene Prozess wieder an der Reihe ist. Dies hängt von der Scheduling-Strategie des Betriebssystems ab. Es kann auch sein, dass nach einem schwerwiegendem Interrupt (z. B. einem Spannungsausfall) kein weiteres Programm mehr zum Ablauf kommt.

In Abb. 3.6 ist nochmals der zeitliche Ablauf für die Bearbeitung eines Interrupts dargestellt.

Es soll noch erwähnt werden, dass die Interrupt-Bearbeitung für Hardware-Interrupts sehr stark von der Hardware abhängt. Je nach Hardwareplattform gibt es hier zum Teil beträchtliche Unterschiede.

Wenn ein Betriebssystem verschiedene Hardwareplattformen unterstützt, ist der Teil zur Bearbeitung von Interrupts meist sehr spezifisch, meist auch in Assembler programmiert und in der Regel gut gekapselt.

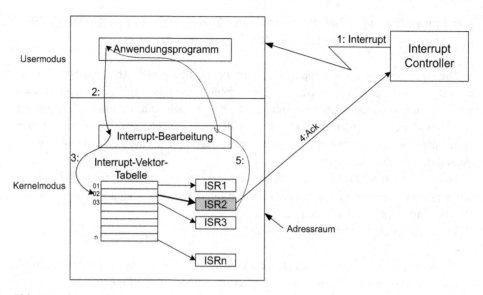

Abb. 3.5 Interrupt-Bearbeitung

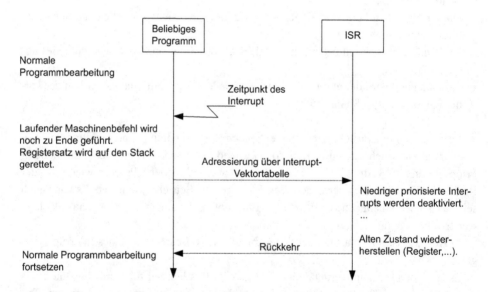

Abb. 3.6 Zeitlicher Ablauf einer Unterbrechung

3.1.3 Interrupt-Verarbeitung in Arbeitsplatzrechnern

Die Interrupt-Verarbeitung in Arbeitsplatzrechnern oder Notebooks soll am Beispiel des Interrupt-Controllers Intel 8259A PIC[3] und dessen Folgeversionen (z. B. Intel 8259A APIC[4] für Multiprozessorsysteme) erläutert werden. Heute ist der PIC-Baustein in die CPU oder im Chipsatz integriert. In modernen Rechnersystemen sind lokale Interrupt-Controller in die CPU eingebaut und I/O-Interrupt-Controller in die Southbridge. Beide kommunizieren über das Bussystem miteinander.

Ein PIC 8259A verfügt gemäß Abb. 3.7 über acht Interrupt-Eingänge IRQ0 bis IRQ7. Über die Signale INT und INTA (Interrupt Acknowledge) und die Datenleitungen D0 bis D7 erfolgt die Kommunikation mit der CPU. Der Interrupt-Request-Nummer wird über die Datenleitungen D0 bis D7 an die CPU übertragen. Die CPU übermittelt die Unterbrechungsanforderungen seinerseits an den Interrupt-Handler des Betriebssystems.

Das Innenleben eines PIC 8259A ist in Abb. 3.8 vereinfacht dargestellt. Man sieht im Bild mehrere Register. Das *Interrupt-Request-Register* speichert die Unterbrechungsanforderungen der angeschlossenen Geräte. Über das *Interrupt-Masken-Register* lassen sich Interrupts ausblenden (maskieren). Im *In-Service-Register* werden die gerade bearbeiteten Unterbrechungsanforderungen gespeichert. Über den Datenbus wird die Interrupt-Request-Nummer an die CPU gesendet.

PICs sind aber auch kaskadierbar, so dass mehr als acht nummerierte Interrupt-Eingänge unterstützt werden können. Von den externen Geräten führen elektronische Leitungen zum Interrupt-Controller. Die Belegung der Eingänge der Interrupt-Controller muss genau festgelegt werden. Über diese Leitungen werden die Interrupt-Requests zunächst an den Interrupt-Controller und von dort an die CPU weitergeleitet.

Der Ablauf einer Unterbrechungsbearbeitung ist in Abb. 3.9 am Beispiel des Keyboard-Interrupts skizziert. Wenn ein Zeichen eingetippt wurde, meldet der Keyboard-Controller den Interrupt (IRQ=1) zunächst an den Interrupt-Controller, hier an den PIC 8259A. Der PIC setzt das entsprechende Bit im IRR-Register und sendet anschließend das Interrupt-Signal an die CPU, die es bestätigt (ACK). Nach Empfang der Bestätigung setzt der PIC das entsprechende ISR-Bit auf 1. Daraufhin wird die festgelegte Interrupt-Nummer 09 an die CPU übergeben, die schließlich die Interruptbearbeitung über den Kernel einleitet. Über einen Verteiler wird die zugehörige Interrupt-Service-Routine ermittelt und aufgerufen. Dazu wird vorher über den CLI-Befehl das Interrupt Enable Flag zurückgesetzt. In der ISR 09 werden zunächst die benötigten Register gesichert und anschließend wird das Zeichen aus dem Tastaturpuffer eingelesen. Sobald dies erfolgt ist, wird ein ACK-Signal an den PIC gesendet, der das entsprechende IRR-Bit auf 0 setzt. Am Ende der Zeichenverarbeitung meldet die ISR 09 ein End-of-Interrupt-Signal (EOI) an den PIC, der daraufhin das zugehörige ISR-Bit auf 0 setzt. Die vorher gesicherten Register werden wieder zu-

---

[3] PIC steht für Programmable Interrupt Controller. Der PIC-Standard stammt vom Original-IBM-PC.
[4] APIC steht für Advanced Programmable Interrupt Controller. Intel und weitere Firmen haben für den APIC die Multiprozessor-Spezifikation definiert.

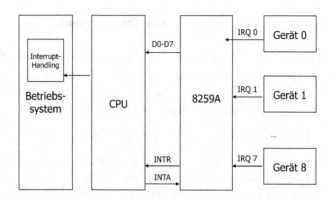

Abb. 3.7 Baustein Intel 8259A PIC im Kontext eines Computersystems

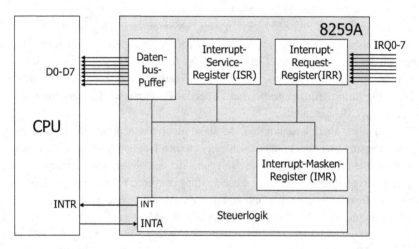

Abb. 3.8 Innenleben eines Intel 8259 PIC

rückgeladen. Mit dem Verlassen der ISR mit dem IRET Befehl werden auch die anderen Interrupts wieder automatisch durch Aufruf eines STI-Befehls zugelassen (IF=01). Die Kontrolle wird an den Verteiler und von dort an das unterbrochene Programm zurückgegeben.

In Intel-basierten PC-Systemen gibt es eine Interrupt-Vektor-Tabelle mit 256 Interrupt-Vektoren. Diese Tabelle wird über eine Interrupt-Nummer adressiert. Die Adressierung erfolgt bei Software-Interrupts mit dem Befehl *int*, speziell dem Befehl *int 0 × 21*.[5] In IA32-Prozessoren sind für Hardware-Interrupts meist nur 16 Interrupt-Nummern im Bereich von 32 bis 47 für Geräte reserviert, die den zu unterstützenden Geräten zugeordnet werden müssen. Von diesen sind auch noch einige fest reserviert (z. B. für die Tastatur).

---

[5] Beim Befehl int 0 × 21 aus dem 0 × 86-Befehlssatz muss im Register AX die Interrupt-Nummer zur Adressierung des konkreten Vektors in der Interrupt-Vektor-Tabelle stehen. Dieser Software-Interrupt wurde im MS-DOS-System sehr häufig verwendet.

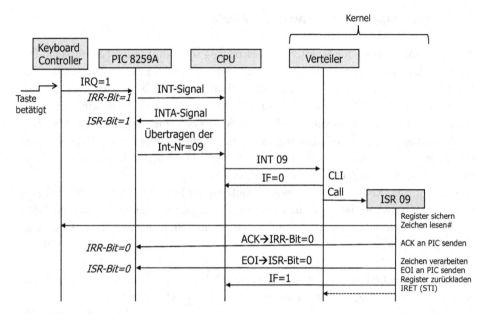

Abb. 3.9 Ablauf eines Keyboard-Interrupts

Daher ist – je nach System – ein *Interrupt-Sharing* erforderlich. Mehrere Geräte müssen sich eine Interrupt-Nummer teilen. Bei Auftreten eines Interrupts muss dann ermittelt werden, welches Gerät den Interrupt tatsächlich ausgelöst hat.

Bei einem Hardware-Interrupt, der durch den Interrupt-Controller initiiert wird, erfolgt die Adressierung durch eine Abbildung der IRQ-Leitung, über die der Interrupt gemeldet wird, auf die Interrupt-Nummer. Die Nummerierung von IRQs beginnt bei IA32-Prozessoren bei 0 und geht bis 15. Es ist also eine Abbildung auf den Interrupt-Nummernkreis (32 bis 47) durch Addition von 32 erforderlich. Die Aufgabe der Abbildung übernimmt der Interrupt-Controller.

Die Mehrzahl der neueren Computersysteme ist zumindest im PC- und im unteren Serverbereich mit APIC-Bausteinen ausgestattet. APIC-Bausteine unterstützen Multiprozessorsysteme und verfügen über 256 Interruptleitungen. Diese Bausteine unterstützen auch einen PIC-Kompatibilitätsmodus mit 15 Interrupts, die dann allerdings nur an einen Prozessor übermittelt werden.

Bei Multiprozessor- bzw. Mehrkernprozessoren muss geregelt werden, welcher von den Prozessoren bzw. Rechnerkernen die Ausführung eines anstehenden Interrupts übernimmt. Hierfür wird ein Dispatching-Algorithmus implementiert, der einen Kern auswählt, um den Interrupt zu bearbeiten (siehe Abb. 3.10). Das Dispatching erfolgt z. B. unter Windows im Round-Robin-Verfahren, obwohl die neueren APIC-Bausteine auch intelligentere Load-Balancing- bzw. Routing-Mechanismen bereits in der Firmware bereitstellen (Russinovich et al. 2012).

3.1.4   Interrupt-Bearbeitung unter Windows

Unter Windows werden für die Interrupt-Bearbeitung sog. *Traphandler* bereitgestellt. Der Prozessor überträgt die Steuerung bei Auftreten eines Interrupts an einen Traphandler. Der Begriff Traphandler ist etwas irreführend, im Prinzip handelt es sich hier aber um Interrupt-Service-Routinen. Obwohl Interrupt-Controller wie der PIC-Baustein bereits eine Interruptpriorisierung vornehmen, ordnet der Windows-Kernel den Interrupts über sog. *Interrupt-Request-Levels* (Einstellung der Unterbrechungsanforderung, IRQL) eigene Prioritäten zu. Sie sind prozessorspezifisch und können in der IA32-Architektur Werte zwischen 0 und 31 annehmen, wobei 31 die höchste Priorität ist.

Alle Threads (Kernel- und Usermodus) laufen unter Interrupt-Priorität 0 ab und sind damit durch Hardware-Interrupts unterbrechbar. Nur Interrupts auf einem höheren IRQL dürfen eine Interrupt-Bearbeitung auf niedrigerem IRQL unterbrechen. Über eine *Interrupt-Dispatcher-Tabelle* (IDT) wird festgehalten, welche ISR für welchen IRQL zuständig ist.

Tab. 3.1 beschreibt etwas vereinfacht die 32 IRQ-Levels der IDT für die IA32-Architektur. Jedem IRQL ist eine Bearbeitungsroutine (ISR) zugeordnet.

Die Zuordnung von IRQLs auf Hardware-Interruptnummern wird in der *Hardware Abstraction Layer* (HAL) durchgeführt, da sie prozessorspezifisch ist. Damit ist die Interrupt-Bearbeitung im Kernel auch relativ unabhängig von Hardware-Besonderheiten. Die IRQs sind, wie bereits erläutert, über den verwendeten Interrupt-Controller festgelegt. Sie werden in der IA32-Architektur auf die Device-IRQLs mit den Nummern 3 bis 26 abgebildet.

Im *Passive-Level* läuft die normale Programmbearbeitung im Usermodus und teilweise auch im Kernelmodus. Die Bearbeitung im Passive-Level ist durch Geräte-Interrupts und auch durch alle anderen IRQLs unterbrechbar.

Im *APC-Level* werden sog. APC-Interrupts (Asynchronous Procedure Call) bearbeitet. APC ist ein spezieller Windows-Mechanismus, der sog. asynchrone Prozeduraufrufe behandelt, die im Kernel für verschiedene Aufgaben genutzt werden. Für jedes Programm,

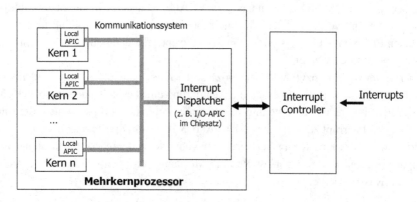

Abb. 3.10 Interrupt-Dispatching bei Mehrkernrechnern

genauer für jeden Thread (siehe Kap. 4) wird sowohl im Kernel- als auch im Usermodus eine APC-Queue mit APC-Interrupt-Objekten verwaltet. Setzt beispielsweise ein Programm einen Read-Befehl auf eine Festplatte ab, so wird die Bearbeitung zunächst unterbrochen. Wenn der Befehl vom Kernel abgearbeitet ist werden die Daten mit Hilfe eines APC-Objekts in die programmspezifische (threadeigene) APC-Queue eingehängt. Die APC-Queue wird nach und nach abgearbeitet im APC-Level abgearbeitet. Bei einem Read-Befehl werden in diesem Level beispielsweise die gelesenen daten in den Thread-Kontext des Aufrufers kopiert. (Russinovich et al. 2012).

Im Dispatch/DPC-Level wird zum einen das Dispatching, also die Auswahl des nächsten Programms (genauer des Prozesses oder Threads, mehr dazu siehe Kap. 5) durchgeführt. Zum anderen erfolgt in diesem Level die DPC-Bearbeitung (Deferred Procedure Call), die noch weiter unten erläutert wird.

In den Device-Levels werden die IRQs der angebundenen Geräte bearbeitet. Die anderen IRQ-Levels sind für die IA32-Architektur in der Tab. 3.1 aufgeführt. Auf diese soll hier nicht weiter eingegangen werden. Lediglich auf den Clock-Level, in dem die ISR für die Systemuhr abläuft, soll noch hingewiesen werden. Die Belegung der IRQLs ist prozessorabhängig. Anders als für IA32-Prozessoren verwaltet Windows für Prozessoren mit x64- sowie die IA64-Architektur beispielsweise eine etwas andere Belegung der IRQLs. Hier werden nur 16 IRQLs (siehe Tab. 3.2 für die x64-Architektur) verwendet. Wie man in der Tabelle sieht, gibt es z. B. deutlich weniger IRQLs für Geräte. Auf die genaue Belegung der IRQLs und deren Bedeutung soll hier nicht weiter eingegangen werden.

Jede ISR maskiert gleich nach ihrem Aufruf alle niedrigeren IRQLs und auch den aktuellen IRQL, so dass die Interrupt-Bearbeitung nicht von niedriger oder gleich priorisierten Interrupts gestört werden kann. Programme, die im Kernelmodus ablaufen, können ihr IRQL auch erhöhen. Möchte z. B. eine Kernelroutine etwa während der Ausführung eines Systemcalls nicht unterbrochen werden, kann es in den Dispatch/DPC-Level gehen und alle IRQLs bis einschließlich des aktuellen Levels maskieren. Da in diesem IRQ-Level auch das Dispatching, also der Wechsel eines Programms zum nächsten Programm, durch-

Tab. 3.1 Interrupt-Verteilungstabelle im Windows für die IA32-Architektur (nach Russinovich et al. 2012)

IRQL	Bezeichnung	Beschreibung
31	High-Level	Maschinen-Check und katastrophale Fehler
30	Power-Level	Strom/Spannungsproblem
29	IPI-Level	Interprozessor-Interrupt
28	Clock-Level	Clock-Interrupt
27	Synch-Level	Prozessorübergreifende Synchronisation
3-26	Device-Levels	Abbildung auf IRQs der Geräte je nach verbautem Interrupt-Controller
2	Dispatch/DPC-Level	Dispatching und Ausführung von Deferred Procedure Calls
1	APC-Level	Ausführung von Asynchronous Procedure Calls
0	Passive-Level	Normale Threadausführung

geführt wird, ist im zugeordneten Prozessor keine Unterbrechung des laufenden Programms außer durch Hardware-Interrupts möglich.

Wir wollen noch auf den Ablauf eines Geräte-Interrupts unter Windows eingehen. Die Gerätetreiber können ihre Einstellungen über sog. *Interruptobjekte* vornehmen. Ein Interruptobjekt enthält aus Kernelsicht alle Informationen (ISR-Adresse, …), die er benötigt, um eine ISR mit einer Interrupteinstellung (einem IRQL) zu verknüpfen und die IDT zu belegen.

Wie bereits dargestellt, unterbricht in x86-basierten Rechnersystemen der Interrupt-Controller (meist PIC-8259-Baustein) den Prozessor auf einer Leitung. Der Prozessor fragt dann den Controller ab, um eine Unterbrechungsanforderung (IRQ) zu erhalten. Der Interrupt-Controller übersetzt den IRQ in eine Interruptnummer (Index auf IDT) und mit diesem Index kann über die IDT auf die Adresse der ISR für den entsprechenden Hardware-Interrupt zugegriffen werden. Die ISR kann über diese Adresse aufgerufen werden.

Im Falle von Geräte-Interrupts gibt es unter Windows eine Besonderheit. Die ISR erzeugt nämlich meist eine sog. *DPC-Datenstruktur* (Deferred Procedure Call) und trägt sie in eine prozessorspezifische *DPC-Queue* ein. Dies wird gemacht, um die Bearbeitungszeiten in der ISR möglichst kurz zu halten und damit das System nicht unnötig zu blockieren. Die adressierte DPC-Routine wird dann später mit niedrigerer Priorität auf Dispatch/DPC-Level aufgerufen und abgearbeitet. Hierfür gibt es einen eigenen Verwaltungsmechanismus.

Entsprechend der Interrupt-Priorisierung werden also zunächst alle anstehenden DPC-Objekte (Dispatch/DPC-Level) und danach alle APC-Objekte (APC-Level) abgearbeitet, bevor wieder die normale Programmausführung (Passive Level) weitergeführt wird. Nach Abarbeitung der DPC-Queue wird ein Dispatching, also die Auswahl des nächsten auszuführenden Programms ausgeführt.

Der Ablauf der Interrupt-Bearbeitung für einen Hardware-Interrupt unter Windows ist grob und vereinfacht in der Abb. 3.11 dargestellt. Der Interrupt-Controller gibt den Interrupt zunächst an eine Verteilerkomponente im Kernel weiter, der anhand der Interrupt-

Tab. 3.2 Interrupt-Verteilungstabelle im Windows für die x64-Architektur (nach Russinovich et al. 2012)

IRQL	Bezeichnung	Beschreibung
15	High-Level	Maschinen-Check und katastrophale Fehler
14	Power-Level	Strom/Spannungsproblem und Interprozessor-Interrupt
13	Clock-Level	Clock-Interrupt
12	Synch-Level	Prozessorübergreifende Synchronisation
3-11	Device-Levels	Abbildung auf IRQs der Geräte je nach verbautem Interrupt-Controller
2	Dispatch/DPC-Level	Dispatching und Ausführung von Deferred Procedure Calls
1	APC-Level	Ausführung von Asynchronous Procedure Calls
0	Passive-Level	Normale Threadausführung

Nummer den IRQL ermittelt und diesen für die Adressierung innerhalb der IDT benutzt, um die passende ISR zu ermitteln. Die ISR erstellt dann ein Element für die DPC-Queue und reiht es in die Queue ein. Die Abarbeitung des Interrupts erfolgt dann, sobald das Element der DPC-Queue an der Reihe ist.

Wie bereits in der Einführung zu Betriebssystemarchitekturen erläutert, liegen die Gerätetreiber unter Windows gekapselt in der *Hardware Abstraction Layer*, womit die Abhängigkeiten zu unterstützten Hardwareplattformen im Wesentlichen in dieser Schicht konzentriert sind.

In Abb. 3.12 ist nochmals am Beispiel zweier Geräte-Interrupts skizziert, wie die Bearbeitung unter Windows mit DPC-Objekten prinzipiell abläuft. Wie zu sehen ist, wird die normale Programmbearbeitung zunächst durch einen Hardwareinterrrupt von Gerät 2 unterbrochen. Es wird in den entsprechenden Device-Level übergegangen und die zuständige ISR maskiert sofort die IRQLs 0 bis 3. Anschließend wird die ISR wiederum durch einen weiteren Interrupt eines Geräts mit höherem IRQL unterbrochen und kann erst fortgesetzt werden, wenn die Bearbeitung dieses Interrupts erfolgte. Beide ISRs erzeugen DPC-Objekte, die anschließend im Dispatch/DPC-Level abgearbeitet werden, bevor nach einem Dispatching auf das Passive-Level zurückgeschaltet werden kann. Im Szenario wird nach der Interrupt- und DPC-Bearbeitung das vorher unterbrochene Programm fortgeführt, was aber nicht unbedingt so sein muss. Dies hängt von der CPU-Scheduling-Strategie ab, wie wir noch in Kap. 5 sehen werden.

Wenn durch die DPC-Verarbeitung ein Read-Befehl eines Threads fertiggestellt wird, wird am Ende der DPC-Verarbeitung ein APC-Objekt erstellt und in die APC-Queue des den Read-Befehl initiierenden Threads eingefügt.

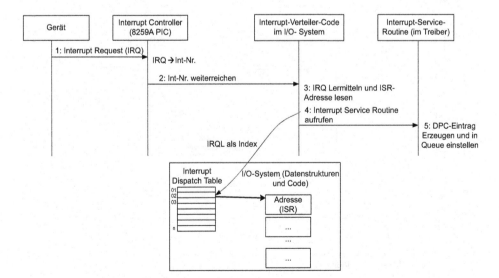

Abb. 3.11 Bearbeitung eines Geräte-Interrupts im Windows

Wenn irgendwann danach dieser Thread wieder aktiv wird, wird zunächst das APC-Objekt im APC-Level abgearbeitet, um die angeforderten Daten in den Adressraum Threads bzw. des zugehörigen Prozesses zu legen.

Das IRQL-Konzept darf nicht mit den Thread-Prioritäten, die wir später noch kennenlernen werden, verwechselt werden. Die IRQL-Einstellung legt fest, welche Interrupts ein Prozessor empfangen kann. Für jeden Rechnerkern wird eine eigene IDT verwaltet. Wenn eine Ausführungseinheit eines Programms (ein Thread) im Kernelmodus abläuft, werden alle Interrupts, deren IRQL-Zuordnung kleiner oder gleich der aktuellen ist, maskiert (also verboten), bis der aktuelle Thread die IRQL-Einstellung wieder verringert. Nur Interrupts mit höherer IRQL-Zuordnung werden zugelassen.

3.1.5 Interruptverarbeitung unter Linux

In Linux-Systemen wird ebenfalls eine Tabelle mit Referenzen auf die Interrupt-Handler, (Interrupt-Service-Routinen, ISR) verwaltet. Jedem Interrupt wird über einen Index auf die Tabelle ein Interrupt-Handler zugeordnet. Es erfolgt eine Abbildung eines IRQ über die Interrupt-Nummer auf einen Tabellenindex.

Bei Auftreten eines Interrupts wird zunächst in den Kernelmodus gewechselt, sofern nicht schon geschehen, und anschließend werden die Register gesichert. Nach Ausführen der ISR wird zunächst geprüft, ob ein neuer Prozess zur Ausführung kommt oder ob der unterbrochene Prozess fortgesetzt werden soll. Der Registersatz des ausgewählten Prozesses wird dann wiederhergestellt und es wird in den Benutzermodus gewechselt. Interrupt-

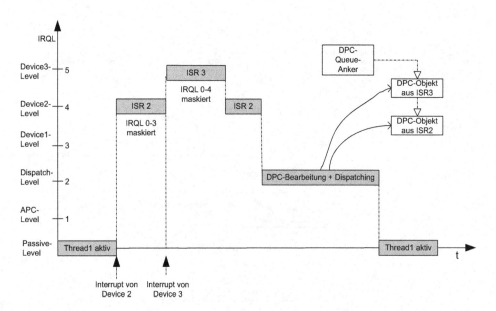

Abb. 3.12 Beispielszenario für die Windows-IRQL-Bearbeitung für IA32 mit einem Rechnerkern

Handler sind üblicherweise sehr kurze Routinen. Alles was nicht unbedingt sofort erledigt werden muss, wird zunächst notiert und später abgewickelt. Dieser, dem DPC-Mechanismus von Windows verwandte, Mechanismus wird in Linux als *Tasklet* bezeichnet. Tasklets sind Tasks, die in einer Datenstruktur namens *tasklet_struct* mit entsprechenden Informationen zur späteren Verarbeitung verwaltet werden. Vom sog. Tasklet-Scheduler (Scheduling-Mechanismen werden in Kap. 5 ausführlich erörtert) wird eine Liste aller anstehenden Tasklets geführt und deren Abarbeitung vorgenommen. Die Interrupt-Handler-Tabelle ist im System wie folgt definiert (siehe Mauerer 2004; Bovet und Cesati 2005):

```
extern irq_desc_t irq_desc [NR_IRQS];
Ein Eintrag in der Tabelle (in C: Array) hat folgenden Aufbau:
typedef struct {
    unsigned int status; // IRQ-Status
    // Zeiger auf verantwortlichen IRQ-Controller
    hw_irq_controller *handler;
    // Zeiger auf Action-Liste
    struct irqaction *action;
    // Spezielles Feld zum Aktivieren und Deaktivieren des IRQ
    unsigned int depth;
    ...
} ____cacheline_aligned irq_desc_t;
```

Ein Interrupt ist über diese Datenstruktur vollständig beschrieben, wobei Hardware-spezifika verborgen werden. In einer Systemkonstante namens *NR_IRQS* wird die max. Anzahl der Tabelleneinträge festgelegt. Bei einem IA64-Prozessor sind es 256 mögliche IRQs.

Im Feld *depth* wird für den Interrupt-Handler hinterlegt, ob der zugehörige IRQ hardwaretechnisch aktiviert (Wert = 0) ist oder nicht (Wert > 0). Jedesmal wenn irgendwo im Kernel der IRQ deaktiviert wird, erhöht der Kernel auf den Zähler *depth* um 1. Bei einer Aktivierung wird er um 1 vermindert. Damit ist auch bekannt, wie oft er zu einem bestimmten Zeitpunkt deaktiviert wurde. Nur wenn das Feld auf 0 steht, darf der Interrupt durch die Hardware ausgelöst werden. Im Feld *status* wird der aktuelle Zustand des Interrupt-Handlers festgehalten. Wenn im Feld *status* z. B. ein Wert „IRQ_DISABLED" enthalten ist, bedeutet dies, dass der Interrupt-Handler abgeschaltet ist, hat das Feld den Wert „IRQ_INPROGRESS" ist der Interrupt-Handler aktiv.

Die beiden Zeiger *action* und *handler* verweisen auf weitere Datenstrukturen im Kernel. Der Zeiger *action* verweist z. B. auf eine Struktur *irqaction*, die als Action-Liste bezeichnet wird und als Elemente sog. *Action-Descriptoren* enthält. In dieser Liste sind dann je Listeneintrag die Verweise auf die eigentlichen Interrupt-Service-Routinen abgelegt. Diese Struktur ist im Headerfile *interrupt.h* zu finden und hat folgenden Aufbau:

```
struct irqaction { // Action-Descriptor
   // Verweis auf Interrupt-Service-Routine
   void (*handler)(int, void *, struct pt_regs *);
   // Eigenschaften des Interrupt-Handlers
   unsigned long flags;
   // Name des Interrupt-Handlers
   const char *name
   // Eindeutige Identifikation des Interrupt-Handlers
   void *dev_id;
   // Verweis auf den Nachfolger in der Liste
   struct irqaction *next;
};
```

Wie man an der Funktion *handler* erkennen kann, übergibt man einem Interrupt-Handler beim Aufruf drei Parameter. Der erste Parameter ist vom Typ *int* und enthält als Wert die Interrupt-Nummer, der zweite Parameter ist ein Zeiger auf eine Device-Identifikation (Typ *void*) und der dritte Parameter ist ein Zeiger auf die Struktur *pt_regs*, mit den aktuellen Registerinhalten.

Die Interrupt Service Routinen werden in Linux auch als IRQ-Controller bezeichnet. Sie werden durch Gerätetreiber dynamisch beim Kernel registriert. Aktuelle Informationen zu den Interrupts können aus dem Verzeichnis */proc/interrupts/* des Systems ausgelesen werden.

3.2   Systemaufrufe

3.2.1   Systemaufrufe aus Sicht eines Anwendungsprogrammierers

Das Betriebssystem ist von den Anwendungsprozessen abgeschottet, wobei – wie bereits erläutert – das Konzept der virtuellen Maschine benutzt wird. Anwendungsprogramme nutzen die Dienste des Betriebssystems über eine Zugangsschicht. Der Aufruf der Dienste erfolgt über sog. Systemcalls.

Ein Systemcall ist ein Dienstaufruf an das Betriebssystem, bei dessen Ausführung in den Kernelmodus gewechselt wird. Der Kontrollfluss wird dabei meist von einem Anwendungsprogramm an den Kernel übergeben. In jedem Mehrzweckbetriebssystem wird üblicherweise eine Bibliothek mit Funktionen bereitgestellt, die höherwertige Dienste anbietet, um den Übergang vom Benutzermodus in den Kernelmodus möglichst komfortabel zu gestalten.

Unix und Linux stellen hierfür eine Bibliothek, die meist als C-Library oder *clib* bezeichnet wird, bereit. Beispiele für typische Systemaufrufe unter Linux sind:

- *fork* zur Prozesserzeugung
- *exit* zum Beenden eines Prozesses
- *open* zum Öffnen einer Datei

- *close* zum Schließen einer Datei
- *read* zum Lesen einer Datei

Die Windows-API (Win-API[6], früher auch als Win32-API bezeichnet) stellt unter Windows eine Grundmenge an Funktionen für die Anwendungsentwicklung bereit, die u. a. den Zugriff auf Kernel-Ressourcen ermöglichen. Von den vielen API-Funktionen der Win-API sind einige Systemcalls. Beispiele hierfür sind:

- *CreateProcess* zur Prozesserzeugung
- *ExitProcess* zum Beenden eines Prozesses
- *CreateFile* zum Erzeugen einer Datei
- *ReadFile* zum Lesen einer Datei

Damit die Anwendungsprogramme die Adressen von Systemroutinen nicht kennen müssen, wird ein spezieller Aufrufmechanismus verwendet, der auch als Trap bezeichnet wird. Ein Trap ist ein Software-Interrupt, der für einen Übergang vom Benutzermodus in den Kernelmodus sorgt, um den aufgerufenen Systemdienst auszuführen. Traps werden üblicherweise durch einen speziellen Maschinenbefehl des Prozessors, den sog. Supervisor-Call oder SVC unterstützt. Bei Ausführung des Systemcalls über einen Software-Interrupt wird wie folgt verfahren:

- Der aktuelle Kontext des laufenden Programms, also die Information, welche den aktuellen Status eines Prozesses beschreibt (später dazu mehr), wird gesichert.
- Der Program Counter wird mit der Adresse der passenden Systemroutine belegt.
- Vom Benutzermodus wird in den Kernelmodus geschaltet.
- Die adressierte Systemroutine wird durchlaufen.
- Anschließend wird wieder der alte Kontext des Prozesses hergestellt und der Program Counter mit der Adresse des Befehls nach dem Systemcall belegt.

Der Trap-Mechanismus hat den Vorteil, dass der Aufruf eines Systemcalls von einem Anwendungsprogramm aus ermöglicht wird, ohne dass die tatsächliche Adresse der Systemroutine bekannt sein muss (Information Hiding). Alle Systemcalls zusammen bilden die Schnittstelle der Anwendungsprogramme zum Betriebssystemkern (Kernel).

Die Maschinenbefehlssätze von Prozessoren stellen, wie oben bereits erläutert, für den kontrollierten Übergang vom Benutzermodus in den Kernelmodus einen speziellen SVC-Befehl zur Verfügung, der von den höherwertigen Funktionen, z. B. aus der C-Library oder der Win-API heraus, benutzt wird. Jeder Prozessor hat hierfür einen eigenen Befehl. Bei den älteren x86-Prozessoren von Intel ist dies der *int*-Befehl, beim Pentium-II-Prozessor heißt der Befehl *sysenter*, in der IA64-Architektur gibt es hierfür den *EPC-*

---

[6]API steht für Application Programming Interface, also eine Programmierschnittstelle, die sowohl prozedural als auch objektorientiert ausgeprägt sein kann.

Befehl (Enter Privileged Mode) und bei x64-Architekturen wird der Befehl mit *syscall* bezeichnet. Die Parameter werden üblicherweise für den Aufruf in Registern übertragen. Beispielsweise wird die Nummer des Systemcalls bei Aufruf des int-Befehls und auch beim syscall-Befehl im Register EAX übertragen. Reichen die definierten Register für die Parameterübergabe nicht aus, wird der Rest im Kernelstack übergeben. Der Rücksprung von Kernelmodus in den Benutzermodus erfolgt nach der Bearbeitung des Systemcalls ebenfalls über einen speziellen Befehl, der z. B. bei Intel-x86-Prozessoren mit *iret* bezeichnet wird, bei Pentium-Prozessoren heißt der Befehl *sysexit* und bei x64-Prozessoren *sysret*.

3.2.2 Software-Interrupts unter Linux

Der Aufruf eines synchronen Software-Interrupts wird bei Intel-x86-Prozessoren über den Maschinenbefehl *int* vollzogen. Diesem wird beim Aufruf die Interrupt-Nummer mitgegeben. Dieser Maschinenbefehl wird auch als SVC-Befehl (Supervisor-Call) bezeichnet und ist wie folgt definiert:

```
int n // Aufruf des Interrupts mit der Nummer n, mit n = 0...255
(dezimal)
```

Die Interrupt-Nummer n stellt den Index zum Auffinden des Interrupt-Vektors in der Interrupt-Vektor-Tabelle dar. Bei Aufruf des int-Befehls wird der Kernelmodus gesetzt. Der Aufruf eines Systemcalls unter Unix wird z. B. über diesen Befehl ausgeführt, indem als Parameter *0 × 80* mitgegeben wird:

```
int $0x80 // Trap, Systemcall
```

Die Einbettung des Befehls in ein C-Programm unter Linux soll an einem einfachen Beispiel gezeigt werden. In diesem Beispiel wird eine Datei mit dem Dateinamen „mandl. txt" zum Lesen geöffnet. Der C-Code ist, wie die folgenden Zeilen zeigen, sehr einfach:

```
01: #include ...
...
02: main()
03: {
04:    open("mandl.txt",1);    // Datei zum Lesen öffnen
05: }
```

Der vom Compiler erzeugte Maschinencode (gcc-Compiler) sieht wie folgt aus:

```
01: .LC0:
02:     .string "mandl.txt"
03:     .text
04:     .globl main
05: main:
    ...
06:    call open
    ...
```

Im generierten Code wird mit dem Befehl *call open* die Open-Routine der C-Library aufgerufen. In dieser Routine wird vor dem tatsächlichen Systemcall eine Belegung der Parameter vorgenommen. In unserem Beispiel werden einige Register belegt. Schließlich wird der Befehl *int* mit der Interrupt-Nummer 0×80 aufgerufen. Die Rückkehr zum aufrufenden Programm erfolgt über den Aufruf des Maschinenbefehls *iret*. Er stellt den alten Zustand wieder her und verzweigt zur Aufrufstelle. Dies ist in diesem Fall der Befehl, der nach dem Aufruf *call open* folgt.

```
01: __libc_open:
02: ...
03: mov 0xc(%esp,1), %ecx      // Parameter für Open in Register laden
04: mov ...
05: mov $0x5, %eax             // Systemcall-Code für Open-Funktion
06:  int $0x80                 // Systemcall
07:      ...
08: iret                       // zurück zum Aufrufer
```

Über die Auswertung der Interrupt-Nummer wird die entsprechende Interrupt-Routine in der Interrupt-Vektor-Tabelle gefunden. Die Interrupt-Vektor-Tabelle wird bei der Systeminitialisierung mit den Adressen der ISRs belegt. In Abb. 3.13 ist die Abarbeitung eines Systemcalls nochmals als Sequenzdiagramm dargestellt. Die im Bild erwähnte Systemcall-Tabelle ist eine Kerneltabelle, welche die Adressen aller Systemdienstroutinen enthält. Sie wird unter Linux in einer Datenstruktur mit der Bezeichnung *sys_call_table* verwaltet.

Die Zusammenhänge zum Ablauf des Softwareinterrupts unter Linux sind in Abb. 3.14 nochmals skizziert. In der Interrupt-Vektor-Tabelle wird zunächst über den Index 0×80 der Eintrag adressiert, der auf einen Verteiler verweist. Dieser ermittelt aus der Systemcall-Tabelle die Adresse der im EAX-Register adressierten Systemroutine *open* und führt diese aus.

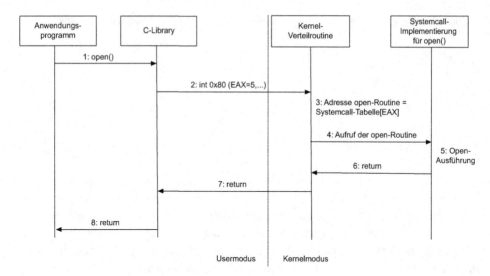

Abb. 3.13   Ablauf eines Systemcalls unter Linux

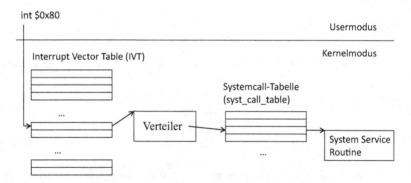

Abb. 3.14   Ablauf eines Systemcalls unter Linux

3.2.3   Software-Interrupts unter Windows

Ähnlich wie unter Linux verhält sich der Aufruf eines Systemdienstes auch unter Windows. Wie die Abb. 3.15 zeigt, ruft eine Anwendung über eine Funktion der Win-API den
Systemdienst auf. Je nach Prozessor wird hierfür von der Win-API-Funktion der entsprechende SVC-Befehl benutzt, um den Übergang in den privilegierten Kernelmodus zu voll-
ziehen. Im Kernelmodus übernimmt ein spezieller Dispatcher anhand der übergebenen
Parameter die Auswahl der richtigen Service-Routine und startet diese, wobei er eine Tabelle mit Verweisen auf alle bereitgestellten Service-Routinen benutzt.

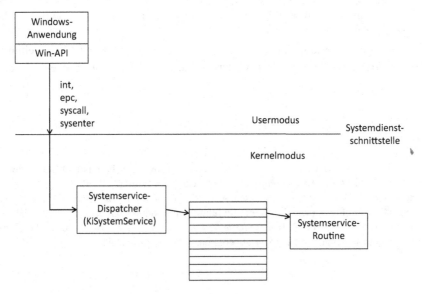

Abb. 3.15 Ablauf eines Systemcalls unter Windows

3.3 Übungsaufgaben

1. Was ist der Unterschied zwischen Polling und interruptgesteuerter Verarbeitung?
2. Was ist der Unterschied zwischen den Exception-Typen Fault und Trap? Nennen Sie jeweils ein Beispiel!
3. Wozu dient ein Systemcall und wie wird er üblicherweise von einem Betriebssystem wie Windows oder Unix ausgeführt?
4. Was bedeutet „Maskierung" von Unterbrechungsanforderungen?
5. Wie erkennt die CPU, dass eine Unterbrechungsanforderung ansteht?
6. Was versteht man unter einer Interrupt-Vektor-Tabelle?
7. Was ist eine Interrupt-Service-Routine und wann wird sie aufgerufen?
8. Was bedeutet Interrupt-Sharing?
9. Was versteckt der Trap-Mechanismus zum Aufruf eines Systemdienstes vor dem Anwendungsprogramm?
10. Erläutern Sie die Abwicklung eines Hardware-Interrupts unter Linux. Gehen sie dabei auf Tasklets ein!
11. Erläutern Sie die Abwicklung eines Traps (Systemcalls)!
12. Nennen Sie den Unterschied zwischen einem synchronen und asynchronen Interrupt!
13. Warum verwendet Windows den DPC-Mechanismus?
14. Welche Aufgabe hat ein Interrupt-Controller?
15. In welchem Interrupt-Request-Level wird die normale Programmausführung unter Windows durchgeführt und wie unterbrechbar ist dieser?

16. Welche Aufgabe haben die einzelnen Register des Interrupt-Controllers Intel 8259A PIC?
17. Wie wird sichergestellt, dass das unterbrochene Programm nach der Verarbeitung eines Interrupts wieder genau dort weitermachen kann, wo es unterbrochen wurde?

Literatur

Bovet, D. P., & Cesati, M. (2005). *Understanding the Linux Kernel*. Sebastopol: O'Reilly Media.

Mauerer, W. (2004). *Linux Kernelarchitektur*. München/Wien: Hanser.

Russinovich, M., Solomon, D. A., & Ionescu, A. (2012). *Windows Internals, Part 1* (6. Aufl.). Redmond: Microsoft Press. (sehr detaillierte Einführung in Windows-Internas).

Tanenbaum, A. S., & Bos, H. (2016). *Moderne Betriebssysteme* (4., akt. Aufl.). (deutsche Übersetzung von Tanenbaum & Bos 2015). Hallbergmoos: Pearson Deutschland.

Prozesse und Threads

4

Das Prozess- und das Threadmodell sind wesentliche Konzepte der Betriebssystementwicklung und dienen als grundlegende Bausteine der Parallelverarbeitung. In diesem Kapitel wird ein Überblick über diese beiden Modelle und deren allgemeine sowie spezielle Einbettung in Betriebssysteme gegeben. Prozesse sind Betriebsmittel, die vom Betriebssystem verwaltet werden. Threads werden je nach Implementierung entweder direkt vom Betriebssystem oder von einem Laufzeitsystem einer höheren Programmiersprache (wie etwa der JVM)[1] verwaltet.

Der Lebenszyklus von Prozessen und Threads wird anhand von Zustandsautomaten dargestellt. Die Informationen, die für die Verwaltung von Prozessen und Threads im Betriebssystem notwendig sind, werden ebenfalls erläutert. Hierzu werden die Datenstrukturen PCB (Process Control Block) und TCB (Thread Control Block) eingeführt.

Weiterhin wird in diesem Kapitel auf konkrete Betriebssysteme eingegangen und aufgezeigt, wie dort Prozesse und Threads genutzt werden. In den meisten Betriebssystemen wird der Prozessbegriff gleichwertig genutzt, Threads werden allerdings unterschiedlich implementiert. Dies soll in diesem Kapitel ebenfalls erörtert werden. In älteren Betriebssystemen, insbesondere aus dem Großrechnerbereich, wird für den Begriff des Prozesses auch der Begriff Task (siehe BS2000/OSD) verwendet. Auch in Realzeitsystemen oder eingebetteten Systemen spricht man häufig von Tasks. Als Beispielbetriebssysteme, die den Prozessbegriff nutzen, dienen Windows und Unix bzw. Linux. Die Nutzung von Prozessen und Threads wird anhand der Programmiersprachen C, Java und C# vermittelt.

Zielsetzung des Kapitels
Der Studierende soll das Prozess- und das Threadmodell und den Lebenszyklus von Prozessen und Threads innerhalb eines Betriebssystems verstehen und erläutern können.

---

[1] JVM = Java Virtual Machine, die Laufzeitumgebung für Java-Programme.

© Springer Fachmedien Wiesbaden GmbH, ein Teil von Springer Nature 2020
P. Mandl, *Grundkurs Betriebssysteme*,
https://doi.org/10.1007/978-3-658-30547-5_4

Weiterhin soll der Leser verstehen, welchen Aufwand ein Betriebssystem betreiben muss, um die Betriebsmittel *Thread* und *Prozess* zu verwalten, und wie das Prozess- und das Threadmodell in modernen Betriebssystemen implementiert werden. Die verschiedenen Möglichkeiten der Threadimplementierung mit ihren Vor- und Nachteilen sollen erklärt werden können. Die Implementierungskonzepte sollen ebenfalls am Beispiel der Betriebssysteme Windows und Unix erläutert werden können. Zudem soll die Verwendung von Threads in modernen Sprachen wie Java und C# nachvollzogen werden können. Schließlich soll der Leser einschätzen können, wie die Unterstützung der Parallelverarbeitung in Multitasking-Betriebssystemen und der Einsatz von Threads in eigenen Anwendungsprogrammen funktioniert. Für welche Anwendungsfälle Threads sinnvoll sind, sollte ebenfalls erläutert werden können.

Wichtige Begriffe
Prozess und Thread, User-Level-Thread und Kernel-Level-Thread, Prozess-Kontext, Thread-Kontext, Kontextwechsel, PCB (Process Control Block) und TCB (Thread Control Block).

4.1   Prozesse

4.1.1   Prozessmodell

Jedes Programm wird in Universalbetriebssystemen üblicherweise in einem (Betriebssystem-)*Prozess* ausgeführt, der zum Ablauf einem Prozessor zugeordnet werden muss.

Prozess Ein Prozess (in manchen Betriebssystemen auch Task genannt) stellt auf einem Rechnersystem die Ablaufumgebung für ein Programm bereit und ist eine dynamische Folge von Aktionen mit entsprechenden Zustandsänderungen, oder anders ausgedrückt, die Instanzierung eines Programms. Als Prozess bezeichnet man auch die gesamte Zustandsinformation eines laufenden Programms. Ein *Programm* ist im Gegensatz dazu die (statische) Verfahrensvorschrift für die Verarbeitung auf einem Rechnersystem. Üblicherweise wird das Programm von einem Übersetzungsprogramm (Compiler) in eine ausführbare Datei umgewandelt, die vom Betriebssystem in den Adressraum eines Prozesses geladen werden kann. Ein Prozess ist damit ein Programm zur Laufzeit bzw. die konkrete Instanzierung eines Programms innerhalb eines Rechnersystems.

Virtuelle Prozessoren Das Betriebssystem ordnet im Multitasking jedem Prozess einen *virtuellen Prozessor* zu. Bei echter Parallelarbeit wird jedem virtuellen Prozessor jeweils ein *realer Prozessor* zugeordnet. Im *quasi-parallelen* oder *pseudoparallelen* bzw. *nebenläufigen* Betrieb – und das ist in modernen Betriebssystemen der Normalfall – wird jeder reale Prozessor zu einer Zeit immer nur einem virtuellen Prozessor, in dem ein Prozess bearbeitet wird, zugeordnet (siehe Abb. 4.1). Prozess-Umschaltungen werden nach einer definierten Strategie vorgenommen. Bei einem Einprozessorsystem kann zu einer Zeit auch nur ein Prozess zum Ablauf kommen. Bei Mehrprozessorsystemen können dagegen mehrere Prozesse zu einer Zeit zum Ablauf kommen, da es mehrere reale Prozessoren (CPUs) gibt.

Prozesse konkurrieren miteinander um die in heutigen Rechnersystemen meist knappen Betriebsmittel wie Speicherplatz oder Prozessor (bzw. CPU-Zeit), da die Anzahl der laufenden Prozesse meist größer ist als die Anzahl der Prozessoren. Die Zuordnung der Betriebsmittel übernimmt das Betriebssystem und nutzt dabei verschiedene Strategien, die als Scheduling-Strategien bezeichnet und weiter unten behandelt werden. Vom Betriebssystem wird dabei ein Zeitmultiplexing der verfügbaren Prozessoren durchgeführt.

4.1.2 Prozessverwaltung

Das Betriebssystem verwaltet für jeden Prozess vielfältige Informationen, die als *Prozess-Kontext* bezeichnet wird.

Prozess-Kontext Zum Prozess-Kontext zählen wir die Programme und Daten des laufenden Prozesses, die Informationen, die im Betriebssystem für einen Prozess verwaltet werden und die Inhalte aller Hardware-Register (Befehlszähler, PSW, MMU-Register, Mehrzweckregister, ...). Die Registerinhalte bezeichnet man auch als Hardware-Kontext.

Der aktuell laufende Prozess (bei einer Einprozessormaschine kann dies nur einer sein) nutzt die CPU mit ihren Registern zur Bearbeitung. Verliert der gerade aktive Prozess die CPU, so muss ein sog. Kontextwechsel oder ein Kontext-Switching durchgeführt werden. Dabei wird der Hardware-Kontext des laufenden Prozesses gesichert und der Hardware-Kontext des neu aktivierten Prozesses in die Ablaufumgebung geladen.
Ein typischer Prozess mit seinem Prozess-Kontext ist in Abb. 4.2 dargestellt. Der Adressraum eines Prozesses wird meist vom Compiler in verschiedene Bereiche aufgeteilt. Im Stack (Benutzerstack) werden die lokalen Variablen und die Rücksprunginformation für Methoden- bzw. Prozeduraufrufe abgelegt. Im Heap werden dynamisch erzeugte

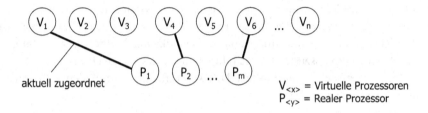

Abb. 4.1 Virtuelle und reale Prozessoren

Prozess-Kontext

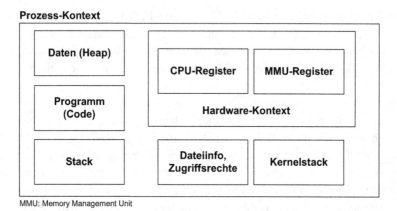

MMU: Memory Management Unit

Abb. 4.2 Prozess-Kontext

Objekte eingetragen und schließlich gibt es auch noch einen Codebereich, in dem der Programmcode liegt.

Der Begriff des Adressraums wird in Kap. 7 genauer erläutert. Im Vorgriff auf die Betrachtung der Speicherverwaltung sei angemerkt, dass es sich hier um alle Speicheradressen (real oder virtuell sei vorerst nicht relevant) handelt, die ein laufendes Programm in einem Prozess nutzen darf. Man spricht oft auch von Prozessadressraum. Daten des Adressraums, die konkret von einem Maschinenbefehl benutzt werden, müssen zur Ausführungszeit im Hauptspeicher sein.

Im Kernelstack werden die Prozeduraufrufe, die für den Prozess innerhalb des Kernels, also im Kernelmodus, stattfinden mit Rücksprunginformationen usw. abgelegt. Die MMU-Register speichern die aktuellen Inhalte der Memory Management Unit, die für die Berechnung der physikalischen Adressen zuständig ist Dies wird im Kap. 7 noch ausführlicher diskutiert.

Prozesstabelle und PCB Neben verschiedenen Tabellen zur Speicherverwaltung und zur Dateiverwaltung führt das Betriebssystem auch eine Tabelle oder Liste mit allen aktuellen Prozessen in einer speziellen Datenstruktur. Diese Tabelle enthält die gesamte Information für die Prozessverwaltung. Diese kerneleigene Datenstruktur wird oft auch als *Prozesstabelle* bezeichnet. Ein Eintrag in der Prozesstabelle heißt *Process Control Block* (*PCB*).

Der PCB ist eine der wichtigsten Datenstrukturen des Systems. Je nach Betriebssystem gibt es deutliche Unterschiede im Aufbau. Einige Informationen sind aber prinzipiell sehr ähnlich. Hierzu gehört u. a. die Information zur Identifikation des Prozesses, die Information zum aktuellen Prozesszustand sowie Informationen zu sonstigen Ressourcen, die dem Prozess zugeordnet sind (Dateien, offene Netzwerkverbindungen). Wichtige Informationen zum Prozess sind also u. a.:

- Programmzähler
- Prozesszustand
- Initiale (statische) und dynamische Priorität
- Verbrauchte Prozessorzeit seit dem Start des Prozesses
- Eigene Prozessnummer (PID) und Prozessnummer des erzeugenden Prozesses (Eltern- oder Vaterprozess genannt)
- Zugeordnete Betriebsmittel, z. B. Dateien (Dateideskriptoren) und Netzwerkverbindungen
- Aktuelle Registerinhalte (je nach Prozessor)

Wenn ein Prozess vom System durch einen anderen abgelöst wird, muss der Hardware-Kontext des zu suspendierenden Prozesses für eine erneute Aktivierung aufbewahrt werden. Der Hardware-Kontext eines zu suspendierenden Prozesses wird in seinem PCB gesichert, der Hardware-Kontext des neu zu aktivierenden Prozesses wird aus seinem PCB in die Ablaufumgebung geladen.

4.1.3 Prozesslebenszyklus

Ein Prozess wird durch einen Systemcall erzeugt (z. B. in Unix durch den Systemcall *fork* oder unter Windows durch den Systemcall *CreateProcess*). Dabei werden der Programmcode und die Programmdaten in den Speicher geladen. Innerhalb des Betriebssystems wird einem Prozess eine eindeutige Identifikation zugeordnet, die als *Process Identification* oder kurz als *PID* bezeichnet wird. Bei der Erzeugung eines Prozesses wird auch ein neuer PCB in der Prozesstabelle angelegt.

Ein Prozess kann normal beim Ende des Programmablaufs oder auch von einem anderen Prozess beendet (terminiert) werden und durchläuft während seiner Lebenszeit verschiedene Zustände. Der Zustandsautomat eines Prozesses ist abhängig von der Implementierung des Betriebssystems.

In der Abb. 4.3 ist der Zustandsautomat eines Prozesses für ein einfaches Betriebssystem mit vier Zuständen dargestellt. Im Zustand „bereit" ist der Prozess zur Bearbeitung vorbereitet, im aktiven Zustand hat er eine CPU und im Zustand „blockiert" wartet er auf Ressourcen, um weitermachen zu können. Im Zustand „beendet" ist der Prozess dann

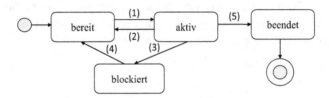

Abb. 4.3 Einfacher Zustandsautomat eines Prozesses mit vier Zuständen

schon nicht mehr im System vorhanden. Die Zustandsübergänge lassen sich wie folgt beschreiben:

1. Das Betriebssystem wählt den Prozess aus (Aktivieren)
2. Das Betriebssystem wählt einen anderen Prozess aus (Deaktivieren, Preemption, Vorrangunterbrechung)
3. Der Prozess wird blockiert (z. B. wegen Warten auf Input, Betriebsmittel wird angefordert)
4. Der Blockierungsgrund wird aufgehoben (Betriebsmittel verfügbar)
5. Prozessbeendigung oder schwerwiegender Fehler (Terminieren des Prozesses)

Die Zustandsautomaten moderner Betriebssysteme sind natürlich etwas komplexer und
haben mehr Zustände, aber im Prinzip sind sie ähnlich konzipiert. Der aktuelle Prozessstatus wird im PCB (oder in einer ähnlich benannten Datenstruktur) verwaltet.

4.2   Threads

4.2.1   Threadmodell

Prozesse sind Betriebsmittel, deren Verwaltung relativ aufwändig ist. Ein ergänzendes,
Ressourcen-schonenderes Konzept hierzu sind die sog. Threads (deutsch: Fäden), die
heute in allen modernen Betriebssystemen in unterschiedlicher Weise unterstützt werden.

Thread   Ein Thread stellt eine *nebenläufige Ausführungseinheit* innerhalb eines Prozesses dar. Threads werden im Gegensatz zu den traditionellen (schwergewichtigen, heavy-
weight) Prozessen als *leichtgewichtige* (light-weight) *Prozesse* oder kurz *LWP* bezeichnet.
Alle Threads eines Prozesses teilen sich den gemeinsamen Adressraum dieses Prozesses
und können damit gleichermaßen auf Prozessdaten zugreifen und Programmcodes nutzen.
Insbesondere global definierte Variablen sind im Zugriff aller Threads eines Prozesses.
Die „Leichtgewichtigkeit" von Threads ergibt sich also aus der gemeinsamen Nutzung der
dem Prozess zugeordneten Ressourcen.

Thread-Kontext   Gemäß dieser Definition erben Threads offene Dateien und Netzwerkverbindungen des Prozesses. Sie verfügen aber auch über einen eigenen Thread-Kontext
mit einem eigenen Speicherbereich für den Stack, um ihre lokalen Variablen dort abzule-
gen, eigene Register und Befehlszähler, also auch über einen eigenen Hardware-Kontext.

4.2.2 Implementierung von Threads

Die Implementierung von Threads kann auf Kernelebene erfolgen, möglich ist aber auch eine Implementierung auf Benutzerebene. Die Implementierung hängt vom jeweiligen Betriebssystem ab. Im Windows-Betriebssystem (Windows 2000 und folgende) sind Threads z. B. auf Kernelebene realisiert, die verschiedenen Unix-Derivate verfügen über mehrere Thread-Implementierungen sowohl auf der Kernel- als auch auf der Benutzerebene. Es gibt auch eine hybride Implementierung, in der mehrere Benutzerthreads auf Kernelthreads abgebildet werden. Dieses Implementierungskonzept wird z. B. von Sun Solaris genutzt.

Für Threads werden unabhängig von ihrer konkreten Realisierung eigene Zustandsautomaten geführt, die den Prozess-Zustandsautomaten sehr ähneln. Im Betriebssystemkern oder im Benutzeradressraum wird für jeden Thread auch eine eigene Datenstruktur zugeordnet, die oft auch als *Thread Control Block (TCB)* bezeichnet wird. Alle TCBs werden in einer Threadtabelle zusammengefasst. Es ist also üblich, dass Threads über einen eigenen Zustand, einen eigenen Befehlszähler, einen eigenen Registersatz (abgelegt im TCB) sowie einen eigenen Stack verfügen. Sie werden jedoch im Hinblick auf die Speicherverwaltung in den Betriebssystemen nicht als eine eigenständige Einheit, sondern immer im Kontext des Prozesses betrachtet.

Implementierung auf Benutzerebene
Bei Threads, die auf Benutzerebene realisiert sind, übernimmt die entsprechende Threadbibliothek (siehe Abb. 4.4) das Scheduling und Umschalten zwischen den Threads, das Betriebssystem weiß davon nichts. In dieser Bibliothek sind Methoden bzw. Prozeduren bereitgestellt, die ein Erzeugen und Löschen eines Thread ermöglichen. Die Scheduling-Einheit ist in diesem Fall der Prozess. Die Threadtabelle wird im Benutzerspeicher verwaltet.

Vorteil dieser Implementierungsvariante ist die hohe Effizienz, da beim Thread-Kontextwechsel kein Umschalten in den Kernelmodus notwendig ist. Nachteilig ist, dass alle Threads eines Prozesses blockieren, wenn ein Systemaufruf innerhalb eines einzelnen Threads blockiert.

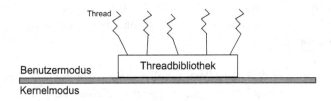

Abb. 4.4 Threads auf Benutzerebene

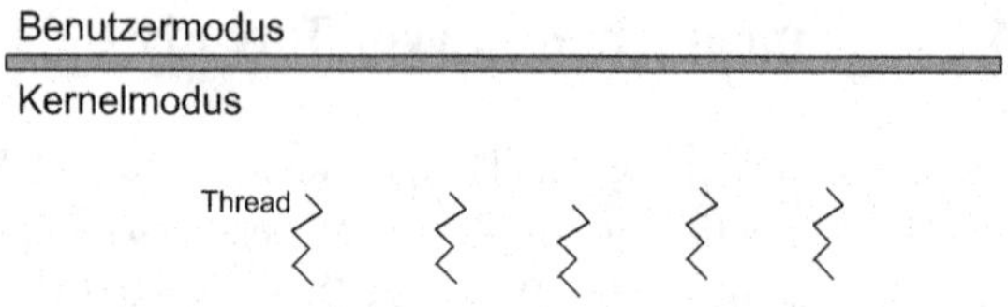

Abb. 4.5 Threads auf   Benutzermodus
Kernelebene
                                  Kernelmodus

                                    Thread

Implementierung auf Kernelebene

Bei Kernel-Threads werden die Threads im Kernelmodus verwaltet. Der Kernel stellt die Methoden bzw. Prozeduren (Systemaufrufe) zur Erzeugung und zum Löschen von Threads bereit. Die Scheduling-Einheit ist in diesem Fall der Thread und nicht der Prozess. Eine spezielle Threadbibliothek für den Anwendungsprogrammierer ist nicht erforderlich (siehe Abb. 4.5). Die Threadtabelle wird im Kernelspeicher verwaltet.

Die Implementierung von Threads auf Kernelebene hat gewisse Vorteile, aber auch Nachteile. Von Vorteil ist beispielsweise, dass das Betriebssystem in der Lage ist, die Zuteilung der Rechenzeit über die Threads zu gestalten und so einen Prozess nicht unnötig zu blockieren. Mit dieser Implementierungsvariante kann man auch Multiprozessorsysteme besser unterstützen, da das Betriebssystem ablaufbereite Threads selbstständig auf die verfügbaren CPUs verteilen kann. Ein weiterer Vorteil für Kernel-Threads ist, dass ein Prozess nicht blockiert ist, wenn ein Thread innerhalb des Prozesses blockiert ist. Ein anderer Thread des Prozesses kann weiterarbeiten. Nachteilig ist beispielsweise, dass im Kernel implementierte Threads nicht so effizient sind, da sie sich bei jedem Thread-Kontextwechsel an den Kernel wenden müssen (Software-Interrupt). Weiterhin ist die größere Systemabhängigkeit von Nachteil.

Die speziellen Thread-Implementierungen der Hersteller sind meist nicht kompatibel zueinander. Daher hat das IEEE einen POSIX-Standard für Threads spezifiziert, der von den meisten Betriebssystemherstellern unterstützt wird. POSIX-Threads sind in POSIX Sektion 1003.1c seit 1995 standardisiert.

Zuordnung von Threads zu Prozessen

Threads und Prozesse können auf unterschiedliche Weise miteinander kombiniert werden. Folgende Kombinationsmöglichkeiten findet man vor:

- 1:1-Beziehung zwischen Thread und Prozess, wie im ursprünglichen Unix-System. In einem Prozess läuft also genau eine Ablaufeinheit (Thread).
- 1:n-Beziehung zwischen Prozess und Thread, wie dies heute unter Windows und Linux üblich ist. Ein Prozess kann also mehrere Threads beherbergen.
- In Betriebssystemen, die man in der Forschung findet, sind auch n:1- und n:m-Beziehungen möglich.

1:n-Beziehungen, bei denen ein Prozess beliebig viele Threads enthalten kann, sind heute in Betriebssystemen üblich, unabhängig davon, ob die Threads im Benutzer- oder im Kernelmodus implementiert sind. Eine 1:1-Beziehung bedeutet im Prinzip, dass es in einem Prozess nur eine Ablaufeinheit gibt. Hier könnte man auch auf den Threadbegriff verzichten.

Zuordnung von User-Level-Threads zu Kernel-Level-Threads
In heutigen Rechnersystemen findet man sowohl Threads auf der Benutzerebene (auch als User-Level-Threads bezeichnet) als auch auf der Kernelebene (Kernel-Level-Threads) vor. Wie bereits dargestellt, sind User-Level-Threads solche Threads, die im Benutzermodus, also in der Regel in einem Laufzeitsystem einer Programmiersprache, verwaltet werden, Kernel-Level-Threads verwaltet dagegen der Kernel.

Man kann bei der Zuordnung von User-Level-Threads zu Kernel-Level-Threads verschiedene Varianten unterscheiden. Eine m:1-Zuordnung bedeutet z. B., dass alle *m* Threads, die im Usermodus für einen Prozess sichtbar sind, einem vom Kernel verwalteten Thread (Kernelthread) zugeordnet werden. Entsprechend unterscheidet man 1:1- und m:n-Zuordnungen.

Wenn das Betriebssystem kein Multithreading unterstützt, findet man in der Regel eine m:1-Zuordnung vor. In diesem Fall wird die CPU nur an Prozesse und nicht an einzelne Threads vergeben, die Scheduling-Einheit ist also der Prozess (siehe hierzu die Ausführungen zum CPU-Scheduling in Kap. 5). Das Laufzeitsystem der verwendeten Programmiersprache kümmert sich um die Threadverwaltung. Die Zuteilung von CPU-Zeit auf einzelne Threads findet im Benutzermodus statt.

Bei einer 1:1-Zuordnung kennt das Betriebssystem dagegen Threads und führt Buch über deren Lebenszyklus. Damit wird auch die Zuteilung der CPU über die Threads gesteuert. Eine m:n-Zuordnung kommt in der Praxis nicht vor.

4.2.3 Vor-/Nachteile und Einsatzgebiete von Threads

Ein Vorteil gegenüber Prozessen ergibt sich durch den wesentlich schnelleren Thread-Kontextwechsel im Vergleich zum Prozess-Kontextwechsel. Daher kommt auch der Begriff *LWP*. Dies lässt sich damit begründen, dass durch Threads meist Speicherbereiche des gleichen Prozesses verwendet werden. Ein Austausch von Speicherbereichen ist daher oft nicht erforderlich, was den Betriebssystem-Overhead reduziert.

Weiterhin unterstützen Threads die Parallelisierung der Prozessarbeit und können sinnvoll bei Nutzung mehrerer CPUs genutzt werden. Sie sind ein fein-körniger Mechanismus zur Parallelisierung von Anwendungen. Man muss Software natürlich auch so schreiben, dass sie gewisse Aufgaben in nebenläufigen Threads ausführt. Threads eines Prozesses sind aber nicht gegeneinander geschützt und müssen sich daher beim Zugriff auf die gemeinsamen Prozess-Ressourcen abstimmen (synchronisieren). Die Software muss also *threadsafe* bzw. *reentrant* (wiedereintrittsfähig) programmiert werden. Eine Methode einer Objektklasse bzw. eine Prozedur eines Moduls ist dann threadsafe, wenn ein Thread, der sie ausführt, die nebenläufige oder auch die folgende Ausführung eines weiteren

Threads in keiner Weise beeinträchtigt. Dies könnte z. B. passieren, wenn eine globale Variable verwendet und auf diese ungeschützt zugegriffen wird.

Einsatzgebiete für Threads sind Programme, die eine Parallelverarbeitung ermöglichen. Typisch sind hierfür etwa dialogorientierte Anwendungen, bei denen ein Thread auf Eingaben des Anwenders über die Benutzeroberfläche wartet und andere Threads im Hintergrund Rechenaufgaben erledigen können. Rahmenwerke für die Realisierung von grafischen Oberflächen in Java[2] nutzen beispielsweise mehrere Threads. Auch ein Web-Browser oder auch ein Textverarbeitungsprogramm wie Microsoft Word sind beispielsweise Programme, die Threads intensiv einsetzen. Ein klassisches Beispiel für die sinnvolle Nutzung von Threads ist auch ein Web-Server, der mit einem Thread auf ankommende Verbindungen von neuen Web-Clients (Browsern) wartet und mit anderen Threads die bestehenden Verbindungen bedient (siehe Abb. 4.6). Ein Webserver oder ein anderer Server, der auf mehrere ankommende Requests wartet und diese dann ausführt, könnte mit Threads, etwa wie es im folgenden Pseudocode dargestellt ist, formuliert werden.

```
01: Dispatcher() {
02: while (true) {
03:    r = receive_request();
04:    start_thread(workerThread, r);
05: }
06: }
07: workerThread(r) {
08: a = process_request(r, a);
09: reply_request(r,a);
10: }
```

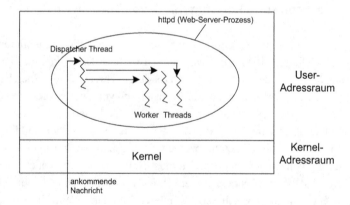

Abb. 4.6 Einsatz von Threads im Web-Server (Tanenbaum und Bos 2016)

---

[2] AWT, SWT, Swing und FX sind Java-Mechanismen, die eine Reihe vordefinierter Java-Klassen zur GUI-Entwicklung bereitstellen. Siehe hierzu die Java-API-Dokumentation unter https://docs.oracle.com/en/java/javase/13/, letzter Zugriff am 08.03.2020.

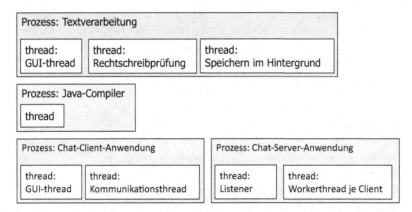

Abb. 4.7 Typische Einsatzgebiete für Threads (Nach Ziesche und Arinir 2010)

Im Pseudocode ist der Server ein Verteiler bzw. Zuteiler (Dispatcher = Arbeitsverteiler), der in einer Endlosschleife auf ankommende Requests wartet, einen neuen Thread zur Abarbeitung des Requests erzeugt und dann sofort wieder auf den nächsten Request wartet.

Weitere typische Einsatzgebiete für Threads sind in Abb. 4.7 für die Textverarbeitung, für Compiler und für eine Chat-Anwendung skizziert. Die Textverarbeitung nutzt hier mehrere Threads für die Rechtschreibprüfung und für das regelmäßige Speichern im Hintergrund. Das User Interface wird durch einen eigenen Thread bedient, der durch die anderen nicht blockiert wird. Für den Java-Compiler reicht ein Thread, wenn man auf Parallelverarbeitung verzichtet. Eine Chat-Anwendung kann die Benutzer über Client-Prozesse bedienen. Das User Interface (GUI-Thread) sollte vom Kommunikationsthread getrennt sein, damit der Benutzer immer schnell bedient werden kann. Im Serverprozess, der mehrere Benutzer bedient, wird üblicherweise entweder für jeden Benutzer oder für jede Anfrage ein eigener Thread benutzt. Für das Warten auch neue Benutzer wird meist ein eigener Listener- oder Dispatcher-Thread eingesetzt.

4.3   Programmierkonzepte für Threads in Java

Die Sprache Java sowie die zugehörige Java Virtual Machine (JVM) unterstützen Threads durch eine eigene in dem Package *java.lang* vorgegebene Basisklasse namens *Threads* sowie durch ein Interface namens *Runnable*. Wenn eine JVM gestartet wird,[3] werden zunächst ein Main-Thread sowie einige Verwaltungs-Threads wie z. B. der Garbage-Collector-Thread gestartet. Jeder Thread kann weitere Threads erzeugen. Die Klasse *Thread* ist grob wie folgt definiert:[4]

---

[3] Hierzu verwendet man das Kommando *java*.

[4] Siehe https://docs.oracle.com/en/java/javase/13/docs/api/java.base/java/lang/Thread.html, letzter Zugriff am 08.03.2020.

```
01: class Thread {
02:    public static final int MIN_PRIORITY; // Thread-Prioritäten
03:    public static final int NORM_PRIORITY;
04:    public static final int MAX_PRIORITY;
05:    Thread(); // Konstruktor 1
06:    Thread (Runnable target); // Konstruktor 2
07:    ...
08:    // Weitere Konstruktoren
09:    ...
10:    // Thread starten, Startmethode wird aktiviert
11:    public void start();
12:    // Auf Ende des Threads oder maximal msec
13:    // Millisekunden warten
14:    public void join(int msec) throws InterruptedException;
15:    // Wie oben ohne Zeitbegrenzung
16:    public void join() throws InterruptedException;
17:    // Methode, die die Arbeit des Threads ausführt
18:    public void run() throws InterruptedException;
19:    // Thread msec Millisekunden anhalten
20:    public static void sleep(long msec) throws Interrupte dException;
21:    // Thread unterbrechen,
22:    // eine Ausnahme vom Typ InterruptedException wird geworfen
23:    void interrupt();
24:    ...
25:    // Test, ob ein Thread noch lebt
26:    public final boolean isAlive();
27:    // Thread-Priorität setzen
28:    public final void setPriority(int newPriority);
29:    // Thread-Priorität ermitteln
30:    public final int getPriority();
31:    // Stack des aktuellen Threads ausgeben
32:    public void dumpStack();
33:    // Namen des Threads setzen
34:    public final void setName(String name);
35:    // Namen des Threads ermitteln
36:    public final String getName();
37: }
```

Wie in Abb. 4.8 sichtbar ist, gibt es zwei Möglichkeiten, einen Thread (hier mit der Bezeichnung *myThread*) zu definieren. Die erste Variante nutzt die Klasse *Thread*. Eine eigene Threadklasse wird von der Klasse *Thread* abgeleitet und die Methode *run* wird überschrieben. Ein Objekt dieser Klasse kann dann instanziiert werden, und mit der in der Klasse *Thread* vordefinierten Methode *start* wird der Thread gestartet. Diese Methode wird von der JVM beim Start des Threads aufgerufen.

Abb. 4.8 Klassendiagramm
für Java-Threads

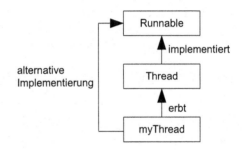

Ein nach der ersten Variante formulierter Thread könnte beispielsweise wie folgt aussehen:

Zunächst die eigene Thread-Klasse:

```
01: import java.lang.Thread;
02: class myThread extends Thread   // Meine Thread-Klasse
03: {
04:     String messageText;
05:     public myThread(String messageText)
06:     {
07:         this.messageText = messageText;
08:     }
09:     // Methode, welche die eigentliche Aktion
10:     public void run()
11:     {
12:         for (;;) {
13:           System.out.println("Thread " + getName() + ": " + messageText);
14:           try {
15:               sleep(2000);
16:           }
17:           catch (Exception e) {   /* Ausnahmebehandlung */}
18:         }
19:     }
20: }
```

Der hier angegebene Thread mit dem Namen *myThread* stellt eine Methode *run* bereit. Diese Methode wird beim Start des Threads aufgerufen und wickelt die eigentliche Arbeit ab. Der eigene Thread erbt von der Klasse *Thread*, die im Package *java.lang.Thread*[5] definiert ist. Der eigene Thread macht nichts anderes, als seinen Namen und einen frei vergebbaren Text auf dem Bildschirm auszugeben und zwar endlos.

Im Folgenden ist noch eine kleine Testklasse für die eigene Thread-Klasse dargestellt:

---

[5] Packages sind in Java eine Strukturierungsmöglichkeit für zusammengehörige Komponenten.

```
01: import java.lang.Thread;
02: …
03: public class myThreadTest
04: {
05:    myThread() { … } // Konstruktor
06:    public static void main(String args[])
07:    {
08:        myThread t1;
09:        // Thread erzeugen
10:        t1 = new myThread("...auf und nieder immer wieder...");
11:        // Dem Thread einen Namen geben
12:        t1.setName("Thread 1");
13:        t1.start();  // Thread starten
14:        if (t1.isAlive()) {
15:        try {
16:          t1.join(10000);
17:        }
18:        catch (InterruptedException e) { /* Ausnahmebehandlung */ }
19:        }
20:        ...
21:        System.out.println("Thread " + t1.getName() + " beendet");
22:    }
23: }
```

Das Testprogramm erzeugt einen Thread vom Typ *myThread* und startet ihn mit der Methode *start*. Bei Aufruf der Methode *start* wird implizit die Methode *run* des Threads ausgeführt. Solange der Thread am Leben ist, wird die Methode *run* ausgeführt. Mit *join* kann man auf das Ende eines Threads warten. Im Beispiel wartet der sog. Main-Thread, der beim Start eines Java-Programms von der JVM erzeugt wird, auf das Ende des neu gestarteten Threads vom Typ *myThread*. Mit der Methode *isAlive* kann geprüft werden, ob der Thread am Leben ist. In dem Beispiel wird von dem neuen Thread endlos ein Text ausgegeben. Der Thread wird nie beendet, bis der ganze Prozess, also die laufende JVM, abgebrochen wird.

Die andere Variante, einen Thread zu erzeugen, ist die Definition einer Klasse, die das Interface *Runnable* implementiert. In der Klasse wird ebenfalls die Methode *run* implementiert. Um eine Objektinstanz der Klasse zu erzeugen, wird im Beispiel der gegebene Konstruktor *Thread(Runnable target)* verwendet. Als *Runnable*-Objekt wird die Klasse angegeben, welche das Interface *Runnable* implementiert. Der Grundrahmen für die Definition eines Threads nach dieser Methode sieht wie folgt aus:

```
01: class myRunnable implements Runnable {
02:    public myRunnable(…) {
03:    ...
04:    }
```

```
05:    ...
06:    public void run() {
07:    // Die eigentliche Arbeit des Threads
08:    }
```

Die Instanzierung eines Objekts vom Typ *myRunnable* nutzt dann z. B. den zweiten Konstruktor der Klasse Thread:

```
01: ...
02: myRunnable r = new myRunnable();
03: Thread t1 = new Thread(r);
04: t1.start();
05: ...
```

Beide Varianten sind semantisch vollkommen identisch. Die zweite Methode (über *Runnable*) hat den Vorteil, dass die eigene Klasse noch von einer anderen Klasse abgeleitet werden kann. Bei der ersten Möglichkeit ist aufgrund der fehlenden Mehrfachvererbung in Java keine weitere Vererbung mehr möglich.

Jeder Thread hat auch eine Priorität (MIN, NORM, MAX). Wird ein Thread von einem anderen Thread erzeugt, so erhält er zunächst die Priorität des Eltern-Threads. Die Priorität kann mit der Methode *setPriority* verändert werden. Die tatsächliche Priorisierung von Java-Threads hängt aber davon ab, wie die JVM im konkreten Betriebssystem implementiert ist. Eine JVM-Implementierung kann die Threadverwaltung z. B. auf evtl. vorhandene Betriebssystem-Threads abbilden oder diese selbst realisieren.

Der Zustandsautomat eines Java-Threads ist in Abb. 4.9 skizziert. Ein Thread wird mit Aufruf des Konstruktors (new) instanziiert und erhält den Zustand *New*. Die Zustandsübergänge werden durch Methodenaufrufe initiiert. Erst mit Aufruf der Methode *start* geht

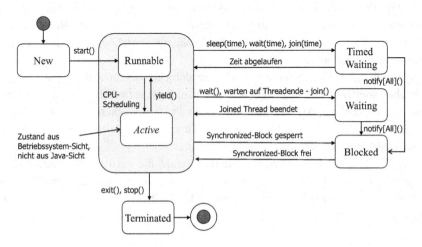

Abb. 4.9 Zustandsautomat eines Java-Threads

der Thread in den Zustand *Runnable* über. Er ist nun ablauffähig und es hängt von der CPU-Zuteilung durch das Betriebssystem ab, wann er tatsächlich abläuft. Auch im Zustand *Runnable* kann der Thread auf Ressourcen (CPU, I/O) warten. Die Aktivierung ist im Java-Zustandsautomaten nicht explizit geregelt, sondern wird dem Betriebssystem überlassen. Ein Aufruf der Methode *yield* bewirkt z. B., dass der laufende Thread die CPU freiwillig abgibt, damit ein anderer Thread, der im Zustand *Runnable* ist, die CPU durch das Betriebssystem (siehe CPU-Scheduling in Kap. 5) zugeteilt bekommt. In den Zustand *Waiting* kommt ein Thread nach Aufruf der Methode *join*. Diesen Zustand verlässt er erst, wenn sich der andere Thread, auf den gewartet wird, beendet. Mit Aufruf der Methode *exit* oder *stop* geht der Thread in den Zustand *Terminated* über und verschwindet vom System. Die weiteren Zustände und Zustandsübergänge spielen bei der Synchronisation von Threads eine Rolle und werden in Kap. 6 wieder aufgegriffen.

4.4 Prozesse und Threads in konkreten Betriebssystemen

4.4.1 Prozesse und Threads unter Windows

Der Windows-Kernel (NTOSKRNL.EXE) verwaltet in einer Komponente namens Objekt-Manager sog. Kernel-Objekte. Hierzu gehören Objekte vom Typ Thread, Prozess, Job und viele andere. Unter Windows unterscheidet man bei der Prozessverwaltung zwischen Prozessen, Threads und Aufträgen (Jobs). Threads sind eindeutig einem Prozess zugeordnet und stellen die eigentliche Scheduling-Einheit des Betriebssystems dar. Jeder Prozess startet zunächst mit einem Start-Thread.

Prozesse können wiederum gemeinsam in Gruppen verwaltet werden, indem sie zu einem Job zusammengefasst werden. Diesen Mechanismus kann man auch als Ersatz für den Prozessbaum unter Unix ansehen, er ist aber etwas mächtiger. Man kann hier eine Gruppe von Prozessen als gemeinsame Ressource einheitlich ansprechen und verwalten. Beispielsweise lässt sich die maximal für eine Prozessgruppe nutzbare Rechenzeit, der maximal belegbare Speicher oder die maximal zulässige Anzahl an parallelen Prozessen für einen Auftrag einstellen.

Die Beziehungen der Job-, Prozess- und Threadobjekte untereinander können wie folgt beschrieben werden: Ein Thread kann nur zu einem Prozess und ein Prozess kann nur zu einem Auftrag gehören. Alle Nachkommen eines Prozesses gehören zum gleichen Auftrag. Ebenso gehören alle Nachkommen von Threads zum gleichen Prozess. Auch in Windows gibt es also einen Vererbungsmechanismus.

Unter Windows gibt es einige besondere Threads, die auch als Systemthreads bezeichnet werden und daher im Kernelmodus ablaufen. Hierzu gehören der Idle-Thread (Leerlaufthread), der nur läuft, wenn sonst nichts läuft, sowie einige Speicherverwaltungsprozesse.

Lebenszyklus eines Threads Ein Thread durchläuft im Windows-Betriebssystem verschiedene Zustände. Interessanter sind aber die Zustände der Scheduling-Einheit Thread und der zugehörige Zustandsautomat. Die Threadzustände und die Zustandsübergänge werden im Folgenden erläutert, ohne alle Zustandsübergänge detailliert zu betrachten (vgl. Abb. 4.10). Der Zustandsautomat wurde im Vergleich zu den Windows-Vorgängerversionen in Windows 2003 um den Zustand *Deferred Ready* erweitert. Ebenso wurden einige Zustandsübergänge verändert. Unsere Betrachtung bezieht sich auf den Zustandsautomaten ab Windows 2003:

- *Init:* Dies ist ein interner Zustand, der während der Erstellung eines Threads eingenommen wird.
- *Ready*: In diesem Zustand wartet ein Thread auf die Ausführung. Bei der CPU-Zuteilung werden Threads berücksichtigt, die in diesem Zustand sind.
- *Running*: Ein gerade aktiver Thread ist in diesem Zustand. Ein Prozessor ist also zugeteilt. Der Thread bleibt so lange in dem Zustand, bis er vom Kernel unterbrochen wird, um einen Thread mit höherer Priorität auszuführen, bis er sich selbst beendet, sich in einen Wartezustand begibt oder aber bis sein Quantum abläuft.
- *Standby*: In diesem Zustand ist ein Thread, der als nächstes zur Ausführung kommt. Pro Prozessor kann dies nur maximal ein Thread sein. Ab Windows 2003 gibt es keinen Zustandswechsel mehr von Standby nach Ready.
- *Terminate*: In diesem Zustand ist ein Thread bereits beendet und kann vom System entfernt werden.
- Waiting: Ein Thread befindet sich im Zustand Waiting, wenn er auf das Eintreffen eines Ereignisses, z. B. auf eine Ein- oder Ausgabe wartet.

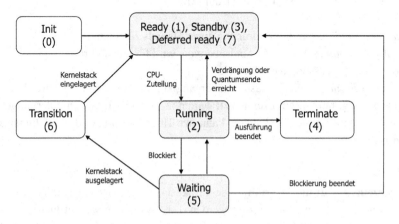

Abb. 4.10 Zustandsautomat eines Windows-Threads (nach Russinovich et al. 2012)

Abb. 4.11 Alle Zustandsübergänge eines Windows-Threads in den Zustand Running

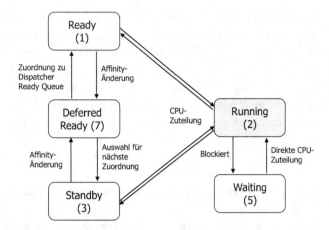

- *Transition*: Ein Thread wechselt in den Zustand Transition (Übergang) wenn er zwar ausführungsbereit ist, aber sein Kernelstack gerade nicht im Hauptspeicher zugreifbar ist (mehr zur Speicherverwaltung ist in Kap. 7 zu finden). Bevor der Thread aktiviert werden kann, muss der Kernelstack im Hauptspeicher sein.
- *Deferred Ready*: In diesem Zustand ist ein Thread schon einem bestimmten Prozessor zugeteilt, der Thread war bisher aber noch nicht aktiv. Der Zustand wurde eingeführt, um im Mehrprozessorbetrieb den Zugriff auf die Scheduling-Datenstrukturen im Kernel (Ready-Queue, siehe unten) zu optimieren. Sperrzeiten wurden damit reduziert (Russinovich et al. 2012). Wie wir in Kap. 5 sehen werden, gibt es für Threads im Zustand *Deferred Ready* je Prozessor eine separate Warteschlange.

Gemäß dem Zustandsautomaten gibt es vier Zuständsübergänge, die einen Thread in den Zustand *Running* überführen und die mit einer CPU-Zuteilung einhergehen. Die Zustandsübergänge sind in Abb. 4.11 im Detail skizziert:

- *Ready → Running:* Direkte Zuordnung eines Threads zu einem Prozessor.
- Standby → *Running*: Dieser Zustandsübergang wird für einen Thread durchgeführt, der schon einem Prozessor zugeordnet ist.
- *Waiting → Running*: Dieser Zustandsübergang kommt vor, wenn ein Thread die CPU abgegeben hat, um auf ein Ereignis zu warten, z. B. weil ein Seitenfehler aufgetreten ist. Nach Eintreffen des Ereignisses kann der Thread sofort wieder auf *Running* gesetzt werden.

Prozesserzeugung unter Windows Die Prozesserzeugung ist unter Windows relativ komplex und soll vereinfacht skizziert werden. Das System verwendet hierfür den Systemcall *CreateProcess* und die Erzeugung des Prozesses erfolgt in verschiedenen Bereichen des Betriebssystems und zwar in der Windows-Ausführungsschicht. Wenn die aufgerufene .exe-Datei auch tatsächlich eine ausführbare Datei ist, wird ein Prozess erzeugt. Ein Start-Thread bzw. das entsprechende Threadobjekt mit Stack und Kontext wird angelegt. Der Adressraum des neuen Prozesses wird initialisiert und der Prozess bzw. der Start-Thread wird gestartet.

Im *Windows-Task-Manager,* einem Windows-Dienstprogramm, kann man sich eine Übersicht über die wesentlichen Prozesse mit speziellen Informationen über die Anzahl der Threads, die für die einzelnen Prozesse erzeugt wurden, die bereits verbrauchte CPU-Zeit der Prozesse usw. ausgeben lassen. Die Tab. 2.1 zeigt einige Windows-Prozesse, die ständig laufen und mit dem Windows-Task-Manager verfolgt werden können.

Ein weiterer wichtiger Begriff aus dem Windows-Betriebssystem ist der des Dienstes. Unter einem *Windows-Dienst* versteht man einen Prozess, der nicht an einen interaktiven Benutzer gebunden ist, also vergleichbar mit einem Unix-Dämonprozess. Typische Beispiele für Dienste unter Windows sind der Windows-Zeitgeberdienst, der Plug&-Play-Dienst, ein Webserver-Prozess, ein Datenbankserver-Prozess, die Druckwarteschlange oder ein Fax-Server. Dienste können zum Systemstart automatisch erzeugt werden. Dienstanwendungen müssen eine spezielle Schnittstelle unterstützen, also als Dienst programmiert sein. Über diese Schnittstelle kann ein sog. Service Control Manager (SCM), der Dienststeuerungsmanager, mit der Dienstanwendung zum Starten, Stoppen

Tab. 2.1 Wichtige Systemprozesse unter Windows

Windows-Prozessname	Aufgabe
csrss.exe	Client-/Server-Runtime-Subsystem. Implementiert den Usermodus des Windows-Subsystems und ist auch für die Windows-Console und das Threading verantwortlich.
lsass.exe	Local Security Authentification Server. Dieser Prozess verwaltet die User-Logins und überprüft die Login-Angaben.
mstask.exe	Dieser Prozess verwaltet die geplanten Tasks.
smss.exe	Dieser Prozess verwaltet die User-Sessions.
svchost.exe	Dies ist ein generischer Prozess, den es seit Windows 2000 gibt. Der Prozess sucht beim Systemstart nach Windows-Diensten, die geladen werden müssen und auch nach über DLLs zu ladende Windows-Dienste. Dienste oder auch zusammengefasste Dienstgruppen werden in eigenen Prozessen jeweils mit dem Namen svchost.exe gestartet. Beim späteren Nachladen eines Dienstes kann ebenfalls ein neuer svchost.exe-Prozess gestartet werden.
services.exe	Dies ist der *Service Control Manager*, der für das Starten und Stoppen von Systemprozessen und Diensten sowie für die Interaktion mit diesen verantwortlich ist.
System Idle Process	Dies ist der Leerlaufprozess. Für jeden Prozessor läuft ein eigener Thread in diesem Prozess.
winlogon.exe	Dieser Prozess ist verantwortlich für das Ein- und Ausloggen eines Users.
system	Kernelspezifischer Systemprozess. In diesem Prozess laufen z. B. einige Speicherverwaltungs-Threads.

des Dienstes usw. kommunizieren. Dienstprogramme sind meist als Konsolenprogramme ohne grafische Oberfläche konzipiert. Sie kommen in einer Prozess-Instanz mit der Bezeichnung *svchost.exe* zum Ablauf.

Unter Windows gibt es noch sog. *schlanke Threads*, die als *Fibers* bezeichnet werden. Man kann mit Win32-API-Funktionen einen Thread zu einem Fiber konvertieren, ihn damit aus dem Betriebssystem-Scheduling herausnehmen und in der Anwendung seine eigene Ausführungsstrategie implementieren. Man kann auch Fiber-Gruppen organisieren. Fibers laufen im Benutzermodus und sind für den CPU-Scheduler nicht sichtbar.

4.4.2 Prozesse und Threads unter unixoiden Betriebssystemen

Unixoide, also Unix-ähnliche Betriebssysteme wie Unix, Linux, macOS usw. sind hinsichtlich der Prozessverwaltung ähnlich, auch wenn es zum Spezialisierungen und Verfeinerungen gibt.

Das klassische Unix organisiert die Prozesse in einer baumartigen Prozessstruktur, wobei der sog. *init*-Prozess der Urvater aller zeitlich folgenden Prozesse ist. In heutigen Linux-Systemen und auch in anderen Unix-Derivaten wird dieser Prozess mit *systemd* bezeichnet. Ein Prozess wird unter Unix mit einem Systemcall *fork* erzeugt und erhält dabei eine Prozess-Identifikation (PID). Dem Prozess *init* oder *systemd* wird die PID 1 fest zugeordnet. Es sei angemerkt, dass dies je nach Unix-Derivat etwas unterschiedlich sein kann (System V, Berkeley Unix, Linux, Sun Solaris). Unter dem Unix-Derivat *macOS* wird der init-Prozess mit *launchd* bezeichnet.

Betrachtet man den Unix-Prozessbaum in der Abb. 4.12, so erkennt man einen Terminal-Prozess, der für jedes konfigurierte Terminal (es können auch mehrere sein, da Unix ja ein

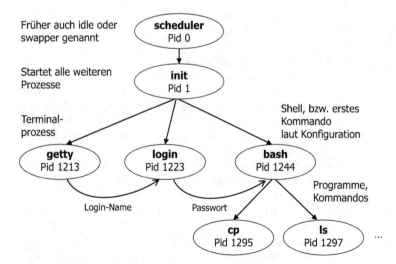

Abb. 4.12 Prozessbaum unter klassischem Unix (nach Tanenbaum und Bos 2016)

Multiuser-Betriebssystem ist) vom System beim Hochfahren und nach einem Logout gestartet wird. Dieser Prozess verwaltet ein virtuelles oder physikalisches Terminal, wartet auf das Einschalten des Terminals und erzeugt über den *init*-Prozess einen Login-Bildschirm. Unter Unix und Linux werden bei entsprechender Startup-Konfiguration auch Terminalemulationen, sog. X11-Terminals[6] (auch als *xterm* bezeichnet) in *Terminal*-Prozessen gestartet. Nach erfolgreichem Login wird zunächst eine im Benutzerprofil vorkonfigurierte Shell gestartet (das Benutzerprofil ist in einer Datei mit der klassischen Bezeichnung */etc/passwd* zu finden). In dieser Shell können dann beliebige Kommandos oder Programme aufgerufen werden. Bei jeder Abarbeitung eines Kommandos wird wieder ein eigener Prozess erzeugt. Unix ist also ziemlich stark mit dem Auf- und Abbau neuer Prozesse beschäftigt.

Bei der Erzeugung eines Prozesses erbt der „Kindprozess" vom „Elternprozess" die gesamte Umgebung (inkl. Umgebungsvariablen), alle offenen Dateien und Netzwerkverbindungen. Der Kindprozess erhält eine Kopie des Adressraums des Elternprozesses mit den Daten- und Codebereichen. Er kann dann das gleiche Programm ausführen oder lädt sich bei Bedarf durch Aufruf des Systemcalls *execve* ein neues Programm und überlädt somit das Programm des Elternprozesses.

Unter Linux gibt es neben dem klassischen *fork*-Aufruf noch zwei weitere Systemaufrufe zur Prozesserzeugung. Mit dem Systemaufruf *vfork* wird eine schnelle Möglichkeit der Prozesserzeugung geschaffen. Die Prozessdaten werden nämlich in diesem Fall nicht kopiert, was CPU-Zeit einspart. Diese Art der Prozesserzeugung ist sinnvoll, wenn anschließend ohnehin mit *execve* ein neues Programm geladen wird. Bei dem Systemaufruf *clone* kann angegeben werden, welche Datenelemente zwischen Eltern- und Kindprozess geteilt und welche kopiert werden sollen.

Speziell für Unix-Betriebssysteme gibt es eine Spezifikation für Threads, die in einem API-Standard namens POSIX von der IEEE (Portable Operating System Interface for Unix) beschrieben ist und nahezu von allen Unix-Derivaten unterstützt wird. Die POSIX-Threads werden entweder auf Benutzer- oder auf Kernelebene realisiert.

Die meisten Unix-Prozesse, deren Namen mit einem „d" enden, sind sog. Dämonprozesse (syslogd, inetd, …). Dies sind Hintergrundprozesse, die beim Start vom Terminal abgekoppelt werden. Sie werden von der Unix-Shell aus gestartet, indem beim Start an den Namen des Prozesses das Zeichen „&" angehängt wird. Nur am Rande sei erwähnt, dass der Programmierer eines Programms, das als Dämonprozess ablaufen soll, bei der Initialisierung das Signal *SIGHUP* deaktivieren muss, damit der Prozess vom Terminal unabhängig wird.

Lebenszyklus eines Prozesses   In Abb. 4.13 ist der Lebenszyklus eines Unix-Prozesses etwas vereinfacht in Form eines Zustandsdiagramms dargestellt (siehe Brause 2017). Ne-

---

[6] Das X-Windows-System ist unter Unix/Linux das System, das die grafische Oberfläche bereitstellt. Es implementiert das X-Display-Protokoll zur Kommunikation zwischen den beteiligten Komponenten. Desktop-Umgebungen wie GNOME und KDE nutzen das X-Windows-System.

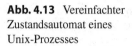

Abb. 4.13 Vereinfachter
Zustandsautomat eines
Unix-Prozesses

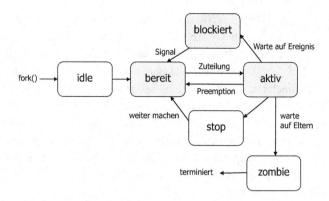

ben fünf klassischen Zuständen enthält der Lebenszyklus eines Prozesses auch Übergangs- bzw. Zwischenzustände. Der Zustandsübergang vom Zustand *nicht existent* in den Zustand *bereit* wird z. B. über den Zwischenzustand *idle* ausgeführt. Eine Besonderheit stellt der Zwischenzustand *zombie*[7] dar. In diesen Zustand gelangt ein Prozess, der terminieren will. Er verweilt solange in diesem Zustand, bis der Elternprozess eine Nachricht über das Ableben des Kindprozesses erhalten hat und terminiert erst dann.

In Abb. 4.14 ist der Zustandsautomat eines Linux-Prozesses skizziert. Wie man erkennen kann, sind es schon etwas mehr Zustände und Zustandsübergänge. Insbesondere wird im Zustand *Running* zwischen Prozessen, die im User- und im Kernelmodus ablaufen, unterschieden. Ebenso wird ein Prozess, der im Zustand *Ready* ist, nochmals feingranularer beschrieben. Wenn ein Prozess zwar bereit, aber gerade nicht im Hauptspeicher ist, erhält er den Zustand „*Ready to run in swap*". Ist er im Hauptspeicher, nimmt er den Zustand „*Ready to run in memory*" ein und kann auch direkt eine CPU erhalten, um in den Zustand *Running* überführt zu werden. Das entscheidet aber der CPU-Scheduler, dem wir uns in Kap. 5 widmen. Eine Auslagerung eines Prozesses aus dem Hauptspeicher in die sog. Swapping-Area kann aus Optimierungsgründen erfolgen. Die dahinter liegenden Konzepte der Speicherverwaltung betrachten wir in Kap. 7 genauer. Die weiteren Bezeichnungen der Zustände und Zustandsübergänge aus Abb. 4.14 sprechen für sich selbst.

Ein Elternprozess in Unix oder Linux, der weitere Kindprozesse erzeugt, muss über einen Systemaufruf *wait* auf alle seine Kindprozesse warten. Über diesen Systemdienst erhält der Elternprozess die Information über das Ende des Kindprozesses. Erst wenn der Elternprozess *wait* aufgerufen hat, kann der Kindprozess vom Zustand *zombie* in den Zustand *nicht existent* überführt und damit tatsächlich gelöscht werden. Im Zustand *zombie* hat der Kindprozess zwar keine Ressourcen mehr belegt, aber er bleibt in der Prozesstabelle. Bei fehlerhafter Programmierung des Elternprozesses kann es sein, dass der *wait*-Aufruf (blockierender Aufruf) nicht ausgeführt wird. Kindprozesse, bei denen der

---

[7] „Zombie" bedeutet soviel wie tot, aber irgendwie doch noch am Leben.

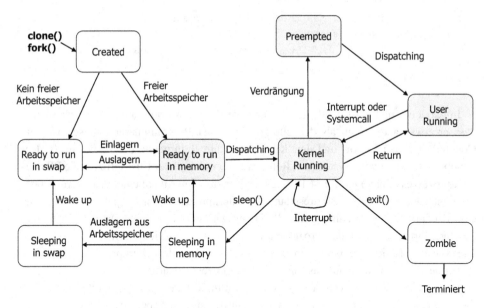

Abb. 4.14 Zustandsautomat eines Linux-Prozesses

Elternprozesse vor Ablauf terminiert, verwaisen und werden dem Ur-Prozess, was je nach Startup-System der *init-*, *systemd-* oder *launchd-*Prozess sein kann, zugeordnet.

Beispiel: Der Vorgang der Prozesserzeugung und -terminierung soll noch etwas genauer anhand eines Codebeispiels betrachtet werden:

```
01: int main()
02: {
03:   int ret;         // Returncode von fork
04:   int status;      // Status des Sohnprozesses
05:   pid_t pid;       // pid_t ist ein spezieller Datentyp, der eine
06:                    // PID beschreibt
07:   ret = fork();    // Sohnprozess wird erzeugt
08:   if (ret == 0) {
09:       // Anweisungen, die im Kindprozess ausgeführt werden sollen
10:       ...
11:       exit(0);     // Beenden des Sohnprozesses mit Status 0 (ok)
12:   }
13:   else {
14:       // Anweisungen, die im Vaterprozess ausgeführt werden
15:       // Zur Ablaufzeit kommt in diesen Codeblock nur der
16:       // Elternprozess
17:       // hinein (Returncode = PID des Kindprozesses)
18:       ...
```

```
19:        // Warten auf das Ende des Kindprozesses
20:        pid = wait(&status);
21:        exit(0);          // Beenden des Vaterprozesses mit Status 0 (ok)
22:    }
23: }
```

Im Codebeispiel wird deutlich, wie der neue Prozess so programmiert werden kann, dass er etwas anderes tut als der Elternprozess. Der Programmierer unterscheidet die Codeteile für den Eltern- und den Kindprozess am Returncode des *fork*-Aufrufs. Der Kindprozess erhält vom System den Returnwert 0, während der Elternprozess die PID des Kindprozesses erhält. Die Abb. 4.15 zeigt den prinzipiellen Ablauf einer Prozessverdoppelung unter Unix. Der Prozessadressraum des Elternprozesses wird kopiert und die Kopie dem Kindprozess zur Verfügung gestellt. Damit wird eine Code- und Datenverdoppelung durchgeführt, und die beiden Prozesse arbeiten zunächst mit identischen Kopien weiter. Die Synchronisation der beiden Prozesse erfolgt, indem der Elternprozess einen *wait*-Aufruf absetzt und damit auf das Ende des Kindprozesses wartet.

Der Kindprozess erbt vom Vaterprozess auch die offenen Dateien, so dass beide auf dieselben Ressourcen zugreifen können. Der Zugriff muss dann aber synchronisiert werden.

Für die Verwaltung der Prozessinformation nutzt Unix Tabellen mit speziellen Datenstrukturen, deren Definitionen in den entsprechenden System-Headerfiles (C-Includes *.h) eingesehen werden können. Im Linux-Kernel wird beispielsweise für jeden Prozess-Kontext (also PCB) eine Struktur *task_struct* verwaltet, die in einer Headerdatei mit Namen *sched.h* definiert ist. In dieser Struktur liegen u. a. folgende Informationen:

- Prozessstatus
- Swap-Status (siehe hierzu die Ausführungen zum Speichermanagement)
- Prozesspriorität
- Anstehende Signale, die für den Prozess bestimmt sind (z. B. Ein-/Ausgabe-Signale)
- Verweise auf Programmcode, Stack und Daten, die dem Prozess zugeordnet sind

Die verwendeten Datenstrukturen sind je nach Unix-Derivat verschieden.

Im Unterschied zum klassischen Unix nutzt Mach sogenannte *leichtgewichtige Tasks* anstelle von Prozessen. macOS, das zum Teil aus Mach entstanden ist, bedient sich einer

Abb. 4.15 Prozessverdoppelung unter Unix

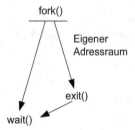

1:1-Beziehung zwischen den Konzepten Prozess und Task. Ein oder mehrere Threads gehören bei macOS zu einem Task, der auch als *Thread Container* bezeichnet wird. Ein Thread kann auf die Task-Ressourcen (Adressraum, …) zugreifen. Das Erzeugen und Löschen eines Tasks wird in der Mach Task API (siehe mach/task.h). Es werden systemseitig die Funktionsaufrufe *task_create()* zum Erzeugen und *task_terminate()* zum Beenden eisn Task bereitgestellt. Entsprechend funktioniert das Erzeugen eines Threads über die Mach Thread API mit dem Systemcall *thread_create()*.

4.5   Übungsaufgaben

1. Was ist in der Prozessverwaltung ein PCB, wozu dient er und welche Inhalte hat er? Nennen Sie dabei drei wichtige Informationen, die im PCB verwaltet werden!
2. Threads werden heute von den meisten Betriebssystemen unterstützt. Was versteht man unter einem Thread?
3. Wie verhalten sich Threads zu Prozessen im Hinblick auf die Nutzung des Prozessadressraums?
4. Beschreiben Sie den groben Ablauf eines Prozess-Kontextwechsels und erläutern Sie, warum ein Thread-Kontextwechsel schneller sein kann als ein Prozess-Kontextwechsel!
5. Was versteht man unter User-Level-Threads im Vergleich zu Kernel-Level-Threads und welche Beziehungen zwischen beiden sind möglich?
6. Was bedeutet eine 1:n-Beziehung zwischen den Betriebsmitteln Prozess und Thread?
7. Erläutern Sie die beiden Möglichkeiten in Java, eigene Threads zu definieren und zu nutzen?
8. In welcher Methode wird die eigentliche Arbeit eines Java-Threads ausgeführt?
9. Was passiert beim Aufruf des Systemcalls *fork* unter Unix?
10. Welche Aufgabe hat ein Thread unter Windows?
11. Kann es unter Windows sein, dass ein Thread mehreren Prozessen zugeordnet ist? Begründen Sie Ihre Entscheidung!
12. Warum ist der Einsatz von Threads sinnvoll?
13. Welche zwei grundsätzlichen Implementierungsmöglichkeiten für Threads gibt es und welche Vor- bzw. Nachteile haben diese jeweils?
14. Beschreiben Sie einen einfachen Zustandsautomaten eines Prozesses!
15. Erläutern Sie die Prozesshierarchie unter Unix!
16. Was ist ein „Zombie-Prozess" unter Unix?
17. Skizzieren Sie die möglichen Zustandsübergänge eines Windows-Threads in den Zustand Running!
18. Erläutern Sie die beiden Running-Zustände eines Linux-Prozesses!

Literatur

Brause, R. (2017). Betriebssysteme Grundlagen und Konzepte (4. Aufl.). Berlin: Springer Vieweg.

Russinovich, M., Solomon, D. A., & Ionescu, A. (2012) *Windows Internals, Part 1* (6. Aufl.). Redmond: Microsoft Press. (sehr detaillierte Einführung in Windows-Internas).

Tanenbaum, A. S., & Bos, H. (2016). *Moderne Betriebssysteme* (4., akt. Aufl.). (deutsche Übersetzung von Tanenbaum & Bos 2015). Hallbergmoos: Pearson Deutschland.

Ziesche, P., & Arinir, D. (2010). *Java: Nebenläufige und verteilte Programmierung. Konzepte, UML2-Modellierung, Realisierung in Java* (2. Aufl.). W3L. Witten: Herdecke.

CPU-Scheduling

5

Die verfügbare Rechenzeit muss vom Betriebssystem an die parallel ablaufenden bzw. nebenläufigen Aktivitäten (Prozesse und Threads) zugewiesen werden. Bei Einprozessormaschinen wird eine einzige CPU (ein Rechnerkern oder Rechenkern) für mehrere Aktivitäten genutzt. Bei Mehrprozessormaschinen und heutigen Multicore-Prozessoren stehen mehrere CPUs oder Rechnerkerne zur Verfügung. Im letzteren Fall spricht man von echter Parallelität, da so viele Aktivitäten ausgeführt werden können wie CPUs oder Rechnerkerne zur Verfügung stehen.

Für die Zuteilung der CPUs auf Aktivitäten stehen verschiedene Möglichkeiten zur Verfügung. In diesem Kapitel wird auf die Vergabe-Strategien bzw. Vergabe-Algorithmen für das Betriebsmittel „Rechenzeit" (CPU-Zeit) eingegangen. Bei dieser Aufgabe spricht man im Betriebssysteme-Jargon von CPU-Scheduling oder kurz vom Scheduling (Scheduling = Ablaufplanung). Kriterien und Ziele für das Scheduling werden betrachtet. Verschiedene Scheduling-Verfahren werden im Einzelnen, aufgegliedert nach Prozess-Klassifizierungen wie Batch-, Dialog- und Realtime-Prozesse, erläutert. Grundsätzlich teilt man die Verfahren in nicht-verdrängende (engl. Fachbegriff: non-preemptive) und verdrängende (engl. Fachbegriff: preemptive) Verfahren ein und meint damit, dass ein Verfahren die CPU einem Prozess aktiv entzieht oder nicht. Alte Betriebssysteme wie MS-DOS und erste Windows-Varianten sind z. B. non-preemptive. Heutige Universalbetriebssysteme nutzen allerdings verdrängende Scheduling-Verfahren. Probleme mit dem Entzug der CPU haben hier Realzeitsysteme.

Die betrachteten Algorithmen für das CPU-Scheduling wie Shortest Job First (SJF), Shortest Remaining Time Next (SRTN), FIFO (First In First Out) und RR (Round Robin) sind in der einen oder anderen Ausprägung meist eher theoretischer Natur. Es werden daher in diesem Kapitel auch spezielle Implementierungen von Scheduling-Verfahren unter Unix, Linux und Windows, aber auch in der Java Virtual Machine auf Basis der erläuterten

© Springer Fachmedien Wiesbaden GmbH, ein Teil von Springer Nature 2020
P. Mandl, *Grundkurs Betriebssysteme*,
https://doi.org/10.1007/978-3-658-30547-5_5

Algorithmen überblicksartig angerissen. Ein heute oft eingesetztes Verfahren in Universalbetriebssystemen ist das Round-Robin-Verfahren, ergänzt um eine Prioritäten-steuerung wird eteas genauer betrachtet. Auch der aktuell in Linux eingesetzte Completely-Fair-Share-Algorithmus (CFS) wird erläutert.

Zielsetzung des Kapitels
Der Studierende soll die wesentlichen Scheduling-Verfahren verstehen und erläutern kön-nen. Insbesondere sollte das Round-Robin-Verfahren mit und ohne Prioritätensteuerung skizziert und mit anderen Algorithmen verglichen werden können. Der Studierende sollte ferner eine Einschätzung über die praktische Nutzung von Scheduling-Verfahren erwer-ben und aufzeigen können, was ein Betriebssystem prinzipiell tun muss, um das CPU-Scheduling effektiv zu unterstützen. Es sollte erläutert werden können, welche Informatio-nen und Datenstrukturen ein Betriebssystem grundsätzlich verwalten muss, um eine Scheduling-Entscheidung treffen zu können.

Wichtige Begriffe
Antwortzeit, Durchlaufzeit, Verweilzeit, Durchsatz, preemptive und non-preemptive, Round Robin (RR), SJF, FIFO, SRTN, Priority Scheduling, Completely-Fair-Share, Multi-Level-Scheduling, Run-Queue, Quantum (Zeitscheibe), Priorität.

5.1   Scheduling-Kriterien

Die parallel auszuführenden oder nebenläufigen Aktivitäten werden gelegentlich als Auf-trag bzw. Job oder als Prozess bezeichnet. Ersterer ist ein etwas allgemeinerer Begriff für eine auszuführende Aktivität, mit Prozess ist bereits der konkrete Betriebssystemprozess gemeint, in dem die Aktivität bzw. das konkrete Programm zum Ablauf kommt. Für die Betrachtung der verschiedenen Algorithmen spielt dies aber keine Rolle.

Prozesse werden vom *Prozessmanager* des Betriebssystems verwaltet. Üblicherweise laufen in einem Universalbetriebssystem wesentlich mehr Prozesse als Prozessoren und daher muss die Zuordnung eines Prozessors (CPU) an einen Prozess bestimmten Regeln unterworfen werden. Die Komponente im Prozessmanager, die für die Planung der Be-triebsmittelzuteilung zuständig ist, heißt *Scheduler*. Die Komponente, die dann einen tat-sächlichen Prozesswechsel ausführt, wird als *Dispatcher* (Arbeitsverteilung, Disposition) bezeichnet. Man unterscheidet auch zwischen langfristigem, mittelfristigem und kurzfris-tigem Scheduling (Ablaufplanung). Mit kurzfristigem (short-term) Scheduling meint man das CPU-Scheduling, also die Vergabe der CPUs an Prozesse, mittelfristiges (medium-term) Scheduling befasst sich mit der Vergabe des Speichers und langfristiges (long-term) Scheduling mit der Verwaltung der im Betriebssystem ankommenden Aufgaben.

Sind mehrere Prozesse ablaufbereit (ready), muss entschieden werden, welcher Prozess als nächstes eine Zuteilung der CPU erhält. Wir gehen der Einfachheit halber zunächst von einer verfügbaren CPU aus, die Prinzipien gelten sinngemäß auch für Multiprozessor-maschinen.

Bei der Vergabe der CPU werden bestimmte Scheduling-Ziele angestrebt:

- *Fairness*, d. h. für jeden Prozess eine garantierte Mindestzuteilung
- Effizienz durch möglichst volle *Auslastung* der CPU
- Die *Antwortzeit* soll minimiert werden
- Die *Wartezeit* von Prozessen soll minimiert werden
- Der *Durchsatz* soll optimiert werden
- Die *Durchlaufzeit* (Verweilzeit) eines Prozesses soll minimiert werden
- Die Ausführung eines Prozesses soll vorhersehbar und damit kalkulierbar sein.

Diese Scheduling-Ziele widersprechen sich teilweise. Die schnelle Durchlaufzeit eines Prozesses kann z. B. zu langsameren Antwortzeiten in anderen Prozessen führen. Welche Ziele nun priorisiert werden sollen, hängt nicht zuletzt vom Typ des Betriebssystems und der Anwendung ab. Die betrachteten Ziele sind also zum Teil gegensätzlich, was eine Op-timierung erschwert.

Zum Begriff der Fairness sei hier nur darauf hingewiesen, dass man verschiedene Fairness-Varianten kennt, die auch im Rahmen von Scheduling-Strategien diskutiert wer-den. Man unterscheidet prinzipiell zwischen *weak* und *strong fair*. *weak fair* bedeutet, dass eine Bedingung auch irgendwann einmal wahr wird. Wann das genau ist, wird allerdings nicht festgelegt. Nach Kredel und Yoshida 1999 ist die Strategie *weak fair* beispielsweise im Java-Scheduler realisiert.

Abb. 5.1 zeigt, welche Scheduling-Ziele für batch-orientierte, dialog-orientierte und Realtime-Systeme von Bedeutung sind. Für Realtime-Systeme ist z. B. die Vorhersehbar-keit, also wann ein Prozess die CPU erhält, besonders wichtig, um schnell und zeitgerecht auf Ereignisse reagieren zu können. Dies ist bei Dialog- und Batch-Systemen sicherlich von zweitrangiger Bedeutung.

Bei der Zuteilung der CPU unterscheidet man auch zwei grundsätzliche Möglichkeiten:

- Process-based Scheduling: Bei dieser Variante wird die CPU nur Prozessen zugeordnet.
- Thread-based Scheduling: In diesem Fall wird die CPU einzelnen Threads zugeordnet

Die Unterscheidung ist aber für die Betrachtung der verschiedenen Scheduling-Algorithmen nicht relevant, da es sich bei beiden um nebenläufige bzw. parallele Aktivi-täten handelt.

Interessant ist auch eine Unterscheidung der Prozesse (Threads) nach CPU-lastigen und Ein-/Ausgabe-intensiven Prozessen. Beide Varianten kommen in Universalbetriebs-systemen gewöhnlich nebenläufig vor. Erstere nutzen viel Rechenzeit und warten relativ selten auf Ein-/Ausgabe. Letztere rechnen eher wenig und warten vergleichsweise lange auf die Beendigung von Ein-/Ausgabe-Operationen.

Abb. 5.1 Typische
Scheduling-Ziele für
bestimmte Betriebssysteme

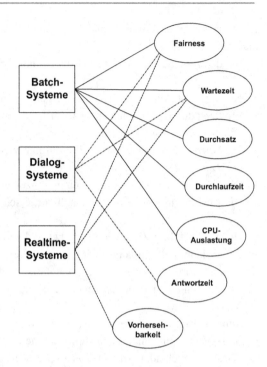

In Abb. 5.2 ist z. B. der Prozess B eher Ein-/Ausgabe-intensiv, während der Prozess A überwiegend rechenintensiv ist.

Wir betrachten im Folgenden einige Scheduling-Verfahren, wobei die Unterscheidung zwischen den Begriffen *Prozess* (auch Task) und *Auftrag* (Job) bei der Betrachtung nicht relevant ist. Eine kurze Abgrenzung soll aber vorab noch durchgeführt werden. Der Begriff des Prozesses wurde ja schon oben erläutert. Er stellt eine konkrete Instanzierung eines Programms dar. Ein Auftrag bzw. ein Job wird in Betriebssystemen meist über spezielle Sprachen formuliert (in Mainframes als JCL = Job Control Language, in Unix als Scriptsprache bezeichnet) und benötigt für ihre Ausführung einen Prozess oder sogar mehrere Prozesse. Nicht in allen Betriebssystemen wird dieser Begriff noch verwendet, da er ursprünglich aus der Batchverarbeitung stammt.

5.2   Scheduling-Verfahren

5.2.1   Verdrängende und nicht verdrängende Verfahren

Primär unterscheidet man bei Scheduling-Verfahren zwischen *verdrängendem (preemptive)* und *nicht verdrängendem (non-preemptive)* Scheduling.

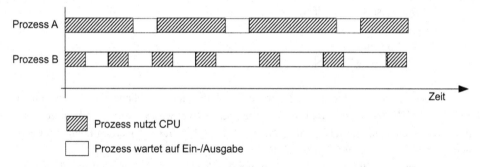

Prozess A

Prozess B

Zeit

Prozess nutzt CPU

Prozess wartet auf Ein-/Ausgabe

Abb. 5.2 Ein-/Ausgabe-intensive versus rechenintensive Prozesse

Im non-preemptive, auch „run-to-completion"-Verfahren genannt, darf ein Prozess nicht unterbrochen werden, bis er seine Aufgaben vollständig erledigt hat. Das Verfahren ist natürlich nicht für konkurrierende Benutzer geeignet und auch nicht für Realtime-Anwendungen. MS-DOS und auch die ersten Windows-Systeme unterstützten z. B. nur dieses Verfahren.

Im Gegensatz dazu darf im preemptive Scheduling eine Vorrang-Unterbrechung stattfinden. Rechenbereite Prozesse können somit suspendiert werden. Dies setzt natürlich eine Strategie zur Vergabe der CPU voraus, die vom Betriebssystem unterstützt werden muss und in der Regel auf der Zeitscheibentechnik basiert. Dieses Verfahren ist für die Unterstützung konkurrierender Benutzer geeignet.

Für das preemptive, also verdrängende Scheduling gibt es verschiedene Scheduling-Strategien (Algorithmen), von denen heute in Betriebssystemen einige genutzt werden, andere aber nie aus dem Forschungsstadium herauskamen.

Wir betrachten im Folgenden kurz einige dieser Strategien, klassifiziert nach zu unterstützenden Systemen. Im Prinzip ist es heute so, dass ein Betriebssystem in der Regel eine Kombination von Strategien unterstützt.

5.2.2 Überblick über Scheduling-Verfahren

Die Anforderungen an das Scheduling sind je nach Betriebssystemtyp etwas unterschiedlich gelagert. Rein Batch-orientierte Systeme nutzten z. B. in den 60er- und 70er-Jahren vorwiegend nicht-verdrängende Verfahren, während bei Dialogsystemen verdrängende Verfahren notwendig sind. Ganz andere Anforderungen stellen Echtzeitsysteme. Wir unterscheiden daher in Scheduling-Verfahren für Batch-, Dialog- und Realtime-Systeme.

Scheduling für Batch-orientierte Prozesse Für Batch-orientierte Prozesse findet man u. a. folgende Scheduling-Verfahren zur Unterstützung der CPU-Zuteilung:

- First Come First Serve (FCFS)
- Shortest Job First (SJF), auch als Shortest Process First (SPF) bzw. Shortest Process Next (SPN) bezeichnet
- Shortest Remaining Time Next (SRTN)

Die Bezeichnungen für die Algorithmen sind für sich sprechend. Die Algorithmen *FCFS* und *SJF* sind vom Grundsatz her non-preemptive, was allerdings in heutigen Betriebssystemen so nicht mehr implementiert ist. Unterbrechungen werden in allen modernen Betriebssystemen auch bei Batch-Prozessen zugelassen.

FCFS bearbeitet die im System ankommenden Aufträge in der Reihenfolge ihres Eintreffens. *SJF* sucht sich dagegen immer den Job bzw. Prozess aus, von dem es die kürzeste Bedienzeit erwartet.

SRTN ist eine verdrängende Variante von *SJF*. *SRTN* wählt im Gegensatz zu *SJF* als nächstes immer den Prozess mit der am kürzesten verbleibenden Restrechenzeit im System aus. Dieser Algorithmus bevorzugt wie SJF neu im System ankommende Prozesse mit kurzer Laufzeit.

Ein großer Nachteil bei *SJF*- und *SRTN*-Strategien ist, dass sie zum *Verhungern* (engl. Starvation) von Prozessen führen können. Es kann also Prozesse geben, die nie eine CPU zugeteilt bekommen und daher nicht ausgeführt werden. Beispielsweise tritt der Fall bei *SJF* ein, wenn ständig Prozesse ins System kommen, die nur kurze Zeit dauern. Länger dauernde Prozesse kommen dann nie zum Zuge, was dem Fairness-Prinzip widerspricht. So gut wie unlösbar ist bei *SJF/SPF/SPN* bzw. *SRTN* die Frage, wie das Betriebssystem herausfindet, ob ein Prozess nur (noch) kurze Zeit oder länger dauern wird. Die Strategie ist daher praktisch nicht zu realisieren.

Scheduling für Dialog-orientierte Prozesse Für die Unterstützung der CPU-Zuteilung zu Dialog-Prozessen gibt es u. a. folgende Scheduling-Algorithmen:

- Round Robin (RR)
- Priority Scheduling (PS)
- Garantiertes Scheduling und Fair-Share-Scheduling
- Lottery Scheduling

RR ist im Prinzip FCFS (siehe Batch-Strategien) in Verbindung mit einer Zeitscheibe. RR geht davon aus, dass alle Prozesse gleich wichtig sind. Ein Prozess erhält ein bestimmtes *Quantum* (auch *Zeitscheibe* oder engl. *time slice* genannt) und wenn dieses abgelaufen ist, wird der Prozess unterbrochen und ein anderer Prozess erhält die CPU. Der unterbrochene Prozess wird hinten in die Warteschlange eingetragen und kommt erst dann wieder an die Reihe, wenn die anderen Prozesse ihr Quantum verbraucht haben oder aus einem anderen Grund unterbrochen wurden. Die Frage nach der Länge der Zeitscheibe ist von großer Bedeutung für die Leistung des Systems.

PS wählt immer den Prozess mit der höchsten Priorität aus. Dies setzt natürlich die Verwaltung von Prioritäten voraus. Jedem Prozess P_i wird eine Priorität p_i zugewiesen. P_i wird vor P_j ausgewählt, wenn p_i größer als p_j ist. Prozesse mit gleicher Priorität werden meist gemeinsam in einer Warteschlange verwaltet. Innerhalb der Prioritätsklasse kann dann im RR-Verfahren ausgewählt werden (siehe Multilevel-Scheduling).

Als *garantiertes Scheduling* oder *Fair-Share-Scheduling* bezeichnet man ein Verfahren, in dem jedem Prozess der gleiche Anteil der CPU zugeteilt wird. Gibt es also n Prozesse im System, so wird jedem Prozess 1/n der CPU-Leistung zur Verfügung gestellt. Bei diesem Verfahren muss festgehalten werden, wie viel CPU-Zeit ein Prozess seit seiner Erzeugung bereits erhalten hat. Diese Zeit wird in Relation zur tatsächlich vorhandenen CPU-Zeit gesetzt. Der Prozess, der das schlechteste Verhältnis zwischen verbrauchter und tatsächlich vorhandener CPU-Zeit hat, wird als nächstes ausgewählt und darf so lange aktiv bleiben, bis er die anderen Prozesse überrundet hat.

Auch die zufällige Auswahl eines Prozesses wie etwa im *Lottery Scheduling* ist eine mögliche Strategie. Jede Scheduling-Entscheidung erfolgt dabei zufällig etwa in der Form eines Lotterieloses. Das System könnte z. B. *n* mal in der Sekunde eine Verlosung unter den Prozessen durchführen und dem Gewinner der Verlosung die CPU für *m* Millisekunden bereitstellen.

Scheduling für Realtime-Prozesse Realtime-Systeme (Echtzeitsysteme, Realzeitsysteme) erfordern ganz andere Strategien bei der Auswahl des nächsten Jobs als batch- und dialogorientierte Systeme. Hier ist vor allem eine schnelle und berechenbare Reaktion auf anstehende Ereignisse wichtig. Es wird zwischen *hard real time* und *soft real time* unterschieden. Erstere müssen schnell reagieren, bei letzteren ist eine gewisse Verzögerung zumutbar.

Weiterhin wird unterschieden, ob die Scheduling-Entscheidung von Haus aus (bei der Systemprogrammierung) festgelegt wird oder ob die Scheduling-Entscheidung zur Laufzeit getroffen wird. Erstere nennt man *statische*, letztere *dynamische* Algorithmen.

Folgende Scheduling-Algorithmen für Realtime-Systeme sind u. a. bekannt:

- Earliest Deadline First (EDF) oder auch Minimal Deadline First genannt
- Polled Loop
- Interrupt-gesteuert

Bei *Earliest Deadline First* wird der Prozess mit der kleinsten nächsten Zeitschranke (deadline) als erstes ausgewählt. Bei *Polled Loop* werden alle Geräte (Ereignisquellen) zyklisch nach einem anstehenden Ereignis abgefragt, und dieses wird dann gleich bearbeitet. Interrupt-gesteuerte Systeme warten z. B. in einer Warteschleife auf Interrupts von Ereignisquellen und führen dann die geeignete Interrupt-Service-Routine (ISR) aus.

5.2.3   Multi-Level-Scheduling mit Prioritäten

Manche Betriebssysteme unterstützen im Rahmen ihrer Scheduling-Strategie für verschiedene Prozess-Prioritäten auch jeweils eine eigene Warteschlange, in der Prozesse gleicher Priorität eingeordnet werden. Die Warteschlangen dienen dem Scheduler zur Auswahl des nächsten auszuführenden Prozesses.

Im Multi-Level-Scheduling werden mehrere Warteschlangen verwaltet und zwar für jede Prioritätsstufe oder für jeden unterstützten Prozesstypen eine eigene. In Abb. 5.3 ist z. B. ein Modell dargestellt, in dem den verschiedenen Prozessprioritäten jeweils eine Warteschlange zugeordnet ist.

Nachdem ein Prozess abgearbeitet ist, wird er entweder beendet oder wieder in die Warteschlange eingereiht, was wiederum nach einer eigenen Strategie erfolgen kann. Multi-Level-Feedback-Scheduling ist eine Abwandlung zum Multi-Level-Scheduling, in der ein Prozess auch die Warteschlange wechseln kann.

Bei Mehrprozessorsystemen müsste man in der obigen Abbildung entsprechend mehrere Prozessoren zeichnen. Ein ausführbereiter Prozess aus einer Warteschlange wird dann jeweils einem Prozessor zur Ausführung zugeordnet.

5.2.4   Round-Robin-Scheduling mit Prioritäten

Das Round-Robin-Verfahren, ergänzt um eine Prioritätensteuerung, soll aufgrund seiner praktischen Bedeutung nochmals etwas näher betrachtet werden. Es gibt zwei wichtige Aspekte zu betrachten:

1. Wie lange soll die Zeitscheibe für einzelne Prozesse (das Quantum) sein?
2. Wie wird die Priorität einzelner Prozesse eingestellt bzw. ermittelt?

Zur Frage 1) ist anzumerken, dass eine zu kurze Zeitscheibe in der Regel einen hohen Overhead für den ständigen Kontextwechsel zur Folge hat. Ein zu langes Quantum führt

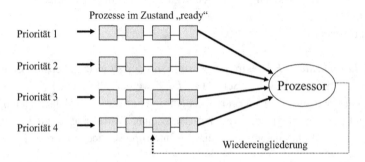

Abb. 5.3 Multi-Level-Scheduling mit Prioritäten

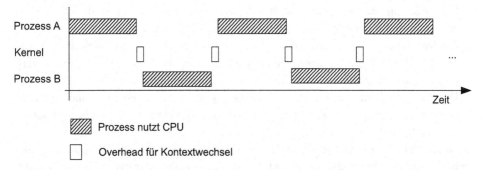

Abb. 5.4 Zeitverbrauch für Kontextwechsel

möglicherweise zu langen Verzögerungen einzelner Prozesse, was insbesondere bei interaktiven Aufträgen schädlich ist.

In Abb. 5.4 sind zwei Prozesse A und B skizziert, die jeweils nach einem gleich langen Quantum die CPU im RR-Verfahren erhalten. Der Overhead des Kernels für den Kontextwechsel ist ebenfalls angedeutet.

Nehmen wir an, der Overhead für einen Kontextwechsel dauert 1 ms und die Zeitscheibe ist 10 ms lang und fix. Dann würden 10 % der Rechenleistung nur für den Kontextwechsel benötigt, pro Sekunde also 100 ms. Wäre dagegen die Zeitscheibe 100 ms lang und der Kontextwechsel würde 1 ms dauern, hätte man nur einen Overhead von 1 %. Der richtige Mittelweg muss gefunden werden.

Das Quantum kann statisch festgelegt oder dynamisch verändert werden. Die dynamische Veränderung des Quantums zur Laufzeit ist in heutigen Betriebssystemen genau so üblich wie eine statische Vorbelegung. Die Dauer des Quantums hängt natürlich auch von der Prozessorleistung ab. Je höher die Taktrate, umso mehr Rechenleistung ist verfügbar und umso kürzer wird das Quantum sein. Übliche Größen für Quanten sind heute je nach Betriebssystem und Prozessor 10 bis 200 ms.

Zu Frage 2) gibt es mehrere Möglichkeiten. Die Priorität kann statisch beim Prozessstart je nach Prozesstyp festgelegt und zur Laufzeit nicht mehr verändert werden. Es ist aber auch eine dynamisch, adaptive Veränderung der Prioritäten von Prozessen möglich oder sogar eine Kombination beider Varianten, also eine statische Voreinstellung und eine dynamische Anpassung der Priorität. Letztere Variante ist in heutigen Betriebssystemen recht häufig vorzufinden.

Hierbei ist es aber wichtig, dass die Vergabe der CPU einigermaßen gerecht verläuft, was durchaus bei prioritätengesteuertem Scheduling problematisch sein kann. Wenn dauernd Prozesse mit hoher Priorität im System sind, werden möglicherweise Prozesse mit niedriger Priorität vernachlässigt und müssen verhungern (engl: Starvation). Diesem Problem muss vorgebeugt werden, was z. B. durch eine kurzzeitige, dynamische Erhöhung der Priorität für benachteiligte Prozesse erfolgen kann.

In der Praxis stellt folgendes Verfahren einen recht guten Ansatz dar:

- Das Quantum wird initial eingestellt und passt sich dynamisch an, so dass auch Prozesse mit niedriger Priorität die CPU ausreichend lange erhalten.
- Ein-/Ausgabe-intensive Prozesse erhalten ein höheres Quantum, rechenintensive ein kürzeres. Damit können vernünftige Antwortzeiten von Dialogprozessen erreicht werden, und die rechenintensiven Prozesse können gut damit leben.
- Die Prozess-Prioritäten werden statisch voreingestellt und unterliegen einer dynamischen Veränderung. Die aktuelle Priorität wird auch als relative Priorität bezeichnet.

Dieses Verfahren erfordert natürlich eine Verwaltung der Prozessdaten *Quantum* und *Priorität* und eine zyklische Anpassung dieser. Das Quantum der aktiven Prozesse wird taktorientiert herunter gerechnet, und zu vorgegebenen Zeiten muss eine Quantumsneuberechnung durchgeführt werden.

Ebenso ist eine Neuberechnung der Prozess-Prioritäten erforderlich. Der Berechnungsalgorithmus kann auch die verbrauchten Quanten mit einbeziehen.

Dieses etwas vereinfachte Verfahren wird meist in Kombination mit dem Multilevel-Feedback-Scheduling eingesetzt und liefert gute Ergebnisse. Natürlich haben die einzelnen Betriebssysteme ihre Besonderheiten. Beispielsweise vergibt Windows einen Prioritätsbonus für Prozesse, die schon länger keine CPU mehr zugeteilt bekommen haben.

5.3 Vergleich ausgewählter Scheduling-Verfahren

Vergleicht man die betrachteten Scheduling-Algorithmen, so können einige der oben genannten Scheduling-Kriterien herangezogen werden. Interessant sind z. B. die Durchlaufzeit (auch Verweilzeit oder turnaround time), die Wartezeit, die Bedienzeit (auch Servicezeit), die Antwortzeit, der Durchsatz oder die CPU-Auslastung:

- Durchlaufzeit (= Verweilzeit): Gesamte Zeit, in der sich ein Prozess im System befindet (Servicezeiten + Wartezeiten).
- Wartezeit: Zeit, die ein Prozess auf die Ausführung warten muss, also die Summe aller Zeiträume, in denen ein Prozess warten muss.
- Bedienzeit (Servicezeit): Zeit, in der ein Prozess die CPU hält und arbeiten kann.
- Antwortzeit: Zeit, in der ein Anwender auf die Bearbeitung seines Auftrags warten muss.
- Durchsatz: Anzahl an Prozessen, die ein System in einer bestimmten Zeit bearbeiten kann.
- CPU-Auslastung: Auslastung der CPU während der Bearbeitung von Prozessen in Prozent der Gesamtkapazität.

Wir vergleichen in diesem Abschnitt einige der oben erläuterten Scheduling-Algorithmen hinsichtlich des Beurteilungskriteriums „Durchlaufzeit". Betrachten wir zu den genannten Scheduling-Strategien ein Beispiel nach (Tanenbaum und Bos 2016): Nehmen wir an, dass in einem System fünf Aufträge (Jobs) A, B, C, D und E fast gleichzeitig eintreffen. Die einzelnen Aufträge erhalten folgende Prioritäten (Priorität 5 ist die höchste) und Ablaufzeiten (hier in Millisekunden):

Job	A	B	C	D	E
Ablaufzeit	10	6	4	2	8
Priorität	3	5	2	1	4

Gesucht sind jeweils die gesamte (V_{all}) und die durchschnittliche (V_{avg}) Verweilzeit im System bei Einsatz folgender Scheduling-Algorithmen:

1) Priority Scheduling (nicht verdrängend)
2) FCFS unter Berücksichtigung der Reihenfolge-Annahme: A, B, D, C, E (nicht verdrängend)
3) Shortest Job First (nicht verdrängend)
4) RR mit statischen (also sich nicht verändernden) Prioritäten bei einem Quantum von 2 Millisekunden (verdrängend)

Die Jobs treffen ungefähr gleichzeitig im System ein. Die Prozesswechselzeit wird vernachlässigt und die Aufträge werden nacheinander ausgeführt. Eine Verdrängung (Preemption) wird nur im Fall 4 ausgeführt.

Priority Scheduling Die folgende Tabelle zeigt die Reihenfolge der Auftragsausführung bei Priority Scheduling sowie die jeweiligen Verweilzeiten der einzelnen Jobs:

Job	B	E	A	C	D
Verweilzeit	6	14	24	28	30

Die Summe über alle Verweilzeiten ist $V_{all} = 6 + 14 + 24 + 28 + 30 = 102$ ms.
Die durchschnittliche Verweilzeit ist $V_{avg} = V_{all}/5 = 20{,}4$ ms.
Die Abb. 5.5 verdeutlicht den Ablauf nochmals.

FCFS-Scheduling Die folgende Tabelle zeigt die Reihenfolge der Auftragsausführung bei FCFS-Scheduling sowie die jeweiligen Verweilzeiten der einzelnen Jobs.

Job	A	B	D	C	E
Verweilzeit	10	16	18	22	30

Die Summe über alle Verweilzeiten $V_{all} = 10 + 16 + 18 + 22 + 30 = 96$ ms.
Die durchschnittliche Verweilzeit ist $V_{avg} = V_{all}/5 = 19{,}2$ ms.
FCFS ist also in diesem Szenario besser als reines Prioritäten-Scheduling. Die Abb. 5.6 zeigt den Ablauf bei FCFS-Scheduling.

SJF-Scheduling Die folgende Tabelle zeigt die Reihenfolge der Auftragsausführung bei SJF-Scheduling:

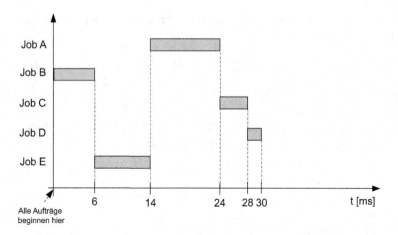

Abb. 5.5 Beispiel für Priority-Scheduling

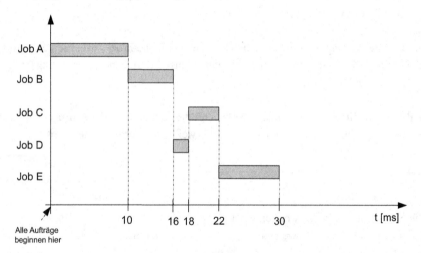

Abb. 5.6 Beispiel für FCFS-Scheduling

Job	D	C	B	E	A
Verweilzeit	2	6	12	20	30

Die Summe über alle Verweilzeiten $V_{all} = 2 + 6 + 12 + 20 + 30 = 70$ ms.

Die durchschnittliche Verweilzeit ist $V_{avg} = V_{all}/5 = 14{,}0$ ms.

SJF ist, wie bereits erläutert, die beste aller Lösungen was die Verweilzeit anbelangt (Abb. 5.7).

RR-Scheduling mit Prioritäten Die folgende Tabelle zeigt die Reihenfolge der Auftragsausführung bei RR-Scheduling unter Berücksichtigung von Prioritäten und einer

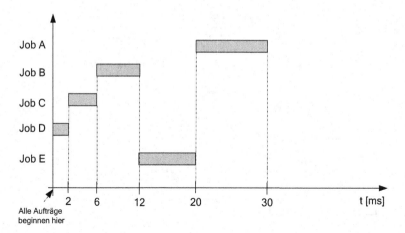

Abb. 5.7 Beispiel für SJF-Scheduling

Zeitscheibe von 2 Millisekunden, wobei der Overhead für den Prozesswechsel vernachlässigt wird.

Job	A	B	C	D	E
Verweilzeit	30	20	18	10	26

Die Summe über alle Verweilzeiten V_{all} = 30 + 20 + 18 + 10 + 36 = 104 ms.
Die durchschnittliche Verweilzeit ist $V_{avg} = V_{all}/5$ = 20,8 ms.
RR-Scheduling mit Prioritäten ist also die schlechteste aller Varianten, dafür aber auch die gerechteste (Abb. 5.8).

Die in den Beispielen skizzierten Ergebnisse zeigen unterschiedlichste Scheduling-Abläufe. Die Ergebnisse lassen sich auch einfach beweisen. Wir betrachten hierzu fünf beliebige Jobs mit den Bezeichnungen A, B, C, D und E und benennen die erwarteten Ausführungszeiten der Einfachheit halber für die folgende Berechnung mit a, b, c, d und e.

Die gesamte Verweilzeit aller Jobs im System ergibt sich dann wie folgt:

$$V_{all} = a + (a+b) + (a+b+c) + (a+b+c+d) + (a+b+c+d+e) = 5a + 4b + 3c + 2d + e$$

Die durchschnittliche Verweilzeit ergibt sich dann aus

$$V_{avg} = (5a + 4b + 3c + 2d + e)/5$$

Der Job A trägt also am meisten zur durchschnittlichen Verweilzeit bei, der Job B steht an zweiter Stelle usw. Will man die durchschnittliche Verweilzeit minimieren, sollte zunächst der Job mit der kürzesten Verweilzeit ausgeführt werden, da die Ausführungszeit des ersten gestarteten Jobs für die Berechnung mit 5 multipliziert wird und damit am meisten Gewicht hat. Danach sollte der zweitkürzeste Job folgen usw.

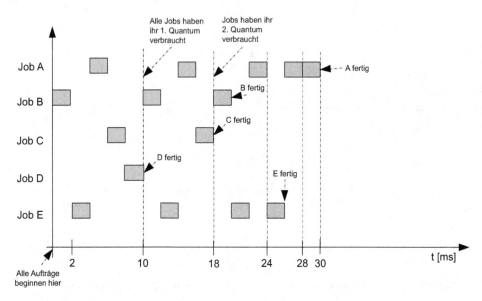

Abb. 5.8   Beispiel für RR-Scheduling mit Prioritäten

Anmerkung In der Praxis ist es schwierig, die Ausführungszeiten von vorneherein zu bestimmen. Man kann sie nur schätzen, was sich aber als recht schwierig erweist. Man müsste sich die Ablaufzeiten eines Programmes jeweils für den nächsten Ablauf merken und daraus evtl. mit Hilfe eines Alterungs-Verfahrens die als nächstes erwartete Ablaufzeit berechnen. Das Berechnungsbeispiel und auch die oben skizzierten Beispiele dienen also vorwiegend der theoretischen Betrachtung.

5.3.1   CPU-Scheduling im ursprünglichen Unix

Die ursprüngliche Intention von Unix als Multitasking-Betriebssystem war die Unterstützung des Dialogbetriebs, wobei die Anwender Terminals als Eingabegerät nutzten. Daher stand im Vordergrund, den Benutzern kurze Antwortzeiten im interaktiven Betrieb zu bieten. Der am System arbeitende Benutzer sollte somit das Gefühl erhalten, dass das System für ihn alleine zur Verfügung steht.

Unterstützte Scheduling-Strategie Unix-Systeme (zumindest die ursprünglichen Unix-Systeme) verwenden als Scheduling-Strategie *Round-Robin (RR)*, ergänzt um eine *Prioritätensteuerung*. Es wird auch eine Multi-Level-Feedback-Queue verwendet, in der für jede Priorität eine Queue verwaltet wird. Das Scheduling erfolgt verdrängend (preemptive). Als Scheduling-Einheit dient in traditionellen Unix-Systemen der Prozess.

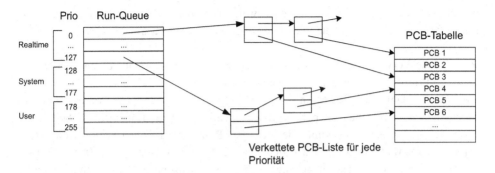

Abb. 5.9 Run-Queue unter Unix

Abb. 5.9 zeigt eine Multi-Level-Queue für die Prioritätenverwaltung, wie sie unter Unix typischerweise aussieht. Dies ist die wichtigste Datenstruktur des Schedulers und wird als *Run-Queue* bezeichnet. Es muss allerdings erwähnt werden, dass es bei dieser Funktionalität je nach Unix-Derivat (System V, BSD, HP UX, AIX, Solaris, …) doch einige Unterschiede gibt. Es soll deshalb hier nur das Grundprinzip verdeutlicht werden.

Prioritätsberechnung Neuere Unix-Derivate verwalten Prioritäten zwischen 0 und 255, wobei 0 die höchste Priorität darstellt. In früheren Unix-Derivaten gab es Prioritäten zwischen −127 bis +127 mit −127 als niedrigste Priorität. Die initiale Priorität eines Prozesses verändert sich im Laufe der Zeit dynamisch. Systemprozesse und bei entsprechender Unterstützung auch Realtime-Prozesse werden bevorzugt behandelt und erhalten höhere Prioritäten. Hier gibt es natürlich unterschiedlichste Varianten der Realisierung in den einzelnen Unix-Derivaten.

Der *nice*-Befehl bzw. -Systemcall kann genutzt werden, um die statische (initiale) Priorität beim Starten eines Programms zu beeinflussen. Die Bezeichnung des Befehls kommt daher, dass man die Priorität eines Prozesses durch Aufruf von nice meist herabsetzt (nett zu anderen Prozessen sein). Die nice-Prioritätenskala reicht von 20 (höchste) bis −19 (niedrigste). Je größer der nice-Wert gesetzt wird, desto niedriger wird die Priorität. Durch Aufruf des Kommandos *nice 10 <command>* wird das Programm *<command>* mit einer um 10 niedrigeren Priorität als der Standardwert gestartet.[1] Neben nice gibt es unter Unix noch andere Befehle bzw. Systemcalls mit ähnlichen Aufgaben. Der Befehl *renice* dient zum Verändern der Priorität eines laufenden Prozesses. Der Befehl *setpriority* ist eine neue Variante von nice.

Bei Unix System V Release 3 wird die Priorität etwa jede Sekunde neu berechnet, wobei die bisher aufgebrauchte CPU-Zeit in die Berechnung mit eingeht. War diese bisher hoch, sinkt die Priorität, wobei allerdings nur die in der letzten Zeit verbrauchte CPU-Zeit

---

[1] Die Syntax des nice-Kommandos kann je nach Unix-Derivat variieren.

berücksichtigt wird. Durch diese Vorgehensweise werden auch Dialogprozesse, die relativ oft nicht aktiv sind und auf eine Interaktion mit dem Benutzer warten, bevorzugt.

Run-Queue-Verwaltung Die *Run-Queue* verwaltet alle Prozesse und deren Zugehörigkeiten zu Prioritäten. In der *Run-Queue* ist für jede Priorität ein Zeiger vorhanden, der auf eine Warteschlange von Prozessen mit gleicher Priorität verweist. Die Warteschlangen-Elemente verweisen dann letztendlich auf den eigentlichen PCB in einer PCB-Tabelle. Bei einem Kontextwechsel wird immer der vorderste Prozess in der Queue mit der höchsten Priorität ausgewählt und nach Abarbeitung einer Zeitscheibe (ursprünglich 100 ms bis 1 s) wieder ans Ende einer Queue eingehängt, wobei vorher seine neue Priorität ermittelt wird. Es ist also möglich, dass der Prozess in eine andere Queue eingehängt wird.

5.3.2 CPU-Scheduling unter Linux

Auch die Scheduling-Mechanismen unter Linux entwickelten sich in den letzten Jahren stark weiter. Ursprünglich lehnte sich das Scheduling stark an Unix an und nutzte Prozesse als Scheduling-Einheit. Im Laufe der Zeit wurden zusätzliche Strategien implementiert. So wurden z. B. auch die POSIX-Echtzeitstrategien eingebaut.

Linux nutzt heute Threads als Scheduling-Einheit, da bei diesem Betriebssystem Threads auf Kernelebene realisiert sind. Die Begriffe *Prozess* und *Thread* werden unter Linux nicht so stark abgegrenzt wie in anderen Betriebssystemen. Unter Linux kann nämlich in Abweichung zum POSIX-Standard mit dem Systemdienst *clone* ein Kindprozess generiert werden. Beim Aufruf wird mit dem Parameter *sharing_flags* festgelegt, was der Kindprozess erbt. Wenn das Kind den Adressraum mit dem Vater teilt, spricht man von einem Thread. Im Weiteren werden die Begriffe *Thread* und *Prozess* für das Scheduling nicht unterschieden.

Unterstützte Scheduling-Strategien Linux unterstützt drei Scheduling-Strategien, auch Scheduling-Klassen genannt. Diese werden auf drei verschiedene Prozess- bzw. Thread-Klassen angewendet:[2]

- *Timesharing* für die Standard-Benutzerthreads. Diese Strategie ist verdrängend und wird bei „normalen" Timesharing-Prozessen, die interaktiv oder batchorientiert arbeiten können, angewendet. Der Scheduler ermittelt für jeden Prozess nach einem bestimmten Algorithmus eine Zeitscheibe (Quantum), die immer wieder neu berechnet wird. Diese Scheduling-Strategie wurde in früheren Linux-Versionen auch als SCHED_NORMAL bezeichnet. In heutigen Linux-Versionen findet man unter dem Überbegriff

---

[2] Das Kommando *ps -cl* oder das Kommando *chrt* zeigt Informationen zu den Scheduling-Klassen an. Mit *chrt* kann man auch Threadprioritäten anzeigen lassen und ändern.

Timesharing Threads mit den Scheduling-Policies SCHED_BATCH, SCHED_OT-
HER und SCHED_IDLE (siehe chrt-Befehl).

- *Realtime* mit *FIFO* (als SCHED_FIFO bezeichnet): Diese Strategie wird bei Prozessen
  mit höchster Priorität angewendet und ist nicht verdrängend (non-preemptive), d. h.
  einem Prozess wird kein Quantum zugeordnet und einem Prozess wird die CPU vom
  Betriebssystem nicht entzogen.

- *Realtime* mit Round *Robin (*als *SCHED_RR* bezeichnet)*: Dieses verdrängende Verfahren nutzt RR als Scheduling-Strategie. Jeder Prozess erhält ein Quantum. Nach Ablauf
  seines Quantums wird ein Prozess verdrängt und an das Ende der RR-Liste gehängt.

Realtime-Prozesse sind auch unter Linux nicht wirklich für harte Echtzeitanforderungen konzipiert. Eigenschaften wie Deadlines oder garantierte CPU-Zuteilung werden
nicht unterstützt. Realtime-Prozesse haben unter Linux einfach nur eine höhere Priorität
und werden immer gegenüber Timesharing-Prozessen bevorzugt. Damit unterstützt Linux
den POSIX-Standard P1003.4.

Prozessoraffinität Es soll noch erwähnt werden, dass Linux bei Mehrprozessorsystemen
versucht, einen Prozess immer derselben CPU zuzuordnen. Dadurch müssen die Caches
nicht so oft neu geladen werden. Dies bezeichnet man als Prozessoraffinität. Linux unterscheidet hier explizite Prozessoraffinität, die über einen Systemcall eingestellt werden
kann, und implizite Prozessoraffinität. Bei letzterer versucht der Kernel die Zuteilung
selbst vorzunehmen.

Scheduler-Varianten Mit der Linux-Version 2.6 wurde der sog. *O(1)-Scheduler* für Ti-
meharing-Prozesse eingeführt, den wir zunächst betrachten und der bis zum Linux-Kernel
2.6.22 verwendet wurde. Seinen Namen erhielt der Scheduler aufgrund der besseren Ska-
lierbarkeit im Vergleich zu seinen Vorgängern. Unter anderem da der Codeumfang des
O(1)-Schedulers immer mehr wuchs, wurde mit Version 2.6.23 ein völlig neuer Scheduler
eingeführt, der als *Completely Fair Scheduler (CFS)* bezeichnet wird. Auf diesen gehen
wir ebenfalls weiter unten ein.

Linux O(1)-Scheduler
Der im Modul *sched_rt.c* implementierte O(1)-Scheduler realisiert einen prioritätenge-
steuerten Scheduling-Algorithmus für Timesharing-Threads. Er trifft zyklisch bzw. wenn
er aufgerufen wird, eine globale Entscheidung, welcher Prozess als nächstes die CPU erhält. Bei Multiprozessorsystemen wird entsprechend entschieden, welche Prozesse als
nächstes abgearbeitet werden. Grundsätzlich unterstützt der Scheduler eine hohe Interak-
tivität. Prozesse, die oft blockiert sind und daher ohnehin die CPU selten nutzen, sollen bei
der CPU-Zuteilung begünstigt werden. Dies bedeutet, dass Ein-/Ausgabe-intensive
(interaktive) vor rechenintensiven (Batch-) Prozessen bevorzugt werden. Es wird nicht
explizit zwischen interaktiven und Batch-Prozessen unterschieden. Beide Prozesstypen

werden in die Timesharing-Prozessklasse eingeordnet. Der Scheduler erkennt interaktive Prozesse an einer langen durchschnittlichen Schlafzeit.

Prioritätenberechnung Timesharing-Prozesse mit höherer Priorität bekommen unter dem O(1)-Scheduler generell mehr CPU-Zeit zugeordnet. Intern verwaltet der Scheduler die Prioritätenbereiche in einer Skala von 0 bis 139. Der O(1)-Scheduler unterstützt zwei Prioritätsbereiche für Prozesse:

- Für die „normalen" Timesharing-Prozesse liegt die Priorität, die wie im klassischen Unix über den sog. *Nice*-Wert definiert ist, zwischen −20 und 19, wobei der Wert 19 die niedrigere Priorität darstellt. Ein Prozess mit einer Priorität von −20 erhält die größte Zeitscheibe. Die Timesharing-Prioritäten −20 bis +19 werden auf die internen Prioritäten 100 bis 139 abgebildet, wobei 100 der höchsten Priorität und damit einem Nice-Wert von −20 entspricht. In manchen Linux-Derivaten werden diese Prioritäten zwischen 100 und 139 auch mit 0 bis 39 bezeichnet. Die Priorität der Prozesse wird dynamisch verändert. Als Standardwert wird 120 bzw. der Nice-Wert 0 festgelegt.
- Für die Realtime-Prozesse wird ein interner Prioritätenbereich zwischen 0 und 99 zugeordnet, wobei 0 die höchste Priorität darstellt.

Der Scheduler bevorzugt Prozesse mit höherer Priorität und versucht eine Liste mit Prozessen gleicher Priorität so lange abzuarbeiten, bis das Quantum von allen Prozessen der Liste verbraucht ist. Erst danach wird eine Prozessliste mit geringerer Priorität bearbeitet (siehe Mauerer 2004). Eine Ausnahmebehandlung erfahren für längere Zeit blockierte Prozesse. Dies bedeutet aber, dass schlecht programmierte Echtzeitprozesse das System lahm legen können. FIFO-Prozesse, die fehlerhaft in einer Endlosschleife laufen, werden nie unterbrochen, da sie keine Zeitscheibe besitzen.

Arbeitsweise des Schedulers Ziel des O(1)-Schedulers ist, dass Prozesse mit höherer Priorität mehr CPU-Anteile erhalten. Der Scheduler wird in eine periodisch aufgerufene Scheduling-Komponente (periodische Scheduling-Funktion) und einen sog. Hauptscheduler unterteilt. Ersterer wird zyklisch in gleichmäßigen Abständen aufgerufen, um das Quantum der aktiven Prozesse zu verringern. Dies wird von einer Kernel-internen Systemuhr getaktet. Der Hauptscheduler wird zusätzlich bei bestimmten Ereignissen (z. B. von der periodischen Scheduling-Funktion) aufgerufen. Beispielsweise wird er aktiv, wenn ein Prozess sein Quantum verbraucht hat oder ein aktiver Prozess blockiert.

Der O(1)-Scheduler nutzt also eine getaktete Systemuhr. Der Takt des Linux-Kernels, auch als *Tick* bezeichnet, war bis zur Kernel-Version 2.5 auf 100 Hertz (Hz)[3] festgelegt

---

[3] Der Wert ist in einer Kernel-Konstante mit dem Namen *HZ* festgelegt. Ab Linux-Version 2.6.13 sind auch die Werte 100, 250, 300 und 1000 möglich. Je größer der Wert ist, desto mehr CPU-Zeit wird aufgrund der erhöhten Anzahl an Unterbrechungsbearbeitungen verbraucht.

und kann ab dem Kernel 2.6 bis auf 1000 Hz erhöht werden. Die Zeitspanne zwischen zwei Ticks wird auch als *Jiffy* (Zeitintervall) bezeichnet.

Das Quantum wird von der periodischen Scheduling-Funktion bei jedem Tick reduziert, solange, bis es den Wert 0 erreicht hat. Bei 1000 Hz entspricht ein Tick einer Millisekunde (1/1000 s = 0,001 s = 1 ms). Das bedeutet auch, dass die kürzestmögliche Länge einer Zeitscheibe eine Millisekunde beträgt.

20 Ticks werden als Standardwert für das Quantum verwendet, was bei einer mit 1000 Hz getakteten Systemuhr demnach 20 ms ergibt.

Einem Prozess wird die CPU entzogen, wenn sein Quantum = 0 ist, der Prozess blockiert z. B. aufgrund einer Wartesituation (ein benötigtes Gerät muss erst seine Aufgabe erfüllen) oder zum Schedulingzeitpunkt ein vorher blockierter Prozess mit höherer Priorität bereit wird. Damit wird auch nochmals deutlich, dass die sogenannten Realtime-Prozesse beim Scheduling begünstigt werden.

Die Quanten der Prozesse werden im Laufe der Bearbeitung immer kleiner, bis alle, außer die Quanten von unterbrochenen und wartenden Prozessen, auf 0 stehen. Die Quantumsberechnung hängt von der statischen Priorität ab. Je höher der Wert der Priorität, also je niedriger die statische Priorität ist, umso kleiner ist das Quantum. Dieser Zusammenhang ist in Abb. 5.10 skizziert und lässt sich über eine lineare Funktion beschreiben.

Bei einer statischen Priorität von 100 (interner Wert), was der höchsten Priorität eines Timesharing-Prozesses entspricht, wird ein Quantum von 800 ms ermittelt. Ein Quantum von 5 ms wird dagegen für einen Prozess mit der statischen Priorität 139 berechnet. Nach (Bovet und Cesati 2005) wird das Quantum über folgende Formel berechnet:

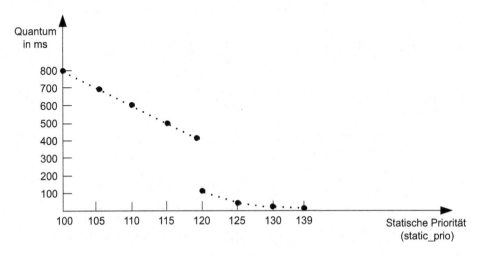

Abb. 5.10 CPU-Zuteilung auf Basis der statischen Priorität unter Linux

```
Quantum in ms = (140 - statische Priorität) * 20, falls die stati-
sche Priorität < 120 ist
```

bzw.

```
Quantum in ms = (140 - statische Priorität) * 5, falls die stati-
sche Priorität ≥ 120 ist
```

Neben der effektiven (dynamischen) und statischen Priorität sowie der Zeitscheibe verwaltet der O(1)-Scheduler für jeden Prozess einen Bonuswert, der zur Priorität addiert wird. Der Bonus beeinflusst die Auswahl des nächsten Prozesses unmittelbar. Der Wertebereich für den Bonus liegt zwischen −5 und +5. Ein negativer Wert bedeutet eine Verbesserung der Priorität, da eine Verminderung des Prioritätswerts eine Verbesserung der Priorität zur Folge hat. Ein positiver Bonuswert führt zu einer Verschlechterung der effektiven Priorität. Einen Bonus erhalten Prozesse, die viel „schlafen", also auf Ein-/Ausgabe warten (siehe Abb. 5.11). Je länger ein Prozess warten muss, desto höher (also niedrigerer Wert!) wird sein Bonus. Die effektive Priorität wird unter Berücksichtigung des Bonuswerts etwas vereinfacht wie folgt berechnet:

```
Effektive Priorität = Statische Priorität + Bonus⁴
```

Mit dem Bonus werden also vor allem interaktive Prozesse begünstigt, die oft auf Eingaben des Benutzers warten. Der maximale Bonus von −5 wird bei einer durchschnittlichen Schlafzeit von 1000 ms oder mehr gewährt (siehe Abb. 5.11). Bei einer Veränderung der effektiven Priorität erfolgt auch eine Eingliederung des Prozesses in die entsprechende Prioritätsqueue.

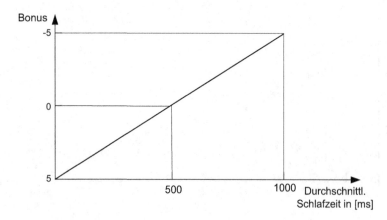

Abb. 5.11 Bonuszuteilung unter Linux

---

⁴ Die genaue Berechnung kann z. B. in (Bovet und Cesati 2005) nachgelesen werden.

Die statische Priorität hat einen hohen Einfluss auf die Behandlung als interaktiver oder als rechenintensiver (Batch-)Prozess. Ein Prozess mit hoher statischer Priorität wird schon bei einer durchschnittlichen Schlafzeit von 200 ms als interaktiver Prozess eingeordnet, ein Prozess mit einer statischen Priorität von 139 kann nie ein interaktiver Prozess sein. Ein Prozess mit einer statischen Priorität von 120 gilt ab einer durchschnittlichen Schlafzeit von 700 ms als interaktiv.

Zusammengefasst kann man also festhalten:

- Die Parameter Quantum, Priorität und Bonus spielen im O(1)-Scheduling bei der Quantumsberechnung zusammen.
- Rechenintensive Prozesse werden vom O(1)-Scheduler weniger bevorzugt als mehr Ein-/Ausgabe-intensive (interaktive) Prozesse. Rechenintensive Prozesse verbrauchen ihr Quantum schnell und erhalten bei einer Neuberechnung ein neues Quantum, das direkt von ihrer statischen Priorität abgeleitet wird. Weiterhin erhalten sie bei intensiver Nutzung der CPU einen schlechten Bonuswert, der den Prioritätswert für die effektive Priorität erhöht und damit die Priorität verschlechtert.
- Ein-/Ausgabe-intensive Prozesse werden bei einer Neuzuordnung der Quanten durch das Hinzufügen eines günstigen Bonuswerts, der bei der Berechnung der effektiven Priorität zur statischen Priorität addiert wird, bevorzugt.
- Ob ein Prozess interaktiv oder rechenintensiv ist, hängt im Wesentlichen von seiner durchschnittlichen Schlafzeit und seiner Priorität ab.

Run-Queue-Verwaltung   Die zentrale Datenstruktur des O(1)-Schedulers wird auch im O(1)-Scheduler als *Run-Queue* bezeichnet. Für jede CPU wird eine eigene Run-Queue verwaltet. Ein Loadbalancing-Mechanismus verteilt die Prozesse auf die CPUs. Der Aufbau der Run-Queue ist grob in Abb. 5.12 skizziert. Die Datenstruktur enthält im Wesentlichen Referenzen (Zeiger) auf die eigentlichen Prozess-Queues. Diese werden repräsentiert durch die Datenstruktur *prio_array* (Priority-Array).

Der O(1)-Scheduler unterscheidet eine Prozess-Queue für aktive (active) und eine für abgelaufene (expired) Prozesse. In der *active* Queue sind alle Prozesse mit einem Quantum > 0 enthalten. In der *expired* Queue werden alle Prozesse, deren Quantum bereits abgelaufen ist, und Prozesse, die unterbrochen wurden, verwaltet. Sobald ein Prozess sein Quantum abgearbeitet hat bzw. unterbrochen wurde, wird er in die *expired* Queue umgehängt. Wenn alle Prozesse umgehängt wurden, wird das Quantum für alle Prozesse der *expired* Queue neu ermittelt, und es werden einfach die entsprechenden Zeiger auf die *active* und die *expired* Queue, die in der *Run-Queue* verwaltet werden, ausgetauscht. Im Detail ist der Algorithmus auch noch etwas komplizierter. Wenn zum Beispiel in der *expired* Queue ein Prozess vorhanden ist, der eine höhere statische Priorität hat als der gerade aktive Prozess, wird ebenfalls nach einem Umhängen der restlichen Prozesse auf die *expired* Queue umgeschaltet. Für unsere Betrachtung sollen weitere Details aber vernachlässigt werden (weitere Informationen siehe Mauerer 2004 und Bovet und Cesati 2005).

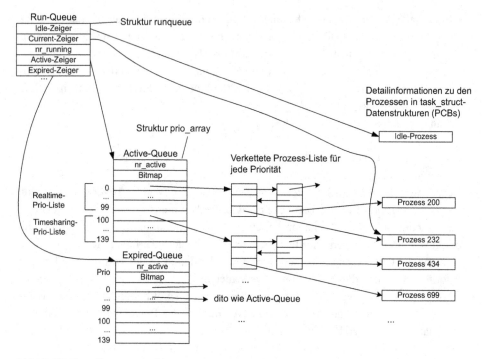

Abb. 5.12   Run-Queue unter Linux

In der *Run-Queue* sind u. a. noch die folgenden Informationen enthalten:

- Der Idle-Zeiger zeigt auf den Idle-Prozess, der aktiviert wird, wenn kein anderer Prozess aktivierbar ist.
- Der Current-Zeiger zeigt auf den aktuell aktiven Prozess.
- Das Feld *nr_running* enthält die Anzahl aller ablaufbereiten Prozesse.
- In der active/expired Queue wird für jede Priorität eine Liste mit Referenzen, also insgesamt 140 Referenzen, verwaltet. In diesen Listen sind jeweils alle Prozesse mit gleicher Priorität eingetragen.

Zudem wird eine Bitmap gepflegt, in der für jede dieser 140 Listen jeweils ein Bit verfügbar ist. Ist ein Bit auf 1 gesetzt, so ist mindestens ein Prozess in der korrespondierenden Liste enthalten. Über die Bitmap kann bei der Scheduling-Entscheidung sehr schnell die als nächstes abzuarbeitende Liste und damit der als nächstes zu aktivierende Prozess gefunden werden. In der Liste muss nur überprüft werden, ob ein Bit gesetzt ist oder nicht. Weiterhin ist im Feld *nr_active* die Anzahl der aktuell lauffähigen Prozesse im gesamten *Priority-Array* hinterlegt. Die verwendete Datenstruktur sieht wie folgt aus:

```
struct prio_array {
    int nr_active;          // Anzahl aktiver Prozesse
                            // Prioritäts-Bitmap, 140 Bits reserviert
    unsigned long bitmap[BITMAP_SIZE];
                            // Prioritäts-Queues, MAX_PRIO = 140 (Default)
    struct list_head queue[MAX_PRIO];
};
```

Die einzelnen Prozesse werden in einer Datenstruktur vom Typ task_struct (entsprechend dem PCB) verwaltet (siehe Mauerer 2004). Diese Datenstruktur ist wie folgt aufgebaut:

```
struct task_struct {
    ...
    int prio;                    // Dynamische Priorität
    int static_prio;             // Statische Priorität
    unsigned long sleep_avg;     // Zeit, die der Prozess schläft
                                 // (inaktiv ist)
    unsigned long last_run;      // Zeitpunkt, zu dem der Prozess
                                 // zuletzt lief
    unsigned long policy;        // Scheduling-Strategie: Normal
                                 // (Timesharing), FIFO, RR
    ...
    unsigned int time_slice;     // verbleibendes Quantum
    ...
}
```

Unter dynamischer bzw. effektiver Priorität versteht man die aktuelle Priorität eines Prozesses, während die statische Priorität der initialen Einstellung beim Prozessstart entspricht. Eine Veränderung der effektiven Priorität führt zum Einhängen des Prozesses in eine andere Queue.

Linux Completely-Fair-Scheduler
Der Completely Fair Scheduler (CFS), implementiert im C-Modul *fair.c*, löste den O(1)-Scheduler in der Linux-Version 2.6.23[5] ab und ist vom Codeumfang wesentlich schlanker als sein Vorgänger. CFS unterstützt Timesharing-Threads, also die Standard-Benutzerthreads mit den Scheduling-Policies SCHED_BATCH, SCHED_IDLE und SCHED_OTHER. Dies sind die klassischen interaktiven und batchorientierten Prozesse.

Realtime-Threads (Realtime mit FIFO und Realtime mit Round Robin) nach POSIX-Standard P1003.4 werden wie im O(1)-Scheduler im Modul *rt.c* behandelt (100 Warteschlangen für die 100 Realtime-Prioritäten).

---

[5] Der O(1)-Scheduler und auch der CFS wurden von Ingo Molnar entwickelt.

Zugrundeliegende Idee Die Idee von CFS ist es, eine möglichst faire Verteilung der CPU-Zeit durch die Modellierung einer idealen Multitasking-CPU zu erreichen. Wenn also beispielsweise vier Prozesse aktiv sind, dann ist es das Ziel des CFS allen Prozessen jeweils 25 Prozent der CPU zuzuteilen. Bei n Prozessen soll also jeder Prozess einen Anteil von 1/n der verfügbaren CPU-Zeit erhalten. Es erfolgt keine Prioritätenberechnung und damit wird keine Unterscheidung der Prozesse nach Prioritäten unterstützt. Alle Timesharing-Prozesse erhalten als Priorität den Wert 0 zugeordnet. Der CFS ordnet den Prozessen auch keine Quanten (Zeitscheiben) zu, sondern verfolgt eine recht einfache Strategie.

Arbeitsweise des Schedulers Im Unterschied zu seinem Vorgänger verwaltet der CFS keine Heuristiken bzw. Statistiken für Prozesse bzw. Threads, auch keine Run Queue mit Prozessen unterschiedlicher Priorität. Demzufolge unterstützt er auch kein Umschalten zwischen den im O(1)-Scheduler vorhandenen Queues für aktive und ausgelaufene Prozesse (active und expired). Auch der nice-Wert wirkt sich nicht wie beim O(1)-Scheduler aus. Er wird trotzdem genutzt, um Prozesse/Threads zu favorisieren oder zu benachteiligen.

Für jeden Prozess wird in einer Variable *vruntime* eine virtuelle CPU-Zeit auf Nanosekunden-Basis verwaltet, die angibt, wie viel Zeit die tatsächliche Nutzung der CPU von der idealen CPU-Verteilung entfernt ist. Betrachtet wird dabei die Zeit, die ein Prozess auf eine CPU-Zuteilung wartet, sich also im Zustand *bereit* befindet. Wenn ein Prozess in der Vergangenheit zu wenig CPU-Anteile bekommen hat, soll er in der nächsten Zukunft bevorzugt werden. Nachdem ein Prozess aufgeholt hat, wird ihm die CPU wieder entzogen. Eine gleichmäßige CPU-Verteilung unter allen bedürftigen Prozessen soll damit angestrebt werden.

Jede CPU hat einen eigenen CFS zugeordnet, der alle Prozesse jeweils in einem eigenen Rot-Schwarz-Baum[6] (Red/Black-Tree, R/B-Baum) verwaltet. Bei R/B-Bäumen handelt es sich um eine vom binären Suchbaum abgeleitete Datenstruktur mit schnellem Zugriff auf Schlüssel von Objekten bei einer Laufzeitkomplexität von O(log n) für die wichtigsten Operationen Suchen, Einfügen und Löschen auf die Knoten im Baum, wobei n die Anzahl der Knoten im Baum und damit die Anzahl der aktuell vorhandenen Prozesse repräsentiert. Die Einordnung der Prozesse in den R/B-Baum erfolgt geordnet nach der Entfernung der CPU-Nutzung der Prozesse von der idealen CPU-Nutzungszeit (vruntime-Werte). Der Prozess mit dem niedrigsten Wert in vruntime wird als nächstes für die CPU-Zuteilung ausgewählt und bleibt so lange aktiv, bis vruntime wieder auf einen fairen Wert erhöht worden ist, sofern er nicht vorher freiwillig in den Wartestatus übergeht.

---

[6] R/B-Bäume wurden ursprünglich von R. Bayer im Jahre 1972 als symmetrische Binärbäume eingeführt.

Zur Realisierung der R/B-Baumes wird von CFS neben der bereits im O(1)-Scheduler verwendeten Datenstruktur *task_struct* eine weitere Datenstruktur namens *sched_entity* verwaltet, die einen Knoten im R/B-Baum repräsentiert. In der Struktur *task_struct*, die für die Beschreibung eines Prozesses verwendet wird, wird ein Zeiger auf einen Eintrag vom Typ *sched_entity* ergänzt, womit die Positionierung des Prozesses im R/B-Baum ermöglicht wird. Die Struktur *sched_entity* enthält auch die Variable *vruntime*.

Mit dem Systemcall *sched_setscheduler (...)* erlaubt CFS auch das Verändern der Scheduling-Policies für Prozesse/Threads. CFS unterscheidet drei Policies:

- SCHED_BATCH: Thread wird immer als CPU-lastig eingestuft, egal wie er die CPU nutzt, das *nice*-Kommando hat Einfluss auf diese Threads.
- SCHED_OTHER: Standard-Policy für Timesharing (interaktive Prozesse, das *nice*-Kommando hat Einfluss auf diese Threads.
- SCHED_IDLE: Hat am wenigsten Recht auf CPU-Nutzung, das *nice*-Kommando hat keinen Einfluss auf diese Threads.

Seit der Kernelversion 2.6.24 unterstützt CFS auch ein Gruppen-Scheduling, bei dem Prozesse/Threads zu Gruppen zusammengefasst werden können. Beispielsweise können alle Threads eines Webservers zu einer Scheduling-Gruppe verknüpft werden. Die CPU-Aufteilung erfolgt fair auf die Gruppen und die Prozesse/Threads einer Gruppe werden wiederum innerhalb der Gruppe fair behandelt

5.3.3 CPU-Scheduling unter Windows

Das Scheduling unter Windows (ab Windows NT) ist zwar an manchen Stellen sehr speziell, aber es gibt einige Parallelen zu Unix-ähnlichen Betriebssystemen. Windows führt das Scheduling auf Threadebene unabhängig von den Prozessen aus. Als Scheduling-Einheit dienen also Threads (thread-based).

Unterstützte Scheduling-Strategien Windows verwendet ein *Zeitscheibenverfahren* für das CPU-Scheduling. Es wird nicht berücksichtigt, zu welchem Prozess ein Thread gehört, was auch sinnvoll ist, da Prozesse nur eine Ablaufumgebung bereitstellen. Wenn z. B. ein Prozess *A* zehn Threads hat und Prozess *B* zwei Threads und sonst kein weiterer Benutzerthread im System läuft, so teilt der Scheduler die verfügbare Zeit (abzgl. der Zeit für die Systemthreads) in zwölf Teile auf und vergibt für jeden der zwölf Threads ein Zwölftel der Rechenzeit.

Das Scheduling erfolgt *verdrängend* und *prioritätsgesteuert*. Die Verdrängung findet spätestens nach Ablauf des Quantums (Zeitscheibe) statt. Zudem wird eine mögliche *Prozessoraffinität* von Threads angestrebt, um die Caches optimaler zu nutzen. Threads werden also, wenn möglich, immer der gleichen CPU zugeordnet. Für jeden Thread wird eine

Affinity-Maske verwaltet, die zu jedem verfügbaren Prozessor angibt, ob er für den Thread zugelassen ist. Die Maske kann explizit über einen Systemcall verändert werden. Windows sorgt aber auch implizit für eine gute Verteilung der Threads auf die verfügbaren Prozessoren.

Prioritätsberechnung Man unterscheidet unter Windows *interne Prioritäten auf Kernelebene (Kernelprioritäten)* und *Prioritäten auf Laufzeitsystemebene*. Die Prioritätenvergabe für die internen Kernelprioritäten ist wie folgt geregelt (siehe auch Abb. 5.13):

- Es gibt 32 Prioritätsstufen mit den numerischen Werten von 0 bis 31.
- Die Prioritätsstufen von 16 bis 31 sind sog. Echtzeitprioritäten und werden nicht verändert. Dies sind keine Echtzeitprioritäten für harte Echtzeitanforderungen, da Windows kein echtzeitfähiges Betriebssystem ist. Es gibt also keine garantierten Ausführungszeiten und auch keine berechenbaren Verzögerungen, wie es in Echtzeitbetriebssystemen erforderlich ist. Es laufen aber einige Systemthreads unter Echtzeitprioritäten.
- Die Prioritätsstufen 1 bis 15 (einschließlich) werden an die Benutzerprozesse vergeben. Diese können vom Betriebssystem dynamisch angepasst werden.
- Die Prioritätstufe 0 ist die niedrigste und wird für Systemzwecke genutzt.

Die internen Kernelprioritäten haben nichts mit den Interrupt-Prioritäten der Interrupt-Behandlung unter Windows zu tun. Benutzer-Threads können keine Hardware-Interrupts blockieren, da sie mit dem niedrigsten Interrupt-Level (Passive-Level) ausgeführt werden. Threads, die im Kernelmodus ausgeführt werden, können den Interrupt-Level aber anheben, was bewirkt, dass diese nur von Interrupts mit höherem Interrupt-Level unterbrechbar sind.

Im Windows-Laufzeitsystem und damit aus Sicht des Anwendungsprogrammierers werden die Thread-Prioritäten anders dargestellt. Die 32 internen Kernelprioritäten wer-

Abb. 5.13 Prioritätsstufen von Threads in Windows (nach Russinovich et al. 2012)

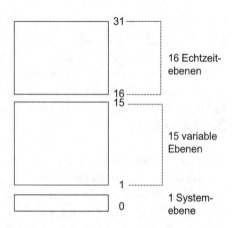

den in der Windows-API verborgen und auf ein eigenes Prioritätenschema abgebildet. Windows-Threads arbeiten mit zwei Prioritätsebenen:

- Je Prozess wird eine *Prioritätsklasse zugewiesen. Mögliche Werte sind idle, below normal, normal, above normal, high* und *real-time.* Dieser Prioritätswert wird auch Prozess-Basispriorität genannt.
- Innerhalb der Prioritätsklassen können von *Threads* insgesamt sieben *Relativprioritäten* (auch Threadprioritäten oder Basisprioritäten der Threads genannt) eingenommen werden. Die Bezeichnungen für diese Prioritäten sind *idle, lowest, below normal, normal, above normal, highest* und *time critical.*

Die Prozess-Basispriorität wird bei der Erzeugung von Threads an diese weitergegeben. Durch Aufruf der Windows-API-Funktion *SetPriorityClass* kann eine Veränderung aller Basisprioritäten der Threads des aufrufenden Prozesses erfolgen. Eine andere Möglichkeit, die Startprioritätsklasse für eine Anwendung festzulegen, funktioniert mit dem Befehl *start* in der Windows-Kommandoeingabe (siehe *start/?*). Als Funktionen zum Lesen und Verändern von Threadprioritäten stehen in der Windows-API *GetThreadPriority* und *SetThreadPriority* zur Verfügung.

Initial erben Threads zunächst die Stufe *normal* der Prioritätsklasse ihres Prozesses als (relative) Thread-Basispriorität. Der Programmierer muss aktiv über einen Aufruf des Systemdienstes *setThreadPriority* eine Veränderung der Prioritäten anstoßen, wenn er das will, ansonsten ist die Thread-Basispriorität gleich der Prozess-Basispriorität.

Threads verfügen neben der Basispriorität auch noch über eine dynamische Priorität. Diese wird für das CPU-Scheduling verwendet. Die dynamische Threadpriorität wird auch als *aktuelle Threadpriorität* (current priority) bezeichnet und bei Bedarf vom Kernel angepasst. Eine Anpassung erfolgt aber nicht bei Realtime-Threads.

In Abb. 5.14 sind die Zusammenhänge bei der Prioritätenvergabe unter Windows nochmals verdeutlicht.

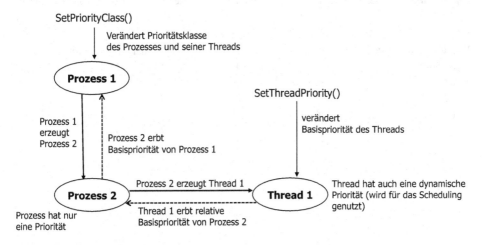

Abb. 5.14 Beispiel für die Vererbung von Prioritäten unter Windows

Die Windows-API bildet die nach außen sichtbaren Prioritäten auf interne Kernelprioritäten ab. In der Tab. 5.1 sind die Threadprioritäten zeilenweise und die Prioritätsklassen spaltenweise dargestellt. Die Elemente der Tabelle enthalten die zugeordneten internen Kernelprioritäten. Der Prioritätsklasse *normal* ist z. B. für die Threadpriorität *normal* die interne Kernelpriorität 8 zugeordnet.

Arbeitsweise des Schedulers Der Scheduling-Code ist bei Windows nicht in einer Softwarekomponente gekapselt, sondern im gesamten Kernel auf mehrere Routinen verteilt (Russinovich et al. 2012). Ein Threadwechsel wird von der Windows-Prozessverwaltung u. a. bei verschiedenen Ereignissen initiiert:

- Wenn ein Thread mit höherer Priorität bereit ist
- Wenn ein neuer Thread erzeugt wird
- Wenn ein aktiver Thread beendet wird
- Wenn sich ein aktiver Thread in den Wartezustand begibt
- Bei Ablauf des Quantums eines gerade aktiven Threads

Bei diesen Situationen wird überprüft, welcher Thread als nächstes die CPU erhält. Dies ist der Thread mit der höchsten Priorität, der in der entsprechenden Prioritäts-Queue ganz vorne steht.

Nach jedem Clock-Intervall (Tick) wird der aktuelle Thread unterbrochen und sein Restquantum wird reduziert. Die Clock-Intervalle sind in der HAL festgelegt. Bei Intel-x86-basierten Einprozessorsystemen liegen sie üblicherweise bei ca. 10 ms, bei Intel-x86-basierten Multiprozessorsystemen bei ca. 15 ms.

Für jeden Thread wird vom System ein sog. *Quantumszähler* geführt. Dieser wird z. B. bei Windows-Workstations standardmäßig auf 6 eingestellt, bei Windows-Servern

Tab. 5.1 Mapping der Windows-API-Prioritäten auf interne Kernelprioritäten (nach Russinovich et al. 2012)

Windows-Thread-Priorität	Windows-Prioritätsklasse					
	real-time	high	above normal	normal	below normal	Idle
time critical	31	15	15	15	15	15
highest	26	15	12	10	8	6
above normal	25	14	11	9	7	5
normal	24	13	10	8	6	4
below normal	23	12	9	7	5	3
lowest	22	11	8	6	4	2
idle	16	1	1	1	1	1

dagegen auf 36 (Russinovich et al. 2012). Server erhalten übrigens ein höheres Quantum, damit einmal begonnene Aufgaben auch schnell zu Ende geführt werden können, möglichst bevor das Quantum verbraucht ist.

Nach jedem Clock-Intervall wird der Quantumszähler des laufenden Threads um 3 vermindert. Das bedeutet, dass das Quantum für einen Thread beispielsweise unter Windows 2 bzw. 12 Clock-Intervalle lang ist.

Ist der Quantumszähler auf 0, so ist das Quantum abgelaufen und der Thread verliert die CPU. Nach Ablauf des Quantums wird ein Thread also deaktiviert, sofern ein anderer Thread mit gleicher oder höherer Priorität bereit ist. Ist dies nicht der Fall, erhält der unterbrochene Thread die CPU erneut.

Wie wir bei der Betrachtung einiger Szenarien noch sehen werden, wird das Quantum in gewissen Situationen erhöht, um einen evtl. benachteiligten Thread kurzzeitig zu begünstigen. Auch interaktive Threads erhalten ein höheres Quantum.

Unter Windows sind einige dynamische Mechanismen implementiert, die dafür sorgen sollen, dass die Systemleistung verbessert wird. Diese Mechanismen nutzen als hauptsächliche Instrumente die Veränderung der Priorität und des Quantums, wobei in erster Linie Quanten und Prioritäten von Benutzerthreads angepasst werden. Die Instrumente werden auch mit *Priority Boost*, und *Quantum Boost* (auch *Quantum Stretching*) bezeichnet.

Windows erhöht die Priorität eines Threads in mehreren Situationen (Russinovich et al. 2012). Eine Situation tritt nach der Bearbeitung einer Ein- oder Ausgabe-Operation ein, eine andere nach dem Warten auf ein Ereignis. Auch nachdem interaktive Threads eine Warte-Operation beendet haben oder wenn interaktive Threads wegen einer GUI-Aktivität aufgeweckt werden, kann eine Prioritätsanhebung erfolgen. Schließlich wird eine Prioritätsanhebung durchgeführt, um zu vermeiden, dass ein Thread verhungert.

Zwei Szenarien sollen im Folgenden diskutiert werden:

1. Szenario: Prioritätsanhebung nach Ein-/Ausgabe-Operation (Priority Boost)
Nachdem ein Thread unter Windows eine Ein-/Ausgabe-Operation beendet hat, wird die Priorität angehoben, damit er nach der Wartezeit schnell wieder die CPU zugeteilt bekommt. Die Anhebung wird als *Priority Boost* bezeichnet. Es wird maximal auf die Priorität 15 angehoben. Wie stark die Anhebung tatsächlich ausfällt, hängt davon ab, auf was gewartet wird. Letztendlich entscheidet dies der Gerätetreiber des Gerätes, an dem gewartet wird. Nach einer Platten-Ein-/Ausgabe wird beispielsweise eine Prioritätsanhebung um 1 durchgeführt, nach einer Maus-Eingabe um 6. Die Priorität wird aber anschließend wieder Zug um Zug herabgesetzt. Je abgelaufenes Quantum wird die Priorität des Threads um 1 reduziert, bis wieder die Basispriorität erreicht ist. Bei der Reduktion ist eine Unterbrechung durch höher priorisierte Threads jederzeit möglich. Das Quantum wird dann zunächst aufgebraucht, bevor die Priorität um 1 vermindert wird. Ein erneutes Warten auf Ein-/Ausgabe kann dabei erneut zu einem Priority Boost führen (Abb. 5.15).

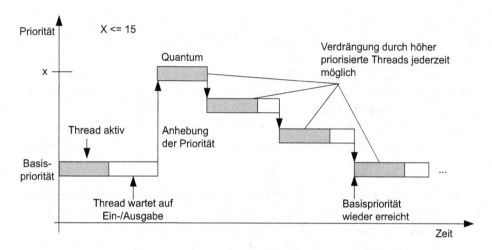

Abb. 5.15   Prioritätsanhebung bei Windows für wartende Threads

2. Szenario: Rettung verhungernder Prozesse Unter Windows könnten Threads mit niedrigerer Priorität verhungern, da rechenintensive Threads höherer Priorität immer bevorzugt werden. Daher ist unter Windows noch ein weiterer Mechanismus implementiert. Einmal pro Sekunde wird geprüft, ob ein Thread schon länger (ca. 4 Sekunden) nicht mehr die CPU hatte, obwohl er im Zustand „bereit" ist. Ist dies der Fall, wird seine Priorität auf 15 angehoben und sein Quantum verdoppelt oder sogar vervierfacht (Windows 2003). Nachdem er die CPU erhalten hat, wird er wieder auf den alten Zustand gesetzt. Ein Verhungern von Prozessen wird damit vermieden. Diese Prioritäts- und Quantumserhöhung wird bei jeder Überprüfung aber nur jeweils für eine begrenzte Anzahl an Threads durchgeführt. Nachdem 10 Threads angehoben wurden wird der Vorgang abgebrochen. Beim nächsten Mal werden die weiteren Threads berücksichtigt (Abb. 5.16).

Ready-Queue-Verwaltung Die Verwaltung der Threads erfolgt bei Windows in einer *Multi-Level-Feedback-Warteschlange* wie sie in Abb. 5.17 dargestellt ist. Die verwendete Datenstruktur wird als Ready-Queue bezeichnet. Für jede interne Kernelpriorität wird eine Queue verwaltet, deren Anker in der Ready-Queue-Datenstruktur gespeichert ist. Innerhalb der einzelnen Queues werden die Threads mit gleicher Priorität über eine RR-Strategie zugeteilt. Nach Ablauf des Zeitquantums wird ein aktiver Thread an das Ende einer Queue gehängt.

Wie die Abbildung zeigt, ist je Prozessor eine Ready-Queue-Datenstruktur zugeordnet. Weiterhin verwaltet Windows zu jedem Prozessor eine Bit-Maske, in der zu jeder der 32 Queues ein Bit angibt, ob mindestens ein Thread in die Queue eingetragen ist. Seit Windows 2003 wird auch noch eine weitere globale Warteschlange für alle Prozessoren verwaltet. Dies ist die sog. *Deferred-Ready-Queue*. Alle Threads, die sich im Zustand *Defer-*

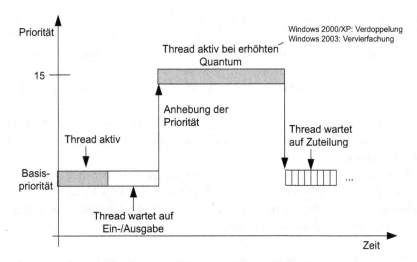

Abb. 5.16 Rettung verhungernder Prozesse durch Prioritäts-/Quantumsanhebung

red Ready (siehe Kap. 4) befinden, werden in diese Warteschlange eingetragen. Durch die prozessorspezifische Trennung der Queues kann unabhängig voneinander geprüft werden, ob Threads auf einen Prozessor warten. Damit verringert man in Mehrprozessorsystemen die Sperrzeiten (siehe Kap. 6) beim Zugriff auf die Ready-Queue-Datenstruktur.

5.3.4 CPU-Scheduling unter macOS

macOS ist ein Mehrzweckbetriebssystem mit Echtzeitunterstützung, jedoch kein echtes Realtime-Betriebssystem. Es unterstützt also auch nur weiche Echtzeitanforderungen. Dementsprechend sind die Scheduling-Verfahren ausgelegt. Auch unter dem Betriebssystem macOS weist der CPU-Scheduler die CPUs den Threads zu. Threads sind also die Scheduling-Einheit. Für den Begriff Prozess verwendet man bei macOS auch den Begriff des Tasks. Ein Thread ist genau einem Task zugeordnet.

Unterstützte Scheduling-Strategien macOS unterstützt die Thread-Prioritäten mit den Bezeichnungen User, System, Kernel und Realtime und verwendet für alle gleichermaßen ein prioritätsgesteuertes, verdrängendes Scheduling.[7] Dabei werden unterschiedliche Prioritätsintervalle zugeordnet:

---

[7]Vor Mac OS X war gab es noch kein vollständig verdrängendes Scheduling, sondern ein kooperatives Multitasking.

- Für die normale Programmbearbeitung werden User-Threads eingesetzt. Dies sind klassische Timesharing-Threads.
- System-Threads erfüllen Aufgaben, die eine etwas höhere Priorität als User-Threads benötigen. Ein spezieller Prozess bzw. Task unter macOS ist der sog. Kernel-Task, in dem mehrere System-Threads gestartet werden. Er ist unter anderem für die Lüftersteuerung verantwortlich.
- Kernel-Threads sind speziell für Kernelaufgaben, die eine höhere Priorität erforden, reserviert. Hierzu gehören die Ein-/Ausgabefunktionen, die schnell auf die Hardware zugreifen müssen.
- Realtime-Threads sind Threads, die für ein ordnungsgemäßes Arbeiten eine genau definierte CPU-Nutzung benötigen. Hierzu gehört zum Beispiel der Audio-/Media-Player, der mehrere Threads im Task mit dem namen *coreaudiod* zusammenfasst und auch den Apple-Mediaplayer *iTunes* unterstützt.

Die Thread-Policy kann beim Thread-Erzeugen über die Nutzung des Systemcalls *thread_policy_set_internal()* eingestellt werden. Das von macOS verwendete Scheduling-Verfahren ähnelt dem O(1)-Scheduler von Linux in den älteren Versionen vor 2.2.23. Es werden eine Fülle von Scheduling-Policies, Policy-Flavors genannt, unterstützt. Die Flavors THREAD_STANDARD_POLICY und THREAD_EXTENDED_POLICY sind beispielsweise Standard-Einstellungen für ein faires Scheduling mit Zeitscheibe. Das Policy-Flavor THREAD_CONSTRAINT_POLICY wird für echtzeitnahe Threads (weiche Echtzeitanforderungen) genutzt, um Realtime-Prioritäten zu erhalten. Der Mach-Mikrokernel von macOS unterstützt noch andere Policies, die aber hier nicht weiter erläutert werden sollen (Singh 2007).

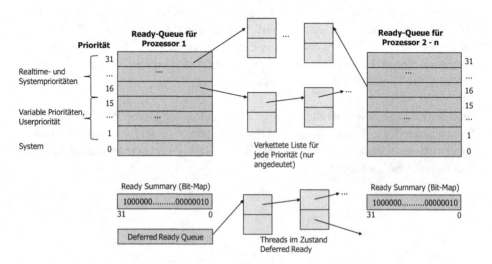

Abb. 5.17 Multi-Level-Feedback-Queue in Windows

Prozessoraffinität Auch bei macOS wird wie bei Linux aus Optimierungsgründen eine CPU-Affinität über den Systemcall *thread_bind()* einstellbar ist. Der Scheduler macht dann das Dispatching nur über den gerade aktuell genutzten Prozessor. Für diesen Zweck wird das Policy-Flavor AFFINITY_POLICY verwendet.

Run-Queue-Verwaltung macOS nutzt ein nutzt Multi-Level-Feedback-Queue-Verfahren. Je CPU werden 128 Prioritätsstufen und damit 128 Warteschlangen verwaltet. (siehe Abb. 5.18). Die höchste Priorität ist 128. Für jede Run-Queue wird zusätzlich eine Wait-Queue für wartende (nicht bereite) Threads verwaltet. Die Datenstruktur für die Run Queue von macOS ist in der C-Headerfile des Kernelcodes unter osfmk/kern/sched.h definiert. Genau wie beim Windows- und dem O(1)-Scheduler gibt es für die Überprüfung, welche der Queues bereite Threads enthalten, eine Bit-Map für jede CPU, die dem schnellen Suchen des nächsten zu aktivierenden Threads dient.

Prioritätsberechnung Die Prioritäten werden dynamisch innerhalb der entsprechenden Bandbreite angepasst. Ein User-Thread darf beispielsweise nur eine Priorität zwischen 0 und 51 erhalten, ein Realtime-Thread liegt zwischen 96 und 127. Die Prioritäen ändern sich aufgrund der Wartezeit und der CPU-Nutzung. Ein Verhungern von Threads versucht der Scheduler zu verhindern.

Die Prioritätsstufen sind nach wie folgt aufgeteilt:

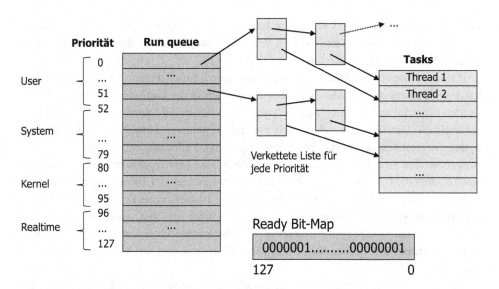

Abb. 5.18 Multi-Level-Feedback-Queue in macOS

- Prioritäten 00–63: User-Threads
- Prioritäten 64–79: System-Threads
- Prioritäten 80–95: Kernel-Threads
- Prioritäten 96–127: Realtime-Threads

Die Basis- bzw. Standardpriorität für User-Threads ist 31, die sog. Nice-Range, in der das *nice*-Kommando wirkt, bewegt sich um +/−20 um 31, also zwischen 11 und 51. Das Kommando nice wirkt nur auf User-Threads.

Arbeitsweise des Schedulers Ein Threadwechsel wird wird prinzipiell wie bei Windows initiiert, also z. B. wenn ein Thread mit höherer Priorität bereit wird, wenn ein aktiver Thread seine CPU aufgrund eines Warteereignisses abgibt oder das Quantum abgelaufen ist und daher eine Verdrängung stattfindet. Bei diesen Ereignissen erhält der Thread eine CPU, der ganz vorne in der Warteschlange mit der höchsten Priorität steht.

Das Quantum ist bei macOS standardmäßig 10 ms, wird aber auch dynamisch ange- passt Ein aktives Re-Scheduling wird zyklisch angestoßen und die Prioritäten werden ca. jede Sekunde neu berechnet, wobei die Threads bei Bedarf innerhalb der Run-Queue in eine andere Warteschlange eingereiht werden. Das Dekrementieren des Quantums erfolgt ähnlich wie bei den bereits genannten Betriebssystemen über den Clock-Interrupt-Handler, der auch u. a. auch die Quanten der Threads überwacht.

5.3.5   Scheduling von Threads in Java

Java-Threads laufen in der JVM, also im Java-Laufzeitsystem, ab und erhalten von dieser eine Zuteilung von Rechenzeit. Wie wir bereits gesehen haben, ist der Zustandsautomat für Java-Threads recht einfach (siehe auch Kap. 4).

Das Java-Thread-Scheduling ist prioritätengesteuert. Einsatzbereite Threads können im RR-Verfahren zugeteilt werden, was aber letztendlich in der Implementierung festgelegt werden kann. Es wird auch eine Zeitscheibe eingesetzt, deren Länge implementierungs- abhängig ist. Um sicher zu gehen, dass ein rechenintensiver Thread nicht alle anderen ausbremst, sollte man bei der Programmierung von Multithreading-Anwendungen an entsprechenden Stellen die Methode *yield* aus der Klasse *Thread* aufrufen. Diese Methode bewirkt, dass die CPU dem nächsten ablaufbereiten („runnable") Thread zugeteilt wird.

In Java gibt es die Prioritätsstufen 1 bis 10, wobei 10 die höchste Priorität darstellt. Für jede Priorität werden die Threads in einer eigenen Queue verwaltet. Als Standardpriorität wird bei der Thread-Erzeugung 5 vergeben. Die Thread-Prioritäten kann man mit der Me- thode *setPriority* der Klasse *Thread* auch verändern bzw. mit der Methode *getPriority* auslesen.

Die Zuteilungsregeln sind in der JVM-Spezifikation von Sun Microsystems nicht exakt festgelegt, sondern der Implementierung überlassen. Es ist nur festgelegt, dass ein Thread mit höherer Priorität vor den anderen bevorzugt werden soll, jedoch gibt es keine Garantie hierfür. Der JVM-Implementierer entscheidet, wie die Regeln implementiert werden, was die Portierung von Java-Programmen von einer JVM auf eine andere (eines anderen Herstellers) damit unter Umständen erschwert. Auch die Abbildung der Java-Prioritäten auf Betriebssystemprioritäten ist in der Java-Spezifikation nicht festgelegt.

5.3.6 Zusammenfassung

Zusammenfassend kann festgehalten werden, dass in heutigen Mehrzweckbetriebssystemen aber auch in Laufzeitsystemen von Programmiersprachen wie Java oft Varianten von Zeitscheibenverfahren eingesetzt werden, die Round-Robin- und Priority-Scheduling nutzen. Meist wird zur Verwaltung mehrerer Prioritäten auch noch eine Multi-Level-Feedback-Queue eingesetzt. Dabei spielt es keine Rolle, ob der Prozess oder der Thread als Scheduling-Einheit dient. Die Prioritäten und die Quanten werden üblicherweise dynamisch nach sehr individuellen Algorithmen ermittelt. Interaktive Prozesse werden bei der CPU-Zuteilung vor den eher rechenintensiven (Batch-orientierten) Prozessen oder Threads bevorzugt. In Tab. 5.2 wird eine Gegenüberstellung der betrachteten CPU-Scheduling-Mechanismen von Linux, Windows und macOS anhand einiger Vergleichskriterien vorgenommen. Man kann im Wesentlichen große Überstimmungen beim O(1)-Scheduler, beim Windows- und beim macOS-Scheduler erkennen. Nur der CFS-Scheduler arbeitet ganz anders als die anderen drei.

Im neueren Linux-Scheduler mit der Bezeichnung CFS (ab Version 2.6.23) für Timesharing-Prozesse werden Prioritäten nicht für das Scheduling herangezogen. Auch die Quantenberechnung hängt nicht von der Priorität eines Prozesses ab. Der CFS versucht lediglich eine möglichst faire Aufteilung der CPU auf alle Timesharing-Prozesse. Der Scheduler war zwar in der Linux-Gemeinde umstritten, da – so argumentierten seine Gegner – die Vorteile für Serverrechner durch evtl. Nachteile für Workstations erkauft werden, aber er hat sich mittlerweile etabliert.

5.4 Übungsaufgaben

1. Welche Scheduling-Algorithmen sind für Echtzeitbetriebssysteme (Realtime-System) sinnvoll und warum?
2. Welche Aufgaben haben im Prozess-Management der Dispatcher und der Scheduler?
3. Nennen Sie jeweils zwei geeignete Scheduling-Verfahren für Batch- und Dialog-Systeme und erläutern Sie diese kurz!
4. Erläutern Sie den Unterschied zwischen preemptive und non-preemptive Scheduling und nennen Sie jeweils zwei Scheduling-Strategien, die in diese Kategorien passen.

Tab. 5.2 Ein Vergleich der CPU-Scheduler von Windows, Linux und macOS

Kriterium	Windows-Scheduler	Linux O(1)-Scheduler	Linux CFS-Scheduler	macOS-Scheduler
Unterstützte Prozess- bzw. Threadtypen	Timesharing und Realtime	Timesharing, Realtime mit FIFO, Realtime mit RR;	Nur Timesharing	User, System, Kernel und Realtime
Scheduling-Strategien	Thread-basiert; Begünstigung von interaktiven vor rechenintensiven Threads	Prozess-basiert, Thread = Prozess; Begünstigung von interaktiven vor rechenintensiven Prozessen	Prozess-basiert, Thread = Prozess; idealen CPU-Nutzungszeit (vruntime-Wert) wird angestrebt	Thread-basiert, standardmäßig Begünstigung von interaktiven vor rechenintensiven Threads
	32 Queues, Multi-Level-Feedback; prioritätsgesteuert, Round Robin innerhalb der Queues	140 Queues, Multi-Level-Feedback; prioritätsgesteuert, Round Robin innerhalb der Queues	Keine Queues; Keine Prioritäten, ein CFS je CPU	128 Queues, Multi-Level-Feedback; prioritätsgesteuert, Round Robin innerhalb der Queues
Prioritätsstufen	32 interne Kernelprioritätsstufen von (0 ist die niedrigste): 0–15: Timesharing 16–31: Realtime- und System	140 effektive Prioritäten; (139 ist die niedrigste) und statische Prioritäten: 0–99: Realtime 100–139: Timesharing	Keine Prioritäten	128 effektive Prioritäten (0 ist die niedrigste): 0–51: User 52–79: System 80–95: Kernel 96–127: Realtime

Tab. 5.2 (Fortsetzung)

Kriterium	Windows-Scheduler	Linux O(1)-Scheduler	Linux CFS-Scheduler	macOS-Scheduler
Prioritätenberechnung für Timesharing-Prozesse	Aktuelle Priorität wird zur Laufzeit abhängig vom Threadverhalten berechnet Priority-Boost bei lang wartenden Threads	Effektive Priorität wird zur Laufzeit berechnet, abhängig von statischer Priorität und einem Bonus (+/−5) für lang schlafende Prozesse; Effektive Priorität = statische Priorität + Bonus (vereinfacht)	Keine Prioritätsberechnung	Priorität wird zur Laufzeit berechnet, abhängig vom Verhalten der Threads Prioritätsberechnung etwa jede Sekunde
Quantumsberechnung für Timesharing-Prozesse	Quantumszähler für jeden Thread; Unterscheidung nach Workstations und Serverrechnern Clock-Intervall ist ca. 10 ms bei x86-Singleprozessoren (100 Hz) und ca. 15 ms (67 Hz) bei Multiprozessoren Bei jedem Tick wird das Quantum der aktiven Threads um 3 dekrementiert Quantumserhöhung bei wartenden Threads oder zur Vorbeugung vor Verhungern	Quantum abhängig von statischer Priorität: Quantum = (140 − statische Prio) * 20 (oder * 5); Maximum liegt bei 800 ms Takt der internen Systemuhr ab Linux 2.6 auf 100, 250, 300, 1000 Hz einstellbar; vorher fix bei 100 Hz. Bei jedem Tick wird das Quantum der aktiven Prozesse um das Clock-Intervall reduziert Verhungern von Threads bei Einsatz von Realtime FIFO grundsätzlich möglich	Keine Quantumsberechnung; Prozess bleibt so lange aktiv, bis vruntime wieder einen fairen Wert hat oder die CPU freiwillig abgegeben wird wie bei O(1)-Scheduler Bei jedem Tick wird die CPU-Nutzung erhöht und im mit idealem Wert verglichen Kein Verhungern möglich	Das Standardquantum liegt bei 10 ms, dynamische Anpassung Clock-Intervall ist standardmäßig auf 10 ms eingestellt Bei jedem Tick wird das Quantum der aktiven Prozesse um das Clock-Intervall reduziert Verhungern wird vermieden. Da auch Realtime-Threads verdrängt werden

5. Wie wird in Universalbetriebssystemen die CPU-Nutzung bei Timesharing-Prozessen üblicherweise begrenzt und wie wird erkannt, dass die CPU-Nutzungszeit abgelaufen ist?

6. Ermitteln Sie für folgende fünf Jobs, die gesamte Verweilzeit und die durchschnittliche Verweilzeit unter Berücksichtigung folgender Scheduling-Strategien (Angaben in ms).

Job	A	B	C	D	E
Ablaufzeit	8	12	20	16	5
Priorität	5	4	3	2	1

a) Reines Priority Scheduling (höchste Priorität ist 5)
b) FCFS (First Come First Served) unter Berücksichtigung der Reihenfolge-Annahme: A, B, D, C, E
c) SJF (Shortest Job First)
d) RR (Round Robin) ohne Prioritäten bei einem Quantum von 2 ms, wobei die Reihenfolge der Abarbeitung A, B, C, D, E sein soll
   Die Jobs treffen ungefähr gleichzeitig im System ein. Die reine Prozesswechselzeit wird für die Berechnung vernachlässigt, und die Aufträge werden nacheinander ausgeführt. Eine Verdrängung (Preemption) wird nur im Fall d) ausgeführt.

7. Beweisen Sie, dass die SJF-Strategie für das Scheduling die optimale Strategie darstellt!

8. Nennen Sie Vergleichskriterien, nach denen Scheduling-Algorithmen verglichen werden können und erläutern Sie diese!

9. Betrachten Sie folgende Aufträge an ein Betriebssystem mit ihren Ausführungszeiten (in ms):

Job	A	B	C	D	E
Ablaufzeit	8	27	1	5	10

Berechnen Sie für die folgenden Scheduling-Algorithmen die durchschnittliche Wartezeit für die Ausführung:

a) FCFS in der Reihenfolge A, B, D, C, E.
b) SJF (kürzester Prozess ist C). Wie das System dies ermittelt, ist nicht von Belang für diese Aufgabe.
c) RR mit einem Quantum von 2 ms in der Reihenfolge A, B, D, C, E.
   Die Jobs treffen ungefähr gleichzeitig im System ein. Der Overhead für den Prozesswechsel soll nicht betrachtet werden.

10. Warum sind Windows und Linux keine echten Realtime-Systeme, obwohl sie Realtime-Threads unterstützen?

11. Wie wird unter Windows verhindert, dass Threads mit niedriger Priorität verhungern?

12. Wie funktioniert der RR-Scheduling-Algorithmus?

13. Warum ist der Scheduling-Algorithmus Shortest Remaining Time First (SRTF) kaum zu realisieren?

14. Erläutern Sie den Aufbau und die Nutzung der Datenstruktur Run-Queue für den O(1)-Scheduler unter Linux!
15. Welche Bedeutung haben die statische und effektive (dynamische) Priorität, der Bonus und das Quantum für den O(1)-Scheduler unter Linux?
16. Wie ermittelt der O(1)-Scheduler von Linux den nächsten zu aktivierenden Prozess?
17. Was ist ein Priority Boost unter Windows?
18. Erläutern Sie kurz die Idee des CFS unter Linux?
19. Ein CPU-Scheduler unterstützt ein prioritätengesteuertes Thread-basiertes Scheduling mit statischen Prioritäten und verwaltet die Threads mit Status „bereit" in einer Multi-Level-Queue-Struktur (Run-Queue). Die Zeitscheiben (Quanten) aller Threads einer Queue mit höherer Priorität werden immer vollständig abgearbeitet, bevor die nächste Queue mit niedrigerer Priorität bearbeitet wird. In der folgenden Tabelle sind die aktuell bereiten Threads A bis G mit ihren statischen Prioritäten sowie den Restlaufzeiten in Millisekunden angegeben. Priorität 1 ist die höchste, Priorität 3 die niedrigste Priorität:

Thread	A	B	C	D	E	F	G
Priorität	2	1	3	1	2	3	3
Restlaufzeit in ms	300	200	200	200	300	200	200

Die folgende Abbildung zeigt die aktuelle Belegung der Run-Queue

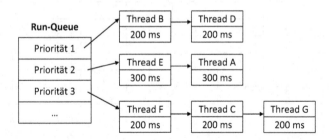

a) Ermitteln Sie auf Basis der aktuellen Situation für die sieben Threads A, B, C, D, E, F und G die Scheduling-Reihenfolge bei Priority-Scheduling mit Round Robin je Prioritäts-Warteschlange (Queue) und einem statischen, also zur Laufzeit nicht veränderten Quantum von 100 Millisekunden bei einer Hardware mit einer CPU (Singlecore-Prozessor). Die reine Threadwechselzeit (Kontextwechsel) wird für die Berechnung vernachlässigt. Die Verdrängung (Preemption) eines Threads bevor sein Quantum abgelaufen ist, erfolgt nur, wenn der Thread vorher beendet wird.

Tragen Sie die Scheduling-Reihenfolge durch Markierungen der Kästchen in die Tabelle ein. Ein Kästchen steht für einen Zeitslot von 100 Millisekunden.

Thread														
A				x										
B	x													
C														
D		x												
E			x											
F														
G														

b) Ermitteln Sie nun die Scheduling-Reihenfolge für die sieben Threads bei einer Hardware mit zwei Rechnerkernen (Dualcore-Prozessor), in der zwei Threads echt parallel abgearbeitet werden können. Alles andere bleibt wie vorher (statisches Quantum von 100 Millisekunden, Priority-Scheduling mit Round Robin je Prioritäts-Warteschlange). Die reine Threadwechselzeit (Kontextwechsel) wird für die Berechnung wieder vernachlässigt. Die Verdrängung (Preemption) eines Threads bevor sein Quantum abgelaufen ist, erfolgt auch hier nur, wenn der Thread vorher beendet wird. Tragen Sie die Scheduling-Reihenfolge durch Markierungen der Kästchen in die Tabelle ein. Ein Kästchen steht für einen Zeitslot von 100 Millisekunden.

Thread														
A														
B														
C														
D														
E														
F														
G														

20. Welches Scheduling-Verfahren nutzt macOS?

Literatur

Bovet, D. P., & Cesati, M. (2005). *Understanding the Linux Kernel*. Sebastopol: O'Reilly Media.

Kredel, H., & Yoshida, A. (1999). *Thread- und Netzwerk- Programmierung mit Java*. Heidelberg: dpunkt.

Mauerer, W. (2004). *Linux Kernelarchitektur*. München/Wien: Hanser.

Russinovich, M., Solomon, D. A., & Ionescu, A. (2012) *Windows Internals, Part 1* (6. Aufl.). Redmond: Microsoft Press. (sehr detaillierte Einführung in Windows-Internas).

Singh, A. (2007) *Mac OS X Internals: A Systems Approach*. Boston: Pearson Education.

Tanenbaum, A. S., & Bos, H. (2016). *Moderne Betriebssysteme* (4., akt. Aufl.). (deutsche Übersetzung von Tanenbaum & Bos 2015). Hallbergmoos: Pearson Deutschland.

Synchronisation und Kommunikation

6

Bei der Parallelverarbeitung mit gleichzeitiger Nutzung gemeinsamer Betriebsmittel durch Prozesse bzw. durch Threads sind einige Herausforderungen zu bewältigen. Wenn man Prozesse oder Threads ohne Abstimmung mit gemeinsam genutzten Betriebsmitteln wie z. B. gemeinsam genutzte Speicherbereiche, arbeiten lässt, kann es zu Inkonsistenzen oder sog. Race Conditions kommen. Lost-Updates oder andere Anomalien können die Folge sein.

Derartige Aufgabenstellungen erfordern die Definition sog. atomarer Aktionen, die nicht unterbrochen werden dürfen. Zugriffe auf gemeinsame Betriebsmittel werden in sog. kritischen (Code-)Abschnitten gekapselt, wofür in der Informatik einige bekannte Konzepte verfügbar sind. Hierzu gehören sog. Synchronisationstechniken wie Locks (Sperren), Semaphore, Mutexe und Monitore.

In diesem Kapitel wird zunächst die Problemstellung erläutert. Danach werden einige wichtige Lösungskonzepte vorgestellt und anhand von konkreten Implementierungen in den Sprachen Java und C# vertieft. Einfache Beispiele wie das Counter-Problem und das Philosophenproblem werden zur Erläuterung herangezogen.

Anschließend werden einige allgemeine Grundbegriffe der Kommunikation zwischen nebenläufigen Prozessen oder Threads erläutert sowie einige Möglichkeiten der internen Kommunikation dargestellt und am Fallbeispiel von *Pipes* vertieft.

Zielsetzung des Kapitels

Der Studierende soll die Probleme der Parallelverarbeitung verstehen und einschätzen sowie Konzepte zur Vermeidung von Race Conditions sowohl auf Betriebssystemebene als auch auf Anwendungsebene erläutern können. Weiterhin soll er moderne Konzepte von Programmiersprachen zur Unterstützung der Synchronisierung nebenläufiger Prozesse oder Threads verstehen und einschätzen können. Zudem soll der Studierende einen grundlegenden Überblick über Begriffe der lokalen (rechnerinternen) Kommunikation erhalten.

© Springer Fachmedien Wiesbaden GmbH, ein Teil von Springer Nature 2020
P. Mandl, *Grundkurs Betriebssysteme*,
https://doi.org/10.1007/978-3-658-30547-5_6

Wichtige Begriffe
Race Condition, Kritischer Abschnitt und wechselseitiger Ausschluss, TSL-Befehl, Lock (Sperre), Spinlock, Semaphore und Mutex, Monitor, Deadlock, Betriebsmittelgraphen.

6.1   Grundlegendes zur Synchronisation

6.1.1   Nebenläufigkeit, atomare Aktionen und Race Conditions

Nebenläufigkeit Der Begriff *Nebenläufigkeit* bezeichnet bei Betriebssystemen ganz allgemein die parallele oder quasi-parallele Ausführung von Befehlen auf einer CPU oder mehreren CPUs bzw. Rechnerkernen. Prozesse bzw. Threads werden in Multitasking-Systemen nebenläufig ausgeführt. Durch verdrängende Scheduling-Verfahren kann ein Prozess bzw. Thread jederzeit suspendiert und ein anderer aktiviert werden. Es obliegt dem Betriebssystem, welcher Befehl von welchem Prozess als nächstes ausgeführt wird, was zu einem gewissen Nichtdeterminismus führt. Der Programmierer einer Anwendung kann dies jedenfalls nicht beeinflussen.

Nun kommt es aber häufig vor, dass gewisse Codeteile des Betriebssystems oder auch von Anwendungen nicht unterbrochen bzw. zumindest nicht bei der Abarbeitung beeinflusst werden sollten, da es sonst evtl. zu Inkonsistenzen kommen kann. Solche Codebereiche können als atomare Aktionen aufgefasst werden. Typisch sind diese bei der Bearbeitung gemeinsamer Datenstrukturen oder Dateien (shared data structures, shared files) und auch bei der gemeinsamen Nutzung von Hardware-Komponenten (shared hardware) wie Drucker.

Atomare Aktion *Atomare Aktionen* sind Codebereiche, die in einem Stück, also atomar, ausgeführt werden müssen und (logisch) nicht unterbrochen werden dürfen. Die im Rahmen einer atomaren Aktion bearbeiteten Ressourcen (Objekte, Datenbereiche) müssen dem Prozess bzw. Thread, der die atomare Aktion ausführt, exklusiv zugeordnet sein und dürfen ihm nicht entzogen werden. Eine Unterbrechung durch eine Scheduling-Entscheidung des Betriebssystems ist aber jederzeit möglich. Die Problematik soll anhand von zwei einfachen Beispielen erläutert werden:

Beispiel 1 In Betriebssystemen werden oftmals verkettete Listen z. B. von PCBs (Prozessliste eines Schedulers) verwaltet, die von mehreren Prozessen zugreifbar sind. Hängt ein Prozess nun ein neues Objekt am Anfang der Liste ein und wird dabei durch einen anderen Prozess, der das gleiche tun möchte, unterbrochen, so kann es möglicherweise zu einer Inkonsistenz kommen.

Das Einhängen in die Liste besteht aus zwei Operationen, die aufgrund einer Scheduling-Entscheidung des Betriebssystems jederzeit unterbrechbar sind. Ist A das neue Objekt, so sind dies die beiden folgenden Operationen, wobei *Anker* die Anfangsadresse der Liste ist:

```
A.next := Anker;
Anker := Adresse(A);
```

Wird die aus den zwei Operationen bestehende zusammengehörige Aktion nach der ersten Operation bzw. während einer der beiden Operationen unterbrochen, so kann ein anderer Prozess, der die gleichen Variablen verwendet, leicht ein Problem verursachen. Der Grund ist, dass die zusammengehörigen Operationen nicht atomar sind, da hierzu mehrere Maschinenbefehle ausgeführt werden, nach denen jeweils eine Unterbrechung stattfinden kann. Daher müssen die zwei Operationen in einer atomaren Aktion (ganz oder gar nicht) ohne Beeinflussung von nebenläufigen Prozessen ausgeführt werden (siehe Abb. 6.1).

Ein Problem ergibt sich z. B. bei der folgenden Ablaufsequenz, wenn die neuen Elemente A_1 und A_2 eingehängt werden sollen, die Operationen aber verzahnt ausgeführt werden:

(1) Ursprungszustand: A erzeugt, aber nicht eingehängt

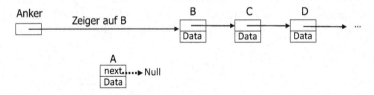

(2) Nach der Operation A.next:= Anker

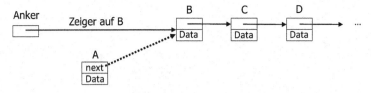

(3) Nach der Operation Anker := Adresse(A)

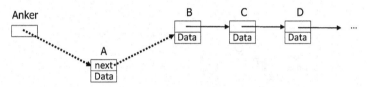

Abb. 6.1 Einhängen eines neuen Elementes an den Kopf einer verketteten Liste

```
A1.next := Anker;
A2.next := Anker;
Anker := Adresse(A1);
Anker := Adresse(A2);
```

In diesem Fall verliert man das Element A_1.

Beispiel 2 Ein weiteres, einfaches aber sehr einleuchtendes Beispiel, wie es zu einem Problem durch nebenläufige Ausführung eines Programmstücks kommen kann, ist das Inkrementieren eines einfachen Zählers. Die Erhöhung eines Zählers in einer nebenläufig bearbeiteten Variablen (also einem Speicherbereich in einem durch mehrere Prozesse bzw. Threads zugänglichen Adressbereich) kann nämlich nicht in einem Maschinenzyklus abgearbeitet werden und ist daher unterbrechbar.

In Abb. 6.2 ist zunächst ein problemloser Ablauf skizziert, in dem zwei Prozesse A und B, jeweils ohne unterbrochen zu werden, einen Zähler erhöhen. Der Zählerwert ist anfangs 0 und danach ordnungsgemäß 6.

Wenn nun, wie in Abb. 6.3 dargestellt, Prozess A den Zähler (in ein Register) einliest und danach unterbrochen wird, dann Prozess B ihn ebenfalls liest, im Anschluss daran (im Register) erhöht und auf den Speicherplatz zurückschreibt (vom Register in den Hauptspeicher), kann die Änderung von B verloren gehen. Diese Inkonsistenz wird auch als *Lost Update* bezeichnet und ist ein Synchronisationsproblem, das nicht nur bei Betriebssystemen, sondern auch im Bereich der Datenbanken häufig diskutiert wird.

Geht man im Beispiel davon aus, dass der Zähler (counter) anfangs auf 0 stand, so steht er nach Abarbeitung der Befehle durch die Prozesse A und B auf 1, sollte aber eigentlich auf 6 stehen. Die Erhöhung durch Prozess B um 5 geht verloren.

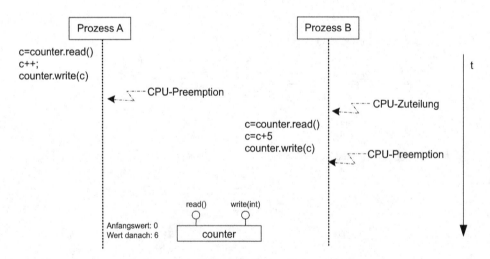

Abb. 6.2 Normaler Verlauf beim Inkrementieren eines Zählers

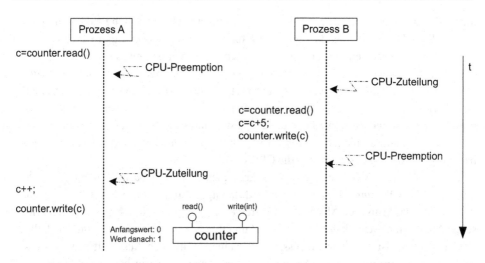

Abb. 6.3 Lost-Update-Problem beim Inkrementieren eines Zählers

Das Lesen, Erhöhen und Zurückschreiben des Zählers müsste in einer atomaren Aktion ausgeführt werden. Das Lost-Update-Problem wird umso akuter, je mehr Prozesse/ Threads um den Zähler konkurrieren.

Race Conditions Die erläuterten Probleme treten auf, weil mehrere Prozesse unkontrolliert auf gemeinsam genutzte Ressourcen zugreifen. Man lässt den Prozessen freien Lauf beim Zugriff und es ist nicht vorhersehbar, wann der Scheduler einen laufenden Prozess unterbricht und einem anderen die CPU zuteilt. Dies kann in kritischen Situationen erfolgen, ohne dass man es beeinflussen kann. Diese Situation bezeichnet man in der Informatik auch als *Race Condition* oder *zeitkritischen Ablauf*.

Race Conditions sind also Situationen, bei denen zwei oder mehr Prozesse gemeinsame Betriebsmittel nutzen und die Endergebnisse der Nutzung von der zeitlichen Reihenfolge der Operationen abhängen (Ehses et al. 2005). Diese Situationen muss man in den Griff bekommen, was z. B. durch eine Kontrolle über die Ausführungsreihenfolge erfolgen kann.

6.1.2 Kritische Abschnitte und wechselseitiger Ausschluss

Programmteile, die nicht unterbrochen werden dürfen, werden auch als *kritische Abschnitte* bezeichnet. Ein kritischer Abschnitt ist ein Codeabschnitt, der zu einer Zeit nur durch einen Prozess bzw. Thread durchlaufen und in dieser Zeit nicht durch andere nebenläufige Prozesse bzw. Threads betreten werden darf. Ein Prozess bzw. Thread, der einen kritischen Abschnitt betritt, darf nicht unterbrochen werden. Sofern das Betriebssystem in dieser Zeit aufgrund einer Scheduling-Entscheidung eine Unterbrechung zulässt, darf der Prozess bzw. Thread, der den kritischen Abschnitt belegt, nicht beeinflusst werden.

Um dies zu erreichen und um Inkonsistenzen zu vermeiden, muss ein kritischer Abschnitt geschützt werden. Dies kann durch *gegenseitigen (oder wechselseitigen) Ausschluss* (engl.: *mutual exclusion*) erreicht werden. Prozesse, die einen kritischen Abschnitt ausführen wollen, müssen warten, bis dieser frei ist. Mit einem wechselseitigen Ausschluss wird also die Illusion einer atomaren Anweisungsfolge geschaffen, denn echt atomar wird sie natürlich nicht ausgeführt. Es kann ja immer noch vorkommen, dass ein nebenläufiger Prozess zwischendurch die CPU erhält.

Es gibt mehrere Möglichkeiten, einen kritischen Abschnitt zu implementieren. Das klassische *Busy Waiting*, also das Warten und ständige Abfragen eines Sperrkennzeichens am Eingang des kritischen Abschnitts, das freigegeben werden muss, bevor man den kritischen Abschnitt betreten kann, ist ineffizient und führt zu einer Verschwendung von CPU-Zeit. Effizienter ist es, einen Prozess, der vor einem kritischen Abschnitt warten muss, schlafen zu legen und erst wieder aufzuwecken, wenn er diesen betreten darf. Hierzu braucht man einen geeigneten Mechanismus, der dies effektiv unterstützt.

In Abb. 6.4 ist ein klassischer gegenseitiger Ausschluss am Beispiel zweier konkurrierender Prozesse A und B skizziert. Prozess B muss bis zum Zeitpunkt T3 warten, obwohl er schon zum Zeitpunkt T2 bereit wäre. Dann erst darf er den kritischen Abschnitt, den Prozess A zu diesem Zeitpunkt verlässt, betreten. Zu einer Zeit ist also immer nur einer der Prozesse im kritischen Abschnitt.

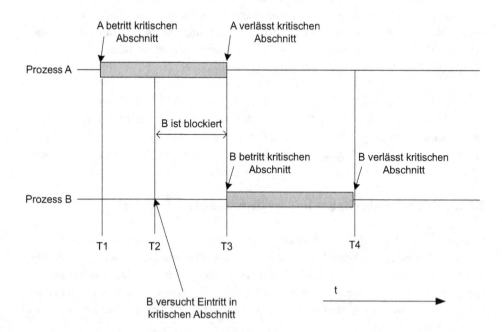

Abb. 6.4 Gegenseitiger Ausschluss über kritische Abschnitte (Tanenbaum und Bos 2016)

Nach Dijkstra[1] ist bei kritischen Abschnitten folgendes zu beachten:

- Mutual exclusion: Zwei oder mehr Prozesse dürfen sich nicht gleichzeitig im gleichen kritischen Abschnitt befinden.
- Es dürfen keine Annahmen über die Abarbeitungsgeschwindigkeit und die Anzahl der Prozesse bzw. Prozessoren gemacht werden. Der kritische Abschnitt muss unabhängig davon geschützt werden.
- Kein Prozess außerhalb eines kritischen Abschnitts darf einen anderen nebenläufigen Prozess *blockieren.*
- *Fairness Condition*: Jeder Prozess, der am Eingang eines kritischen Abschnitts wartet, muss ihn irgendwann betreten dürfen (kein ewiges Warten).

Kritische Abschnitte können sehr anschaulich mit Petrinetzen modelliert werden. Abb. 6.5 zeigt ein Beispiel-Petrinetz zur Visualisierung eines gegenseitigen Ausschlusses für zwei kritische Abschnitte.

Die Abbildung kann wie folgt interpretiert werden: Prozess A und Prozess B laufen nebenläufig ab. Die Stelle S_0 realisiert den gegenseitigen Ausschluss, da die Transitionen t_{11} und t_{21} nur alternativ, also einander ausschließend schalten können. Die Eingänge in den kritischen Abschnitt sind die Transitionen t_{11} und t_{21}, die Ausgänge sind t_{12} und t_{22}. S_{12} und S_{22} stellen kritische Abschnitte, die Stellen S_{11} und S_{21} stellen unkritische Abschnitte dar. Ein Prozess, der in den kritischen Abschnitt gelassen werden soll, muss zwei Tokens erhalten. A kann z. B. die Transition t_{11} nur schalten, wenn er neben dem Token aus Stelle S_{11} auch das Token von Stelle S_0 erhält. Es handelt sich im Beispiel allerdings nicht um

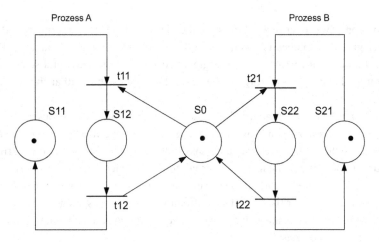

Abb. 6.5 Beispiel-Petrinetz mit kritischen Abschnitten

[1] Edsger Wybe Dijkstra (geboren am 11.05.1930, gestorben am 06.08.2002), Niederländischer Computer-Wissenschaftler.

eine faire Lösung, da es sein kann, dass einer der beiden Prozesse nie in den kritischen Abschnitt gelangt.

Zur Behandlung des Problems des wechselseitigen Ausschlusses gibt es Software- und Hardwarelösungen. In Betriebssystemen sind überwiegend Lösungen mit Unterstützung der Hardware vorgesehen. In der Regel verwendet man in modernen Systemen spezielle Hardwarebefehle zur Unterstützung der Implementierung des gegenseitigen Ausschlusses wie etwa den weiter unten erläuterten TSL-Befehl, der in mehreren Varianten implementiert wurde. Auf diesem Befehlstyp basieren auch die im Weiteren erläuterten höheren Sprachkonstrukte.

6.1.3 Eigenschaften nebenläufiger Programme

Bei nebenläufiger Ausführung von Programmteilen kann es zu verschiedensten Problemen kommen. Prozesse können beispielsweise blockieren, sie können verhungern oder es kann eine Verklemmung (Deadlock) eintreten. Diese Situationen werden im Folgenden kurz erläutert, wobei die Betrachtung sowohl für Prozesse als auch für Threads gleichermaßen gilt.

Blockieren Ein Prozess P_1 belegt ein Betriebsmittel, ein zweiter Prozess P_2 benötigt dasselbe Betriebsmittel ebenfalls und wird daher blockiert, bis es P_1 freigegeben hat.

Verhungern (Starvation) Ein Prozess erhält trotz Rechenbereitschaft keine CPU-Zeit zugeteilt, z. B. weil ihm immer wieder Prozesse mit höherer Priorität vorgezogen werden.

Verklemmung Zwei oder mehr Prozesse halten jeder für sich ein oder mehrere Betriebsmittel belegt und versuchen ein weiteres zu belegen, das aber von dem anderen Prozess belegt ist. Es liegt ein Zyklus von Abhängigkeiten vor. Kein Prozess gibt seine Betriebsmittel frei, und alle Prozesse warten daher ewig. Dieser Zustand wird auch als *Deadlock* bezeichnet.

Diese Situationen müssen natürlich vermieden werden. Zur näheren Beschreibung der Korrektheit von nebenläufigen Programmen nutzt man die Begriffe *Sicherheit* und *Lebendigkeit*. Wenn sichergestellt werden kann, dass sich nie zwei Prozesse in einem kritischen Abschnitt befinden, bezeichnen wir ein Programm als sicher. Sicherheit bedeutet auch, dass keine Verklemmungen vorkommen. Wenn ein Prozess irgendwann einmal nach einer evtl. Wartezeit in einen kritischen Abschnitt eintreten kann, so sprechen wir von einem lebendigen Prozess. Anders ausgedrückt ist ein Programmteil dann lebendig, wenn irgendwann alle gewünschten Zustände eintreten.

Ein Deadlock kann nur eintreten, wenn folgende vier Bedingungen eintreffen:

* Mutual Exclusion für die benötigten Betriebsmittel
* Prozesse belegen Betriebsmittel und fordern weitere an

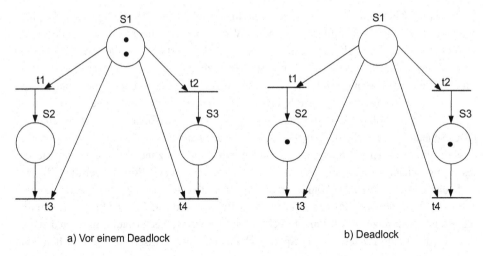

a) Vor einem Deadlock

b) Deadlock

Abb. 6.6 Petrinetz für einen Deadlock

- Kein Entzug eines Betriebsmittels ist möglich
- Zwei oder mehrere Prozesse warten in einer Warteschleife (circular waiting) auf weitere Betriebsmittel

In Abb. 6.6 ist ein Petrinetz für einen Deadlock dargestellt. Links wird die Situation vor dem Deadlock skizziert, rechts die Deadlock-Situation. Wenn beide Tokens gleichzeitig für die Transitionen t_1 und t_2 verschossen werden, entsteht ein Deadlock, da im Folgenden weder die Transition t_3 noch t_4 schalten kann.

Deadlocks lassen sich a priori deshalb nur schwer vermeiden, weil sonst nur jeder Prozess ohne Gefahr eines Deadlocks zum Ablauf kommen dürfte. Dies könnte man beispielsweise erreichen, indem man alle Betriebsmittel im Vorfeld reserviert.

Eine in der Praxis häufig eingesetzte Technik ist das Zulassen, aber bewusste Erkennen und das anschließende Beseitigen von Deadlocks zur Laufzeit, wobei man hierzu sog. Betriebsmittelbelegungsgraphen einsetzt. Dies sind Graphen, die als Knoten Ressourcen und Prozesse/Threads enthalten, und Kanten, welche die Belegung und Anforderung der Ressourcen durch Prozesse/Threads aufzeigen. Als Maßnahmen zur Beseitigung eines Deadlocks sind das Abbrechen eines Prozesses/Threads oder das Entziehen eines Betriebsmittels möglich.

6.2 Synchronisationskonzepte

6.2.1 Sperren

Wie kann man nun verhindern, dass mehrere Prozesse einen kritischen Abschnitt betreten? Ein einfaches, aber in Betriebssystemen häufig verwendetes Instrument ist die Sperre (auch als *Lock* bezeichnet). Eine Sperre kann man implementieren, indem man z. B. eine Variable (Sperrvariable) einführt, die nur die Werte 0 oder 1 annehmen kann. Ist der Wert der Sperrvariable 1, so gilt die Sperre als belegt, ist der Wert 0, so ist die Sperre nicht belegt. Will nun ein Prozess in den kritischen Abschnitt, muss er die Sperrvariable auf 1 setzen. Dies geht aber nur, wenn sie gerade einen Wert von 0 aufweist. Daher braucht der Prozess zwei Operationen, um die Sperrvariable zu testen und – wenn sie auf 0 steht – auch zu setzen. Problematisch ist, dass die Ausführung dieser beiden Befehle durch eine CPU-Scheduling-Entscheidung unterbrochen werden kann. Ein Fehlerszenario wäre z. B., dass der Prozess, der die Sperrvariable setzen möchte, diese zunächst ausliest, um sie zu testen, und gleich danach verdrängt wird. Wenn jetzt ein anderer Prozess, der die CPU erhält, das Gleiche versucht, könnte er die Sperrvariable testen und auch gleich setzen. Kommt danach der erste Prozess wieder an die Reihe, würde auch er die Sperrvariable im nächsten Schritt setzen, da er immer noch annehmen würde, dass sie auf 0 steht. In diesem Fall würden beide Prozesse, trotz Sperrmechanismus, den kritischen Abschnitt betreten und es käme zu einer Inkonsistenz.

Reine Softwarelösungen für Sperren   Es gibt einige reine Softwarelösungen zum Setzen von Sperren für kritische Abschnitte. Hier sei z. B. auf die Lösungen von Dekker und Peterson verwiesen (Tanenbaum und Bos 2016). Wir wollen diese nicht weiter vertiefen, da sie in Betriebssystemen keine große Rolle spielen.

Interrupts sperren   Eine andere Möglichkeit der Implementierung von Sperren ist das Maskieren aller Interrupts, während ein kritischer Abschnitt ausgeführt wird. In diesem Fall kann der gerade laufende Prozess nicht mehr durch eine CPU-Scheduling-Entscheidung unterbrochen werden. Diese Hardwarelösung ist zwar sehr effektiv, allerdings kann es dabei passieren, dass wichtige Interrupts verloren gehen. Bei Multiprozessormaschinen müssten auch alle CPUs für die Zeit, in dem sich ein Prozess in einem kritischen Abschnitt befindet, Interrupts verbieten. In der Praxis wird diese Methode daher selten eingesetzt.

Hardwareunterstützung durch spezielle Maschinenbefehle   Wie oben erläutert, bedarf es zum Testen und Setzen einer Sperre zweier Aktionen (Testen und Setzen).

Wenn man beide Aktionen in einem Maschinenbefehl ununterbrechbar ausführen könnte, wäre das die Lösung. Tatsächlich unterstützen die meisten Prozessoren einen derartigen Befehl, der meist als *TSL* oder *TAS (Test and Set Lock)* bezeichnet wird. Auf Intel-basierten Maschinen gibt es hierfür z. B. den Befehl *XCHG* zum Austausch der Inhalte zweier Speicherbereiche. Der TSL- und der XCHG-Befehl arbeiten so, dass die Operationen Lesen und Ersetzen einer Speicherzelle ununterbrechbar (atomar) ausgeführt werden. Mit diesem Befehl lässt sich also das atomare Setzen einer Sperre implementieren.

Bei Mehrprozessorsystemen könnte es aber auch hier zu einem Problem kommen, wenn z. B. zwei CPUs einen TSL-Befehl ausführen und die Teiloperationen sich überlappen. Allerdings wird die Ausführung eines TSL-Befehls in einem Speicherzugriffszyklus erledigt. Daher funktioniert der Befehl auch bei Multiprocessing. Die CPU, welche die

TSL-Instruktion anstößt, blockiert den Speicherbus solange, bis die Instruktion vollständig ausgeführt ist.

Im Folgenden ist eine Lock-Implementierung mit dem TSL-Befehl skizziert, die kurz besprochen werden soll:

```
01: MyLock_lock:
02:    TSL R1, LOCK         // Lies LOCK in Register R1 und setze Wert
                            // von LOCK auf 1
03:    CMP R1, #0           // Vergleiche Registerinhalt von R1 mit 0
04:    JNE MyLock_lock      // Erneut versuchen, falls Lock nicht
                            // gesetzt werden konnte
05:    RET                  // Kritischer Abschnitt kann betreten werden
06: MyLock_unlock:
07:    MOVE LOCK, #0        // LOCK auf 0 setzen (freigeben)
08:    RET                  // Kritischer Abschnitt kann von anderem
                            // Prozess betreten werden
```

Die Implementierungsvariante zeigt die zwei Operationen *MyLock_lock* und *MyLock_unlock*:

- Die Operation *MyLock_lock* dient dem Testen und Setzen der Sperre, die Operation *MyLock_unlock* dient dem Freigeben der Sperre.
- Das Setzen geschieht über einen TSL-Befehl, in dem eine Speicherzelle namens LOCK gelesen und, sofern sie 0 ist, auch gleich auf 1 gesetzt wird. Das Register R1 und die Speicherzelle mit dem symbolischen Namen LOCK können die Werte 0 und 1 annehmen. Der Inhalt der im Hauptspeicher liegenden Zelle LOCK wird mit dem TSL-Befehl in ein Register R1 geladen, wobei der Wert der Zelle auf 1 verändert wird.
- Das Register R1 (frei gewählte Bezeichnung) enthält nach der Operationsausführung den alten Wert der Speicherzelle, und dieser Wert kann nach dem Ausführen des TSL-Befehls dahingehend überprüft werden, ob der Lock schon vorher gesetzt war oder nicht. Wenn R1 = 1 ist, dann ist die Sperre schon gesetzt gewesen, 0 bedeutet, der laufende Prozess erhält die Sperre.
- Wenn der laufende Prozess die Sperre nicht bekommen hat, versucht er es erneut. Hat der Prozess die Sperre bekommen, so darf er den kritischen Abschnitt betreten.
- Das Freigeben der Sperre geschieht in *MyLock_unlock* über ein einfaches Nullsetzen von LOCK ohne weitere Sicherheitsmaßnahmen.
- Es sei noch erwähnt, dass Sperren natürlich nicht besonders gerecht sind, weil ein Prozess möglicherweise nie in den kritischen Abschnitt kommt, was der Fairness Condition von Dijkstra widerspricht.

Spinlocks Wenn in einer Warteschleife immer wieder versucht wird, eine Sperre zu erhalten, bis sie gewährt wird, spricht man auch von einem *Spinlock*. Spinlocks[2] werden in
Betriebssystemen bei sehr kurzen Wartezeiten verwendet. Zum Setzen der Sperre wird
eine Sperrvariable benutzt. Der wartende Prozess gibt die CPU nicht freiwillig vor Ablauf
seines Quantums frei und verlässt die Schleife erst, wenn die Sperrvariable gesetzt werden
konnte. Eine Warteschlange von Prozessen vor der Sperrvariablen wird nicht unterstützt.
Spinlocks sind in Betriebssystemen manchmal eine effiziente Methode zum Schützen von
gemeinsam genutzten Datenstrukturen, sind aber nicht bei Einprozessormaschinen sinnvoll, da während der Ausführung der Warteschleife kein anderer Prozess oder Thread an
der Sperrvariable etwas verändern kann. Spinlocks dienen also als effizienter Sperrmechanismus in Mehrprozessorsystemen. Beispielsweise verwendet Windows einen Spinlock
beim Zugriff auf die DPC-Queue (siehe Kap. 3) und Linux einen Spinlock für den Zugriff
auf die Run Queue (siehe Kap. 5).

6.2.2 Semaphore

Das *Semaphor-Konzept*[3] ist ein höherwertiges Konzept zur Lösung des Mutual-Exclusion-Problems und kann zur Lösung komplexerer Synchronisationsprobleme genutzt werden. Das Konzept wurde von Dijkstra im Jahre 1962 erstmals entwickelt und setzt auf
Sperrmechanismen auf. Ein Semaphor verwaltet intern eine Warteschlange für die Prozesse bzw. Threads, die gerade am Eingang eines kritischen Abschnitts warten müssen,
und einen Semaphorzähler. Es kommt auf die Initialisierung des *Semaphorzählers* an, wie
viele Prozesse in den kritischen Abschnitt dürfen. Bei einer Nutzung für einen gegenseitigen Ausschluss ist eine Initialisierung des Semaphorzählers mit 1 sinnvoll. Für den Eintritt
in den kritischen Abschnitt und für den Austritt aus dem kritischen Abschnitt gibt es zwei
Operationen:

- P wird beim Eintritt in den kritischen Abschnitt aufgerufen. Der Semaphorzähler wird
  um 1 reduziert, sofern er größer als 0 ist. Wenn er gerade auf 0 steht, wird der Eintritt
  verwehrt, der Prozess/Thread wird in die Warteschlange eingereiht und suspendiert.[4]
- V wird beim Verlassen des kritischen Abschnitts aufgerufen. Der Semaphorzähler wird
  wieder um 1 erhöht, so dass ein weiterer Prozess/Thread in den kritischen Abschnitt
  darf. Dies muss natürlich vom Entwickler so programmiert werden.

In Abb. 6.7 ist das Semaphor-Konzept grafisch dargestellt. Die P-Operation wird gelegentlich auch als Down-Operation bezeichnet, da sie den Semaphorzähler herunterzählt.

---

[2] Engl. to spin = schnell drehen.

[3] Engl. Semaphore = Signalmast, Flaggensignal.

[4] P kommt vom holländischen „passeeren" (passieren) bzw. probeeren (versuchen) und V vom holländischen „vrijgeven" (freisetzen) bzw. „verhogen" (erhöhen).

Abb. 6.7 Semaphor

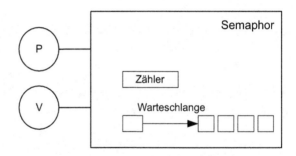

P: P-Operation auch Down-Operation genannt
V: V-Operation, auch Up-Operation genannt

Die V-Operation wird dagegen als Up-Operation bezeichnet, weil sie den Semaphorzähler erhöht.

Ein Semaphor könnte prinzipiell gemäß folgendem Pseudocode implementiert werden, wobei der Semaphorzähler hier mit s bezeichnet wird:

```
// Initialisierung des Semaphorzählers
01: s = x; // mit x >= 1
02: void P() {      // Dies ist für sich ein kritischer Abschnitt!
03:    if (s >= 1){
04:        s = s - 1;// der die P-Operation ausführende Prozess setzt
05:                  // seinen Ablauf fort
06:    } else {
07:        // der die P-Operation ausführende Prozess wird in seinem
08:        // Ablauf zunächst gestoppt, in den Wartezustand versetzt
09:        // und in einer dem Semaphor s zugeordneten
10:        // Warteliste eingetragen
11:    }
12: }
13: void V() { // Dies ist auch für sich ein kritischer Abschnitt
14:    s = s + 1;
15:    if (Warteliste ist nicht leer) {
16:        // aus der Warteliste wird ein Prozess ausgewählt und
17:        // aufgeweckt
18:    }
19: }
```

Eine typische Codesequenz für die Nutzung eines Semaphors könnte wie folgt aussehen:

```
...
01: // Ist der kritische Abschnitt besetzt?
02: // Wenn ja, wartet der Prozess/Thread
```

```
03: P();
04: // Kritischer Abschnitt beginnt
05: z = z + 3;
06: write (z, 3);
07: // Kritischer Abschnitt endet
08: // Verlassen des kritischen Abschnitts und
09: // Aufwecken eines wartenden Prozesses/Threads
10: V();
...
```

Wie bereits erläutert, kommt es auf die Initialisierung des Semaphorzählers an, wie viele Prozesse in den kritischen Abschnitt dürfen. Im gerade gezeigten Codebeispiel ist eine Initialisierung mit dem Wert 1 sinnvoll, da nur ein Prozess die Operationen im kritischen Abschnitt ausführen sollte. Man unterscheidet hier prinzipiell zwei Grundtypen von Semaphoren: Der erste Typ, der als *binäres Semaphor* bezeichnet wird, kann in seinem Semaphorzähler nur die Werte 0 und 1 annehmen. Der zweite Typ wird als *Zählsemaphor* (*counting semaphor*) bezeichnet. Dies ist die allgemeine Form eines Semaphors, bei der der Zähler beliebig gesetzt werden kann.

Binäre Semaphore werden auch als *Mutex* bezeichnet. Ein Mutex verfügt praktisch über eine Variable, die nur zwei Zustände, nämlich *locked* und *unlocked* annehmen kann. Mutexe sind einfach zu implementieren und effizient.

Wie wir noch sehen werden, gibt es für Semaphore und Mutexe viele praktische Einsatzfälle. Das einführend skizzierte Lost-Update-Problem kann beispielsweise durch die Nutzung eines binären Semaphors auf einfache Weise verhindert werden. Ein Szenario ist in Abb. 6.8 skizziert.

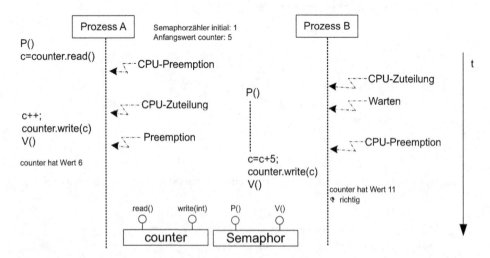

Abb. 6.8 Semaphore zur Vermeidung des Lost-Update-Problems

Wie man sieht wird Prozess B an der Bearbeitung gehindert, da er in der P-Operation zunächst einmal ausgebremst und in den Wartezustand versetzt wird. Der Grund dafür ist, dass Prozess A gerade im kritischen Abschnitt ist. Nachdem Prozess A die V-Operation aufgerufen hat, kann Prozess B (nach erneuter CPU-Zuteilung) ebenfalls in den kritischen Abschnitt gelangen.

Semaphor-Operationen müssen *selbst wieder nicht unterbrechbar*, also atomar sein, weil eine Unterbrechung zu Inkonsistenzen in der Warteschlangenbearbeitung oder im Semaphorzähler führen kann und sogar ein gegenseitiger Ausschluss nicht mehr gewährleistet werden kann. Die korrekte Implementierung eines Semaphors benötigt daher am besten auch eine unteilbare Hardware-Operation wie etwa TSL.

Es gibt einige anschauliche Anwendungen, in denen der Einsatz von Synchronisationsmechanismen wie Semaphore sinnvoll ist. Oft werden die folgenden Anwendungen bzw. Beispiele als Anschauungsmaterial diskutiert:

- *Producer-Consumer-Problem*: Hier befasst man sich mit dem Problem, dass eine bestimmte Anzahl von produzierenden Prozessen/Threads Datenstrukturen oder Objekte generiert und diese in einen begrenzten Puffer (*bounded buffer*) einfügt, während eine beliebige Anzahl an Konsumenten-Prozessen/-Threads diese Datenstrukturen oder Objekte ausliest und verarbeitet. Der Zugriff auf den Puffer (Bounded Buffer) ist kritisch und muss synchronisiert werden.
- *Reader-Writer-Problem*: Diese Anwendung dient der Synchronisation einer beliebigen Anzahl von Schreiber-Prozessen/-Threads, die ein oder mehrere Datenstrukturen oder Objekte verändern möchten, während eine beliebige Anzahl an lesenden Prozessen/ Threads die Datenstrukturen oder Objekte nur auslesen möchte. Durch das nebenläufige Lesen und Verändern kann es zu Konflikten kommen, die zu inkonsistenten Ergebnissen führen können. Dies kann durch einen synchronisierten Zugriff vermieden werden.
- *Dining-Philosophers-Problem*: Dieses Beispielproblem dient dazu, aufzuzeigen, wie man es schafft, dass mehrere Prozesse/Threads eine vorgegebene Anzahl an Ressourcen nutzen können, um eine bestimmte Aktion auszuführen.

Auf das Dining-Philosophers-Problem, auch als Problem der „Spaghetti-essenden" Philosophen bekannt, soll stellvertretend kurz eingegangen werden. Diese Problemstellung ist eine Erfindung von Dijkstra und Hoare aus dem Jahre 1965. Wie man am Datum der Erfindung erkennen kann, sind diese Probleme schon lange bekannt und auch weitgehend gelöst. Bei dieser Problemstellung müssen genau zwei Betriebsmittel (hier Gabeln) belegt werden, bevor die Arbeit gemacht werden kann.

Fünf Philosophen (fünf Prozesse/Threads) sitzen um einen Tisch herum. Wenn sie Hunger haben, gehen sie an den Tisch, und zwar genau an ihren vorgegebenen Platz, und teilen sich fünf Gabeln. Die Philosophen sollen so essen, dass keiner verhungert und es natürlich auch keinen Deadlock gibt. Jeder Philosoph braucht zum Essen genau zwei Gabeln. Diese sind gemäß Abb. 6.9 auf dem Tisch angeordnet. Es können also maximal zwei

Abb. 6.9 Dining Philosophers

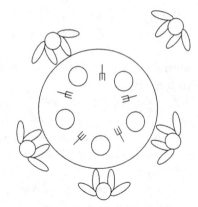

Abb. 6.10 Deadlock-
Situation beim
Philosophenproblem

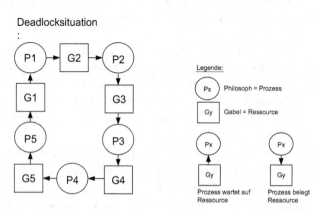

Philosophen gleichzeitig essen. Ein Philosoph denkt und isst abwechselnd. Wenn er hung-
rig ist, versucht er in beliebiger Reihenfolge die beiden Gabeln links und rechts von seinem Teller zu nehmen. Nachdem er gegessen hat, legt er sie wieder auf seinen Platz zurück, so dass ein anderer Philosoph (einer seiner Nachbarn) sie in gleicher Weise
nutzen kann.

Nimmt z. B. jeder Philosoph seine linke Gabel, so kann keiner essen und es gibt einen
Deadlock, also einen Zustand, in dem keiner der Philosophen mehr essen kann, weil er
eben zwei Gabeln benötigt. Wichtig ist also, dass ein Philosoph zwei Gabeln braucht und
diese in einer atomaren Aktion[5] aufnimmt. Wenn der Philosoph bei der Gabelaufnahme
unterbrochen werden kann, ist ein Deadlock möglich und wird irgendwann auch eintreten.
In Abb. 6.10 ist eine Deadlock-Situation für das Philosophenproblem in Form eines Betriebsmittelgraphen skizziert. Wenn die Situation eintritt, dass jeder Philosoph eine Gabel
belegt (P1 belegt G2, P2 belegt G3, …), ist ein Deadlock gegeben.

---

[5] Wir gehen in unserem Beispiel im Weiteren von einer atomaren Aktion aus, obwohl Dijkstra auch
eine Lösung vorgibt, die ohne atomare Anforderung auskommt und deadlockfrei ist.

Implementierungen von Lösungen des Problems werden im Anhang sowohl in Java als auch in C# präsentiert.

6.2.3 Monitore

Die Nutzung von Semaphoren ist zwar eine Erleichterung bei der Programmierung von Synchronisationsproblemen, aber immer noch recht fehleranfällig. Man kann als Programmierer eine Semaphor-Operation vergessen oder verwechseln. Schreibt man z. B. versehentlich die Codesequenz

```
V(); ... kritischer Abschnitt ...; P();
```

so führt dies dazu, dass alle Prozesse im kritischen Abschnitt zugelassen sind.
Auch die Codesequenz

```
P(); ... kritischer Abschnitt ...; P();
```

ergibt wenig Sinn, da nach kurzer Zeit kein Prozess mehr in den kritischen Abschnitt darf und die ersten Prozesse möglicherweise auch im kritischen Abschnitt verbleiben.

Hoare[6] (Hoare 1974) und Per Brinch Hansen[7] schlugen daher bereits 1974 vor, die Erzeugung und Anordnung der Semaphor-Operationen dem Compiler zu überlassen und konzipierten einen abstrakten Datentypen, den sie mit *Monitor* bezeichneten.

Unter einem Monitor versteht man eine Menge von Prozeduren und Datenstrukturen, die als Betriebsmittel betrachtet werden und mehreren Prozessen zugänglich sind, aber nur von einem Prozess zu einer Zeit benutzt werden können. Anders ausgedrückt ist ein Monitor ein Objekt (im Sinne der objektorientierten Programmierung), das den Zugriff auf gemeinsam genutzte Daten über kritische Bereiche in Zugriffsmethoden realisiert.

Ein Monitor ist demnach eine Hochsprachenprimitive zur Lösung des Synchronisationsproblems. In einem Monitor werden gemeinsam benutzte Daten durch Synchronisationsvariable geschützt. Der Zugriff auf die privaten, zu schützenden Daten ist nur über die definierten Zugriffsmethoden (siehe Abb. 6.11) zulässig. Man findet Implementierungen des Monitorkonzepts z. B. in der Programmiersprache Concurrent Pascal oder als Bibliothekserweiterungen.

---

[6] Sir Charles Antony Richard Hoare (geboren am 11.01.1934), britischer Computerwissenschaftler.

[7] Von Per Brinch Hansen, Dänisch-Amerikanischer Computerwissenschaftler (geboren am 13.11.1938, gestorben am 31.07.2007) gibt es einige Veröffentlichungen, in denen die wesentlichen Grundzüge der parallelen Programmierung dargestellt sind. Er war auch der Erfinder der Sprache Concurrent Pascal. Die Hochphase der Entwicklung in diesem Umfeld war 1971 bis 1975. Folgende Veröffentlichungen von Brinch Hansen sind u. a. interessant: (Brinch Hansen 1973, S. 226–232) und (Englewood Cliffs und Brinch Hansen 1995, S. 199–207).

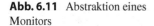

Abb. 6.11 Abstraktion eines Monitors

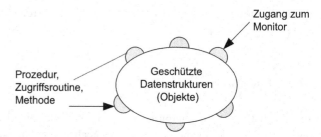

Zugang zum Monitor

Prozedur, Zugriffsroutine, Methode

Geschützte Datenstrukturen (Objekte)

Für die Monitor-Realisierung benötigt man zudem eine oder mehrere Bedingungsvariablen und zwei Standard-Operationen *wait* und *signal*, die den Bedingungsvariablen zugeordnet sind. Diese beiden Operationen dienen dazu, einen Prozess/Thread in den Wartezustand zu versetzen (wait) oder an einen wartenden Prozess/Thread ein Signal zu senden, das ihn wieder aufweckt (*signal*). Kann ein Prozess nicht weiterarbeiten, weil er auf ein Betriebsmittel (also auf eine Bedingung) warten muss, hat er den Monitor temporär zu verlassen, damit ein anderer Prozess diesen betreten kann. Dafür dient die Operation *wait,* die auf die Bedingungsvariable angewendet wird. Verlässt ein Prozess einen kritischen Abschnitt, auf dessen Zugang ggf. ein anderer Prozess wartet, kann er dem wartenden Prozess mit der Operation *signal* auf die Bedingungsvariable mitteilen, dass der kritische Abschnitt nun frei ist. Der wartende Prozess kann nun seine Arbeit fortsetzen. Das temporäre Verlassen des Monitors ist notwendig, da nur ein Prozess im Monitor aktiv sein darf. Es wird implizit durch die Monitor-Implementierung, also ohne zusätzlichen Programmieraufwand, durchgeführt.

Das mit *signal* generierte „Aufwecksignal" wird üblicherweise nicht gespeichert. Ist also die Warteschlange der auf das Signal wartenden Prozesse bzw. Threads leer, bleibt das Signal ohne Wirkung. Damit wird der zeitliche Verlauf sehr wichtig.

Man unterscheidet bei *signal/wait* zwei unterschiedliche Implementierungskonzepte. Das *Signal-and-Continue-Konzept* (auch als Mesa-Typ bezeichnet) besagt, dass ein signalisierender Prozess nach Absenden eines Signals mit seiner Verarbeitung weiter macht und dann irgendwann einmal, z. B. bei Ablauf seiner Zeitscheibe, vom Scheduler deaktiviert wird. Durch Aufruf von *signal* wird ein Prozess aus der Warteschlange der Bedingungsvariablen in die Monitorwarteschlange umgehängt.

Beim *Signal-and-Wait-Konzept* (auch als Hoare-Typ[8] bezeichnet) verlässt der signalisierende Prozess dagegen sofort den Monitor und wird in einer speziellen Bedingungs-Warteschlange eingereiht.

Bei Hoare-Typ wird sichergestellt, dass ein Prozess, der auf das Signal wartet auch tatsächlich aufgeweckt wird und in den kritischen Abschnitt gelangt. Bei Nutzung des Mesa-Typs kann nicht sichergestellt werden, dass ein auf das Signal wartender Prozess in den kritischen Abschnitt gelangt und auch die Bedingung so vorfindet. Ein anderer Prozess könnte schon vorher in den kritischen Abschnitt gelangen und die Bedingung wieder verändern. Daher gibt es beim Mesa-Typ auch meist eine Funktion, die es ermöglicht, alle wartenden Prozesse zu informieren (z. B. signal_all).

---

[8] In den 70er-Jahren bei der Firma Xerax entwickelt.

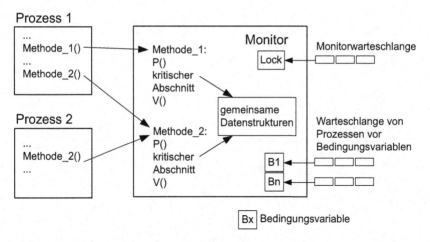

Abb. 6.12 Grundstruktur eines Monitors

Abb. 6.12 zeigt die implizite und für die nutzenden Prozesse verborgene Einbettung der P- und V-Operationen in die Zugriffsmethoden (hier Methode_1 und Methode_2) eines Monitors.

Über eine entsprechende Einbettung des Monitorkonzepts in eine Programmiersprache können Monitore mit beliebigen Zugriffsmethoden programmiert werden. Nach (Tanenbaum und Bos 2016)[9] lässt sich z. B. das Producer-Consumer-Problem mit einem speziell dafür vorgesehenen Monitor wie folgt realisieren (wir nehmen hier die Nutzung des *Signal-and-Wait-Konzepts* an):

```
01: Monitor ProducerConsumer
02: {
03: final static int N = 5;        // Maximale Anzahl an Items im Puffer
04: static int count = 0;          // Zähler für Items im Puffer
05: condition not_full;            // Bedingungsvariable
06:                                // signalisiert, dass
07:                                // Puffer nicht voll ist
08: condition not_empty;           // Bedingungsvariable
09:                                // signalisiert, dass
10:                                // Puffer ist nicht leer ist
11: int Puffer[] = new int[N];     // Pufferbereich
12: // Operation zum Einfügen eines Items im Puffer
13: void insert(item integer) {
14:     // Warten, bis Puffer wieder nicht mehr voll ist,
15:     // also bis Bedingungsvariable not_full = true ist
16:     if (count == N) {wait(not_full);}
17:     // Füge Item in Puffer ein
```

---

[9] Beispiel etwas abgewandelt.

```
18:     count+=1;
19:     // Signalisieren, dass Puffer nicht mehr leer ist
20:     // also dass not_empty = true ist.
21:     if (count == 1) {signal(not_empty);}
22: }
23: // Operation zum Entfernen eines Items aus dem Puffer
24: int remove() {
25:     // Warten, bis Puffer nicht mehr leer ist,
26:     // also bis Bedingungsvariable not_empty true ist
27:     if (count == 0) {wait(not_empty);}
28:     // Entferne Item aus Puffer
29:     count--;
30:     // Signalisieren, dass Puffer nicht mehr voll ist,
31:     // also dass not_full = true ist.
32:     if (count == (N-1)) {signal(not_full);}
33:     return (item);
34:     }
35: }
36: // Klasse, die den Monitor verwendet
37: class UseMonitor
38: {
39:     ProducerConsumer mon = new ProducerConsumer();
40:     ...
41:     // Produzent, der Items erzeugt
42:     void producer() {
43:         while (true) {
44:             // Erzeuge Item
45:             // Einfügen des Items in den Puffer, evtl. muss
46:             // gewartet werden
47:             mon.insert(item);
48:         }
49:     }
50:     // Konsument, der Items verwendet
51:     void consumer() {
52:         while (true) {
53:             // Hole ein Item aus dem Puffer, warte, wenn Puffer leer ist
54:             item = mon.remove();
55:             // Konsumiere ein Item
56:         }
57:     }
58: }
```

Der im Pseudocode skizzierte Monitor stellt die zwei Operationen zum Einfügen und Entfernen von sog. „Items" bereit (*insert* und *remove*) und verwaltet einige private Varia-

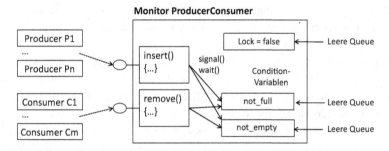

Abb. 6.13 Producer-Consumer-Monitor: Initialzustand

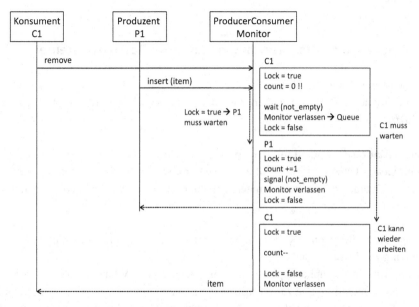

Abb. 6.14 Producer-Consumer-Monitor: Szenario „Konsument beginnt"

blen, u. a. den gemeinsam genutzten Puffer und die Bedingungsvariablen (Condition-Variablen) *not_full* sowie *not_empty*.

Ist der Puffer voll (hier bei fünf Elementen, Items), so kann nichts mehr eingefügt werden. Ist der Puffer leer, kann nichts mehr entnommen werden. Die beiden in diesem Beispiel genutzten Bedingungsvariablen werden über die Operation *signal* entsprechend gesetzt. Wenn z. B. der Puffer voll ist, wird die Operation *wait(not_full)* aufgerufen, um den aktiven Produzentenprozess, der ein neues Item in den Puffer legen möchte, erst einmal in den Wartezustand zu versetzen. Erst wenn ein Konsumentenprozess wieder ein Item aus dem Puffer entfernt hat, signalisiert der Monitor dies über *signal(not_full)* an den wartenden Produzenten, der daraufhin weiter arbeiten kann.

In Abb. 6.13 ist der Ausgangszustand des Monitors skizziert. Die Produzenten und Konsumenten waren noch nicht aktiv. Beginnt jetzt ein Produzent, so kann er sofort ein Item einfügen, da der Puffer leer ist.

Beginnt dagegen ein Konsument mit der Arbeit bevor ein Produzent aktiv wird, so kann er zwar zunächst in den Monitor eintreten, muss ihn aber gleich darauf wieder verlassen und zunächst warten, bis ein Produzent ein Item in den Puffer gelegt hat und das Signal not_empty signalisiert (siehe Abb. 6.14).

Bei der Programmierung des Monitors muss darauf geachtet werden, dass die Operationen *signal* und *wait* auf die Bedingungsvariablen je nach Anwendungsfall richtig eingesetzt werden. Die Nutzung des Monitors ist, wie die Klasse *UseMonitor* zeigt, dann recht einfach.

6.3   Synchronisationstechniken moderner Betriebssysteme

Im Folgenden soll nur eine kurze Einführung zu einigen Techniken, die unter Unix und Windows sowie im POSIX-Standard vorhanden sind, gegeben werden (Tanenbaum und Bos 2016).

Synchronisationstechniken unter Unix
In den meisten Unix-Derivaten gibt es Semaphore, wobei die Syntax und Semantik der Semaphor-Operationen zum Teil unterschiedlich ist. Folgende Semaphor-Operationen sind typisch:

- *semget* zum Erzeugen einer Menge von Semaphoren und zum Aufnehmen einer Verbindung zu einem Semaphor.
- semop für die Semaphor-Operationen zum Hochzählen (V-Operation) und Herunterzählen (P-Operation) und zum Abfragen der Semaphore.
- *semctl* zum Setzen und Abfragen eines Semaphors. Beispielsweise kann mit der Operation abgefragt werden, wie viele Prozesse gerade durch das Warten auf den Semaphor blockiert sind.

Ein Semaphor erhält beim Erzeugen unter Unix eine eigene Identifikation ähnlich einem Filedeskriptor, die bei jeder weiteren Operation verwendet werden muss.

Synchronisationstechniken unter Windows
Unter Windows existiert ebenfalls eine Semaphor-Implementierung, die der Unix-Implementierung semantisch recht ähnlich ist und zur Synchronisation von Threads dient. Typische Methoden sind:

- *CreateSemaphore* dient dazu, ein Semaphor ähnlich wie eine Datei in einem prozess-globalen Namensraum zu erzeugen.

- *WaitForSingleObject* ist mit P() und *ReleaseSemaphore* mit V() vergleichbar.
- Da die Windows-Prozess-Semaphore recht „schwergewichtig" sind, gibt es zur Synchronisation von Threads auch noch sog. „Leichtgewichtsemaphore", die auch als „Critical Sections" bezeichnet werden, wobei u. a. folgende Operationen angeboten werden:
  - Mit der Operation *InitializeCriticalSection* wird ein kritischer Bereich angelegt.
  - Die P-Operation zum Betreten des kritischen Abschnitts hat die Bezeichnung *EnterCriticalSection*.
- Die V-Operation zum Verlassen des kritischen Abschnitts ist *LeaveCriticalSection*.

Zur Multiprozessorsynchronisation gibt es unter Windows spezielle Spinlocks. Ein Thread kann mit einem Spinlock einen Prozessor so lange blockieren, bis er den Spinlock wieder frei gibt. Spinlocks werden aber nur im Kernelmodus benutzt.

Weitere Synchronisationsdienste basieren unter Windows auf sog. Kernel-Objekten, die über spezielle Synchronisationseigenschaften verfügen. Beispiele für Kernel-Objekte sind Ereignisse, Timer und Mutexe sowie Threads. Ein Thread kann z. B. auf einen anderen Thread warten, indem er die Methode *WaitForSingleObject* aus dem Windows-API aufruft. Mit *CreateMutex* wird ein Mutex-Objekt erzeugt, was einem binären Semaphor entspricht, und mit *ReleaseMutex* wird das Objekt wieder freigegeben.

POSIX-Synchronisationstechniken

Die im POSIX-Standard definierte Thread-API ist in der Regel in einer Thread-Bibliothek (meist in C/C++) realisiert. Die sog. Pthreads-API enthält mehr als 50 Methoden, wovon einige der Synchronisation dienen:

- Mit den verfügbaren Methoden pthread_mutex_init, pthread_mutex_unlock, pthread_mutex_lock und pthread_mutex_trylock werden z. B. Mutexe realisiert.
- Die Methoden *pthread_cond_wait* und *pthread_cond_signal* dienen dem Warten und Senden von Signalen und damit zur expliziten Synchronisation zwischen Prozessen.

Für eine weiterführende Darstellung von POSIX-Threads und deren Synchronisations-Mechanismen wird auf die Literatur verwiesen (Tanenbaum und Bos 2016).

6.4 Synchronisationsmechanismen in Java

In Java werden einige Sprachmechanismen bereitgestellt, die es ermöglichen, nebenläufige Threads zu synchronisieren. Seit der Version Java 1.5 hat sich einiges zu den Vorgängerversionen verändert. Einige neue Mechanismen sind hinzugekommen. Die Synchronisationsprimitive *synchronized* scheint aber immer noch am Wichtigsten zu sein und wird deshalb im Folgenden behandelt.

6.4.1 Die Java-Synchronisationsprimitive „synchronized"

Die Synchronisationsprimitive *synchronized* ermöglicht eine Zugriffsserialisierung, die auf Klassen- oder Objektebene erfolgt, je nachdem, ob man sie auf statische Methoden oder Instanzmethoden anwendet. Im Folgenden ist der Rumpf einer synchronisierten Methode dargestellt:

```
01: public synchronized void method1()
02: {
03:    ...
04: }
```

Auch die Nutzung von *synchronized* in Anwendungsblöcken ist möglich, wobei hier ein Objekt angegeben wird, für das der Zugriff zu serialisieren ist. Verwendet man als Objekt *this*, gilt auch hier die Serialisierung für das ganze Objekt (, hier das Objekt, auf das die Referenz *object1* verweist):

```
01: synchronized (object1)
02: {
03:    ...
04: }
```

Die Aufrufe einer synchronisierten Methode oder der Zugriff auf das mit synchronized gekennzeichnete Objekt werden strikt serialisiert und verzögert, wenn ein anderer Thread gerade im synchronisierten Code ist. Damit lässt sich ein kritischer Abschnitt deklarativ implementieren.

Die Java Virtual Machine (JVM) implementiert die gesamte Synchronisationslogik und verwendet als internen Synchronisationsmechanismus eine Monitor-Variante. Es sind jedoch keine reinen Monitore nach Hoare oder Brinch Hansen,[10] da nicht alle öffentlichen (*public*) Methoden zwingend als *synchronized* deklariert sein müssen und auch nicht nur private Variablen zugelassen sind. Betrachtet man die Abb. 6.15, so erkennt man, dass in Klassen sowohl „synchronized" Methoden, als auch andere Methoden zulässig sind. Weiterhin gibt es auch die Möglichkeit, öffentliche Variable zu deklarieren, auf die dann ein beliebiger Zugriff von außen möglich ist. Brinch Hansen kritisiert dies, da der Compiler hier keine Möglichkeit der Überprüfung hat. Allerdings kann man durch disziplinierte Programmierung Probleme umgehen (keine Variable als *public* und alle Methoden mit *synchronized* deklarieren).

---

[10] Per Brinch Hansen befasst sich in (Brinch Hansen 1999) mit Java und paralleler Programmierung und stellt fest, dass die Java-Monitore nicht korrekt sind und Java gegen Grundprinzipien verstößt. Beispielsweise lässt Java auch als „public" deklarierte Variablen in Klassen zu, die synchronisierte Methoden haben.

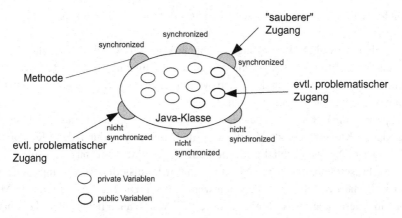

Abb. 6.15 „Synchronized" Java-Klassen

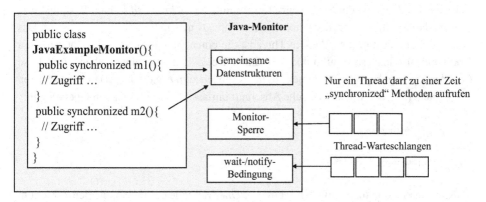

Abb. 6.16 Grundstruktur eines Java-Monitors

Abb. 6.16 zeigt das grundlegende Konzept des Java-Monitors. Jedem Monitor ist eine Warteschlange zugeordnet, in der Threads warten müssen, falls der Monitor gerade durch einen anderen Thread belegt ist. Belegt bedeutet hier, dass sich ein anderer Thread gerade in einer mit *synchronized* gekennzeichneten Methode befindet.

Ein Java-Objekt (also eine Instanz einer Java-Klasse) ist automatisch ein Java-Monitor, wenn es mindestens eine Methode enthält, in der das Schlüsselwort *synchronized* verwendet wird. Jedem Java-Monitor wird implizit von der JVM eine Sperre (Monitor-Sperre) zugeordnet. Die erforderliche Sperrinformation wird intern für das Objekt (bei Instanzmethoden) oder aber für die ganze Klasse (bei mit *synchronized* gekennzeichneten statischen, also Klassenmethoden) verwaltet. Bedingungsvariablen für Monitorbedingungen werden in Java nicht verwaltet. Alle mit dem Schlüsselwort *synchronized* gekennzeichneten Methoden und Codeblöcke bilden gemeinsam die kritischen Abschnitte des Monitors. Der implizite Semaphor sperrt bei Eintritt eines Threads in einen mit *synchronized* gekennzeichneten Bereich alle kritischen Bereiche des Objekts (oder entsprechend der ganzen Klasse).

Die implizit verwaltete Bedingungsvariable eröffnet zusätzlich die Möglichkeit über ein Signal-and-Continue-Konzept (Mesa-Typ) auf Bedingungen zu warten. Die hierzu vorhandenen Methoden *wait* und *notify* bzw. *notifyAll* (entspicht signal bzw. signal_all) werden weiter unten noch näher betrachtet.

Die Sperrgranularität ist bei einem Java-Monitor sehr grob, da sie das Objekt oder sogar die Klasse (Klassenmethode) für die gesamte Durchlaufzeit durch den Methodencode komplett sperrt. Dies ist nachteilig für die Laufzeit, der Mechanismus ist also nicht sehr effektiv. Verbessert wird dies durch Nutzung von synchronisierten Anweisungsblöcken, da hier der kritische Bereich kürzer gehalten werden kann. Die Spezifikation der JVM legt die Implementierung an dieser Stelle nicht fest. Es wurde auch beobachtet, dass manche JVM-Implementierungen immer auf Klassenbasis sperren.

Beispiel Die Nutzung der Synchronisationsprimitive *synchronized* soll am Beispiel eines Zählers dargestellt werden, der von mehreren Threads nebenläufig hochgezählt wird. Das Programm startet drei nebenläufige Threads, die einen gemeinsamen Zähler jeweils um 1.000.000, also insgesamt auf 3.000.000 zählen. Der Zähler ist in einem Objekt der Klasse *CounterObject* gekapselt. Das Objekt stellt Methoden zum Auslesen (get) und zum Setzen des Zählers (set) bereit. Der kritische Abschnitt umfasst die drei folgenden Operationen:

```
01:  int  c = myCounter.get();
02:  c++;
03:  myounter.set(c);
```

Natürlich könnte man einfach nur eine *addOne*-Methode definieren, die den Zähler um 1 erhöht. Damit würde man sich zwei Operationen sparen. Aber das grundsätzliche Problem bleibt. Drei Operationen bewirken mehr Konflikte beim nebenläufigen Ablauf, und das ist aus didaktischen Gründen sinnvoll.

Der kritische Abschnitt wird im ersten Durchlauf ungeschützt und im zweiten Durchlauf durch *synchronized* geschützt durchlaufen. Hierfür sind die beiden von der Klasse *Thread* abgeleiteten Klassen *CountThread1* und *CountThread2* definiert, die jeweils in ihren *run*-Methoden das Lesen, Hochzählen und Setzen ausführen.

In Abb. 6.17 ist ein Sequenzdiagramm dargestellt, in dem die drei Threads auf den Zähler zugreifen. Gezeigt wird auch ein Lost-Update, der durch eine verzahnte Ausführung der *get*- und der *set*-Methode in den Threads T_2 und T_3 verursacht wird.

Im Folgenden soll der Java-Code für das Beispiel kurz erläutert werden. Zunächst wird die Klasse *CounterObject* dargestellt:

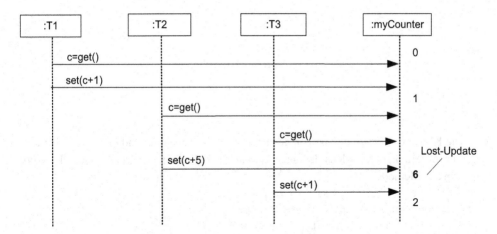

Abb. 6.17 Sequenzdiagramm für Counter-Problem

```
01: package Threads;
02: import java.io.*;
03: class CounterObject {
04:   private int count = 0;
05:   CounterObject() { … }
06:   void set(int newCount) {
07:     count = newCount;
08:   }
09:   int get() {
10:     return count;
11:   }
12: }
```

Die Klasse *CountThread1* ist von der Klasse *Thread* abgeleitet und dient dem Test des nicht synchronisierten Hochzählens des oben definierten Zählerobjekts. Der kritische Bereich liegt in der Methode *run*.

```
01: class CountThread1 extends Thread {
02:   private CounterObject myCounter;
03:   private int myMaxCount;
04:   CountThread1(CounterObject c, int maxCount)
05:   {
06:     myCounter = c;
07:     myMaxCount = maxCount;
08:   }
09:   public void run() {
10:     System.out.println("Thread " + getName() + " gestartet");
11:     for (int i=0;i<myMaxCount;i++) {
12:         // Kritischer Bereich
```

```
13:            int c = myCounter.get();
14:            c++;
15:            myCounter.set(c);
16:            // Ende des kritischen Bereichs
17:        }
18:    }
19: }
```

Die Klasse *CountThread2* ist von der Klasse *Thread* abgeleitet und dient dem Test des synchronisierten Hochzählens des oben definierten Zählerobjekts. Der kritische Bereich liegt in der Methode *run*.

```
01: class CountThread2 extends Thread {
02:    private CounterObject myCounter;
03:    private int myMaxCount;
04:    CountThread2(CounterObject c, int maxCount) {
05:        myCounter = c;
06:        myMaxCount = maxCount;
07:    }
08:    public void run() {
09:        System.out.println("Thread " + getName() + " gestartet");
10:        for (int i=0;i<myMaxCount;i++) {
11:            // Kritischer Bereich
12:            synchronized (myCounter) {
13:            int c = myCounter.get();
14:            c++;
15:            myCounter.set(c);
16:        }
17:            // Ende des kritischen Bereichs
18:        }
19:    }
20: }
```

Die Klasse *CountTest* ist eine Testklasse, die in ihrer *main*-Methode jeweils drei Threads für den synchronisierten und drei für den nicht synchronisierten Test aufruft und am Ende der Thread-Bearbeitung den Zähler ausgibt.

```
01: class CountTest {
02: public static void main(String[] args) {
03:     CounterObject c = new CounterObject();
04:     int maxCount = 1000000;
05:     // Wir starten drei nebenläufige Threads und warten auf ihr Ende
06:     Thread t1 = new CountThread1(c, maxCount);
07:     Thread t2 = new CountThread1(c, maxCount);
```

```
08:       Thread t3 = new CountThread1(c, maxCount);
09:       System.out.println(
10:       „Test ohne Synchronisation geht jetzt los ...");
11:       try {
12:           t1.start(); t2.start(); t3.start();
13:           t1.join(); t2.join(); t3.join();
14:       }
15:       catch (InterruptedException e) {
16:           System.out.println("Thread interrupted");
17:       }
18:       finally {
19:         System.out.println("Counter am Ende, Wert sollte 3.000.000 " +
20:             "sein und ist " + c.get());
21:         System.out.println("Test ohne Synchronisation ist zu Ende");
22:       }
23:       // Wir starten drei nebenläufige Threads und warten auf ihr Ende
24:       c.set(0);       // Zähler auf 0 setzen
25:       t1 = new CountThread2(c, maxCount);
26:       t2 = new CountThread2(c, maxCount);
27:       t3 = new CountThread2(c, maxCount);
28:       System.out.println(
29:       „Test mit Synchronisation geht jetzt los ...");
30:       try {
31:           t1.start(); t2.start(); t3.start();
32:           t1.join(); t2.join(); t3.join();
33:       }
34:       catch (InterruptedException e) {
35:           System.out.println("Thread interrupted");
36:       }
37:       finally {
38:         System.out.println("Counter am Ende, Wert sollte " +
39:             "3.000.000 sein und ist  " + c.get());
40:         System.out.println("Test mit Synchronisation ist zu Ende");
41:       }
42:   }
43: }
```

Das Ergebnis der Durchläufe ist, dass im nicht synchronisierten Fall tatsächlich eine ganze Menge an Updates möglicherweise verloren geht. Dies ist etwas zufallsbedingt und die Summe ist daher bei jedem Durchlauf immer etwas anders (Race Condition). Die Ausgaben zweier Testläufe zeigen, dass beim Zählen ohne Synchronisation eine ganze Menge an Lost-Updates auftreten:

Lauf 1:
```
Test ohne Synchronisation geht jetzt los ...
Thread Thread-0 gestartet
Thread Thread-1 gestartet
Thread Thread-2 gestartet
Counter am Ende, Wert sollte 3.000.000 sein und ist 1120906
Test ohne Synchronisation ist zu Ende
Test mit Synchronisation geht jetzt los ...
Thread Thread-3 gestartet
Thread Thread-4 gestartet
Thread Thread-5 gestartet
Counter am Ende, Wert sollte 3.000.000 sein und ist 3.000.000
Test mit Synchronisation ist zu Ende
```

Lauf 2:
```
Test ohne Synchronisation geht jetzt los ...
Thread Thread-0 gestartet
Thread Thread-1 gestartet
Thread Thread-2 gestartet
Counter am Ende, Wert sollte 3.000.000 sein und ist 2171922
Test ohne Synchronisation ist zu Ende
Test mit Synchronisation geht jetzt los ...
Thread Thread-3 gestartet
Thread Thread-4 gestartet
Thread Thread-5 gestartet
Counter am Ende, Wert sollte 3.000.000 sein und ist 3.000.000
Test mit Synchronisation ist zu Ende
```

Im Lauf 1 ist der Zähler 1.120.906, es gehen also 1.879.094 Updates verloren, im Lauf 2 fehlen 3.000.000–2.171.922, also 828.078 Updates. Man sieht, dass die Anzahl an Lost-Updates von Lauf zu Lauf variiert, da sie davon abhängt, wie viele Konflikte zufällig entstehen. Im Gegensatz dazu wird mit Synchronisation immer richtig gezählt.

6.4.2   Warten auf Bedingungen in Java

Bei manchen Problemstellungen reicht die Nutzung der Synchronisationsprimitive *synchronized* nicht aus. Dies ist zum Beispiel der Fall, wenn zwischen zwei nebenläufigen Programmteilen nicht vermeidbare Abhängigkeiten bestehen und man daher diese explizit synchronisieren muss.

Zur Realisierung einer expliziten Synchronisation zwischen nebenläufigen Programmteilen mit Wartebedingungen hat Java in der Klasse *Object* einige Methoden definiert, die eine Abstimmung zwischen Threads ermöglichen und die implizit auf die jedem Java-Monitor zugeordnete Bedingungsvariable wirken:

- *wait:* Ruft ein Thread diese Methode auf, so geht er in einen Wartezustand und wartet auf einen notify/notifyAll-Aufruf eines anderen Threads.
- *notify:* Mit Aufruf dieser Methode weckt ein Thread mindestens einen gerade wartenden (blockierten) Thread auf. Die Methode garantiert nicht, dass genau ein Thread aufgeweckt wird.
- *notifyAll:* Durch Aufruf dieser Methode werden alle Threads, die aktuell auf das gleiche Objekt warten, aufgeweckt. Diese Methode ist dann sinnvoll, wenn unterschiedliche Threadtypen auf ein Signal warten (Beispiel: Erzeuger-Verbraucher-Problem). In diesen Anwendungsfällen könnte es bei Nutzung von *notify* zu Deadlocks kommen.

Die Methoden *wait* und *notify* bzw. *notifyAll* dürfen nur innerhalb eines mit *synchronized* geschützten Abschnitts aufgerufen werden. Ein *notify/notifyAll* wirkt nur auf Threads, die in diesem Abschnitt sind, aber sich durch Aufruf der *wait*-Methode selbst blockiert haben.

Bei der Methode *wait* kann man einen Timeout-Parameter mitgeben, der eine Begrenzung der Wartezeit ermöglicht. Ist die Wartezeit abgelaufen, terminiert die Methode auch ohne *notify* eines anderen Threads, und der Thread erhält bei der nächsten CPU-Zuteilung wieder die Sperre für den kritischen Abschnitt.

Entsprechend dem Monitor-Konzept werden Signale nicht aufbewahrt und so kann es auch vorkommen, dass ein Thread die Methode *notify* aufruft, bevor der eigentlich wartende Thread eine *wait*-Methode ausführt. In diesem Fall erhält der wartende Thread das Signal möglicherweise nicht mehr.

Da es sich bei Java-Monitoren um eine Implementierung eines Monitors nach dem Signal-and-Continue-Konzept (Mesa-Typ) handelt, ist Nutzung von *wait* und *notify* laufzeitkritisch hinsichtlich der Reihenfolge der Aufrufe. So ist es möglich, dass ein wartender Thread zwar mit *notify* aufgeweckt, aber wieder durch den Scheduling-Mechanismus suspendiert wird, bevor er die Wartebedingung erneut abprüfen kann. Ein anderer Thread, der eine CPU erhält, könnte dann die Bedingung verändern, während ersterer Thread suspendiert ist. Wenn der suspendierte Thread wieder eine CPU erhält, muss er die Bedingung erneut prüfen. Der *wait*-Aufruf wird im kritischen Abschnitt daher üblicherweise in einer *while*-Schleife so oft wiederholt, bis die Bedingung tatsächlich für den Thread erfüllt ist.

Auch ist es möglich, dass mit einem *notify*-Aufruf der falsche Thread geweckt wird, da gemäß Java-Spezifikation ein beliebiger Thread zufällig aus der Bedingungswarteschlange ausgewählt wird. Da es nur eine implizite Bedingungsvariable mit einer Bedingungswarteschlange für alle möglichen Bedingungen gibt, könnte der aufgeweckte Thread auf das Eintreffen einer ganz anderen Bedingung warten.

Die Nutzung von *wait* und *notify* enthält noch keinen Warteschlangenmechanismus wie er für Semaphore gefordert ist und ist daher auch nicht absolut fair. In der Praxis werden Semaphore aber auf unterschiedliche Weise implementiert. In Java können hierfür die Methoden *wait* und *notify* genutzt werden.

Die Zustandsübergänge, die sich bei Aufruf der Methoden *wait* und *notify* für die beteiligten Threads ergeben, wurden bereits in Kap. 4 (Abb. 4.9) skizziert. Durch Aufruf einer wait-Methode für ein Objekt wird ein Thread in den Zustand *Timed Waiting* oder *Waiting* versetzt (je nachdem, ob die Wartezeit begrenzt wird, oder nicht). Wenn ein anderer Thread für das gleiche Objekt die Methode *notify* oder *notifyAll* aufruft, kommt der wartende Thread indirekt über den Zustand *Blocked* wieder in den Zustand *Runnable*.

Beispiel Eine vereinfachte Semaphor-Implementierung nach (Kredel und Yoshida 1999) ohne Warteschlange in Java, welche die Methoden *wait* und *notify* nutzt, soll im Folgenden kurz skizziert werden. Eine Klasse *Sema* enthält neben einem Konstruktor und einem Destruktor (Finalizer) die synchronisierten Semaphor-Operationen P und V. Bei der Konstruktion mit *Sema(int i)* kann angegeben werden, wie viele Threads nebenläufig bedient werden können:

```
01: package Semaphor;
02: public class Sema{
03:     // Anzahl der maximal möglichen Threads im kritischen Abschnitt
04:     private int init;
05:     // Anzahl der verfügbaren Plätze im kritischen Abschnitt
06:     private int s;
07:     // Anzahl der in der P-Operation mit wait wartenden Threads
08:     private int del;
09:     public Sema() {
10:         this(0);
11:     }
12:     // Konstruiere eine Semaphore mit einer Obergrenze
13:     public Sema(int i) {
14:         if (i >=0) { init = i; } else { init = 0; }
15:         s = init;
16:         del = 0;
17:     }
18:     protected void finalize() throws Throwable {
19:         if (init != s) {
20:             int x = init - s;
21:             System.out.println("sema: " + x + " pending operations.");
22:         }
23:         super.finalize();
24:     }
25:     // P-Operation
26:     synchronized void P() {
27:         while (s <= 0) {
28:             del++;
29:             try {
30:                 this.wait();
31:             } catch (InterruptedException e) {}
```

```
32:              del--;
33:          }
34:           s--;
35:          }
36:          // V-Operation
37:          public synchronized void V() {
38:              s++;
39:              if (del > 0) {
40:                  this.notify();
41:              }
42:          }
43: }
```

6.4.3   Weitere Synchronisationsmechanismen in Java

In neueren Java-Implementierungen (ab Version 1.5) werden eine Fülle von Synchronisationsmechanismen im Java-Package *java.util.concurrent* zur Verfügung gestellt. Zwei davon sollen erwähnt werden:

* Atomar nutzbare und „*thread-safe*" Variable unterschiedlichen Typs wie z. B. *AtomicBoolean*, *AtomicLong*, *AtomicInteger*, usw.
* Eine eigene Semaphor-Implementierung

Beispiel Implementierung des Counter-Problems mit einer *AtomicLong*-Variable. Das Lesen und gleichzeitige Erhöhen des Zählers wird über die bereitgestellte Methode *getAndIncrement* ausgeführt. Weitere Methoden zur Nutzung dieser atomar verwalteten Variablen sind *addAndGet, getAndSet, getAndDecrement* usw.

```
01: import java.lang.Thread;
02: import java.util.concurrent.atomic.AtomicLong;
03: /**
04:  * Thread-Klasse, die den Zähler synchronisiert hochzählt
05:  */
06: class CountThread extends Thread
07: {
08:     // Dies ist der automatisch synchronisierte Zähler
09:     private AtomicLong myCounter;
10:     private int myMaxCount;
11:     /*
12:      * Konstruktor
13:      */
14:     CountThread(AtomicLong c, int maxCount)
15:     {
16:         myCounter = c;
```

```
17:        myMaxCount = maxCount;
18:    }
19:    /*
20:     * run-Methode
21:     */
22:    public void run()
23:    {
24:        System.out.println("Thread " + getName() + " gestartet");
25:        // Synchronisierter Zugriff auf den Counter
26:        for (int i=0;i<myMaxCount;i++) {
27:            // Kritischer Bereich
28:            long c = myCounter.getAndIncrement();
29:            // Ende des kritischen Bereichs
30:        }
31:    }
32: }
33: /**
34:  * Testklasse ...
35:  */
36: class CountTest
37: {
38:   public static void main(String[] args)
39:   {
40:       AtomicLong c = new AtomicLong();
41:       final int maxCount = 1000;     // Jeder Thread soll 1000
42:                                      // mal um 1 erhöhen
43:       // Wir starten drei nebenläufige Threads und warten auf
44:       // ihr Ende
45:       Thread t1 = new CountThread(c, maxCount);
46:       Thread t2 = new CountThread(c, maxCount);
47:       Thread t3 = new CountThread(c, maxCount);
48:       System.out.println("Test geht jetzt los ...");
49:       // Der Rest ist bekannt
50:       ...
51:   }
52: }
```

Weiterhin ist ab Java 1.5 eine eigene Semaphor-Implementierung vorhanden, die verschiedene Nutzungsmöglichkeiten bietet. Bei der Konstruktion eines Semaphors kann beispielsweise angegeben werden, ob es eine faire FIFO-organisierte Semaphore sein soll oder nicht. Die Klasse heißt *Semaphore*[11] und hat maximal zwei Parameter im Konstruktor:

---

[11] Siehe https://docs.oracle.com/en/java/javase/11/docs/api/java.base/java.util/concurrent/Semaphore.html, letzter Zugriff am 29.12.2019.

```
public Semaphore(int permits, boolean fair)
```

Mit dem Parameter *permits* kann die Anzahl der parallel bzw. der zu Beginn zugelassenen Threads eingestellt werden (= Semaphorzähler). Der Parameter *fair* kann auf *true* oder *false* gesetzt werden. *true* bedeutet, dass die Abarbeitung der P-Operationen fair im FIFO-Verfahren abläuft. Die P-Operation heißt hier *acquire* und die V-Operation *release*. Mit jedem *acquire*-Aufruf wird der Semaphorzähler um 1 reduziert, bei Aufruf von *release* entsprechend um 1 erhöht. *permits* kann sogar auf einen negativen Wert eingestellt werden, wobei zunächst *release*- vor *acquire*-Aufrufen notwendig sind. Weitere Methoden sind z. B. *getQueueLength*, *availablePermits* und *isFair*.

Beispiel Anlegen einer fairen Semaphore in einem kleinen Testprogramm.

```
...
01: import java.util.concurrent.Semaphore;
02: public class SemaphorTestClass
03: {
04:     public static Semaphore s; // Referenz auf eine Semaphore
05:     public static void main(String[] args)
06:     {
07:         // Semaphortestklasse erzeugen
08:         SemaphorTestClass semTestClass = new SemaphorTestClass();
09:         semTestClass.work();
10:     }
11:     void work() {
12:         // Semaphore wird angelegt: Nur 1 Thread darf die Semaphore zu
13:         // einer Zeit betreten, true bedeutet faire FIFO-Abarbeitung
14:         s = new Semaphore(1, true);
15:         ...
16:     }
17: }
```

Diese Standard-Semaphore macht die Implementierung der oben dargestellten Beispielprogramme natürlich wesentlich einfacher. Der Leser möge die Programme für das Counter-Problem und das Philosophenproblem selbst mit Hilfe der Java-Semaphore programmieren.

Im Java-Package *java.util.concurrent* stehen auch noch höherwertige Java-Klassen u. a. für nebenläufig zu nutzende (concurrent) Queues und Hash-Maps zur Verfügung, bei denen sich der Programmierer nicht mehr um die Synchronisationsproblematik kümmern muss. Die Zugriffsroutinen beinhalten bereits den Synchronisationscode. Interessant ist auch die Java-Klasse *ReentrantLock* (java.util.concurrent.locks.ReentrantLock), die einen fairen Sperrmechanismus bereitstellt. Zu weiteren Details sei auf die Java-API verwiesen.

6.5   Kommunikation von Prozessen und Threads

In diesem Abschnitt werden wir die grundlegenden Begriffe und Möglichkeiten der Kommunikation von Prozessen bzw. Threads innerhalb eines Rechnersystems, aber auch rechnerübergreifend, betrachten. Kommunikation ist grundsätzlich der Austausch von Informationen nach bestimmten Regeln. Dies ist zwischen Menschen ähnlich wie zwischen Maschinen. Das Regelwerk fasst man in der Datenkommunikation bzw. bei Rechnernetzen unter dem Begriff *Protokoll* zusammen (Tanenbaum und Bos 2016; Mandl et al. 2010). Die rechnerübergreifende Kommunikation in Netzen ist zwar nur ein Randthema dieses Kapitels, die meisten Begriffe gelten aber sowohl für die rechnerinterne als auch für die rechnerübergreifende Kommunikation. Man spricht auch von *Interprocess Communication (IPC)*.

6.5.1   Überblick über Kommunikationsmöglichkeiten

Wie bereits angedeutet, können Prozesse und Threads lokal auf dem gleichen Rechner miteinander kommunizieren oder auch rechnerübergreifend in einer verteilten Umgebung. Bei beiden Möglichkeiten gibt es einige Parallelen. Dies veranlasst uns dazu, zunächst einige Grundbegriffe der Kommunikation zu erläutern, die der Einordnung und Unterscheidung verschiedener Kommunikationsformen dienen soll. Man unterscheidet:

- Verbindungsorientierte versus verbindungslose Kommunikation
- Speicherbasierte versus nachrichtenbasierte Kommunikation
- Synchrone versus asynchrone Kommunikation
- Kommunikationskanal: Halbduplex- versus Vollduplex-Betrieb
- Varianten der Empfängeradressierung

In der weiteren Betrachtung gehen wir zunächst auf die lokale, also rechnerinterne Kommunikation von Prozessen bzw. Threads ein. Im Folgenden wird ein grober Überblick über die oben genannten Kommunikationsmechanismen gegeben (siehe auch Glatz 2015).

Unter lokaler Kommunikation verstehen wir die Kommunikation zwischen Prozessen oder Threads innerhalb eines Betriebssystems. Prozesse bzw. deren Threads können mit anderen Prozessen aber auch über Rechnergrenzen hinweg kommunizieren. Man spricht dann von entfernter (remote) Kommunikation. Für die lokale und entfernte Kommunikation gibt es verschiedene Mechanismen, auf die wir noch eingehen werden:

- Gemeinsame Nutzung von Datenbereichen durch Threads innerhalb eines Prozesses (prozessintern)
- Gemeinsame Nutzung von Datenbereichen über Shared Memory (prozessübergreifend)
- Gemeinsame Nutzung von Daten über externe Speicherobjekte wie Dateien (prozessübergreifend)

- Kommunikation über verschiedene Interprozesskommunikationsmechanismen wie Pipes, Message Queues oder lokale Sockets (prozessübergreifend)

6.5.2 Verbindungsorientierte versus verbindungslose Kommunikation

Bei der nachrichtenbasierten Kommunikation unterscheidet man zwischen *verbindungsorientierter* und *verbindungsloser* Kommunikation. Dieses Unterscheidungsmerkmal bezieht sich darauf, ob zwischen zwei Kommunikationspartnern eine logische Verbindung, ein Verbindungskanal, aufgebaut werden soll oder nicht. Wird über längere Zeit kommuniziert, bietet sich meist eine Verbindung an. In diesem Fall müssen sich Sender und Empfänger Informationen über den anderen Partner, den sog. *Verbindungskontext* merken. Dieser wird in einer Verbindungsaufbauphase ausgetauscht. Hierzu gehören z. B. Adressierungsinformationen. Bei der weiteren Kommunikation ist dann aber nur noch ein Verbindungskennzeichen in der Nachricht anzugeben. Typischerweise besteht eine verbindungsorientierte Kommunikation aus den Kommunikationsphasen Verbindungsaufbau, Datenübertragung und Verbindungsabbau. Bei einer verbindungslosen Kommunikation ist dagegen kein expliziter Verbindungsaufbau notwendig. Die Nachrichten enthalten hier immer die vollständige Adressierungsinformation, damit der Empfänger weiß, woher die Nachricht kommt.

6.5.3 Speicherbasierte versus nachrichtenbasierte Kommunikation

Speicherbasierte Kommunikation erreicht man durch die Verwaltung eines gemeinsamen Speichers, den alle Prozesse/Threads, die miteinander kommunizieren, im Zugriff haben. Bei der *nachrichtenbasierten Kommunikation* tauschen die kommunizierenden Prozesse/Threads definierte Nachrichten aus.

Beide Varianten sind sowohl rechnerübergreifend als auch rechnerlokal möglich. Für die Kommunikation innerhalb eines Rechners kann sowohl das Laufzeitsystem als auch das Betriebssystem zuständig sein. Kommunizierende Threads innerhalb eines Java-Prozesses steuert beispielsweise die JVM, also die Java-Laufzeitumgebung. Bei einer prozessübergreifenden Kommunikation werden meist Dienste des Betriebssystems genutzt.

Speicherbasierte Kommunikation über Shared Data im Prozess Die Kommunikation von Threads innerhalb eines Prozesses kann einfach durch die Nutzung globaler Datenbereiche des Prozesses ermöglicht werden, da alle Threads eines Prozesses Zugang zum gesamten Adressraum haben. Man kann also eine oder mehrere globale Variablen bzw. noch besser sauber gekapselte Objekte, für den Austausch von Informationen nutzen.

Abb. 6.18 Prozessinterne
Kommunikation über
Shared Data

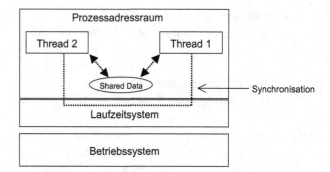

    Diese Art der Kommunikation ist in Abb. 6.18 skizziert. Zur Koordination des gemein-
samen Zugriffs auf die *Shared Data* sind allerdings Synchonisationsmaßnahmen erforderlich, um Inkonsistenzen zu vermeiden (Locks, Semaphore, …).

Speicherbasierte Kommunikation über Shared Memory Threads verschiedener Pro-
zesse können über einen gemeinsam genutzten Speicherbereich im Hauptspeicher (Shared
Memory) kommunizieren. Dies sind Speicherbereiche, die mit Hilfe des Betriebssystems
in mehrere Prozessadressräume eingeblendet werden. Dabei spielt es keine Rolle, wo die
Bereiche in den Prozessadressräumen liegen. Wichtig ist, dass die Daten nur einmal im
Hauptspeicher vorhanden sind.

    Für eine ordnungsgemäße Kommunikation sind neben den Mechanismen zum Daten-
austausch auch die bereits erläuterten Mechanismen zur Synchronisation nebenläufiger
Prozesse und Threads erforderlich. In Abb. 6.19 kommuniziert der Thread 1 aus Prozess 1
mit dem Thread 3 aus Prozess 2 über Shared Memory.

    Das Betriebssystem stellt Mechanismen bereit, die es einem Anwendungsprogrammie-
rer ermöglichen, einen Shared Memory zu erzeugen, Daten aus diesen zu lesen und in
diesen einzutragen. Die Bereitstellung erfolgt über Systemdienste in Form von APIs.

Speicherbasierte Kommunikation über Dateien Eine einfache Variante der Kommunikation ist der Austausch von Dateien. Ein Prozess kann Daten in Dateien ablegen, die ein
anderer Prozess lesen kann. Das Lesen und Schreiben erfordert ebenfalls eine explizite
Synchronisation. Betriebssysteme bzw. deren Dateiverwaltungen bieten meist einen Lock-
Mechanismus an, der ganze Dateien sperrt. Prozesse bzw. Threads, die auf eine Datei zugreifen, können zunächst versuchen, diesen Lock zu erhalten. Es ist aber auch eine Synchronisation über die klassischen Mechanismen (Semaphore usw.) möglich (Abb. 6.20).

Nachrichtenbasierte Kommunikation über verschiedene IPC-Mechanismen Threads
verschiedener Prozesse können auch über Kommunikationsdienste, die das Betriebssystem in Form von APIs bereitstellt, miteinander kommunizieren. Typische Kommunika-

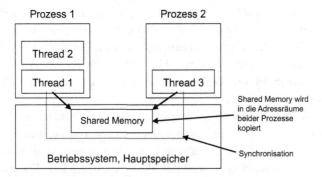

Abb. 6.19 Interprozesskommunikation über Shared Memory

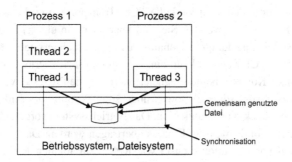

Abb. 6.20 Interprozesskommunikation über Dateien

Abb. 6.21 Prozessübergreifende Interprozesskommunikation allgemein

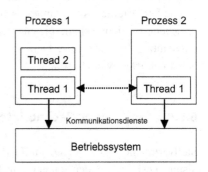

tionsdienste, die in Betriebssystemen wie Windows und Unix angeboten werden, sind *Pipes, FIFOs, Message Queues, Sockets* usw.

Threads verschiedener Prozesse bauen einen Kommunikationskanal (verbindungsorientiert oder verbindungslos) auf und kommunizieren über diesen direkt, wie es in Abb. 6.21 dargestellt ist.

Pipes sind Einweg-Kommunikationskanäle, die es einem Prozess ermöglichen, Daten bzw. Nachrichten über das Betriebssystem als Datenstrom an einen anderen Prozess zu

übertragen. Pipes werden zur Laufzeit erzeugt und nach Beendigung der kommunizierenden Prozesse auch wieder zerstört. *FIFOs* (FIFO kommt von „First In, First Out") sind
benannte Pipes, die üblicherweise vom Betriebssystem wie Dateien behandelt werden. Sie
erhalten einen Namen und können von beliebigen Prozessen, die eine Berechtigung erhalten, verwendet werden. FIFOs überleben einen Prozess und sogar einen Neustart eines
Betriebssystems.

Message Queues sind Nachrichtenwarteschlangen, über die mehrere Prozesse miteinander kommunizieren können. Mit Message Queues kann man Point-to-Point, aber auch
Publish-Subscribe-Kommunikation realisieren. Während Pipes üblicherweise einen un-
begrenzten Datenstrom realisieren, wird mit Message Queues eine Kommunikation auf
Basis abgegrenzter Nachrichten definierter Länge ermöglicht.

Sockets werden meist zur Kommunikation von entfernten Prozessen auf Basis der
Internet-Standardkommunikationsprotokolle TCP (Transport Control Protocol) und UDP
(User Datagram Protocol) verwendet. Sie sind aber auch ein einfacher und praktischer,
wenn auch nicht so leistungsfähiger Mechanismus für die rechnerinterne Kommunikation
von Prozessen. Über TCP-Sockets kann eine verbindungsorientierte, über UDP-Sockets
eine verbindungslose Kommunikation realisiert werden. Die Prozesse werden anhand der
IP-Adresse (IP-Loopback-Adresse) sowie über sog. Portnummern identifiziert. Man
spricht hier von Loopback-Kommunikation. Das Betriebssystem sorgt dafür, dass die Daten nur rechnerintern von Prozess zu Prozess übertragen werden. Darauf aufbauend können auch höhere Kommunikationsdienste wie RPC[12] zur lokalen Kommunikation verwendet werden. Wenn allerdings hohe Leistung gefordert wird, greift man eher auf
IPC-Mechanismen wie Shared Memory zurück.

Die vorgestellten Kommunikationsmechanismen sind nur als Beispiele zu sehen. Verschiedene Betriebssysteme bieten auch unterschiedliche Mechanismen an. Hostsysteme
unterstützen beispielsweise ganz spezielle APIs für die Kommunikation, die hier nicht
näher betrachtet werden sollen.

6.5.4 Fallbeispiel: Rechnerinterne Kommunikation über Pipes

Stellvertretend für die genannten IPC-Mechanismen wird im Folgenden der Pipes-Mecha-
nismus beschrieben, der in mehreren Betriebssystemen unterstützt wird und ursprünglich
aus der Unix-Welt stammt. Der Begriff *Pipe* ist eine Abkürzung für Pipeline. Wie der
Name schon andeutet, handelt es sich hier um einen Datenstrom von einem Prozess zu
einem anderen. Daten, die ein Prozess in ein Ende der Pipe schreibt, können auf der anderen Seite von einem anderen Prozess gelesen werden. Eine Pipe stellt damit einen unidirektionalen Datenstrom bereit. Die Daten werden von einem Prozess ohne Nachrichtenbegrenzer in die Schreibseite eingetragen, die von einem lesenden Prozess aus dem anderen

---

[12]Remote Procedure Call (RPC): Ein Mechanismus zum entfernten Aufruf von Prozeduren, aus
Sicht des Programmierers transparent, so als ob sie lokal vorhanden wären.

Ende (Leseseite) entnommen werden können. Eine bidirektionale Kommunikation zweier Prozesse kann über die Einrichtung von zwei Pipes erreicht werden (siehe Abb. 6.22).[13]

Eine Pipe stellt einen Pufferbereich fester Länge dar. Die Länge ist abhängig vom Betriebssystem. Typische Werte liegen bei 5 KB. Eingetragene Daten bleiben so lange im Puffer, bis sie ausgelesen werden. Das Auslesen erfolgt in der Reihenfolge, in der die Daten eingetragen werden (FIFO-Puffer).

Für den Zugriff auf eine Pipe werden vom Betriebssystem Synchronisationsmechanismen bereitgestellt. In eine volle Pipe kann z. B. nichts geschrieben und aus einer leeren Pipe nichts gelesen werden. Die Prozesse blockieren beim Versuch, dies zu tun. Aber auch nicht-blockierende Zugriffe sind verfügbar. In diesem Fall empfiehlt sich die Synchronisation zwischen schreibendem und lesendem Prozess über weitere Synchronisationsmechanismen. Man denke nur z. B. daran, ein Erzeuger-/Verbraucher-System über Pipes zu realisieren.

Pipes werden auch genutzt, um die Standardausgabe eines Prozesses mit der Standardeingabe eines weiteren Prozesses zu verbinden. Eine typische Anwendung unter Unix ist die Befehlsverkettung auf der Shellebene. Das Beispiel in Abb. 6.23 zeigt eine Verkettung der Unix-Shell-Befehle *who*, *sort* und *lpr*. Mit dem Befehl *who* wird ausgegeben, wer sich gerade im System befindet, mit *sort* werden die Ergebnisse von *who* sortiert und mit dem Befehl *lpr* wird die sortierte Liste ausgegeben. Der erste Befehl schreibt sein Ergebnis in die Pipe, indem die Standardausgabe (stdout) umgelenkt wird. Der zweite Befehl

Abb. 6.22 Pipe als unidirektionaler oder bidirektionaler Datenstrom

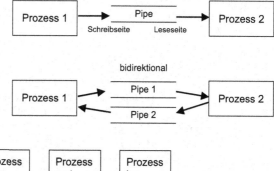

Abb. 6.23 Pipes für die Übertragung von Daten von Befehl zu Befehl

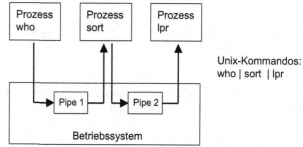

---

[13] Es gibt auch Betriebssysteme, die bidirektionale Pipes anbieten.

legt seine Standardeingabe (stdin) auf die Leseseite dieser Pipe usw. In Unix-Shells ist das Zeichen „|" das sog. Pipe-Symbol, das dazu dient, zwischen zwei Kommandos, die definitionsgemäß in eigenen Prozessen ablaufen, eine Pipe einzurichten und gleichzeitig die Standardein- bzw. -ausgabe umzulenken.

Für die Nutzung von Pipes in Programmen stellen die Betriebssysteme entsprechende APIs bereit. Unter Unix gibt es zum Arbeiten mit Pipes u. a. die Systemfunktionen *pipe* bzw. *popen, close* bzw. *pclose, write* und *read* und *dup.* bzw. *dup2. pipe* bzw *popen* dienen zum Anlegen einer Pipe, *close* bzw. *pclose* zum Entfernen einer Pipe, *write* und *read* zum Schreiben bzw. Lesen und *dup* bzw. *dup2* zum Verbinden der Ein- und Ausgänge mit der Standardeingabe bzw. Standardausgabe eines Prozesses.

Ein Elternprozess erzeugt gewöhnlich eine Pipe, die im System wie eine Datei durch einen *Filedescriptor* (eine spezielle Datenstruktur zur Dateibearbeitung) identifiziert wird. Weiterhin erzeugt der Elternprozess anschließend zwei Kindprozesse, die die Filedescriptoren und damit den Zugang zur Pipe erben.

Üblicherweise schließt der schreibende Prozess dann die Leseseite der Pipe und der lesende Prozess die Schreibseite. Das folgende Programmstück in der Sprache C soll die Anwendung von Pipes verdeutlichen (Glatz 2015):

```
01: int main()
02: {
03:     int fds[2]; // Filedescriptoren für Pipe
04:     char *text = "Hi, wie geht es!\n";
05:     char buffer[5];
06:     int count, status;
07:     // Pipe erzeugen
08:     pipe(fds);
09:     if (fork() == 0) {
10:        // 1. Kindprozess, Standardausgabe auf Pipe Schreibseite
11:        // (Pipe-Eingang) legen und Pipe-Leseseite (Pipe-Ausgang)
12:        // schließen (wird nicht benötigt)
13:        dup2(fds[1], 1);
14:        close(fds[0]);
15:        // String in Pipe schreiben (mit Stringbegrenzer am Ende)
16:        write (1, text, strlen(text)+1);
17:     }
18:     else {
19:        if (fork() == 0) {
20:           // 2. Kindprozess, Pipe-Leseseite (Pipe-Ausgang) auf
21:           // Standardeingabe umlenken und Pipe-Schreibseite
22:           // (Pipe-Eingang) schließen
23:           dup2(fds[0], 0);
24:           close(fds[1]);
25:           while (count = read(0, buffer, 4))
```

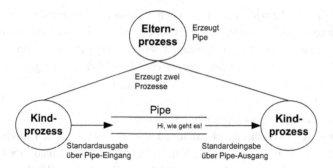

Abb. 6.24 Ablauf zum Pipes-Beispiel

```
26:          {
27:              // Pipe in einer Schleife auslesen
28:              buffer[count] = 0; // String terminieren
29:              printf("%s", buffer) // und empfangene Daten ausgeben
30:          }
31:      }
32:      else {
33:          // Im Vaterprozess: Pipe an beiden Seiten schließen und
34:          // auf das Beenden der Kindprozesse warten
35:          close(fds[0]);
36:          close[fds[1]);
37:          wait(&status);
38:          wait(&status);
39:      }
40:      exit(0);
41:  }
42: }
```

Die Arbeitsweise dieses einfachen Testprogramms ist in Abb. 6.24 skizziert. Das Programm erzeugt zunächst eine Pipe und anschließend zwei neue Kindprozesse. Für jede Pipe-Seite wird bei Aufruf von *pipe(fds)* ein Filedescriptor zurückgegeben und in das Integer-Array mit dem Namen *fds* eingetragen.

Der erste Kindprozess schließt den Pipe-Ausgang und lenkt die Standardausgabe auf den Pipe-Eingang (Schreibseite) um. Der zweite Kindprozess schließt den Pipe-Eingang und lenkt die Standardeingabe auf den Pipe-Ausgang (Leseseite) um. Der erste Kindprozess schreibt einen String in die Pipe, den der zweite Kindprozess in einer Schleife ausliest und auf Konsole ausgibt.

Der Vaterprozess schließt beide Pipe-Enden und wartet mit zwei *wait*-Aufrufen auf die Beendigung beider Kindprozesse.

Die skizzierten, sog. „Unnamed Pipes" (namenlose Pipes) dienen in erster Linie dazu, verwandte Prozesse miteinander kommunizieren zu lassen. Darüber hinaus gibt es noch sog. „Named Pipes", die wie Dateien sprechende Namen bekommen. Über diese benannten Pipes können auch Prozesse, die nicht miteinander verwandt sind, kommunizieren. Named Pipes werden auch als FIFOs bezeichnet. Beliebige Prozesse können auf FIFO's zugreifen. FIFO-Implementierungen gibt es ebenfalls in den gängigen Unix-Derivaten und unter Windows. Sie werden üblicherweise auf der Kommandoebene, etwa unter Unix mit dem Befehl *mknod* erzeugt, aber es gibt auch einen entsprechenden Systemaufruf hierfür, um das Erzeugen im Programm vorzunehmen.

Unter Windows gibt es ähnliche Funktionen wie unter Unix zur Behandlung von Pipes. Man unterscheidet auch hier zwischen „Named Pipes" und „Unnamed Pipes". Eine „Unnamed Pipe" wird z. B. mit dem Systemaufruf *CreatePipe* aus der Windows-API erzeugt. Zum Lesen und Schreiben verwendet man die Systemaufrufe *ReadFile* und *WriteFile*.

6.6   Übungsaufgaben

1. Was bezeichnet man in der Prozessverwaltung als Blockieren, Verklemmen und Verhungern?
2. Bei Betriebssystemen, bei systemnahen Programmen, aber auch bei Anwendungssoftware muss man sich als Entwickler von nebenläufig auszuführenden Aktionen mit kritischen Abschnitten befassen. Was versteht man unter einem kritischen Abschnitt?
3. Welche Maßnahmen sind zu treffen, dass es beim Durchlaufen eines kritischen Abschnitts nicht zu Inkonsistenzen kommt? Gehen Sie dabei auf den Begriff des gegenseitigen Ausschlusses (mutual exclusion) ein!
4. Was sind Semaphore? Gehen Sie dabei kurz auf die Semaphoroperationen P() und V() ein!
5. Warum müssen die Semaphor-Operationen P() und V() selbst wieder ununterbrechbar sein?
6. Welche Auswirkung hat die folgende, falsche Nutzung eines binären Semaphors?
   V(); … kritischer Abschnitt …; P();
7. Welche Auswirkung hat die folgende, falsche Nutzung eines binären Semaphors?
   P(); … kritischer Abschnitt …; P();
8. Welche vier Kriterien sind nach Dijkstra für die Behandlung kritischer Abschnitte zu beachten?
9. Der Ablauf zweier konkurrierender Prozesse wird oben (Abb. 6.5) im Petrinetz dargestellt. Beantworten Sie hierzu folgende Fragen:
   a) Über welche Stelle wird der kritische Abschnitt realisiert und warum?
   b) Welche Transitionen sind Ein- bzw. Ausgänge des kritischen Abschnitts?
   c) Welche Stelle bewirkt den gegenseitigen Ausschluss?
   d) Welche Stellen bezeichnen einen unkritischen Abschnitt?
10. Was ist ein Mutex im Sinne der Synchronisation konkurrierender Prozesse?

11. Semaphore zur Kontrolle des Eintritts in einen kritischen Abschnitt müssen effizient implementiert werden. Nehmen Sie zu dieser Aussage Stellung und betrachten Sie dabei die Implementierungsvariante mit Polling (Busy Waiting).

12. Ein TSL-Befehl (Test and Set Lock) wird verwendet, um atomare Aktionen zu implementieren.

    a) Welche Operanden hat ein TSL-Befehl?

    b) Welche Werte können die Operanden annehmen und was bedeuten sie?

13. Zeigen Sie, wie man den TSL-Befehl für die Implementierung einer Sperre mit den beiden Operationen *lock* und *unlock* verwenden kann. Skizzieren Sie dabei grob die Algorithmen in einem Assembler-ähnlichen Pseudocode!

14. Nennen Sie die vier notwendigen und hinreichenden Bedingungen, die zu einem Deadlock führen!

15. Warum lassen sich Deadlocks bei nebenläufigen Prozessen schwer ganz vermeiden?

16. Welche Alternative zur Behandlung von Deadlocks kennen Sie?

17. Erläutern Sie die Arbeitsweise der Java-Synchronisationsprimitive *synchronized*!

18. Nennen Sie Kritikpunkte der Java-Umsetzung des Monitor-Konzepts von Hoare oder Brinch Hansen. Wo liegen die Schwachstellen und wie kann man sie umgehen?

19. Was sind Race Conditions?

20. Nehmen wir an, zwei Prozesse P1 und P2 greifen auf zwei gemeinsame globale Variablen a und b lesend und verändernd in der folgenden Form zu.

// Globale Variablen

int a = 10;

int b = 0;

Prozess P1:	Prozess P2:

```
(1.1)    b = 5;          (2.1) b = -5;
(1.2)    a = a + b;      (2.2) a = a + b;
```

Zeigen Sie zwei nebenläufige Ablaufsequenzen auf, die jeweils zu einem anderen Wert der Variable a führen! Wie könnte man diese Situation vermeiden?

21. Erläutern Sie kurz die Funktionsweise einer Pipe!

Literatur

Brinch Hansen, P. (1973). *Operating System Principles*, Section 7.2 Class Concepts, Juli 1973, S. 226-232.

Brinch Hansen, P. (1999). Java's Insecure Parallelism. *SIGPLAN Notices, 34*, 4.

Ehses, E., Köhler, L., Riemer, P., Stenzel, H., & Victor, F. (2005). *Betriebssysteme: Ein Lehrbuch mit Übungen zur Systemprogrammierung in UNIX/Linux*. Hallbergmoos: Pearson Deutschland. (zu empfehlen)

Englewood Cliffs, N. J., & Brinch Hansen, P. (1995) *The Programming Language Concurrent Pascal*. IEEE Transactions on Software Engineering, S. 199–207. (sehr interessant, Klassiker).

Glatz, E. (2015). *Betriebssysteme Grundlagen, Konzepte, Systemprogrammierung* (3., überarb. u. akt. Aufl.). Heidelberg: dpunkt. (sehr zu empfehlen)

Hoare, C. A. R. (1974). Monitors: An operating system structuring concept (Klassiker). *Communications of the ACM, 17*(10), 449–557.

Kredel, H., & Yoshida, A. (1999). *Thread- und Netzwerk- Programmierung mit Java*. Heidelberg: dpunkt.

Mandl, P., Bakomenko, A., & Weiß, J. (2010). *Grundkurs Datenkommunikation* (2. Aufl.) Wiesbaden: Springer Vieweg.

Tanenbaum, A. S., & Bos, H. (2016). *Moderne Betriebssysteme* (4., akt. Aufl.) (deutsche Übersetzung von Tanenbaum & Bos 2015). Hallbergmoos: Pearson Deutschland.

Hauptspeicherverwaltung 7

Dieses Kapitel befasst sich mit der Speicherverwaltung und zwar insbesondere mit der Verwaltung des Hauptspeichers. In Multitasking-Betriebssystemen nutzt man heute meist die virtuelle Speichertechnik mit diversen Optimierungsmöglichkeiten im Demand-Paging-Verfahren. Deshalb biJldet die virtuelle Speichertechnik den Schwerpunkt des Kapitels, aber auch auf ältere Verfahren wie Overlay-Technik und auf Swapping wird eingegangen.

Zunächst wird ein Überblick über grundlegende Verfahren der Speicherverwaltung gegeben. Anschließend wird das Konzept des virtuellen Speichers vorgestellt. Es wird insbesondere auf die Verwaltung einstufiger und mehrstufiger Seitentabellen eingegangen und wie eine Seitenersetzung durchgeführt wird, wenn kein Platz mehr im Hauptspeicher ist. Weiterhin werden Optimierungsmöglichkeiten im Bereich der Speicherplatznutzung und der Geschwindigkeit bei der Adressumsetzung besprochen. In diesem Zusammenhang wird auf das Konzept des Adressumsetzpuffers (TLB) und auf das Konzept der invertierten Seitentabellen eingegangen.

Schließlich werden einige Algorithmen zur Seitenersetzung wie FIFO, NFU, NRU, usw. besprochen und miteinander sowie mit der optimalen Strategie nach Laszlo Belady verglichen. Das Kapitel gibt auch eine kurze Einführung in die Adressierung über Segmente sowie in die gemeinsame Nutzung von Speicherbereichen (shared memory). Es endet mit einer Einführung in konkrete Implementierungen der virtuellen Speichertechnik in den Betriebssystemen Unix, Linux und Windows. Konkrete Optimierungsmöglichkeiten und Verwaltungstechniken werden ebenfalls aufgezeigt.

Zielsetzung des Kapitels

Der Studierende soll die Probleme der Speicherverwaltung verstehen und erläutern können. Vor allem sollte er die grundlegenden Konzepte der virtuellen Speichertechnik und

© Springer Fachmedien Wiesbaden GmbH, ein Teil von Springer Nature 2020   185
P. Mandl, *Grundkurs Betriebssysteme*,
https://doi.org/10.1007/978-3-658-30547-5_7

ihrer Optimierungsmöglichkeiten erklären können und die verschiedenen Strategien der Seitenersetzung beschreiben und miteinander vergleichen können.

Wichtige Begriffe
Adressraum, Seiten (Pages) und Seitenrahmen (Frames), MMU, Lokalitätsprinzip, Overlay-Technik, Swapping, Demand Paging und Prepaging; Virtueller Speicher, Seitentabelle (einstufig, zweistufig, mehrstufig), virtuelle Speicheradresse, reale (physikalische) Adresse, Seitenersetzungsverfahren bzw. Verdrängungsverfahren NRU, FIFO, Second Chance, Clock Page, LRU, NFU, Adressumsetzpuffer (TLB), invertierte Seitentabelle, Vergabestrategien, Buddy-Technik, Working Set.

7.1 Grundlegende Betrachtungen

7.1.1 Speicherhierarchien

Im Idealfall wäre der Zugriff auf den Speicher genauso schnell oder sogar schneller als die CPU-Geschwindigkeit. Allerdings sind heute die CPUs meist immer noch schneller als der Speicher. Dies versucht man zu kompensieren, indem man eine Hierarchie von Speichersystemen, wie dies in Abb. 7.1 dargestellt ist, verwendet.

Die schnellsten, aber auch teuersten Speicher sind die CPU-Register. Sie sind in der CPU und verursachen daher kaum Zugriffsverzögerungen. CPU-Register werden durch die Software kontrolliert. Danach kommen Cache-Speicher, die üblicherweise über die Hardware kontrolliert werden. Wie bereits in Kap. 1 erläutert, ist ein L1-Cache näher an der CPU und verfügt über etwas schnellere Zugriffszeiten als ein L2-Cache. Gleiches gilt für einen L3 bzw. L4-Cache. Es gibt verschiedene Organisationsmöglichkeiten für Caches, auf die hier nicht weiter eingegangen werden soll. Heutige CPUs integrieren bereits zwei oder mehr Cache-Levels, wodurch der Zugriff nochmals schneller ist. Weiterhin werden für Caches ähnliche Konzepte für die Verwaltung usw. eingesetzt, wie sie auch für die im Weiteren besprochenen Strategien der Hauptspeicherverwaltung gelten.

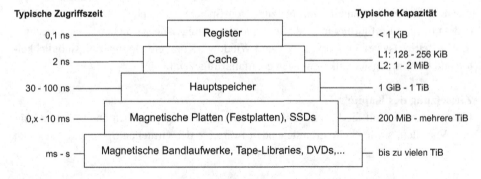

Abb. 7.1 Typische Speicherhierarchie (angelehnt an Tanenbaum und Bos 2016)

Die Hardware versucht, möglichst die Hauptspeicherbereiche im Cache zu halten, die in nächster Zukunft verwendet werden. Cache-Speicher ist aber auch sehr teuer und daher meist nur in begrenztem Umfang vorhanden. Cache-Speicher enthalten Kopien aus dem gerade benötigten Hauptspeicherinhalt. Die Cache-Steuerung erfolgt heute – zumindest bei den hier gemeinten Hardware-Caches – vollständig mit in Hardware realisierter Logik. Als nächstes kommt in der Speicherhierarchie der Hauptspeicher (Main Memory, Arbeitsspeicher), der die Hauptlast der Programmausführung trägt. Schließlich sind noch Festplatten und Bandlaufwerke zu nennen, die wesentlich langsamer sind.

7.1.2 Lokalität

Um einen schnellen Zugriff auf die benötigten Adressbereiche zu erreichen, nutzt man vor allem den *Lokalitätseffekt* sehr stark aus. Damit ist gemeint, dass die Wahrscheinlichkeit sehr hoch ist, dass Daten, die gerade benutzt werden, auch in naher Zukunft wieder benötigt werden. Man unterscheidet zeitliche und räumliche Lokalität:

- Unter der *zeitlichen Lokalität* versteht man, dass Adressbereiche, auf die zugegriffen wird, auch in naher Zukunft mit hoher Wahrscheinlichkeit wieder benutzt werden. Der Lokalitätseffekt wird aus Sicht des zeitlichen Ablaufs in Abb. 7.2 dargestellt. Wie man erkennen kann, erfolgt der Zugriff im zeitlichen Verlauf häufig auf die gleiche Speicheradresse. Diesen Effekt kann man in allen Hierarchieebenen ausnutzen, um Speicherbereiche möglichst schnell im Zugriff zu halten. Man kann dies erreichen, indem man versucht, Speicherbereiche auf die erst kürzlich zugegriffen wurde, in einem Cache-Speicher zu verwalten oder z. B. nicht aus dem Hauptspeicher zu entfernen.
- Unter der *räumlichen Lokalität* versteht man, dass nach einem Zugriff auf einen Adressbereich der nächste Zugriff auf eine Adresse in der unmittelbaren Nachbarschaft mit hoher Wahrscheinlichkeit erfolgt. Wie man in Abb. 7.3 sieht, werden im zeitlichen Verlauf immer wieder Speicheradressen angesprochen, die sehr nahe beieinander liegen, was sich im Programmcode etwa durch Schleifen (while, for, …) oder durch mehrma-

Abb. 7.2 Zeitliche Lokalität (nach Glatz 2015)

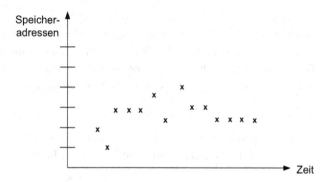

Abb. 7.3 Räumliche Lokalität (nach Glatz 2015)

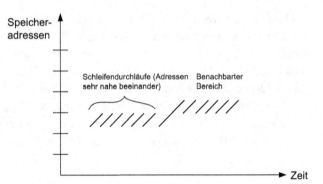

ligen Aufruf derselben Methode zeigt. Dies kann man ausnutzen, indem man bei einem Speicherzugriff auch gleich benachbarte Adressbereiche in die nächste Hierarchiestufe bringt.

Man spricht in diesem Zusammenhang auch vom *Arbeitsbereich* oder *Working Set* eines Prozesses. Dieser ändert sich im Laufe eines Programms nur sehr langsam, was schon Ende der 60er-Jahre durch P. Denning (Denning 1968) festgestellt wurde. Der Effekt wird nicht nur für das Caching, sondern auch für die Verwaltung des Hauptspeichers ausgenutzt.

7.1.3 Adressen und Adressräume

Adressen Wie in Kap. 1 erwähnt, werden in einem Von-Neumann-Rechner der Programmcode und auch die zu verarbeitenden Daten im Hauptspeicher abgelegt. Ein Programm kann nur ablaufen, wenn es im Hauptspeicher ist. Der Hauptspeicher ist nach Speicherstellen geordnet. Üblicherweise ist ein Byte (8 Bit) die kleinste adressierbare Einheit. Jedes Byte im Speicher wird daher mit einer *Adresse* versehen. Adressen werden meist hexadezimal (z. B. 0x40000000) notiert. Wenn man im Prozessor 32 Adressbits zur Verfügung hat, kann man maximal 2^{32} Bytes, also vier GiB, adressieren und der komplette Adressbereich reicht von 0x00000000 bis 0xFFFFFFFF.

Adressraum Man spricht von einem Adressraum, wenn man die Menge aller möglichen Adressen meint. Bei einem 4-GiB-Adressraum sind dies die Adressen $\{0, 1, 2, \ldots, 2^{32}-1\}$. Die Adressen eines Adressraums werden also durchnummeriert, wobei 0 die kleinste Adresse ist. Dies ist in Abb. 7.4 für einen 4-GiB-Adressraum dargestellt.

Adressraumbelegung Wie die Daten und der Programmcode in den Adressraum gelegt werden, wird in einem Belegungsplan festgelegt. Man spricht hier auch von einem Adress-

Abb. 7.4 Nummerierung des
Adressraums

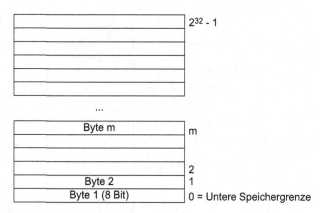

raumbelegungsplan. Die übergreifende Belegung ist im Betriebssystem festgelegt. Teile für die Anwendungsprogramme und deren Daten werden reserviert. Ein Compiler oder Interpreter entscheidet, wie die Daten der Programme abgelegt werden.

Damit auf die Daten im Hauptspeicher schnell zugegriffen werden kann, wird üblicherweise eine Ausrichtung nach sog. *Maschinenwörtern* durchgeführt. Die Länge eines Wortes richtet sich nach der Anzahl der Adressbits. Bei einer 32-Bit-Adresse wie beim Intel-Pentium-Prozessor ist die Wortlänge z. B. vier Bytes lang. Die Speicherung erfolgt also meist auf Wortgrenze. Ein Maschinenwort beginnt im Speicher auf einer ohne Rest durch vier teilbaren Adresse. Wenn keine Ausrichtung durchgeführt wird, dann ist der Zugriff trotzdem möglich, benötigt aber zwei Zugriffszyklen und ist damit langsamer.

Adressraumbelegung für Anwendungsprogramme Die Belegung des Adressraumbereichs für Anwendungsprogramme legen der Übersetzer (Compiler, Interpreter) und dessen Laufzeitsystem fest. In der Regel werden verschiedene Speicherbereiche verwaltet (siehe Glatz 2015):

- Programmcode, Konstanten und initialisierte Daten (statische Variablen), die direkt aus einer ausführbaren Datei in den Speicher geladen werden
- Nicht initialisierte Daten (auch statische Variablen)
- Dynamischer Datenbereich für Daten, die zur Laufzeit erzeugt werden. Der dafür zuständige Datenbereich wird als *Heap* bezeichnet
- Dynamischer Datenbereiche für den *Stack*

Stack und Heap wachsen und schrumpfen während des Programmablaufes. Damit es keine Kollisionen gibt, werden sie möglichst weit auseinandergelegt. Sie können aufeinander zuwachsen oder auch an entgegengesetzte Adressraumgrenzen gelegt werden (siehe

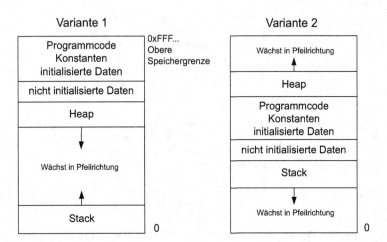

Abb. 7.5 Adressraumbelegungen durch Übersetzer

Abb. 7.5). In jeder Programmiersprache gibt es eigene Regeln zur Platzierung von Programmcode und Daten.

7.1.4 Techniken der Speicherverwaltung

Dieses Kapitel befasst sich überwiegend mit dem Hauptspeicher und erläutert dessen Verwaltung durch das Betriebssystem. Betriebssystemprozesse müssen für den Ablauf mit Hauptspeicher (Betriebsmittel) versorgt werden. Die Aufgabe der Speicherverwaltung übernimmt das Betriebssystem und zwar eine spezielle Komponente des Betriebssystems namens Memory-Manager bzw. Speicherverwalter. Er verwaltet freie und belegte Speicherbereiche und ordnet sie bei Bedarf den Prozessen zu.

In den letzten Jahrzehnten wurden die Techniken zur Speicherverwaltung stark weiterentwickelt. Einige etwas ältere Techniken finden heute (Spezialsysteme und Realzeitsysteme ausgenommen) daher keine Anwendung mehr. Das Konzept des virtuellen Speichers, oft auch in Verbindung mit der Swapping-Technik, hat sich weitgehend durchgesetzt und wird in den meisten Mehrzweckbetriebssystemen eingesetzt. Dieses Konzept bildet auch den Schwerpunkt dieses Kapitels. Trotzdem soll auch ein kurzer Blick auf etwas ältere Techniken geworfen werden, um die Fortschritte in der Entwicklung der Speicherverwaltung einschätzen zu können.

Im Laufe der Zeit wurden verschiedene Mechanismen entwickelt und eingesetzt. Hierzu gehören:

- Speicherverwaltungstechniken für das Singletasking (auch Monoprogramming genannt)

- Speicherverwaltungstechniken für das Multitasking (auch Multiprogramming genannt) mit festen Partitionen
- Speicherverwaltungstechniken für das Multitasking mit variablen Partitionen und Swapping
- Speicherverwaltungstechniken für das Multitasking mit virtuellem Speicher und Paging

Speicherverwaltung bei Singletasking Im Singletasking wird der Speicher nur dem gerade aktiven Programm und dem Betriebssystem zugeteilt. Wie in der Abb. 7.6 für die Betriebssysteme MS-DOS und Palm OS gezeigt, ist dies relativ einfach. Der untere Teil des Speichers wird bei MS-DOS für das Betriebssystem, der obere Bereich (also der mit den höheren Adressen) für Gerätetreiber verwendet und in einem ROM (Read Only Memory) abgelegt. Dieser Bereich wird auch als BIOS (Basic Input Output System) bezeichnet.[1] Dazwischen liegt das gerade aktive Anwendungsprogramm. Bei Palm OS wird z. B. der obere Speicherbereich für das Betriebssystem genutzt.

Speicherverwaltung mit festen Partitionen Beim Multitasking-*Betrieb mit festen Partitionen* wird der Speicher in feste Teile, sog. Partitionen zerlegt. Diese Technik wurde z. B. im Betriebssystem IBM OS/360 verwendet. Ankommende Jobs werden in eine Warteschlange eingereiht. Wenn eine Partition mit ausreichendem Speicher verfügbar ist, wird der Job abgearbeitet. In jeder Partition wird genau ein Job ausgeführt. Eine Variante dieses Konzepts ist die Zuteilung einer Warteschlange für jede Partition. In einer anderen Variante wird eine globale Queue verwaltet (siehe Abb. 7.7), aus welcher die Zuteilung erfolgt. Die Partitionen werden vom Operator fest konfiguriert und können nicht ohne weiteres

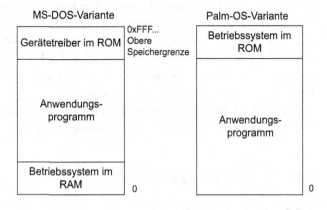

Abb. 7.6 Speicherverwaltung bei Monoprogramming (angelehnt an Tanenbaum und Bos 2016)

---

[1] BIOS ist Firmware und dient vor allem zum Laden und Starten von Systemen. Die Weiterentwicklung des BIOS wird als EFI (Extensible Firmware Interface) bezeichnet und eignet sich auch für 64-Bit-Systeme

Abb. 7.7 Speicherverwaltung
bei Multitasking mit festen
Partitionen (nach Tanenbaum
und Bos 2016)

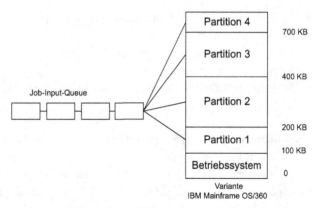

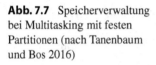

verändert werden. Dieses Speichermodell ist relativ einfach zu implementieren, wird heutzutage aber kaum mehr benutzt.

Speicherverwaltung mit variablen Partitionen und Swapping Eine Weiterentwicklung des Partitionsmodells ist Multitasking mit variablen Partitionen und Swapping, das für Timesharing-Betriebssysteme entwickelt wurde. Hierbei geht man davon aus, dass in Timesharing-Betriebssystemen nicht immer alle aktiven Prozesse in den Hauptspeicher passen. Wenn ein Prozess aktiv ist, wird er im Ganzen in den Hauptspeicher geladen und nach einer gewissen Zeit unter Berücksichtigung einer passenden Strategie wieder auf einen Sekundärspeicher (in der Regel eine Festplatte) ausgelagert.

In Abb. 7.8 ist ein Beispiel für einen zeitlichen Verlauf einer Speicherbelegung mit der Swapping-Technik dargestellt. Die Prozesse A, B und C können ihren Speicher problemlos erhalten. Um den Prozess D auszuführen, muss vorher A ausgelagert („geswapped") werden. Durch das Swapping können ungenutzte Bereiche („Löcher") im Hauptspeicher entstehen. Diese können eliminiert werden (Memory Compaction), was aber relativ aufwändig ist. Der wesentliche Unterschied zu festen Partitionen ist, dass die Anzahl der Prozesse, die Größe des Speicherplatzes und auch der Speicherort variieren können. Der Prozess wird immer dahin geladen, wo gerade Platz ist.

Die virtuelle Speichertechnik ist die heute am meisten genutzte Speicherverwaltungstechnik. Sie soll im folgenden Abschnitt erläutert werden.

7.2   Virtueller Speicher

7.2.1   Grundbegriffe und Funktionsweise

Die virtuelle Speichertechnik ist heute für das Multitasking die gängige Form der Speicherverwaltung. Hinter diesem Konzept stehen die folgenden grundlegenden Gedanken:

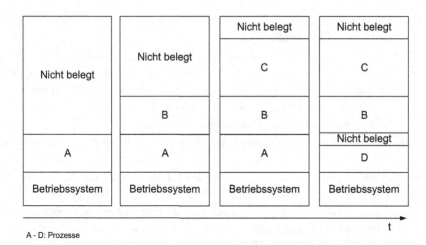

A - D: Prozesse

Abb. 7.8 Speicherverwaltung bei Swapping (angelehnt an Tanenbaum und Bos 2016)

- Ein Prozess sollte auch dann ablaufen können, wenn er nur teilweise im Hauptspeicher ist. Wichtig ist hierbei, dass die Teile des Prozesses (Daten und Code) im physikalischen Speicher sind, die gerade benötigt werden.
- Der Speicherbedarf eines Programms sollte größer als der physikalisch vorhandene Hauptspeicher sein können.
- Ein Programmierer sollte am besten nur einen kontinuierlichen (linearen) Speicherbereich, beginnend bei Adresse 0 sehen und sich nicht um die Zerstückelung (Fragmentierung) des Hauptspeichers auf mehrere Benutzer kümmern müssen.

Das Betriebssystem hält die gerade benutzten Speicherbereiche der Prozesse im Hauptspeicher und den Rest auf einem Sekundärspeicher (einer Festplatte). Dabei geht man davon aus, dass auch große Programme nicht den gesamten Speicher auf einmal benötigen, sondern sich zur Laufzeit oft mit recht hoher *Lokalität* in den gleichen Code- und Datenbereichen aufhalten.

Virtueller Adressraum Der Speicherbereich, den ein Prozess zur Verfügung hat, wird als *virtueller Speicher*, oft auch als *virtueller Adressraum* bezeichnet, da er nicht physikalisch vorhanden ist, sondern vom Memory-Manager nur virtuell für jeden Prozess bereitgestellt wird. Der tatsächlich vorhandene Speicher wird auch *realer* bzw. *physischer Speicher* oder *realer Adressraum* genannt. Der virtuelle Speicher ist also ein logischer Speicher, den ein Prozess nutzt und der zur Laufzeit auf realen Speicher abgebildet wird.

Die Verwaltung und der optimale Einsatz der virtuellen Speichertechnik erfordert einiges an Arbeit. Das Betriebssystem bzw. der Memory-Manager muss mehrere Strategien implementieren. Hierzu gehört die Abrufstrategie (Fetch Policy, Varianten sind Demand Paging oder Prepaging), die Speicherzuteilungsstrategie (Placement Policy), die Austauschstrategie (Replacement Policy = Seitenersetzungs- bzw. Verdrängungsstrategie) und die Aufräumstrategie (Cleaning Policy).

Die Abrufstrategie regelt den Zeitpunkt des Einlesens von Speicherbereichen in den Hauptspeicher, die Speicherzuteilungsstrategie ermittelt, wohin neu eingelesene Speicherbereiche im Hauptspeicher platziert werden, die Austauschstrategie kümmert sich um das Entfernen von Speicherbereichen, wenn eine Verdrängung notwendig ist, und die Aufräumstrategie kümmert sich darum, dass möglichst immer etwas Platz im Hauptspeicher ist. Auf die einzelnen Strategien und deren Varianten wird im Weiteren noch eingegangen.

Paging Der Vorgang des Transports der Daten vom Hauptspeicher auf die Festplatte und umgekehrt wird als *Paging* bzw. Ein- und Auslagern bezeichnet. Genauer gesagt, spricht man in der heute üblichen Nutzung hier auch von *Demand Paging*, als Form der Abrufstrategie, da hier eine Einlagerung nur auf Anforderung, also wenn die Daten benötigt werden, durchgeführt wird. Demand Paging holt also nur die Seiten in den Hauptspeicher, die auch benötigt werden. Kennt man die Lokalität der Programme (siehe Lokalitätseffekt) bzw. kann diese gut einschätzen, kann man auch Prepaging als alternative Abrufstrategie nutzen. Im Gegensatz zu Demand Paging werden hier Seiten in den Hauptspeicher geholt, die noch nicht angefordert wurden. Auch Kombinationen von Demand Paging und Prepaging sind sinnvoll und praxisrelevant. Man kann zum Beispiel beim Holen einer angeforderten Seite gleich die benachbarten Seiten oder sonstige Seiten nach einem bestimmten Algorithmus in den Hauptspeicher laden.

Paging-Area Der Teil der Festplatte, der für die ausgelagerten Seiten verwendet wird, heißt *Paging-Area* und wird auch als *Schattenspeicher* bezeichnet. Die Strategien, die zum Ein- und Auslagern benutzt werden, sind vielfältig, wobei grundsätzlich immer versucht wird, die Seiten im Hauptspeicher zu halten, die auch in naher Zukunft benötigt werden, um ein Paging möglichst selten auszuführen. Es sollte noch erwähnt werden, dass Paging für die Daten der Anwendungsprozesse sinnvoll ist, die umfangreichen und zum Teil auch sehr kleinen Datenstrukturen des Kernels sollten aber – wenn möglich – nicht oder nicht immer dem Paging unterworfen werden, sondern eher im Hauptspeicher verbleiben, um das System effizient zu halten. Welche Speicherbereiche ausgelagert werden dürfen, regelt das Betriebssystem.

Seiten und Seitenrahmen Wie in Abb. 7.9 deutlich wird, werden die Speicherbereiche des virtuellen und auch des realen Adressraums in Blöcke aufgeteilt, deren Größe von der Hardware abhängt. Die Blöcke des virtuellen Adressraums werden als *Seiten (Pages)* und die des realen Adressraums als *Seitenrahmen* (Page Frames, Frames, auch: Kacheln, oder kurz Rahmen genannt) bezeichnet. Eine ausgewogene Größe der Seiten und Seitenrahmen ist wichtig, da bei zu kleinen Seitenrahmen mehr Ein-/Ausgabeoperationen erforderlich sind und bei zu großen Seiten Speicherplatz verschwendet wird. In vielen 32-Bit-

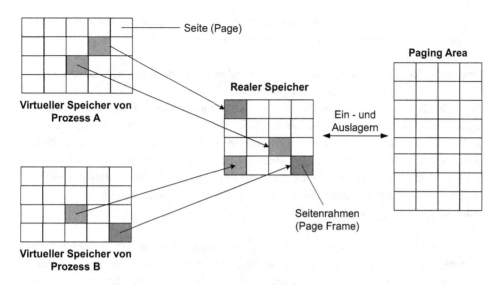

Abb. 7.9 Grundprinzip der virtuellen Speichertechnik

Prozessoren wurde eine Größe von 4 KiB gewählt, aber auch Größen von 1, 8, 16, 64 KiB und 2, 4 und sogar 16 MiB sind vorzufinden. Heutige Prozessoren unterstützen meist mehrere Größen und die Nutzung größerer Seiten nimmt in Betriebssystemen zu.

In der virtuellen Speichertechnik muss der Memory-Manager also Strategien zur Verwaltung von virtuellem und realem Adressraum implementieren. Da Seiten ausgelagert werden müssen, um für andere wieder Platz zu machen, sind auch sog. Austausch- bzw. *Seitenersetzungs-* oder *Verdrängungsstrategien* notwendig. Zur Suche und Zuordnung geeigneter Seitenrahmen im Hauptspeicher verwendet man verschiedene *Speicherzuteilungsstrategien.*

MMU Die virtuelle Adressierung wird heute von den gängigen Prozessoren der Intel-Familie, der SPARC-Familie, usw. hardwaretechnisch unterstützt. Für diese Hardware-unterstützung ist die *Memory Management Unit* (MMU) zuständig. Die MMU ist heute meistens eine Funktionseinheit des Prozessors und dient dazu, die virtuellen Adressen auf reale (physikalische) Adressen abzubilden. Die MMU enthält auch mehrere Spezialregister.

Die CPU sendet der MMU die (logische) virtuelle Adresse, die MMU erzeugt daraus nach einem vorgegebenen Algorithmus die physikalische Adresse im Hauptspeicher und sendet diese über den Adressbus an den Hauptspeicher weiter (vgl. hierzu Abb. 7.10). Im Weiteren soll nun die Funktionsweise eines virtuellen Speichers näher erläutert werden.

Der Memory-Manager stellt im Multitasking-Betrieb jedem Prozess einen eigenen virtuellen Adressraum zur Verfügung. Weiterhin verwaltet der Memory-Manager die Paging-

Area, deren Größe sich von der Anzahl der Prozesse und von gewissen Erfahrungswerten ableitet und ebenfalls im System konfiguriert wird.

Seitentabellen Die virtuellen Adressräume werden im Memory-Manager als sog. *Seitentabellen* (Page Tables) verwaltet, und zwar je eine Seitentabelle je Prozess. Dies sind einfache Tabellen mit Information darüber, wo die Frames tatsächlich im Hauptspeicher zu finden sind. Eine virtuelle Adresse wird in einen Seitentabellenindex und in eine Distanz zerlegt. Die Distanz gibt die genaue Byteadresse innerhalb einer Seite an. Mit Hilfe des Seitentabellenindex wird in der zugehörigen Seitentabelle der Eintrag ermittelt, in dem der Verweis auf den adressierten Frame (Frame-Nummer) steht. Die Frame-Nummer wird zur physikalischen Adresse ergänzt. Gemeinsam mit der Distanz erhält man die physikalische Adresse (siehe Abb. 7.11).

Für den Programmierer (bzw. bei höheren Programmiersprachen den Compiler, der die Maschinenbefehle einschließlich Adressierung der Operanden erzeugt) ist der virtuelle Adressraum sichtbar, so als ob er der reale wäre. Die Umsetzung auf die realen Adressen übernimmt der Memory-Manager meist mit Hilfe der MMU oder in Eigenregie, sofern keine MMU vorhanden ist.

In Abb. 7.12 ist ein virtueller Adressraum von 64 KiB dargestellt, wobei die Seitengröße 4 KiB ist. Als realer Speicher sind nur 32 KiB mit Frames der Größe 4 KiB vorhanden. Generell ist es zwingend, die Seitengröße mit der Seitenrahmengröße gleichzusetzen. Die Abbildung zeigt, dass im virtuellen Adressraum einige Seiten belegt sind. Die Pfeile deuten an, in welchen Frames die Seiten im realen Speicher eingelagert sind. Wichtig ist auch, dass die im virtuellen Adressraum belegten Seiten auf beliebige, nicht zwangsläufig in der gleichen Reihenfolge vorliegende Frames abgebildet werden.

Es sei nochmals darauf hingewiesen, dass in den Seitentabellen, die der Memory-Manager verwaltet, nur Verweise auf die Frames im Hauptspeicher sind und (da virtuell) keine Daten verwaltet werden. Die Daten und der Programmcode liegen im realen Speicher. Während der Prozess läuft, müssen alle benötigten Daten und der gerade ausgeführte Code im realen Speicher sein. Die Seitentabellen liegen üblicherweise in einem Speicherbereich, den der Kernel verwaltet.

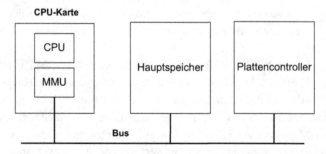

Abb. 7.10 CPU und MMU im Zusammenspiel (nach Tanenbaum und Bos 2016)

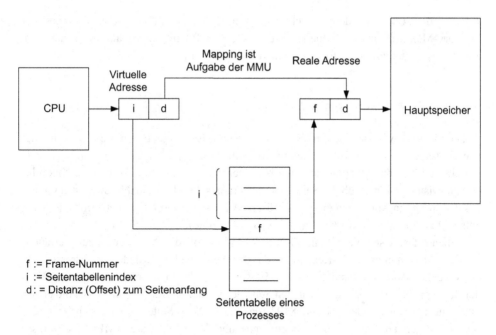

Abb. 7.11 Einfache Adressumsetzung bei virtueller Adressierung

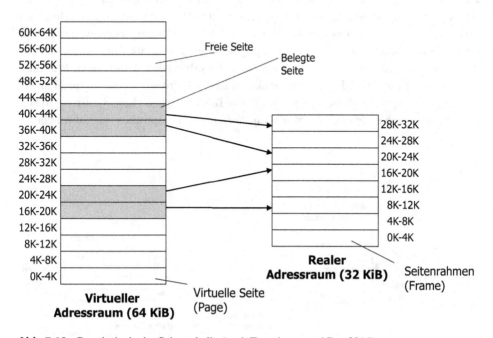

Abb. 7.12 Grundprinzip der Seitentabelle (nach Tanenbaum und Bos 2016)

Adressumsetzung Für den tatsächlichen Zugriff auf den Hauptspeicher muss der Memory-Manager für jede virtuelle Adresse, die vom Programm aus angesprochen wird, eine Adressumsetzung über folgende Funktion durchführen:

```
f(virtuelle Adresse) reale Adresse
```

Die virtuelle Adresse, die umgesetzt werden soll, ist Ausgangspunkt der Berechnung. Die Umsetzung ist in Abb. 7.13 nochmals grafisch dargestellt. Über eine Seitentabelle wird letztendlich das Mapping der Page-Nummer (p) auf die Frame-Adresse durchgeführt (f). Die Distanz d innerhalb der Seite bzw. des Frames wird bei der Abbildung unverändert aus der virtuellen Adresse in die physikalische Adresse übernommen. Die Größe der Page entspricht damit der Größe des Frames (z. B. 4096 Byte).

Anhand des Assemblerbefehls *MOVE R1, 8196* soll die Adressumsetzung erläutert werden: R1 ist hier ein CPU-Register, in das der Wert geladen wird, der auf Adresse 8196 des virtuellen Adressraums liegt. In dem Beispiel liegt die angesprochene Adresse bei einer Seitengröße von 4 KiB in der dritten Seite des virtuellen Adressraums (0 ist die erste). Die Seite beginnt bei der Adresse 8192 (dezimal). Diese Seite befindet sich im realen Speicher im ersten Rahmen (mit 0 beginnend), und daher bildet die MMU diese Adresse auf die reale Adresse 4 ab.

Page Fault Damit ein Befehl ausgeführt werden kann, müssen die Seiten, in welcher der Befehl liegt, und alle Seiten, in denen die verwendeten Daten liegen, auch tatsächlich im realen Speicher sein. Ist dies zum Zeitpunkt der Befehlsausführung nicht so, müssen alle erforderlichen Seiten zunächst in den Hauptspeicher eingelesen werden. Um dies zu bewerkstelligen, wird von der MMU eine besondere Unterbrechung, der sog. *page fault* oder *Seitenfehler* erzeugt, und damit wird der aktuell laufende Prozess zunächst einmal unterbrochen. Ein *page fault* (Seitenfehler) ist also ein Trap (siehe auch Kap. 3), den die MMU erzeugt, wenn von einem Prozess eine virtuelle Adresse angesprochen wird, die nicht im

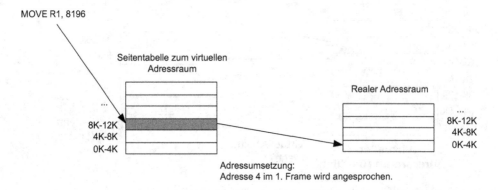

Abb. 7.13 Beispiel zur Adressumsetzung

Hauptspeicher geladen ist. Die aktuelle Adresse, die den Seitenfehler ausgelöst hat, wird vermerkt. Bei Intel-Prozessoren wird diese z. B. im Kontrollregister CR2 abgelegt. Das Betriebssystem springt in den Kernelmodus und zwar auf eine spezielle Interruptroutine zur Bearbeitung des Seitenfehlers und versucht unter Beachtung der Seitenersetzungsstrategie und der Vergabestrategie die Seite in einen Frame zu laden. Anschließend erhält der Prozess entweder sofort oder später je nach Zuteilungsstrategie (siehe Kap. 5) wieder den Prozessor.

Einstufige Seitentabellen

Man unterscheidet je nach Verwaltungsstrategie unterschiedliche Typen von Seitenumsetzungstabellen bzw. kurz Seitentabellen. Bei einer einstufigen Seitentabelle besteht die virtuelle Adresse aus zwei Teilen:

- Eine Seitennummer i als Index auf die Seitentabelle
- Eine Distanz (Offset) d als Verweis auf die exakte Adresse innerhalb des Frames

Über den Index wird der Anfang des Eintrags in der Seitentabelle adressiert. Falls dieser Seite aktuell ein Frame zugeordnet ist, steht im adressierten Seitentabelleneintrag die Adresse des Frames, in dem die eigentlichen Daten bzw. die auszuführenden Codebereiche liegen. In jedem Seitentabelleneintrag gibt ein Present/Absent-Kennzeichen (Flag) an, ob die Seite im Hauptspeicher liegt oder nicht.

Abb. 7.14 zeigt nochmals die Adressumsetzung der virtuellen 16 Bit langen Adresse 8196 mit einer einstufigen Seitentabelle, die über 16 Einträge verfügt. 16 Einträge ergeben einen virtuellen Adressraum von 64 KiB (4 * 16 KiB = 64 KiB). Als realer Adressraum sind im Beispiel über 15-Bit-Adressen genau 32 KiB adressierbar. Die Adresse wird bei der Adressumsetzung in die Seitennummer 0b0010 und das Offset 0b000000000100 zerlegt. Mit der Seitennummer wird die Seitentabelle indiziert. Im Beispiel wird die Seitennummer 0b0010, also dezimal 2, adressiert. Ein spezielles Basisregister des Prozessors zeigt auf den Anfang der aktuellen Seitentabelle. Addiert man zur die Anfangsadresse den Index 2, so erhält man den gesuchten Eintrag. Im entsprechenden Eintrag steht der Verweis 0b000 auf den Frame. Frame-Adresse und Offset werden zur 15 Bit langen realen Adresse zusammengefügt (2^{15} = 32 KiB).

Mit 4 Bit, die für die Seitennummer zur Verfügung stehen, kann man also 16 Einträge adressieren. Bei 10 Bit sind es schon 1024 Einträge (2^{10}) und damit ergibt sich bei einer Seitengröße von 4 KiB ein virtueller Adressraum von 1024 * 4 KiB = 4 MiB.

Für große Adressräume sind auch große Seitentabellen zu verwalten. Bei einer 32-Bit-Adresse und einer Seitengröße von 4 KiB sind es immerhin schon eine Million Einträge (2^{20}) in der Seitentabelle, und dies für jeden einzelnen Prozess, der gerade im System ist. Da die Adressumsetzung sehr häufig ausgeführt wird, muss sie sehr schnell sein. Hinzu kommt, dass die Seitentabellen für die meisten Prozesse viel zu groß sind, man verschenkt also durch die Verwaltung großer Seitentabellen ggf. viel Speicher.

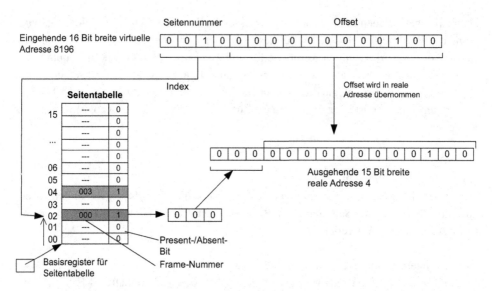

Abb. 7.14 Beispiel für Adressumsetzung mit einstufiger Seitentabelle (nach Tanenbaum und Bos 2016)

Mehrstufige Seitentabellen

Zu Optimierungszwecken setzt man heute meist mehrstufige Seitentabellen ein. Die IA32-Architektur unterstützt beispielsweise eine zweistufige Seitentabelle mit 32 Bit breiten virtuellen Adressen, die je 10 Bit für die zwei Seitentabellenindices und ein Offset von 12 Bit enthalten. In der Prozessorarchitektur des *AMD Opteron* bzw. *Athlon* (64-Bit-Prozessor, x64-Architektur) wird sogar eine vierstufige Seitentabelle unterstützt. Die virtuellen Adressen sind 48 Bit breit. Die Adresse enthält vier Seitentabellenindices zu je 9 Bit und ein 12 Bit langes Offset. Wie ein Betriebssystem die Hardwaregegebenheiten nutzt, ist den Systementwicklern überlassen.

Linux verwaltet seit der Kernel-Version 2.6.11 standardmäßig z. B. eine vierstufige Seitentabelle, bis zu dieser Version wurde eine dreistufige Seitentabelle verwendet. Sowohl bei der IA32- als auch bei der x64-Architektur ist also ein Mapping der Hardwaremechanismen auf die Betriebssystemmechanismen erforderlich.

Der allgemeine mehrstufige Mechanismus soll nun am Beispiel der zweistufigen Seitentabelle näher betrachtet werden (siehe Abb. 7.15).

Die virtuelle Adresse setzt sich aus drei Bestandteilen, im Bild mit i1, i2 und d bezeichnet, zusammen. i1 ist ein Index und verweist in der sog. äußeren Seitentabelle (Top-Level- oder First-Level-Seitentabelle) auf einen Eintrag, der wiederum auf den Anfang der zweiten Seitentabelle verweist. i2 ist ein weiterer Index, der innerhalb der zweiten Seitentabelle auf den adressierten Eintrag verweist. In diesem Eintrag steht dann letztendlich der Verweis f auf den konkreten Seitenrahmen. Die Distanz d wird wie bei der einstufigen Seitentabelle genutzt.

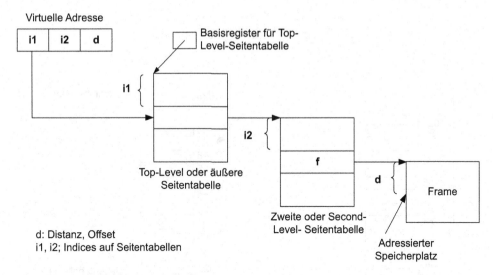

Abb. 7.15 Zweistufige Seitentabelle

In Abb. 7.16 ist z. B. eine konkrete zweistufige Seitentabelle dargestellt, wobei 32-Bit-Adressen unterstützt werden. Der 10-Bit-Index i1 verweist auf die Top-Level-Seitentabelle, der 10-Bit-Index i2 auf eine der Second-Level-Seitentabellen und 12 Bit sind für das Offset vorgesehen, was einer Seiten- und Framegröße von 4 KiB (2^{12}) entspricht. Der gesamte virtuelle Adressraum ist 2^{32} Byte, also 4 GiB groß. Wie die Abbildung zeigt, sind vom Memory-Manager je Prozess maximal 1024 Second-Level-Seitentabellen zu verwalten, allerdings sind nur die angelegt, die auch tatsächlich benötigt werden. Bei voller Belegung des Adressraums müssen natürlich genau so viele Second-Level-Seitentabelleneinträge verwaltet werden wie bei einer einstufigen Seitentabelle, also eine Million Einträge à 4 KiB. Hinzu kommt der Speicherbedarf für die Top-Level-Tabelle.

Zu der speicherintensiven Verwaltung der Seitentabellen kommt noch der Aufwand hinzu, dass eine nicht im Hauptspeicher eingelagerte Seite bei einem Seitenfehler nachgeladen und der Hauptspeicher möglichst immer von unnötigen Ballastseiten befreit werden muss. Trotz des immensen Aufwands ist die virtuelle Speichertechnik mit Demand Paging heute das am meisten verwendete Verfahren zur Speicherverwaltung.

Es sei hier erwähnt, dass die Speicherbereiche für die Seitentabellen je nach Betriebssystem meist auch dem Paging unterliegen und daher bei Bedarf ausgelagert werden. Ein Prozess kann allerdings nur aktiv werden, wenn er Zugriff auf die Seitentabelle im Hauptspeicher hat.

Abb. 7.17 zeigt einen möglichen Eintrag einer Seitentabelle mit typischen Informationen. Das C-Bit gibt an, ob die Seite in einem Betriebssystempuffer (Cache) abgelegt werden darf oder nicht. Je nach Betriebssystem kann der Zugriffsschutz (Protection) auf einzelne Seiten angewendet werden oder nicht. Die Bedeutung der weiteren Felder oder

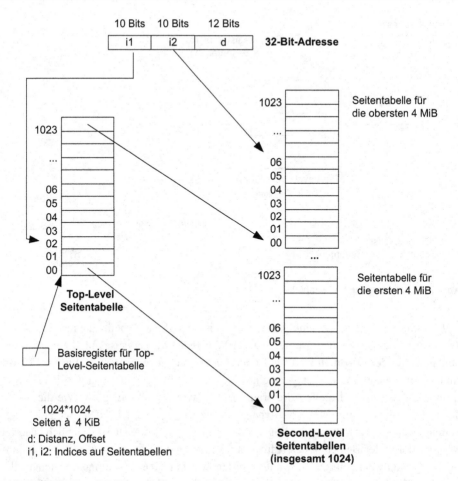

Abb. 7.16 Zweistufige Seitentabelle am Beispiel

Kennzeichen ergibt sich aus der Abbildung. Die Informationen zu den Seitentabelleneinträgen sind im Betriebssystemkernel gespeichert.

7.2.2 Optimierung der Speicherverwaltung

Die Umsetzung einer virtuellen Adresse auf eine reale Adresse ist im Vergleich zur klassischen Adressierung mit zusätzlichen Hauptspeicherzugriffen auf die Seitentabellen verbunden und verschlechtert damit die Leistungsfähigkeit. Anstatt eines Hauptspeicherzugriffs auf die adressierten Daten sind bei zweistufiger Adressierung drei Hauptspeicherzugriffe erforderlich, da neben den adressierten Daten auch die Top-Level- und die Second-Level-Seitentabelleneinträge aufgesucht werden müssen. Hinzu kommt, dass mit

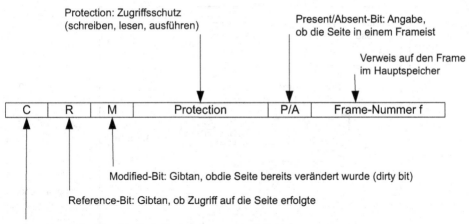

Abb. 7.17 Typischer Seitentabelleneintrag

zunehmender Adressraumgröße auch der Speicherplatz für die Verwaltung der Seitentabellen enorm wächst.

Bei 64-Bit-Prozessoren können mehrstufige Seitentabellen zwar grundsätzlich angewendet werden, aufgrund der adressierbaren Speichergröße reichen zwei oder auch drei Stufen aber nicht aus. Man muss dann bis zu sechs Stufen verwenden, was den Aufwand beim Speicherzugriff nochmals deutlich erhöht.

Optimierungskonzepte sind also notwendig. Zur Optimierung der Speicherzugriffe hat man daher weitere Mechanismen entwickelt, die direkt von der Hardware (in der MMU) unterstützt werden. Im Weiteren soll auf *Adressumsetzpuffer* (TLB) und *invertierte Seitentabellen* eingegangen werden. Eine andere Möglichkeit ist es, größere Seiten (sog. large Pages) zu verwenden, was insbesondere bei 64-Bit-Prozessoren sinnvoll ist und auch in Betriebssystemen wie Windows unterstützt wird.

Adressumsetzpuffer (TLB)

Ein *Adressumsetzpuffer* (*Translation Lookaside Buffer*) ist ein eigener, schneller Speicher (Cache), der eine Tabelle darstellt, in der eine Zuordnung von virtueller auf reale Adressen verwaltet wird. Er ist üblicherweise Bestandteil der MMU (siehe Kap. 1) und hat je nach Implementierung schnellere Zugriffszeiten (z. B. um den Faktor 5) als der Hauptspeicher (vgl. hierzu Herrmann 2002).

Es werden die aktuell am häufigsten benutzten Seitennummern in die Tabelle eingetragen. Bei jeder Adressumsetzung wird zunächst geprüft, ob die aktuelle virtuelle Adresse im Adressumsetzpuffer liegt. Wenn ja (TLB hit), muss kein Zugriff auf die Seitentabellen erfolgen, da die reale Adresse des gesuchten Frames schon ermittelt worden ist und man sich somit weitere Hauptspeicherzugriffe erspart. Im anderen Fall (TLB miss) muss wie bisher über die klassische Adressumsetzung über die Seitentabelle(n) ein Mapping auf die reale Adresse vorgenommen werden (Abb. 7.18).

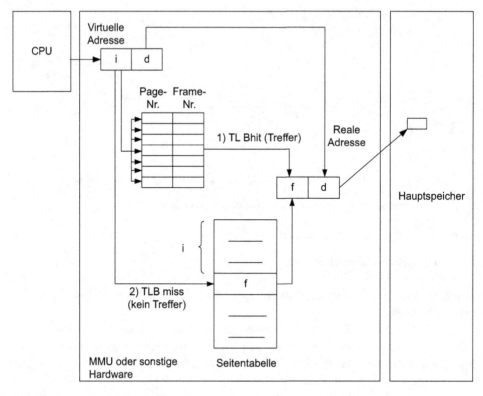

Abb. 7.18 Arbeitsweise eines TLB

Die Anzahl der Einträge in einem Adressumsetzpuffer ist abhängig von der Rechnerarchitektur. IA64-Prozessoren verfügen beispielsweise über 128 im TLB, der Intel Core Duo über ca. 500 Einträge. Interessant ist, dass aufgrund der hohen Lokalität vieler Programme bereits bei acht Einträgen eine beträchtliche Leistungsoptimierung möglich ist. Bei genügend großen Adressumsetzpuffern kann man sogar auf die Hardwareunterstützung bei der Adressumrechnung verzichten.

Die Nutzung des TLB kann die Leistung enorm erhöhen. Es sind aber noch zu klären, welche Einträge im TLB gehalten werden und welche Einträge entfernt werden, wenn kein Platz mehr frei ist. Zunächst muss festgehalten werden, dass jeder Rechnerkerns einen eigenen TLB (innerhalb der MMU) enthält. Dieser kann entweder nur Einträge für den aktiven Prozess enthalten oder alternativ auch für Prozesse, die gerade nicht aktiv sind. Im ersten Fall muss der Inhalt des TLB bei jedem Kontextwechsel vollständig durch den Inhalt für den ausgewählten Nachfolgeprozess ersetzt werden. Im zweiten Fall muss man die TLB-Einträge anhand eines weiteren Identifikationskriteriums voneinander unterscheiden können. Ein TLB-Eintrag enthält dann z. B. neben der virtuellen Adresse und dem Verweis auf den Seitenrahmen im Hauptspeicher auch die Prozess-Identifikation (PID), da die virtuelle Adresse allein im Betriebssystem nicht ausreicht, um eine Seite einem konkreten Prozess zuzuordnen. Jeder Prozess-Adressraum verfügt schließlich über die gleichen Seitennummern. Man spricht hier auch von einem „Tagged" TLB (siehe Abb. 7.19).

Wenn eine Seite adressiert wird, die nicht im TLB referenziert wird, also ein „TLB miss" vorliegt, wird die Referenz auf diese Seite im TLB eingetragen. Dazu muss allerdings ggf. ein anderer Eintrag verdrängt werden. Üblicherweise wird für diese recht kleinen Cache-Speicher eine LRU-Strategie (Least Recently Used) für die Verdrängung ältere Einträge verwendet, um für neue Einträge Platz zu schaffen. Wir werden diese Strategie im Zusammenhang mit der Seitenersetzung in diesem Kapitel noch genauer betrachten.

Invertierte Seitentabellen

Bei 64-Bit-Prozessoren wie etwa dem Intel-Itanium-Prozessor, der über einen virtuellen Speicher von 16 Exabyte (2^{64} Adressen) verfügt, steigt aufgrund der breiteren Adressen die Größe der Seitentabellen unverhältnismäßig an. Die benötigten Datenmengen nur für die Ablage der Seitentabellen eines Prozesses im Hautspeicher wären nicht mehr vertretbar.

Um Speicher zu sparen, verwendet man sog. *invertierte Seitentabellen*. Man nutzt hier die Tatsache, dass der physikalische Speicher viel kleiner ist als der virtuelle. Man geht so vor, dass man eine Tabelle anlegt, mit der man die physikalischen auf die virtuellen Adressen abbildet.

Der Vorteil der Vorgehensweise ist, dass wesentlich weniger Tabelleneinträge benötigt werden. Man benötigt nur noch so viele Seitentabelleneinträge wie man Frames im Hauptspeicher zur Verfügung hat. Nachteilig ist, dass es keine Ordnung nach virtuellen Adressen mehr gibt und die Suche daher etwas aufwändiger ist. Es kann nicht mehr über Seitentabellenindices positioniert werden.

Man unterscheidet verschiedene Varianten von invertierten Seitentabellen, die sich vorwiegend in der Suche unterscheiden. Neben einfachen invertierten Seitentabellen, die sequenziell durchsucht werden, verwendet man auch invertierte Seitentabellen kombiniert mit Hashverfahren. Bei Seitentabellen kombiniert mit Hashverfahren (*hashed page table*)

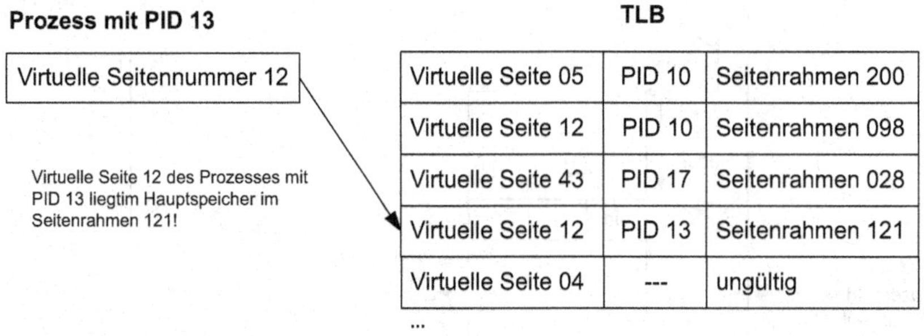

Prozess mit PID 13   **TLB**

Virtuelle Seitennummer 12	Virtuelle Seite 05	PID 10	Seitenrahmen 200
	Virtuelle Seite 12	PID 10	Seitenrahmen 098
Virtuelle Seite 12 des Prozesses mit PID 13 liegtim Hauptspeicher im Seitenrahmen 121!	Virtuelle Seite 43	PID 17	Seitenrahmen 028
	Virtuelle Seite 12	PID 13	Seitenrahmen 121
	Virtuelle Seite 04	---	ungültig
	...		

Abb. 7.19 Aufbau eines TLB

wird für die Suche nach einem Seitenrahmen aus der virtuellen Adresse ein Hashwert gebildet, der als Index auf eine Hashtabelle dient, in der zu den virtuellen Adressen die
Adressen der Seitenrahmen gespeichert sind. Invertierte Seitentabellen kombiniert mit
Hashverfahren werden z. B. im Power PC, in der IBM AS/400 und im Intel-Itanuim-Pro-
zessor genutzt. Die Suche kann über Hashverfahren wesentlich beschleunigt werden.

In die Einträge der invertierten Seitentabellen speichert man die Prozess-Identifikation
(PID), die Seitennummer der virtuellen Seite und die Frame-Nummer, die im Hauptspeicher für die Seite verwendet wird. Für die Hashwertbildung wird dann neben der virtuellen
Adresse auch die PID des gerade betroffenen Prozesses verwendet. Die PID ist bei der
invertierten Seitentabelle wichtig, da die Seitennummer für sich nicht eindeutig ist, es sei
denn die invertierte Seitentabelle wird beim Prozesswechsel immer nur für den aktiven
Prozess gefüllt.

Die Zusammenhänge sind in Abb. 7.20 dargestellt. Wie die Abbildung zeigt, wird aus
der PID des Prozesses, für den eine Adressumsetzung erfolgen soll, und aus einem Teil der
virtuellen Adresse ein verkürzter Hashwert (im Beispiel 12 Bit) gebildet. Mit Hilfe dieses
Hashwertes wird in der invertierten Seitentabelle nach einem Eintrag gesucht. Wird ein
Eintrag gefunden, so kann man aus diesem die Nummer des gesuchten Seitenrahmens
direkt auslesen.

Da durch das Hashverfahren eine Doppel- oder Mehrfachbelegung eines Eintrags der
Seitentabelle möglich ist, (Kollisionen können auftreten, siehe Anhang) wird zu einem
Seitentabelleneintrag bei Bedarf eine verkettete Kollisionsliste ergänzt. Um bei einer Kollision schnell zu ermitteln, welcher Eintrag der verketteten Liste der richtige ist, werden
die Einträge der Liste sequenziell abgearbeitet und dabei mit der gesuchten Adresse
verglichen. Statistische Untersuchungen bei Prozessoren wie IBM RS/6000 haben ge-

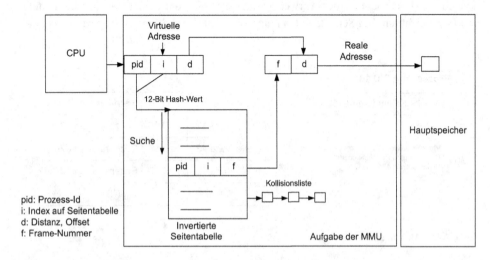

Abb. 7.20 Arbeitsweise der invertierten Seitentabelle

zeigt, dass im Durchschnitt zwei Zugriffe auf die invertierte Seitentabelle notwendig sind, um den richtigen Eintrag zu finden.

Der Zugriff auf die Seitentabelle mit Hilfe eines Hashverfahrens (Hashing der virtuellen Adresse) kann durch die Hardware unterstützt werden. Prozessorarchitekturen wie IBM RS/6000, HP PRECISION, IBM AS/400, Intel Itanium usw. bieten dies beispielsweise an.

Die invertierte Seitentabelle wird in der Regel komplett im Hauptspeicher gehalten und muss nicht, wie bei großen „herkömmlichen" Seitentabellen, ausgelagert werden.

Zur weiteren Verbesserung der Leistungsfähigkeit verwendet man zusätzlich die oben beschriebenen Adressumsetzpuffer, in denen die Seiten- mit den zugehörigen Frame-Adressen aufbewahrt werden, die sehr häufig benutzt werden. Eine Suche in der invertierten Seitentabelle muss nur dann erfolgen, wenn die adressierte Seite nicht im TLB ist.

7.2.3 Seitenersetzung und Verdrängung (Replacement)

Bei einem Seitenfehler wählt der Memory-Manager, sofern nicht noch Seitenrahmen frei sind, eine Seite aus, die verdrängt, also in die Paging-Area ausgelagert werden muss, um Platz für die neue Seite zu schaffen. Die Strategie, die verwendet wird, um eine zu verdrängende Seite auszuwählen, wird als *Seitenersetzungsstrategie* (Replacement-Strategie) bezeichnet.

Optimal wäre, wenn alle zukünftigen Seitenzugriffe im Vorfeld bestimmt werden könnten. Wenn die Zukunft bekannt wäre, könnte man die Seiten einlagern, die schon einlagern, bevor Sie benötigt werden. Dies ist aber nicht zu realisieren. Bedarfsgerechte Strategien, auch als *Demand-Paging* bezeichnet, reagieren erst, wenn eine Anforderung zur Seiteneinlagerung da ist und kein freier Seitenrahmen mehr verfügbar ist.

Man unterscheidet prozesslokale und globale Einlagerungsstrategien zur Seitenersetzung. Bei ersteren wird die Seitenersetzung für jeden Prozess isoliert durchgeführt, bei letzteren gemeinsam für das ganze System. Globale Strategien bieten mehr Möglichkeiten der Optimierung.

Wir werden im Folgenden einige sowohl prozesslokal als auch für global verwendbare Algorithmen betrachten, die für die Replacement-Strategie in Frage kommen und beginnen mit der optimalen, aber rein theoretischen Variante.

Der optimale Algorithmus Wie bereits angedeutet, wäre es am besten, wenn die Seitenersetzung immer die zukünftigen Seitenzugriffe aller Prozesse berücksichtigen könnte, weil dann wenige Seitenfehler auftreten würden. Ein optimaler Algorithmus würde die Seitenrahmen für eine Ersetzung auswählen, die am spätesten von allen belegten Seitenrahmen wieder benötigt würden. In Abb. 7.21 wäre das bei der vierten Referenz auf die Seite mit der Nummer 2 der Seitenrahmen, in dem sich die Seite 7 befindet (siehe Beispiel aus Beispiel aus Silberschatz et al. 2009). Diese optimale Strategie fand Belady bereits im Jahre 1966.

Der Grund für die schwierige bzw. unmögliche Realisierung ist, dass es nicht praktikabel ist, das Verhalten eines Prozesses hinsichtlich seiner Speicherzugriffe vorher sicher zu bestimmen. Das Betriebssystem kann zum Zeitpunkt des Seitenfehlers nicht wissen, wann welche Seite als nächstes verwendet wird. Das Verfahren würde nur für deterministische Programme, bei denen alle Seitenanforderungen schon von vorneherein bekannt sind, funktionieren. Ein ähnliches Problem hatten wir bereits beim Prozess-Scheduling mit den Shortest-Job/Process-First-Verfahren. Auch hier kann das Betriebssystem zum Zeitpunkt der Scheduling-Entscheidung nicht wissen, wie lange ein Prozess noch dauert. Der Algorithmus von Belady wird heute gerne als Referenz-Algorithmus benutzt.

Im Laufe der letzten Jahrzehnte wurden verschiedene Seitenersetzungs- oder Replacement-Algorithmen entwickelt, von denen im Folgenden einige kurz besprochen werden sollen. Hierzu gehören NRU, FIFO, Second Chance, Clock Page, LRU und NFU. Es gibt natürlich noch weitere Strategien, die erforscht wurden. Hierfür sei auf die Literatur verwiesen.

NRU Seiten, die in letzter Zeit nicht genutzt wurden, sind bei *NRU* (Not Recently Used) die Kandidaten für die Verdrängung. Dieser Algorithmus ist einfach zu implementieren, da nur die R/M-Bits (Referenced- und Modified-Bit) zu verwalten sind (siehe Abb. 7.22). Wie bereits erläutert, werden diese Bits in den Seitentabelleneinträgen der virtuellen Adressräume verwaltet.

Das M-Bit ist zu setzen, wenn ein Seitenrahmen (und damit die logische Seite) sich verändert, das R-Bit muss gesetzt werden, wenn auf den Seitenrahmen – lesend oder schreibend – zugegriffen wird. Das Setzen der Bits erfolgt dabei meist durch die Hardware, das Zurücksetzen durch die Software (Kernel). In bestimmten Zeitabständen wird das R-Bit gelöscht, so dass nur bei den Seiten das R-Bit gesetzt ist, die in der letzten Zeit auch benutzt wurden. Man unterscheidet vier Klassen von Seiten:

1) R = 0, M = 0 (Seiten werden als erstes ausgelagert)
2) R = 0, M = 1

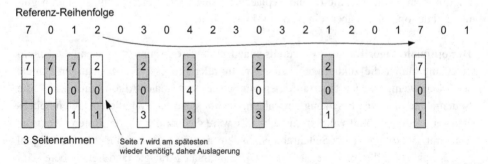

Abb. 7.21 Optimale Seitenersetzung nach Belady

Abb. 7.22 Seitentabelleneintrag für NRU

3) R = 1, M = 0
4) R = 1, M = 1 (Seiten werden als letztes ausgelagert)

Die Seitenersetzung könnte bei NRU wie folgt durchgeführt werden:

• Wird eine Seitenersetzung fällig, wählt der Memory-Manager, falls vorhanden, eine Seite, die weder modifiziert noch referenziert wurde (Klasse 1).
• Ist keine derartige Seite verfügbar, wählt er eine nicht referenzierte, aber bereits modifizierte Seite aus (Klasse 2).
• Erst wenn es auch keine Seite mit diesem Typ gibt, wird eine referenzierte, nicht modifizierte Seite ausgewählt (Klasse 3).
• Gibt es auch keine verfügbare Seite der Klasse 3, wird eine Seite der Klasse 4 gewählt.

Eine ausgewählte Seite mit gesetztem M-Bit muss natürlich vor der Verdrängung noch auf die Paging-Area geschrieben werden. Damit stellt man Seiten, die vor längerer Zeit verändert wurden, schlechter als Seiten, die erst vor kurzem referenziert wurden. Man impliziert dabei, dass letztere noch benötigt werden. Bei Seiten, die vor längerer Zeit verändert wurden, nimmt man an, dass sie mit höherer Wahrscheinlichkeit in Zukunft nicht mehr benötigt werden. Die Lösung verspricht zwar nur eine durchschnittliche Leistung, allerdings ist der Algorithmus mit relativ wenig Aufwand zu implementieren.

FIFO Bei *FIFO* (First In First Out) wird der älteste belegte Seitenrahmen als nächstes ersetzt. Man benötigt also z. B im Seitentabelleneintrag nur das M-Bit. Das R-Bit wird für das reine FIFO nicht benötigt (Abb. 7.23).

Das Betriebssystem muss für die Unterstützung des *FIFO-Algorithmus* bei prozesslokaler Strategie für jeden Prozess eine Liste verwalten, in der die Seitenrahmen absteigend nach der Zeit der letzten Einlagerung verkettet werden. Bei einer globalen Strategie ist nur eine Liste im System zu verwalten. Ganz vorne wird immer der älteste Seitenrahmen platziert. Bei einem Seitenfehler wird der erste Seitenrahmen in der Liste zur Verdrängung ausgewählt. Die neue Seite wird an das Ende der Liste gehängt. Bei einer Einlagerung wird die entsprechende Seite also an das Ende der Liste gehängt.

Nachteil von *FIFO* ist, dass evtl. wichtige Seiten aus dem Speicher geworfen werden, obwohl sie noch benötigt würden. Es wird keine Rücksicht auf die aktuelle Nutzung der Speicherseiten genommen.

In Abb. 7.24 ist der Aufbau einer typischen linearen Liste, die eine FIFO-Organisation repräsentiert, dargestellt. Der Listenanker verweist auf die Seite, die schon am längsten im Hauptspeicher ist. Die Seite mit der Nummer 1 ist also im Beispiel der erste Kandidat für eine Ersetzung, sofern keine Frames mehr frei sind.

| ... | M | ... | Frame-Nummer |

Abb. 7.23 Eintrag in der Seitentabelle für FIFO

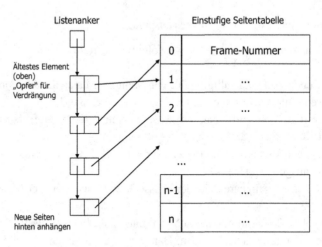

Abb. 7.24 Beispiel einer FIFO-Organisation

Der Algorithmus wird in der Praxis eingesetzt und ist mit vergleichsweise wenig Aufwand und geringem Overhead implementierbar.

Second Chance Der *Second-Chance-Algorithmus* ist eine Verbesserung von *FIFO* dahingehend, dass vor einer Verdrängungsentscheidung auch das R-Bit abgefragt wird. Es wird geprüft, ob eine zur Verdrängung anstehende Seite in letzter Zeit benutzt wurde. Wurde die älteste Seite schon genutzt, so wird sie nicht ausgelagert und stattdessen an das Ende der *FIFO*-Liste gehängt. Erst wenn alle Seiten schon referenziert wurden, wird nach *FIFO* ausgewählt. Der vereinfachte Seitentabelleneintrag für Second Chance ist in Abb. 7.25 dargestellt.

Clock-Page Der *Clock-Page-* oder *Clock*-Algorithmus ist nur eine Implementierungsverbesserung von *Second-Chance* (vgl. Abb. 7.26). Die Seiten werden bei *Clock-Page* in zirkulierenden Listen wie eine Uhr verwaltet. Bei einem Seitenfehler wird immer die Seite untersucht, auf die der Zeiger gerade verweist.

Der Seitentabelleneintrag wird nicht umgehängt, und man spart sich einige Listenoperationen, da die Liste nicht so oft verändert werden muss. Man nutzt beim Clock-Page-Algorithmus auch wieder das oben genannte R-Bit. Der Algorithmus funktioniert prinzipiell wie folgt:

| ... | R | M | Frame-Nummer |

Abb. 7.25 Seitentabelleneintrag für Second Chance

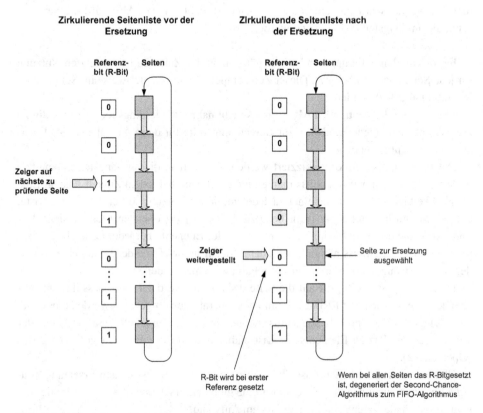

Abb. 7.26 Clock-Page Algorithmus zur Seitenersetzung Beispiel (nach Silberschatz et al. 2009)

- Die Seite, auf die der Zeiger verweist, wird nur ausgelagert, wenn das R-Bit nicht gesetzt ist (R-Bit = 0), die Seite also nicht genutzt wurde.
- Ist das R-Bit = 1, so wird der Zeiger weitergestellt und das R-Bit der aktuell in Prüfung befindlichen Seite auf 0 gesetzt.
- Das geht so lange weiter, bis eine Seite mit R-Bit = 0 gefunden wird. Spätestens nach einer Runde hat man also einen Verdrängungskandidaten.

Wie im Beispiel aus Abb. 7.26 zu erkennen ist, werden die ersten zwei Seiten, der zirkulierenden Liste nicht für eine Verdrängung verwendet, da das R-Bit dieser beiden Seiten gesetzt ist. Erst die dritte Seite wird als „Opfer" ausgewählt. Bei der nächsten Suche nach einer zu verdrängenden Seite wird zunächst die der zuletzt verdrängten Seite folgende Seite getestet.

LRU *LRU* steht für *Least Recently Used*. Bei LRU wird diejenige Seite ausgelagert, deren letzte Nutzung (Referenzierung) zeitlich auch am weitesten zurückliegt. Dem LRU-Algorithmus liegt folgende Annahme zugrunde: Seiten, die in der jüngsten Vergangenheit verwendet wurden, werden auch in Zukunft häufig genutzt, und Seiten, die lange nicht mehr verwendet wurden, werden auch in Zukunft nicht genutzt. Also wird die Seite ersetzt, die am längsten nicht genutzt wurde.

Für die Implementierung von LRU benötigt man den Zeitstempel der letzten Nutzung für jede Seite (siehe Abb. 7.27). Dieser Zeitstempel könnte beispielsweise im Seitentabelleneintrag abgelegt werden.

LRU kommt dem optimalen Algorithmus recht nahe, ist allerdings recht aufwändig zu realisieren. Eine eigene Hardware zur Berechnung wäre für diese Aufgabe sinnvoll, was aber meist nicht gegeben ist.

Die Problematik soll kurz skizziert werden. Damit man die am längsten unbenutzte Seite schnell im Zugriff hat, muss man einigen Aufwand bei jedem Zugriff leisten. Eine Möglichkeit ist die Verwaltung einer nach der zeitlichen Nutzung sortierten linearen Liste, bei der die am längsten nicht mehr benutzte Seite im ganz obersten Element liegt. Der hohe Aufwand ergibt sich durch das Umhängen der Elemente bei jedem Zugriff. Die aktuell genutzte Seite muss nämlich bei jedem Zugriff an das Ende der Liste gehängt werden. Das Umhängen erfordert in unserem Fall zwei Operationen.

In Abb. 7.28 ist ein Zugriff auf die Seite 0 skizziert, was dazu führt, dass das entsprechende Listenelement der LRU-Liste mit zwei Operationen umgehängt werden muss. Der *next*-Zeiger des Vorgängerelements muss nun auf das Folgeelement (Operation 1) und der *next*-Zeiger des letzten Elements der Liste auf das betroffene Element gestellt werden (Operation 2).

Ob eine derartig verkettete Liste bei Anwendung einer prozesslokalen Ersetzungsstrategie für jeden einzelnen Prozess oder für eine globalen Ersetzungsstrategie einmalig verwaltet wird, ändert nichts am Prinzip und am Aufwand.

Eine alternative Implementierung in Spezialhardware führt eine sequenzielle Suche des ältesten Zeitstempels in der Seitentabelle oder bei globaler Ersetzungsstrategie in der Liste den Prozessen zugeordneten Frames durch (Tanenbaum und Bos 2016).

Aufgrund des hohen Verwaltungsaufwands und mangels einer Spezialhardware implementiert man heute meistens sog. *Pseudo-LRU-Algorithmen*, wobei auch das R- und das M-Bit benutzt werden. Zwei dieser Algorithmen sind die bereits erläuterten Algorithmen Clock-Page- und Second-Chance.

Abb. 7.27 Seitentabelleneintrag für LRU

Die in der Abbildung skizzierten Zeitstempel sind bei LRU nicht unbedingt erforderlich, wenn eine lineare Liste verwaltet wird. Die Zeitstempel dienen nur der Untermauerung der Suchreihenfolge.

NFU Eine gute Alternative zum *LRU*-Algorithmus ist auch der *NFU*-Algorithmus (*Not-Frequently Used*) in Verbindung mit einem passenden *Aging*-Mechanismus. Aging bedeutet hier, dass das R-Bit auch für eine Verdrängungsentscheidung inspiziert wird. Es werden die Seiten ersetzt, die in der letzten Zeit innerhalb eines Zeitintervalls selten benutzt wurden. Ein Eintrag in der Seitentabelle hat zusätzlich einen Zugriffszähler, der mit 0 initialisiert wird. Der Zähler wird bei Benutzung der Seite erhöht. Zur schnellen Ermittlung der bei der nächsten Anforderung zu verdrängenden Seite („Opfer") kann z. B. auch eine Liste verwaltet werden (siehe Abb. 7.29). Bei einem Seitenfehler wird die Seite zur Verdrängung ausgewählt, die den kleinsten Zählerwert hat, und bei der das R-Bit auf 0 steht. Im Beispiel wäre die als nächstes zu verdrängende Seite die mit dem Zugriffszählerwert 1. Sie ist in der Liste ganz oben eingehängt. Ein Umhängen innerhalb der Liste kommt bei NFU nicht so oft wie bei LRU vor.

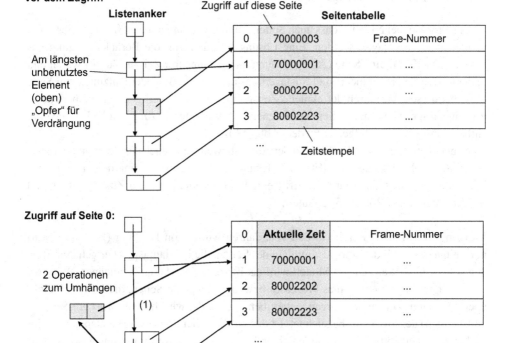

Abb. 7.28 Listenverwaltung für LRU-Strategie, Umhängen

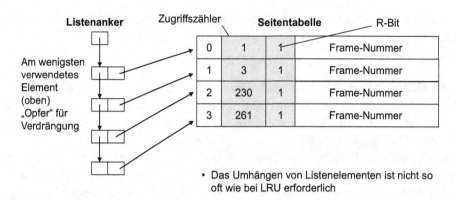

Abb. 7.29 Listenverwaltung für NFU-Strategie ohne Aging

Abb. 7.30 Seitentabelleneintrag NFU mit Aging

Das Problem bei NFU ist, dass auch Seiten, auf die vor längerer Zeit häufig zugegriffen wurde, nicht ausgelagert werden. Eine Lösung hierfür bietet die Berücksichtigung des letzten Zugriffs auf eine Seite (Aging). Seiten, die vor längerer Zeit im Zugriff waren und in der letzten Zeit nicht mehr, sind Auslagerungskandidaten. Bei jeder Nutzung einer Seite muss bei diesem Verfahren der aktuelle Zeitstempel in den jeweiligen Seitentabelleneintrag eingetragen werden. Der Seitentabelleneintrag zur Unterstützung von NFU mit Aging enthält dann vor allem folgende Felder (Abb. 7.30):

Neben dem Zugriffszähler wird bei der Aging-Erweiterung auch der Zeitpunkt der letzten Nutzung berücksichtigt. NFU in Verbindung mit *Aging* kommt dem klassischen LRU-Algorithmus schon sehr nahe. Effiziente Implementierungen der Zugriffszähler sind in (Tanenbaum und Bos 2015) erläutert.

Working-Set-Modell Bereits in den 70er-Jahren wurde von Denning (Denning 1968) noch ein anderes Modell zur Bestimmung der Seiten, die im Hauptspeicher gehalten werden sollen, entwickelt. Dieses Modell wird als *Working-Set-Modell* bezeichnet. Die aktuell benötigte Seitenmenge eines Prozesses bzw. die Menge an Seiten, die innerhalb einer überschaubaren Zeit in der Vergangenheit benutzt wurde, wird hier als *Working-Set* (Arbeitsbereich) des Prozesses bezeichnet. Ist der Working-Set immer im Hauptspeicher, gibt es theoretisch eigentlich keinen Seitenfehler. Working-Set-Algorithmen gehen von folgenden Annahmen aus:

- Der Seitenbedarf ändert sich aufgrund der Lokalität nur langsam
- Die als nächstes benötigten Seiten sind mit hoher Wahrscheinlichkeit im Working-Set.

Betrachtet man das Beispiel in Abb. 7.31 so erkennt man anhand der Referenzreihenfolge, dass zum Zeitpunkt t1 der Working-Set des betrachteten Prozesses die Seiten 1, 2, 5, 6 und 7 enthält. In diesem Beispiel werden zur Bildung des Working-Set immer die 10 letzten Referenzen als sog. Distanz betrachtet. Zum Zeitpunkt t2 besteht der Working-Set sogar nur noch aus zwei Seiten (Seite 3 und 4). Man schreibt hier – etwas vereinfacht – formal

$$WS(t2) = \{3,4\}.$$

Die Distanz ist ein wichtiger Parameter für dieses Verfahren und hängt von der Lokalität der Prozesse ab. Da aber die Lokalität erfahrungsgemäß hoch ist, kann die Distanz auch verhältnismäßig klein sein.

Bei einer Seitenverdrängungsentscheidung wird nun der Working-Set des betroffenen Prozesses (lokale Entscheidung) oder auch die Working-Sets aller Prozesse (globale Entscheidung) betrachtet. Die Seiten, die sich nicht im Working-Set befinden, sind Kandidaten für eine Verdrängung.

Dieses Verfahren kann durch ein präventives Einlagern von Seiten im *Prepaging* unterstützt werden. Prepaging kann auch für Prozesse durchgeführt werden, die gerade nicht aktiv sind. Wenn eine neue Working-Set-Ermittlung durchgeführt wird, und eine Seite des Working-Sets eines Prozesses nicht im Hauptspeicher liegt, könnte diese, wenn möglich, eingelagert werden.

Um das Working-Set-Modell zu implementieren, muss man sich alle Speicherzugriffe zumindest über einen bestimmten Zeitraum (siehe Distanz in Abb. 7.31) merken. Dies ist sehr aufwändig und daher in realen Betriebssystemen in Reinform kaum vorzufinden. Allerdings sind Varianten des Modells durchaus implementiert. Wie wir noch weiter unten sehen werden, nutzt z. B. Windows eine Variante des Working-Set-Modells.

Eine Implementierungsidee für den Working-Set-Algorithmus ist, dass bei einem Seitenfehler die Seiten nicht mehr zum Working-Set des anfordernden Prozesses zugeordnet werden, die in einer definierten zeitlichen Distanz – wir bezeichnen diese Distanz mit T – nicht benutzt wurden. Dann braucht man nicht alle Speicherzugriffe der letzten Vergangenheit erfassen, sondern sich nur die Zeit des letzten Zugriffs auf eine Seite zu merken.

Dies verfälscht die Entscheidung möglicherweise, da nicht sichergestellt werden kann, ob ein Prozess in der letzten Zeitdistanz T auch tatsächlich eine CPU genutzt hatte. Daher muss man am besten auch noch die tatsächlich zugeordnete CPU-Zeit eines Prozesses seit seinem Startzeitpunkt in die Betrachtung mit einbeziehen, wie dies (Tanenbaum und Bos 2016) in ihrem Algorithmus zeigen. Diese Zeit wird als virtuelle Zeit eines Prozesses bezeichnet und darf nicht mit der Zeit verwechselt werden, die er im System verweilt.

Alle Seiten, welche im Intervall (Aktuelle Zeit des Seitenfehlers – T) verwendet wurden, gehören dann noch zum Working-Set. T kann als ein Systemparameter betrachtet werden und mehrere Clock-Intervalle umfassen.

Bei jedem Seitenzugriff setzt die MMU wie üblich das R-Bit und zusätzlich bei Änderungen auch das M-Bit einer Seite. Das R-Bit wird periodisch über die Clock-Interruptroutine zurückgesetzt, as M-Bit natürlich nicht.

Der Algorithmus, der bei jedem Seitenfehler eines Prozesses durchlaufen wird, sieht nach (Tanenbaum und Bos 2016) wie folgt aus, wobei nur die Seiten betrachtet werden, die gerade in einem Seitenrahmen liegen, also eingelagert sind:

```
01: Working-Set-Algorithmus() {
02:    while (eingelagerte Seiten vorhanden) {
03:     if (R == 1) {
04:         // Es erfolgt keine Auslagerung, da die Seite zum Zeitpunkt
05:         // des Seitenfehlers genutzt wird, die Seite gehört zum
06:         // Working-Set
07:         Zeitstempel der Seite := virtuelle Zeit;
08:     } else if ( (R == 0) && (Alter der Seite > T) ) {
09:         // Alter = (virtuelle Zeit - Zeitstempel der Seite)
10:         // Seite gehört nicht zum Working-Set
11:         Seite auslagern;
12:     } else if (R == 0) && (Alter ≤ T) {
13:         // Seite gehört noch zum Working-Set
14:         Diese Seite für die Auslagerung vormerken;
15:     }
16:    }
17: } // while
18: Zeitstempel aller restlichen Seiten werden aktualisiert;
19: if (noch keine Seite gefunden) {
20:  Älteste vorgemerkte Seite mit R = 0 wird ausgelagert;
21: }
22:}
```

Das Alter einer Seite ergibt sich aus der virtuellen Zeit des Prozesses abzüglich dem Zeitstempel der letzten Referenz. Damit wird auch nur die CPU-Zeit berücksichtigt, die ein Prozess in der Vergangenheit tatsächlich bekommen hatte. Das Setzen des Zeitstempels auf die aktuelle virtuelle Zeit im Falle R == 1 unterstreicht nochmals, dass eine Seite zum Zeitpunkt des Seitenfehlers zum Working-Set gehört.

Dieser Algorithmus ist trotz der Optimierung noch sehr aufwändig, da er bei einem Seitenfehler alle eingelagerten Seiten eines Prozesses durchlaufen muss, bis Auslagerungskandidaten gefunden werden. In Abb. 7.32 ist ein Beispiel für den Ablauf des hier beschriebenen Working-Set-Algorithmus skizziert, wobei die Seitenbelegung vorher und nachher dargestellt wird. Als virtuelle Zeit des Prozesses wird 20200 ms angenommen, T wird auf 100 ms eingestellt. Wie man sieht, gehören die ersten drei Seiten auf alle Fälle zum Working-Set, weil das R-Bit gesetzt ist. Die vierte Seite ist ein Auslagerungskandidat und die fünfte Seite wird vermerkt, falls gar keine andere Seite gefunden wird, was in unserem Beispiel nicht der Fall ist. Die Seite, die für die Auslagerung ausgewählt wird, hat einen Zeitstempel, der sehr alt ist und auch das R-Bits steht auf 0.

WSClock-Algorithmus Der WSClock-Algorithmus ist eine Optimierung des Working-Set-Algorithmus, die auf einer zusätzlichen Nutzung des Clock-Page-Ansatzes basiert. Der Algorithmus nutzt eine ringförmige Liste, der letzte Eintrag zeigt weder auf das erste Element. Beim Laden einer Seite in einen Seitenrahmen wird die Seite in der Liste vermerkt, bis die Liste voll ist. Jeder Eintrag in der WSClock-Liste enthält das R-Bit, das M-Bit und den Zeitstempel des letzten Zugriffs. Die virtuelle Zeit und der Parameter T werden wie beim Working-Set-Algorithmus verwendet.

Der Algorithmus ist mit vertretbarem Aufwand implementierbar und ist auch effizient. Er wird bei jedem Seitenfehler durchlaufen und lässt sich – etwas vereinfacht – wie folgt beschreiben:

```
01: WSClock-Algorithmus() {
02:   Zeiger := aktuelles Listenelement;
03:   while (Liste nicht durchlaufen) {
04:     if (R == 1) {
05:       // Keine Auslagerung,
06:       R-Bit der Seite auf 0 setzen;
07:       Zeiger zum nächsten Element in der Liste weiterrücken;
08:     } else if (R == 0) {
09:       // Seite ist ein Auslagerungskandidat
10:       if ((Alter der Seite > T) && (M-Bit == 0) ) {
11:         // Alte Seite, die nicht verändert wurde
12:         Seite zur Ersetzung auswählen;
13:         return(); // Terminierung
14       } else if ( (Alter der Seite > T) && (M-Bit == 1) ) {
15:         // Seite sollte nicht verdrängt werden, da sie verändert wurde
16:         Seite für spätere Nutzung vormerken;
17:         Zeiger zum nächsten Element in der Liste weiterrücken;
18:       }
19:     }
20:   } // while
21:   // Liste wurde durchlaufen und noch kein Auslagerungskandidat wurde
22:   // gefunden
23:   if (mindestens eine Seite wurde vorgemerkt) {
24:       if (eine der vorgemerkten Seiten mit M-Bit == 0 vorhanden) {
25:           // M-Bit zwischenzeitlich = 0 bereits auf die Paging Area
26:           // geschrieben
```

Seitenreferenzreihenfolge

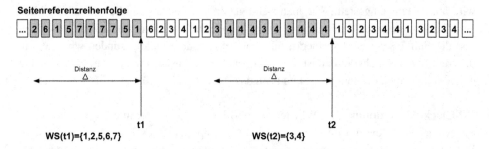

Abb. 7.31 Working-Set am Beispiel (Silberschatz et al. 2009)

```
27:              // Dies ist möglich, da das Zurückschreiben auf die Paging
28:              // Area meist
29:              // nebenläufig passiert (Cleaning Policy)
30:              Diese Seite zur Auslagerung auswählen;
31:      else {
32:              Eine der vorgemerkten Seiten (mit M-Bit = 1) zur
33:               Auslagerung auswählen;
34;      }
35: } else {
36:      Seite auf die der Zeiger gerade zeigt, wird zur Auslagerung
37:       ausgewählt;
38: }
39:}
```

7.2.4   Vergleich von Seitenersetzungsverfahren

In diesem Abschnitt sollen einige Seitenersetzungsalgorithmen anhand eines einfachen Beispiels verglichen werden. Hierzu wird folgende Referenzreihenfolge (zeitliche Aufeinanderfolge von Seitenzugriffen) verwendet:

$$2 - 3 - 2 - 1 - 5 - 2 - 4 - 5 - 3 - 2 - 5 - 2$$

Die folgenden Tabellen stellen die Seitenersetzungen gemäß der angegebenen Referenzreihenfolge dar. Die mit Klammern (z. B. (3)) gekennzeichneten Seitenzugriffe führen jeweils zu einer Verdrängung. Je nach Strategie wird dann eine von drei verfügbaren Hauptspeicherseiten verdrängt. In der Paging-Area können in unserem Beispiel vier Seiten untergebracht werden.

Optimale Strategie Zunächst wird der optimale Algorithmus nach Belady betrachtet. Die Referenzreihenfolge ergibt insgesamt drei Seitenersetzungen. Eine Seitenersetzung erfolgt beim Zugriff auf die Seiten 5, 4 und 2. Beim Zugriff auf die Seite 5 wird z. B. die Seite 1 aus dem Hauptspeicher in die Paging-Area verdrängt.

Zugriff	2	3	2	1	5	2	4	5	3	2	5	2
Hauptspeicher	2	2	2	2	2	2	(4)	4	4	(2)	2	2
		3	3	3	3	3	3	3	3	3	3	3
				1	(5)	5	5	5	5	5	5	5
Paging-Area					1	1	1	1	1	1	1	1
							2	2	2	4	4	4

FIFO Bei Nutzung von FIFO sind sechs Seitenersetzungen für die gleiche Referenzreihenfolge notwendig. Ab dem Einlagern der Seite 5 ist fast bei jedem Zugriff eine Seitenersetzung erforderlich. Die Leistung des Systems ist damit für diese konkrete Referenzreihenfolge mit der reinen FIFO-Strategie sehr schlecht.

Zugriff	2	3	2	1	5	2	4	5	3	2	5	2
Hauptspeicher	2	2	2	2	(5)	5	5	5	(3)	3	3	3
		3	3	3	3	(2)	2	2	2	2	(5)	5
				1	1	1	(4)	4	4	4	4	(2)
Paging-Area					2	3	3	3	5	5	2	4
							1	1	1	1	1	1

LRU Bei Nutzung der LRU-Strategie müssen in diesem Beispiel vier Seitenersetzungen durchgeführt werden. In diesem Fall ergibt sich also eine deutliche Verbesserung zu FIFO.

Zugriff	2	3	2	1	5	2	4	5	3	2	5	2
Hauptspeicher	2	2	2	2	2	2	2	2	(3)	3	3	3
		3	3	3	(5)	5	5	5	5	5	5	5
				1	1	1	(4)	4	4	(2)	2	2
Paging-Area					3	3	3	3	2	4	4	4
							1	1	1	1	1	1

NFU Bei Verwendung der NFU-Strategie (ohne Aging) kommt man auf nur drei Seitenersetzungen und hat damit bei dieser Zugriffsreihenfolge ein besseres Ergebnis als bei LRU. Um die Nachvollziehbarkeit zu erleichtern, ist der Zugriffszähler bei jeder Seitennummer als tiefgestellte Zahl beigefügt. 2_1 bedeutet z. B., dass auf die Seite 2 im Hauptspeicher einmal lesend oder schreibend zugegriffen wurde. Die Ersteinlagerung wird mitgezählt, da hier auch bereits ein Zugriff erfolgt.

Zugriff	2	3	2	1	5	2	4	5	3	2	5	2
Hauptspeicher	2_1	2_1	2_2	2_2	2_2	2_3	2_3	2_3	2_3	2_4	2_4	2_5
		3_1	3_1	3_1	(5_1)	5_1	5_1	5_2	5_2	5_2	5_3	5_3
				1_1	1_1	1_1	(4_1)	4_1	(3_1)	3_1	3_1	3_1
Paging-Area					3	3	3	3	4	4	4	4
							1	1	1	1	1	1

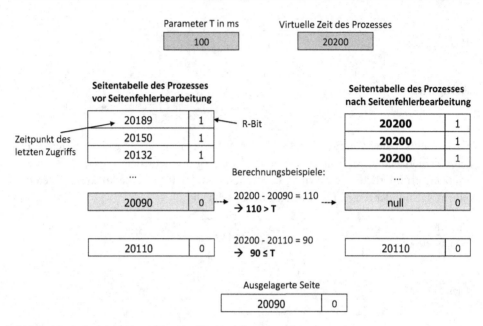

Abb. 7.32 Beispiel für den Ablauf im Working-Set-Algorithmus

Der Vergleich mit der angegebenen Referenzreihenfolge ist zwar nicht repräsentativ, aber er zeigt doch die prinzipielle Arbeitsweise der einzelnen Strategien auf. Der Leser möge dies an anderen Beispielen und auch mit anderen Strategien weiter nachvollziehen und vertiefen. Interessant ist auch, dass bei gewissen Referenzreihenfolgen eine Erhöhung der Anzahl an Frames sogar zu einer Verschlechterung der Leistung führt. Dies hat auch Belady herausgefunden, und daher wird das Verhalten als *Belady's Anomaly* bezeichnet.

7.2.5 Speicherbelegungs- und Vergabestrategien (Placement)

Über die Laufzeit eines Systems kann es vorkommen, dass die freien Seitenrahmen (Frames) auf den ganzen physikalischen Adressraum verteilt sind. Zusammenhängende Speicherbereiche sind dann für neue Speicheranforderungen fast nicht mehr vorhanden. Dieses Problem wird als Fragmentierung bezeichnet und muss aus Leistungsgründen möglichst vermieden werden.

Fragmentierung Man unterscheidet die *interne* und *externe Fragmentierung*. Interne Fragmentierung entsteht, wenn einem Prozess ein größerer Speicherbereich zugewiesen wird, als dieser benötigt. Teile des zugewiesenen Speichers bleiben also ungenutzt. Externe Fragmentierung entsteht, wenn die verfügbaren Speicherbereiche immer kleiner werden. Dadurch werden Speicherzuweisungen immer aufwändiger, da für eine Speicheranforderung mehrere Einzelanforderungen für kleine Speicherbereiche erforderlich sind.

Der Hauptspeicher muss so verwaltet werden, dass man bei der Einlagerung möglichst schnell einen freien Seitenrahmen bzw. eine Menge von zusammenhängenden Seitenrahmen finden kann und auch möglichst wenig Speicher verschwendet wird. Dies bedeutet, dass sowohl interne als auch externe Fragmentierung so gut wie möglich zu vermeiden ist.

Für das schnelle Auffinden von freien Speicherbereichen ist eine Speicherbelegungsstrategie (Placement Policy) notwendig. Vom Memory-Manager wird meist eine einfache Bit-Map verwaltet, in der jedem Seitenrahmen ein Bit zugeordnet wird. Ist das Bit auf 1 gesetzt, dann ist der Seitenrahmen gerade belegt. Freie Hauptspeicherbereiche erkennt man an aufeinanderfolgenden Nullen (Abb. 7.33).

Die Größe der Bit-Map hängt mit der Größe des Hauptspeichers zusammen. Hat der Hauptspeicher z. B. 4 GiB bei einer Seitengröße von 4 KiB, so gibt es eine Million Seitenrahmen. Die Bit-Map hat demnach eine Größe von ca. 125.000 Byte.

Welche Seitenrahmen nun für die Einlagerung neuer Seiten verwendet werden, entscheidet eine Vergabe- oder Placement-Strategie, die Fragmentierung vermeiden sollte. Mögliche Strategien hierfür sind:

- Sequenzielle Suche des nächsten passenden Bereichs (First Fit). Diese Technik ist nicht besonders effizient und verhindert eine Fragmentierung nicht.
- Optimale Suche nach dem passendsten Bereich (*Best Fit*), um Fragmentierung möglichst zu vermeiden. Die Suche ist hier sehr aufwändig.
- Buddy-Technik bzw. Halbierungsverfahren, d. h. schrittweise Halbierung des Speichers und dabei Suche nach dem kleinsten geeigneten Bereich. Die Suche ist beendet, wenn ein Bereich gefunden wird, in den die neuen Seiten gerade noch hineinpassen. Bei der Speicherfreigabe werden Seitenrahmen wieder zusammengefasst. Der freigegebene Bereich wird also mit benachbarten freien Bereichen zu einem größeren freien Bereich verbunden.

Buddy-Technik Da die Buddy-Technik häufig verwendet wird, soll sie etwas ausführlicher diskutiert werden. Die Technik wurde von Donald E. Knuth (1997) entwickelt und verwaltet freie Speicherbereiche nach aufsteigender Größe in Listen. Nebeneinanderliegende, freie Speicherbereiche gleicher Größe werden immer zu zwei Partnern zusammengefasst, die man als Buddies (deutsch: Kumpel) bezeichnet. Beide Partner können unabhängig voneinander vergeben werden. Wenn also eine Speicheranforderung befriedigt werden muss, die nur maximal die Hälfte eines freien Speicherbereichs benötigt, wird der Bereich zerlegt. Ein Teil wird vergeben und der zweite wird in eine Liste mit entsprechend kleineren freien Bereichen eingehängt. Sofern die beiden Bereiche wieder frei sind, fasst die Speicherverwaltung sie zu einem großen Paar zusammen, das gewissermaßen als Buddy der nächsten Stufe dient. Alle Buddies einer Größe werden also im Kernel in einer eigenen Liste verwaltet.

Das Beispiel in den Abb. 7.34, 7.35, 7.36 und 7.37 zeigt die Funktionsweise des Buddy-Systems. Wie in Abb. 7.34 dargestellt, sind die Größen der Speicherbereiche Potenzen von 2. Zu Beginn gibt es in unserem kleinen Beispiel nur einen Block in der Größe 2^k (im Beispiel ist k = 4) für den gesamten Speicher.

Allgemein werden also Seitenrahmen der Größe 2^i verwaltet, wobei i gleichzeitig der Index auf eine Tabelle ist, in der Verweise auf die Listen der Speicherbereiche verwaltet werden.

Eine Anwendung fordert in unserem Beispiel zunächst einen Speicherbereich mit acht Seitenrahmen an (siehe Abb. 7.35). Sollte die Größe des angeforderten Speicherbereichs nicht genau einer Zweierpotenz entsprechen, wird die nächstgrößere Zweierpotenz verwendet. In unserem Beispiel gibt es keinen freien Speicherbereich mit acht aufeinanderfolgenden Seitenrahmen. Der vorhandene Speicherbereich der Größe 2^4 (= 16 Seitenrahmen) wird daher in zwei gleich große „Buddies" zerlegt. Einer der Buddies wird der Anwendung zugeordnet und der andere wird in die Liste der 8-seitigen Speicherblöcke gestellt (Listenbezeichnung 2^3).

Anschließend benötigt die Anwendung in unserem Beispiel einen Speicherblock mit zwei Seitenrahmen. Daher wird der Block aus acht Speicherrahmen in zwei Buddies zu je vier Seitenrahmen aufgeteilt. Dann wird ein 2-seitiger Block an die Anwendung übergeben und die restlichen werden gemäß Abb. 7.36 in die entsprechenden Listen des Buddy-Systems eingetragen (Listenbezeichnungen 2^1 und 2^2). Im Beispiel bleiben somit ein freier 4-seitiger und ein 2-seitiger Speicherblock in den entsprechenden Listen im System übrig.

Umgekehrt, also wenn die Anwendungen den Speicher nicht mehr benötigen, werden die freigegebenen Speicherblöcke als Buddies wieder in die passenden Listen eingetragen und wenn möglich wieder miteinander zu größeren Speicherblöcken verbunden. In unserem Beispiel gibt die Anwendung zwei Seitenrahmen frei, was dazu führt, dass zunächst ein Speicherbereich mit vier Seitenrahmen und anschließend die beiden vorhandenen Speicherbereiche mit vier Seitenrahmen zu einem Speicherbereich mit acht Seitenrahmen zusammengefasst wird. In unserem Beispiel (Abb. 7.37) sind die Speicherbereiche tatsächlich auch im Hauptspeicher zusammenhängend, denn sonst würde eine Zusammenführung nicht sinnvoll funktionieren.

Mit dieser Technik steigt die Wahrscheinlichkeit, dass bei einer Speicheranforderung die richtige Speichergröße zur Verfügung steht. Zudem wirkt die Buddy-Technik einer externen Fragmentierung entgegen. Dies geht aber auf Kosten einer verstärkten internen Fragmentierung, da bei der Speicherzuteilung immer auf die nächstgrößere Zweierpotenz aufgerundet wird.

Abb. 7.33 Bit-Map zur Verwaltung der Speicherbelegung

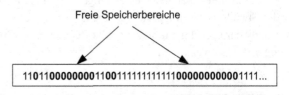

Initiale Liste mit Speicherbereichen
(Speicher umfasst 16 Seitenrahmen (SR))

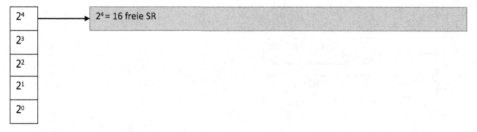

Abb. 7.34 Beispielbelegung bei der Buddy-Technik – initial

Anwendung fordert 8 Seitenrahmen (SR) an

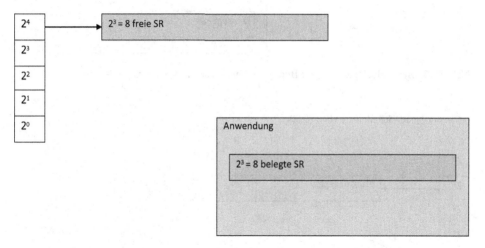

Abb. 7.35 Beispielbelegung bei der Buddy-Technik – nach 1. Speicheranforderung

Der Kernel selbst benötigt meist kleinere Speicherbereiche als die Anwendungen. Die Speicherbelegung sollte hier sehr schnell gehen, weshalb in konkreten Betriebssystemen auch noch verfeinerte Techniken verwendet werden.

7.2.6 Entladestrategie (Cleaning)

Eine weitere, schon mehrmals angesprochene Aufgabe bei der Speicherverwaltung für die virtuelle Speichertechnik ist das „Sauberhalten des Hauptspeichers", das über eine Entla-

Anwendung fordert weitere 2 Seitenrahmen (SR) an

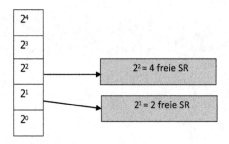

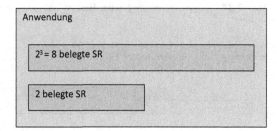

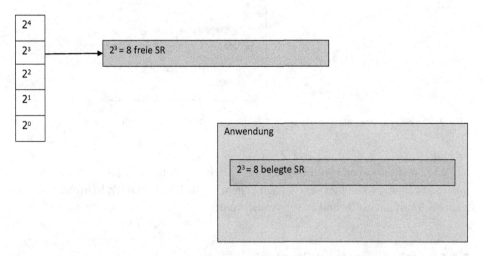

Abb. 7.36   Beispielbelegung bei der Buddy-Technik – nach 2. Speicheranforderung

Anwendung gibt 2 Seitenrahmen (SR) zurück

Abb. 7.37   Beispielbelegung bei der Buddy-Technik – nach Speicherfreigabe

destrategie (Cleaning Policy) realisiert wird. Diese legt fest, zu welchem Zeitpunkt eine im Hauptspeicher modifizierte Seite auf die Paging-Area geschrieben wird. Hier gibt es mehrere Varianten.

Demand-Cleaning Eine einfache Möglichkeit ist das sog. *Demand-Cleaning*. In diesem Fall wird das Entladen einer Seite bei Bedarf durchgeführt, also wenn der belegte Seitenrahmen benötigt wird. Demand-Cleaning hat zwar den Vorteil, dass eine Seite so lange wie möglich im Hauptspeicher verbleibt. Nachteilig ist aber, dass einer Seitenverdrängung immer unmittelbar vorher ein Zurückschreiben vorausgeht, wodurch die Wartezeit eines Prozesses, der eine Seite benötigt, unnötig verlängert wird.

Precleaning Eine weitere Strategie sieht ein präventives Zurückschreiben veränderter (dirty) Seiten vor. Diese Strategie wird als *Precleaning* bezeichnet. Damit ist bei einer Seitenrahmenanforderung in der Regel sofort ein Seitenrahmen verfügbar. Allerdings kann es vorkommen, dass noch benötigte Seiten entladen werden.

Page-Buffering Wieder eine andere Möglichkeit, das sog. *Page-Buffering*, puffert zur Verdrängung ausgewählte Seiten zunächst, bevor eine echte Entladung durchgeführt wird. Meist werden hierfür mehrere Listen verwaltet. Eine sog. *Modified List* enthält Seitenrahmen, die freigegeben werden können und verändert wurden. Eine *Unmodified List* enthält nicht modifizierte Seiten. Die modifizierten Seiten werden zunächst zwischengepuffert und dann zyklisch gleich in ganzen Gruppen auf die Platte übertragen. Danach werden sie der *Unmodified List* zugeordnet und können noch verwendet werden. Wird nun eine dieser Seiten erneut benötigt, kann sie einfach aus der *Unmodified List* entnommen werden, was lediglich mit einer Eingliederung in eine andere Liste verbunden ist („schnelle Verdrängung"). Dies ist wesentlich weniger zeitaufwändig, als wenn eine Seite eingelagert werden müsste. Nur wenn ein Seitenrahmen benötigt wird und kein anderer freier Seitenrahmen mehr verfügbar ist, werden Seitenrahmen aus der *Modified List* zugeordnet. *Page Buffering* wird heute in modernen Betriebssystemen üblicherweise verwendet.

7.2.7 Shared Memory

Das virtuelle Speichermodell eröffnet auch die Möglichkeit, gemeinsam genutzte Speicherbereiche nur einmal für mehrere Prozesse in den Hauptspeicher zu laden. Auf die gemeinsam genutzten Speicherbereiche verweisen die Seitentabelleneinträge verschiedener Prozesse. Diese Speicherbereiche bezeichnet man als Shared Memory. Ein Shared Memory ist also ein von mehreren Prozessen gemeinsam genutzter Speicherbereich, der nur einmal in den Hauptspeicher geladen wird (siehe Abb. 7.38.

Ziel eines Shared Memory ist es, Hauptspeicher zu sparen oder einen prozessübergreifenden Kommunikationsmechanismus zum Datenaustausch bereitzustellen. Hauptspeicher kann eingespart werden, wenn z. B. Codeteile, die mehrere Prozesse benötigen, nur einmal im Hauptspeicher liegen.

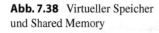

Abb. 7.38 Virtueller Speicher
und Shared Memory

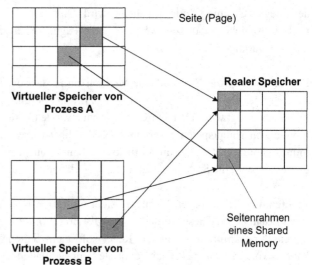

Diese Codeteile werden auch als Shared Libraries oder DLLs bezeichnet. Shared Libraries sind gemeinsam genutzte Bibliotheken aus der Unix-Welt, die nur einmal in den Hauptspeicher geladen werden und vielen Prozessen zur Verfügung stehen. DLLs (Dynamic Link Libraries) sind etwas Gleichwertiges im Windows-Umfeld

Globale Datenbereiche (Shared Memory) dienen dem Austausch von Informationen zwischen Prozessen. Beispiele für die Nutzung eines Shared Memory sind die Caches von Datenbankmanagementsystemen, auf die mehrere Datenbank-Benutzerprozesse nebenläufig zugreifen.

Beim Zugriff auf gemeinsame Datenbereiche sind Synchronisationsmechanismen wie Semaphore oder Monitore erforderlich, um den Zugriff zu serialisieren und um damit Konflikte und Anomalien zu vermeiden. Gemeinsam genutzte Codeteile müssen wiedereintrittsfähig (reentrant, threadsafe) sein, also so programmiert werden, dass ein Prozess nicht einen anderen, der denselben Code nutzt, stört.

7.3   Speicherverwaltung in ausgewählten Systemen

In diesem Abschnitt betrachten wir bei einigen ausgewählten Betriebssystemen die Implementierungskonzepte der Speicherverwaltung. Wir beginnen mit Linux und fahren anschließend mit Windows (Windows 2000 und folgende) fort. Betriebssysteme nutzen die Möglichkeiten, die ihnen die Hardware zur Verfügung stellt. Die Prozessorarchitektur bestimmt daher auch die Speicherverwaltung im Betriebssystem. Generell ist anzumerken, dass die verschiedenen Speicherstrategien ineinander verzahnt arbeiten und daher nicht isoliert betrachtet werden können.

7.3.1 Linux-Speicherverwaltung

Die ersten Unix-Systeme nutzten ausschließlich Swapping und kein Paging. Hierfür war ein Swapper-Prozess (mit PID 1) vorhanden, der bei Bedarf das Swapping, also das Auslagern eines kompletten Prozesses mit allen seinen Frames und auch eine zyklische Überprüfung der Hauptspeicherauslastung vornahm. Ab BSD 3 wurde Demand Paging ergänzt, alle anderen Unix-Derivate (System V) haben es übernommen. Heute eingesetzte Unix-Systeme nutzen vorwiegend Demand Paging. Der Begriff Swapping wird unter Unix und Linux oft mit Paging gleichgesetzt. Man meint damit dann in der Regel Paging. Swapping wird kaum mehr verwendet.

Virtueller Adressraum und Adressierung

Der Adressraum von Linux liegt für 32-Bit-Betriebssysteme bei vier GiB (32-Bit-Adressen) mit Seitengrößen von 4 KiB. Davon sind drei GiB dem User- und ein GiB dem Systemadressraum zugeordnet. Auch sog. Jumbo-Seiten mit einer Größe von 4 MiB werden seit dem Intel-Pentium-Prozessor unterstützt.

Bei 64-Bit-Linux-Derivaten werden z. B. je nach Prozessor bis zu 48 Bit breite virtuelle Adressen verwendet, was einen maximalen Adressraum von 2^{48} (2^{40} entspricht einem TiB) ermöglicht. Dies ist weit mehr als der tatsächlich physikalisch vorhandene Hauptspeicher.

Abb. 7.39 skizziert den virtuellen Adressraum unter Linux. Der Benutzeradressraum beginnt bei der virtuellen Adresse 0. Bei einer 32-Bit-Architektur (wie etwa die IA32-Architektur) endet er beispielsweise bei drei GiB und der Kerneladressraum ist ein GiB groß. Bei 64-Bit-Architekturen ist der Adressraum natürlich viel größer. Bei der x64-Architektur ist der Adressraum maximal 256 TiB groß, wovon 128 TiB dem Kernel zugeordnet werden und 128 TiB dem Benutzeradressraum. Alle Prozesse nutzen den gleichen Adressbereich für den Kernel, der auch physikalisch an einer Stelle im Hauptspeicher liegt.

Der Benutzeradressraum wird auf beliebige freie Seitenrahmen im Hauptspeicher gemappt. Durch die architekturspezifische Konstante TASK_SIZE wird die Größe des Benutzeradressraums je nach Prozessor-Architektur konfiguriert. Bei der Konfigurierung des Kernels sind weitere Einstellungen möglich. Es können z. B. mehrere Auslagerungsdateien (Paging-Areas) im Verbund konfiguriert werden (Glatz 2015).

Die Aufteilung des Benutzeradressraums erfolgt mit Hilfe eines Speicherdeskriptors, der in einer Datenstruktur mm_struct beschrieben wird. In dieser Datenstruktur sind die Verweise auf die einzelnen Speichersegmente (Stack, Heap, Daten, Code (= Textsegment), Speichersegmente für memory-mapped Files, …) untergebracht. Für den Programmcode, der sich nicht verändert, wird die ausführbare Datei als Hintergrundspeicher verwendet und damit wird die Paging-Area entlastet. Gleiches gilt für die unter Linux unterstützten sog. memory-mapped Files, die direkt in den virtuellen Adressraum kopiert werden können. Hier wird ebenfalls die jeweilige Datei als Hintergrundspeicher genutzt.

In der Regel werden bei Unix-Derivaten mehrstufige, in Linux sogar dreistufige und ab Linux-Version 2.6.11 sogar vierstufige Seitentabellen verwendet, die aber nicht auf jedem Prozessor implementierbar sind. So unterstützen Intel-IA32-Prozessoren z. B. nur zwei-

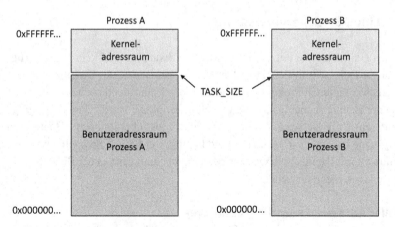

Abb. 7.39 Belegung des Adressraums unter Linux

stufige Seitentabellen, weshalb eine Abbildung des Softwarekonzepts auf das Hardware-konzept erforderlich ist. Diese Abbildung übernimmt der Kernel. Spezielle Segmentie-rungsmechanismen der unterlagerten Prozessoren werden in der Regel gar nicht genutzt.

Abb. 7.40 zeigt beispielsweise eine vierstufige Seitentabelle des Linux-Betriebssystems (ab Version 2.6.11) mit 48-Bit-Adressen. Die virtuelle Adresse ist in fünf Teile gegliedert:

- Vier Indices i1, i2, i3 und i4 die auf die konkreten Seitentabelleneinträge verweisen. Seitentabellen verweisen.
- Ein Offset (Distanz) zur Adressierung des gewünschten Byte innerhalb der adressier-ten Seite.

Die Größen der einzelnen Indices und des Offsets hängen vom Prozessor ab (Bovet und Cesati 2005). Standardmäßig sind die vier Indices jeweils 9 Bit lang und können damit 512 Einträge adressieren. Bis auf die Einträge der inneren Seitentabelle 3 verweisen alle anderen Seitentabelleneinträge auf den Anfang der folgenden Seitentabelle. Die Einträge der innersten Seitentabelle enthalten dann den Verweis auf den Frame im Hautspeicher, in dem die adressierte Seite eingelagert ist. Das Offset umfasst 12 Bit und kann daher Seiten-größen mit 4096 Byte adressieren.

Verwendete Stategien
Als Fetch Policy wird prinzipiell das Demand-Paging-Verfahren angewendet. Seiten wer-den also erst auf Anforderung der Prozesse in den Hautspeicher eingelesen.

Zur Seitenersetzung wird in Linux-Systemen eine Art Clock-Page-Algorithmus ver-wendet. Je Seite werden ein Reference- und ein Modified-Bit verwaltet. Bei jedem Seitenzugriff wird ein Referenzzähler erhöht. Der Linux-Seitenersetzungsalgorithmus wird als PFRA (Page Frame Reclaiming Algorithm) bezeichnet. PFRA unterscheidet sog. nicht anforderbare, auslagerbare, synchronisierbare sowie löschbare Seiten und verwaltet

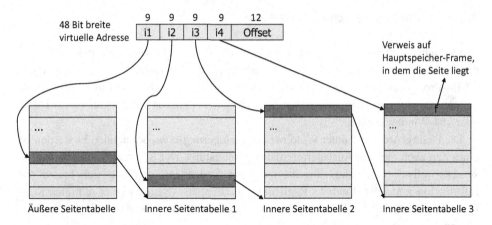

i1, i2, i3, i4: Seitentabellenindixes
f = Frame

Abb. 7.40 Vierstufige Seitentabelle unter Linux

sie in mehreren Listen. Auslagerbare und synchronisierbare Seiten können auf die Paging-Area ausgelagert werden. Sie müssen aber nur ausgelagert werden, wenn sie auch verändert wurden. Löschbare Seiten können sofort für Seitenanforderungen verwendet werden.

Spezielle Kernel-Threads wie *kswapd* prüfen auch präventiv, welche Seiten nicht mehr verwendet werden. Wenn der verfügbare Speicher zu knapp wird, aktiviert er den PFRA, der dann eine bestimmte Anzahl an Seiten verfügbar macht. Um den Aufwand in Grenzen zu halten, fordert PFRA maximal 32 Seiten in einem Durchlauf an. Der Kernel-Thread *pdflush* (früher *bdflush*) schreibt veränderte („dirty") Seitenrahmen periodisch auf die Paging-Area, allerdings auch nur dann, wenn eine bestimmte Speicherauslastung erreicht ist. Die Entladestrategie (Cleaning) kann prinzipiell als *Page Buffering* bezeichnet werden.

Der physisch vorhandene Speicher wird unter Linux in mehreren Speicherzonen verwaltet. Der Arbeitsspeicher besteht aus drei Teilbereichen. Der ersten beiden Teile enthalten den Kernel und die Seitentabellen. Diese werden nie ausgelagert. Der dritte Teil ist in Seitenrahmen untergliedert, die entweder den Prozessen zugeordnet sind oder in einer Liste mit freien Seitenrahmen verwaltet werden (weiteres dazu in Tanenbaum und Bos 2016). Zur Verwaltung der belegten Seitenrahmen wird in Linux die Buddy-Technik eingesetzt. Für die Verwaltung von Kernel-Speicherbereichen und auch für kleinere Speicheranforderungen im Usermodus verwendet der Linux-Kernel einen weiteren Mechanismus, der als Slab-Allocator bezeichnet wird. Der Slab-Allocator (Slab = Fliese) setzt auf der Buddy-Technik auf und unterteilt die Speicherblöcke nochmals, um kleinere Speicherobjekte schnell bereitstellen zu können (Tanenbaum und Bos 2016). Damit wird auch der internen Fragmentierung, einem Problem der BuddyTechnik, entgegengewirkt.

7.3.2 Windows-Speicherverwaltung

Die Speicherverwaltung von Windows richtet sich nach der Prozessorarchitektur. Es gibt daher Unterschiede bei den Windows-Derivaten. Ein Windows, das auf Basis eines 32-Bit-Prozessors läuft (IA32-Architektur, kurz: 32-Bit- oder x86-Windows), differiert in einigen Aspekten zu einem Windows, das eine IA64- und x64-Architektur (kurz: IA64- oder x64-Windows) nutzt.

Die Paging-Area wird unter Windows als *Auslagerungsdatei* bezeichnet. Es werden zu einer Zeit auch mehrere Auslagerungsdateien unterstützt. Der Sitzungs-Manager-Prozess *smss.exe* öffnet die Auslagerungsdateien beim Systemstart und holt sich hierzu die Informationen aus der Windows-Registrierungsdatenbank (Registry), der zentralen Konfigurationsdatenbank vor Windows. Die Auslagerungsdateien und deren Größen können verändert werden.[2]

Legt man im System keine Auslagerungsdatei an, werden abhängig vom jeweiligen Windows-Derivat und vom verfügbaren Hauptspeicher Standardgrößen verwendet. Bei Windows wird z. B. die Auslagerungsdatei im Minimum über die Formel *1 * Hauptspeichergröße* und im Maximum über die Formel *3 * Hauptspeichergröße* berechnet. Diese Formeln gelten bei Hauptspeichergrößen über einem GiB (Russinovich et al. 2012b).

In der Windows-Speicherverwaltung gibt es noch eine Fülle von interessanten Mechanismen, wie z. B. den Cache-Manager, der aus Platzgründen hier nicht alle behandelt werden können. Einige Mechanismen sind in (Russinovich et al. 2012b) ausführlicher beschrieben. Wichtige Aspekte der Windows-Speicherverwaltung werden im Folgenden kurz skizziert.

Virtueller Adressraum und Adressierung
Zur Verwaltung der virtuellen Adressräume sind je nach Prozessor-Architektur *zwei-* oder *mehrstufige Seitentabellen* vorgesehen. Bei x86-Architekturen ist die Adressierung zweistufig, bei x64-Windows sogar vierstufig. Die Adresstransformation wird bei x64-Windows über eine 48 Bit breite virtuelle Adresse mit 4 Indices zu je 9 Bit (je Seitentabellen-Level) und 12 Bit für die Distanz innerhalb des Frames durchgeführt. Auf die Nutzung von Segmentierungsmechanismen, die z. B. von Intel/AMD-Prozessoren angeboten werden, wird verzichtet. Im 32-Bit-Windows werden 2 GiB für den Benutzeradressraum eines 32-Bit-Prozesses bereitgestellt. Andere 32-Bit-Windows-Produkte unterstützen auch noch größere virtuelle Adressräume. 32-Bit-Prozesse unter 64-Bit-Architekturen sind auch möglich (Kompatibilitätsmodus). In diesem Fall kann der Prozessadressraum bis zu 4 GiB

---

[2] Zur Veränderung der Auslagerungsdatei nutzt man als Systemadministrator die Systemsteuerung. Im Ordner System unter dem Register „Erweitert" können Systemleistungsoptionen verändert werden. Hier kann man auch die Auslagerungsdatei verändern. Eine Veränderung wirkt sich auf den zugesicherten Speicher, konkret auf den Grenzwert aus, der im Task-Manager im Register „Systemleistung" angezeigt wird.

groß sein. Die Seitengröße beträgt beim 32-Bit-Windows maximal 64 KiB, beim Intel Pentium 4 KiB und beim Intel Itanium 8 bzw. 16 KiB. Auch sog. *Large Pages* zur Minimierung der Seitentabellen mit einer Größe von 4 MiB (x86) bis 16 MiB (IA64) werden unterstützt. Die Tab. 7.1 zeigt die Seitengrößen nach Prozessorarchitekturen. Allerdings muss für die Nutzung von Large Pages genügend Hauptspeicher verfügbar sein (bei Windows mehr als 255 MiB). Large Pages können beispielsweise für die Adressierung von Speicher durch Grafikprozessoren genutzt werden.

Die 64-Bit-Adresse eines x64-Prozessors wird z. B. bei Small Pages in 4 Indices zu je 9 Bit und in ein 12-Bit-Offset aufgeteilt. 16 Bit der Adresse werden nicht benutzt. Bei Large Pages werden drei Seitentabellen-Levels mit jeweils 9-Bit-Indices unterstützt und für das Offset werden 21 Bit genutzt. Neuere CPUs unterstützen auch bereits 1-GiB große Large Pages mit einer zweistufigen Seitenumsetzung, wobei zwei 9-Bit-Indices sowie ein 30-Bit-Offset verwendet werden.

Die Belegung des virtuellen Adressraums differiert, je nach Windows-Variante. In Abb. 7.41 ist die Belegung des virtuellen Adressraums für das 32-Bit-Windows nach (Russinovich et al. 2012b) dargestellt. Der Adressraum zwischen den Adressen 0x00000000 und 0x7FFFEFFF ist für die Anwendungsprogramme reserviert. Jeder Prozess enthält hier seine individuellen Daten und seinen Programmcode. Der Rest des Adressraums ist dem Betriebssystem vorbehalten, dass in jedem Prozess an diesen Adressen liegt. Windows unterstützt auch andere Varianten. Bestimmte Programme benötigen z. B. drei GiB für die Anwendung. Man spricht hier von großen Adressräumen (large address space). Zu diesen Prozessen gehören lsass.exe und *smss*.exe. (siehe Kap. 2)

Die genaue Speicherbelegung bei x64- und IA64-Windows ist natürlich etwas komplizierter und der Literatur zu entnehmen (Russinovich et al. 2012b). Theoretisch kann man mit einer 64-Bit-Adresse 16 Exabyte adressieren. Dieser immense Speicherbereich wird unter x64- und IA64-Windows verwaltungstechnisch in mehrere Bereiche (Regionen) eingeteilt. Neben der Region für den Benutzeradressraum gibt es noch den System-Cache, den Paged-Pool, den Non-Paged-Pool usw. Die Größe der Regionen liegt für beide Prozessorarchitekturen jeweils bei 128 GiB. Eine Ausnahme bildet die Region des Benutzeradressraums, die bei 7152 GiB (IA64) bzw. 8192 GiB (x64) liegt. Der x64-Adressraum reicht von der Adresse 0x000000000000 bis hin zur Adresse 0xFFFFFFFFFFFF, die Adressen sind also 48 Bit breit. Die Größe verschiedener Speicherbereiche ist in Windows auch konfigurierbar.

Tab. 7.1 Seitengrößen unter Windows in Abhängigkeit der Prozessorarchitektur (nach Russinovich et al. 2012b)

Prozessorarchitektur	Größe der Small Page	Größe der Large Page
x86	4 KiB (12 Bit Offset)	4 MiB (22 Bit Offset)
x64 (AMD)	4 KiB (12 Bit Offset)	2 MiB (21 Bit Offset)
IA64 (Intel)	8 KiB (13 Bit Offset)	16 MiB (24 Bit Offset)

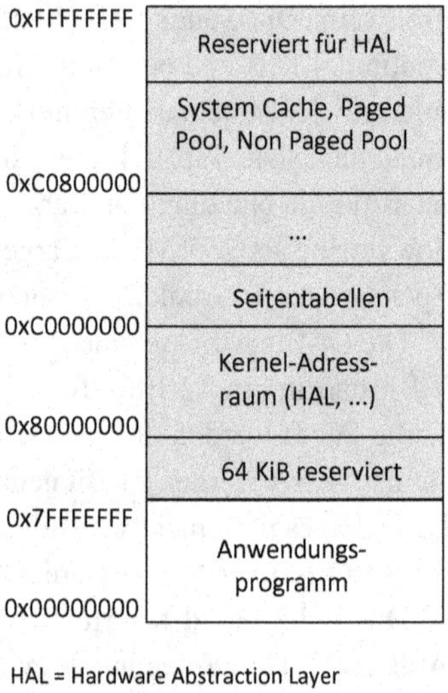

Abb. 7.41 Belegung für die
Belegung eines 32-Bit-
Adressraums unter Windows

0xFFFFFFFF	Reserviert für HAL
	System Cache, Paged Pool, Non Paged Pool
0xC0800000	
	...
	Seitentabellen
0xC0000000	
	Kernel-Adress- raum (HAL, ...)
0x80000000	
	64 KiB reserviert
0x7FFFEFFF	
	Anwendungs- programm
0x00000000	

HAL = Hardware Abstraction Layer

Verwendete Stategien

Als *Einlagerungsstrategie* wird das *Demand-Paging*-Verfahren unterstützt. Ab Windows XP bzw. 2003 wurde zusätzlich auch ein *Prefetch*-Verfahren eingeführt, mit dem versucht wird, präventiv, also vor dem eigentlichen Zugriff, die benötigten Seiten einzulagern. Auch wird zusammen mit einer angeforderten Seite gleich ein Prefetching nachfolgender Seiten ausgeführt.

Als *Auslagerungs- und Ersetzungsstrategie* wird unter Windows eine Kombination aus lokaler und globaler Ersetzung realisiert, die auf dem Working-Set-Verfahren aufsetzt. Lokale Ersetzung bedeutet in diesem Zusammenhang, dass eine Seite des anfordernden Prozesses entfernt wird, bevor eine Seite eines anderen Prozesses ausgewählt wird. Eine globale Ersetzung bedient sich auch der Seiten anderer Prozesse. In Multiprozessorma-schinen wird zur Auswahl der Auslagerungskandidaten eine *lokale FIFO-Strategie* ver-wendet. Wenn also eine Seite ausgelagert werden muss, so wird die ausgewählt, die schon am längsten im Hauptspeicher war. Bei Einprozessormaschinen wird ein *Pseudo-LRU-Algorithmus* verwendet, der auf dem *Clock-Page-Verfahren* basiert. Es wird also versucht, Seiten für die Auslagerung zu finden, die am längsten nicht mehr im Zugriff waren.

Ein weiterer Mechanismus der Windows-Speicherverwaltung ist ein spezielles Working-Set-Verfahren. Jeder Prozess erhält einen sog. *Working-Set*, also eine Arbeits-menge an Frames, die über eine Working-Set-Strategie zugeordnet werden. Jeder Prozess verfügt über einen Working-Set von mindestens 50 und maximal 345 Seiten je nach ver-fügbarem Hauptspeicher. Diese Angabe bezieht sich auf x86-Windows, bei 64-Bit-Windows sind die Werte anders. Stark „pagende" Prozesse können den zugewiesenen Working-Set auch erhöhen, aber nur maximal bis zur Anzahl aller aktuell verfügbaren Seiten abzüglich 512 (siehe Russinovich et al. 2012b). Wenn ein Working-Set eines Pro-zesses an seine Obergrenze kommt, entfernt die Speicherverwaltung zunächst Seiten von diesem Prozess und danach erst, falls noch nötig, Seiten anderer Prozesse. Es wird zyklisch überprüft, ob die Working-Sets der Prozesse noch zur gesamten Hauptspeicherauslastung passen. Wenn noch genügend Hauptspeicher vorhanden ist, wird bei einem Seitenfehler etwas mehr geladen. Ist der Hauptspeicher knapp, werden Seitenrahmen präventiv entzogen, aber noch in Listen verwaltet, bis sie tatsächlich von anderen Prozessen benötigt werden. Als *Entladestrategie* wird also prinzipiell *Page Buffering* verwendet. Die Windows-Hauptspeicherverwaltung führt einige Listen, sog. *Auslagerungslisten* zur Optimierung der Seitenersetzung und der Frame-Auswahl, die im Folgenden kurz beschrieben werden sollen:

- Die *Modified-Page-List* enthält Seiten, die bereits für eine Seitenersetzung ausgewählt, aber noch nicht ausgelagert wurden. Diese Seiten sind noch einem Prozess zugeordnet.
- Die *Standby-Page-List* enthält Frames, die bereits sauber gemacht wurden, also eine Kopie auf der Paging-Area haben und noch einem Prozess zugeordnet sind.
- Die *Free-Page-List* enthält saubere Frames, die keine Zuordnung zu einem Prozess haben.
- Die *Zeroed-Page-List* enthält Frames, die bereits mit Nullen initialisiert wurden.

In Abb. 7.42 sind die Auslagerungslisten der Windows-Speicherverwaltung sowie die Listenbewegungen skizziert.

Es gibt einige Systemthreads, die unter dem Prozess mit dem symbolischen Namen *System*[3] ablaufen und für die Hauptspeicherverwaltung gewisse Aufgaben erledigen. Sie versuchen u. a. nach bestimmten Verfahren freien Speicher zu schaffen und sind für die Verwaltung der dargestellten Listen zuständig. U. a. sind dies folgende Threads, von denen zwei in Abb. 7.42 zu sehen sind:

- Ein zyklisch arbeitender *Working-Set-Manager-Thread* wird einmal pro Sekunde oder bei Bedarf aufgerufen, um den Arbeitsspeicher frei zu machen.
- Der *Swapper-Thread* läuft mit einem Abstand von wenigen Sekunden, sucht nach Threads, die schon länger nichts tun und legt deren Frames in die Modified- oder Standby-Page-List.
- Der *Modified-Page-Writer-Thread* schreibt die Frames aus der Modified-Page-List in die Paging-Area, wenn diese Liste verkleinert werden muss.
- Der *Zero-Page-Thread* befüllt die Frames der Free-Page-List mit Nullen und hängt sie in die Zero-Page-List um.

Die Seitenrahmen des Hauptspeichers werden in der sog. *PFN-Datenbank* (Page Frame Number) verwaltet, wobei der Begriff „Datenbank" hier etwas übertrieben ist. Es handelt sich um eine transiente Datenstruktur mit einer Tabelle, die einen Eintrag je Seitenrahmen enthält. In der PFN-Datenbank werden die einzelnen Listen der Seitenersetzungsstrategie

---

[3] Siehe Task-Manager im Windows 2000 und folgende.

als verkettete lineare Listen verwaltet. Zu jeder Liste existiert ein Anker. Zu jedem Seitenrahmen wird ein Statusfeld verwaltet, wobei acht Zustände möglich sind. Hierzu gehören
die Stati *Active* (valid), *Standby, Modified, Zeroed, Free, Bad* und *Modified-No-Write* und
Transition. Der Zustand *Zeroed* gibt z. B an, dass ein Speicherrahmen mit lauter Nullen
„bereinigt" ist und in der *Zero-Page-List* eingegliedert ist. Der Zustand *Free* deutet z. B. an,
dass der Rahmen frei ist und in der Free-Page-List liegt. In den PFN-Einträgen werden
Verkettungsinformationen verwaltet, die die Zugehörigkeit zu den oben angegebenen Listen regeln.

Für die Speicherbelegungsstrategie dienen Windows-eigene, nicht weiter beschriebene
Verfahren. Windows verwaltet spezielle Pools für auslagerbare und nicht auslagerbare
Seiten (paged pool, non-paged pool), die für eine schnelle Zuweisung von Speicher verwendet werden (siehe auch Abb. 7.41). Weiterhin werden sog. Look-Aside-Listen verwaltet, die hier nicht weiter ausgeführt werden sollen (siehe hierzu Russinovich et al. 2012a, b).

7.3.3 macOS-Speicherverwaltung

Im Wesentlichen wird im Betriebssystem macOS die Speicherverwaltung des Mach-
Kernels (Accetta et al. 1986 und Rashid und Tokuda 1990) verwendet. Die Hardwareab-
hängigkeiten zu den Prozessoren, die ja die Speicherverwaltung wesentlich beeinflussen,
sind vollständig in einer eigenen Schicht mit der Bezeichnung *pmap (physical map)* ge-

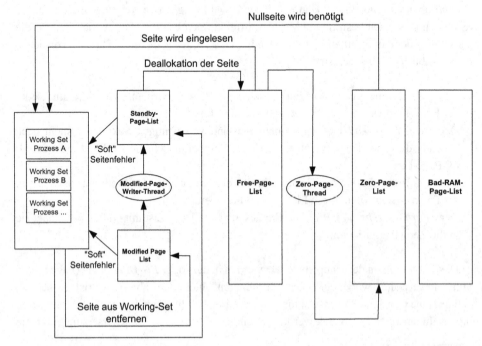

Abb. 7.42 Auslagerungslisten der Windows-Speicherverwaltung (nach Russinovich et al. 2012b)

kapselt. Dort ist beispielsweise festgelegt, wie eine Seite auf einen Seitenrahmen abgebildet wird.

macOS unterstützt mehrere Seitengrößen in Abhängigkeit vom jeweiligen Prozessor. Bei IBM PowerPC-Prozessoren werden z. B. 4 KiB und 16 MiB unterstützt.

Auf der Schicht über pmap werden die den Adressräumen zugeordneten Seiten in sog. *Regions* organisiert, die von den tatsächlich durch den Prozessor unterstützten Seitengrößen abstrahieren, was zu einer Prozessorunabhängigkeit auf der höheren Abstraktionsschicht führt. Eine Region kann auch größer als eine Seite sein. macOS verbindet dazu mehrere aufeinanderfolgende Seiten.

Virtueller Adressraum und Adressierung

Der Adressraum von macOS unterstützt die Gegebenheiten der verwendetet Prozessoren (Singh (2007). Jeder Task erhält je nach Prozessor z. B. bei älteren 32-Bit-Prozessoren einen 4-GiB-Adressraum. Bei Prozessoren der x64-Architektur von Intel werden wie bei Linux und Windows die vorhandenen 48 Bit für die Adressierung genutzt. Der Adressraum eines Prozesses hat hierbei eine Größe von 256 Tebibyte (TiB). Mach ermöglicht nach (Singh 2007) sogar bis zu 51 Bit für die Adressierung, das entspricht einem Adressraum von zwei Pebibyte (PiB).

Der virtuelle Adressraum wird in einer Datenstruktur mit der Bezeichnung *VM Map* verwaltet. Jede Seite ist darin durch eine *VM Map Entry*, beschrieben. Die Seiteneinträge sind in einer doppelt verketteten Liste organisiert. Das Konstrukt entspricht der Seitentabelle.

Der 32-Bit-Adressraum kann im Gegensatz zu Windows und Linux vollständig im Usermodus genutzt werden. Für den Kernel wird dann nichts reserviert (Levin 2013). Bei 64-Bit-Adressräumen wird dem Kernel dagegen ein fester Adressbereich zugeordnet.

Ähnlich wie bei Linux besteht auch bei macOS die Möglichkeit, dass ein neu erzeugter Task (Prozess) einen komplett neuen Adressraum mit einer Vererbung der Inhalte des Elternprozesses erhält oder sich auch Teile des Adressraums mit seinem Elternprozess teilt. Eine Mischung ist ebenfalls möglich (Accetta et al. 1986).

Verwendete Stategien

Als Fetch Policy wird prinzipiell das Demand-Paging-Verfahren angewendet. Wenn eine Seite benötigt wird und nicht in einem Seiterahmen liegt, wird ein Seitenfehler produziert, der zu einer Einlagerung evtl. mit vorheriger Seitenauslagerung führt. Es wird aber versucht, Seiten, die man bald wieder benötigt, möglichst nicht auszulagern und die Working Sets der Tasks im Hauptspeicher zu belassen.

Ähnlich wie bei Linux und Windows werden verschiedene Listen von Seitenrahmen verwaltet. Die Entladestrategie (Cleaning) kann prinzipiell auch als *Page Buffering* bezeichnet werden. Folgende Listen bzw. Queues werden in macOS geführt:

- Freie Seitenrahmen werden in der sog. *free queue* verwaltet. Aus dieser Liste werden bei Seitenfehlern verfügbare Frames besorgt, ohne das eine Verdrängung notwendig wird.
- In einer weiteren Liste (*inactive queue*) werden die Seitenrahmen mit aktuell nicht referenzierten Seiten verwaltet, die aber noch den Seitentabellen (VM maps) von Tasks zugeordnet sind. Ein spezieller *Pageout*-Thread schreibt von Zeit zu Zeit Seiten aus dieser Liste auf die Paging Area, natürlich nur solche, die auch verändert wurden (M-Bit gesetzt), um Seitenrahmen verfügbar zu machen.
- In der sog. *active queue* werden die Seitenrahmen mit Seiten verwaltet, die einem Task zugeordnet sind und in der letzten Zeit verwendet wurden. macOS bezeichnet diese Seiten auch als Working Sets der Tasks.
- In einer vierten Liste werden solche Seitenrahmen eingetragen, deren Seiten zwar inaktiv sind, aber mit guter Wahrscheinlichkeit bald wieder benutzt werden. Diese Liste wird als *speculative queue* bezeichnet.

Es wird versucht, in der Liste der aktiven Seitenrahmen nur die tatsächlich im Working Set befindlichen Seiten zu halten und die anderen in die inactive queue zu legen.

Zur Seitenersetzung wird in macOS eine FIFO-Strategie mit Second Chance genutzt, die der Qualität von LRU-Verfahren schon sehr ähnlich sein soll. Implementiert ist die Seitenersetzungsstrategie im *Pageout*-Thread.

Ein weiterer spezieller Kernel-Thread ist der *Pager*-Thread, den es in mehreren Ausprägungen gibt, die hier nicht weiter ausgeführt werden sollen (siehe hierzu Levin 2013). Er verwaltet die Paging Area und führt die Lese- und Schreiboperationen auf die Paging Area aus. Die eigentliche Seitenersetzungsstrategie ist im Pagout-Thread implementiert.

7.4   Übungsaufgaben

1. Welche grundlegenden Gedanken stecken hinter dem Konzept des virtuellen Speichers?
2. Welche Aufgabe hat eine Verdrängungsstrategie und was ist ein Seitenfehler?
3. Was bedeutet Demand-Paging und welche Alternative wäre denkbar?
4. Wie viele Seitentabellen müssen bei virtueller Adressierung vom Betriebssystem verwaltet werden, wenn mit einer einstufigen Seitentabelle gearbeitet wird und gerade 10 Prozesse aktiv sind?
5. Ein virtueller Adressraum wird mit 32 Bit langen virtuellen Adressen adressiert. Eine virtuelle Adresse enthält jeweils 10 Bit für den Index in der Top-Level-Seitentabelle und 10 Bit für den Index in der Second-Level Seitentabelle.
   a) Wie viele Second-Level Seitentabellen gibt es maximal je Prozess?
   b) Wie groß sind die Seitenrahmen im Hauptspeicher?
   c) Wie groß ist der gesamte virtuelle Adressraum eines Prozesses?

6. Welcher Seitenersetzungsalgorithmus wäre theoretisch optimal und warum ist dieser praktisch nur schwer zu realisieren?

7. Warum ist der LRU-Algorithmus zur Seitenersetzung bei der virtuellen Adressierung schwer zu realisieren? Welcher Algorithmus ist eine gute Alternative hierzu?

8. Welche Probleme ergeben sich bei sehr großen virtuellen Adressräumen in Bezug auf die Verwaltung der Seitentabellen?

9. Welche Möglichkeiten gibt es, die hohe Belastung der Seitentabellenverwaltung insbesondere bei großen Adressräumen zu optimieren?

10. Erläutern Sie das Working-Set-Verfahren, das Windows einsetzt!

11. Erläutern Sie die Grundprinzipien des TLB und der invertierten Seitentabelle mit Hashing!

12. Was versteht man unter einem Shared Memory? Nennen Sie Einsatzmöglichkeiten!

13. Welche grundsätzlichen Speicherverwaltungsmechanismen sind in Unix-Systemen vorzufinden?

14. Das Betriebssystem Windows verwendet eine recht aufwändige Logik zur Verwaltung der Frames in der Speicherverwaltung. Frames werden in sog. Auslagerungslisten geführt.

    a) Welche Auslagerungslisten gibt es und welche Typen von Frames werden dort verwaltet?

    b) Erläutern Sie, welche System-Threads bei der Verwaltung der Auslagerungslisten mitwirken!

15. Wozu dient die Buddy-Technik in der Speicherverwaltung und wie funktioniert sie?

16. Es seien 3 RAM-Seitenrahmen im Hauptspeicher verfügbar, der Rest der Seiten wird auf einer Paging-Area abgelegt. Folgende Referenzreihenfolge, in der die Seiten mit den Nummern 0 bis 6 angesprochen werden, sei gegeben:

    0-1-2-3-4-0-1-5-6-0-1-2

    a) Skizzieren Sie den optimalen Algorithmus (Belady) für die Seitenersetzung und zählen Sie die Anzahl der Seitenersetzungen.

    b) Skizzieren Sie die Seitenersetzungen unter Nutzung des FIFO-Verfahrens und ermitteln Sie die Anzahl der Seitenersetzungen.

17. Es seien 3 RAM-Seitenrahmen im Hauptspeicher verfügbar, der Rest der Seiten wird auf einer Paging-Area abgelegt. Folgende Referenzreihenfolge, in der die Seiten mit den Nummern 1 bis 7 angesprochen werden, sei gegeben:

    2-5-6-2-1-2-5-3-2-7-2

    Zeigen Sie, dass bei FIFO-Seitenersetzung 6, bei LRU 3 und bei der optimalen Strategie nach Belady 3 Seitenersetzungen notwendig sind, um die Referenzreihenfolge abzuarbeiten.

18. Warum ist der Working-Set-Algorithmus so aufwändig zu implementieren?

19. Welche Vorteile bringt im Vergleich zum Working-Set-Algorithmus der WSClock-Algorithmus?

20. Wie ist die virtuelle Adresse ab Linux-Version 02.06.11 standardmäßig aufgebaut und wie viele Seitentabellen werden für die Adressumsetzung verwendet?

21. Wie verwaltet macOS die Seitenrahmen?

Literatur

Accetta, M., Baron, R., W. Bolosky, Golab, D., Tevanian, A., & Young, M. (1986). Mach: A new kernel foundation for UNIX Developement. Computer Science Department Carnegie Mellon University. https://www.cerias.purdue.edu/apps/reports_and_papers/view/1449. Zugegriffen am 04.04.2020.

Bovet, D. P., & Cesati, M. (2005). *Understanding the Linux Kernel*. Sebastopol: O'Reilly Media

Denning, P. (1968) The Working Set Model for Program Behavior. *Communications of the ACM*, *11*(5), 323–333.

Glatz, E. (2015). *Betriebssysteme Grundlagen, Konzepte, Systemprogrammierung* (3., überarb. u. akt. Aufl.). Heidelberg: dpunkt (sehr zu empfehlen)

Herrmann, P. (2002). *Rechnerarchitektur* (3. Aufl.). Braunschweig/Wiesbaden: Vieweg.

Knuth, D. E. (1997). *The art of computer programming volume 1: Fundamental algorithms* (2. Aufl). Massachusetts: Addison-Wesley.

Levin J. (2013). *Max OS X and iOS internals to the Apple's core*. Indianapolis: Wiley.

Silberschatz, G., Galvin, P. B., & Gagne, G. (2009). *Operating system concepts* (8. Aufl.). Danvers: Wiley. (Klassiker, gut zu lesen, umfangreich).

Rashid, R. F., & Tokuda, H. (1990). Mach: A system software kernel. *Computing Systems in Engineering*, *1*(2–4), 163–169. https://doi.org/10.1016/0956-0521(90)90004-5.

Russinovich, M., Solomon, D. A., & Ionescu, A. (2012a) *Windows Internals, Part 1* (6. Aufl.). Redmond: Microsoft Press. (sehr detaillierte Einführung in Windows-Internas).

Russinovich, M., Solomon, D. A., & Ionescu, A. (2012b) *Windows Internals, Part 2* (6. Aufl.). Redmond: Microsoft Press. (sehr detaillierte Einführung in Windows-Internas).

Singh, A. (2007) *Mac OS X Internals: A Systems Approach*. Boston: Pearson Education.

Tanenbaum, A. S., & Bos, H. (2015). *Modern Operating Systems* (4. Aufl.). (Klassiker, sehr umfangreich). Harlow: Pearson Education.

Tanenbaum, A. S., & Bos, H. (2016). *Moderne Betriebssysteme* (4., akt. Aufl.). (deutsche Übersetzung von Tanenbaum & Bos 2015). Hallbergmoos: Pearson Deutschland.

Geräte- und Dateiverwaltung

8

Dieses Kapitel befasst sich mit der Geräteverwaltung und mit der Dateiverwaltung sowie mit heute üblichen Storage-Systemen. Zunächst wird auf die Geräteverwaltung eingegangen. Es wird dargestellt, wie die Geräteansteuerung ins Betriebssystem eingebettet ist. Geräte sind heute üblicherweise über Bussysteme an die CPU angeschlossen. Daher wird auch ein kurzer Blick auf heutige Bussysteme geworfen. Ein klassischer Gerätetyp, die Festplatte, wird etwas intensiver betrachtet. Die Einbettung der Geräteansteuerung unter Unix wird kurz skizziert, und es wird rudimentär erläutert, was unter DMA und Memory-Mapped-Ein-/Ausgabe zu verstehen ist.

Anschließend wird auf die Dateiverwaltung in heutigen Betriebssystemen eingegangen. Dabei wird erläutert, wie Dateisysteme grundsätzlich aufgebaut sind. Anhand von Beispielen aus den Betriebssystemen Unix und Windows werden spezielle Dateisysteme wie UFS (ursprüngliches Unix-Dateisystem), NTFS (neueres Windows-Dateisystem) und FAT (älteres MS-DOS- und Windows-Dateisystem) skizziert.

Weiterhin wird in diesem Kapitel auf Storage-Systeme eingegangen. Die wichtig-sten *RAID*-Varianten werden diskutiert, und es wird der Unterschied zwischen *Network Attached Storage* (NAS) und *Storage Attached Networks* (SAN) aufgezeigt.

Zielsetzung des Kapitels

Der Studierende sollte verstehen, wie die Geräteverwaltung und die Dateiverwaltung in Betriebssystemen grundsätzlich funktionieren und dies auch an Beispielen erläutern können. Anhand der Festplatte sollte er die Funktionsweise eines Geräts und dessen Anbindung an die CPU erläutern können. Spezielle Storage-Systeme sollte er benennen und prinzipiell erklären können.

© Springer Fachmedien Wiesbaden GmbH, ein Teil von Springer Nature 2020
P. Mandl, *Grundkurs Betriebssysteme*,
https://doi.org/10.1007/978-3-658-30547-5_8

Wichtige Begriffe

Gerätetreiber, Logischer Sektor, Zylinder, Spur, Dateisystem, i-Node, FAT, extFAT, NTFS, UFS, ext4, RAID-Level, RAID-0, RAID-1, RAID-5, RAID-6, RAID 1+0, SAN, NAS.

8.1 Aufgaben und Überblick

8.1.1 Grundlegendes

Die Geräteverwaltung, auch Ein- und Ausgabeverwaltung oder E-/A-Management genannt, dient als Teil des Betriebssystems der optimierten Verwaltung von externen Geräten zur Ein- und Ausgabe. Zu den Geräten gehören u. a. Festplatten, USB-Controller und USB-Geräte, CD-ROM- und DVD-Laufwerke, die Tastatur, der Bildschirm und die Netzwerkanbindungen.

Die Leistungsfähigkeit eines Computersystems hängt nicht nur vom Prozessor, sondern auch von der Geschwindigkeit der Datenübertragung zwischen dem Prozessor, dem Hauptspeicher und den Ein- und Ausgabegeräten (Abb. 8.1) ab.

Die Geräteverwaltung stellt die Schnittstelle zwischen den physikalischen Geräten und dem Rest des Betriebssystems dar und hat die Aufgabe, die Geräte anzusteuern. Hierzu gehört die Ausgabe von Kommandos an externe Geräte, die Interruptbearbeitung und eine entsprechende Fehlerbehandlung. Die einzelnen Geräte sind von ihrer Funktionalität und ihrem Aufbau her sehr unterschiedlich. In den betrachteten Betriebssystemen haben wir gesehen, dass diese hardwarenahe Funktionalität meist in einer eigenen Schicht gekapselt ist, wie dies etwa die HAL unter Windows darstellt.

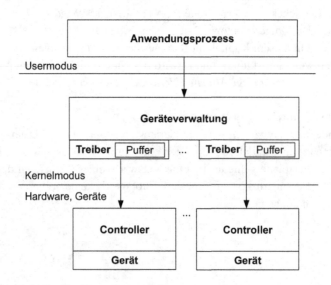

Abb. 8.1 Schichtung der Ein-/Ausgabeverarbeitung

Gerätespezifische Programmteile werden in eigenen Modulen bzw. Softwarekomponenten realisiert. Diese werden als *Gerätetreiber* bezeichnet und stellen gewissermaßen *virtuelle Maschinen* dar, die der Initialisierung und der Ausführung der Datenübertragung von und zu einem Gerät dienen. Treiber laufen in Multiuser-Betriebssystemen typischerweise im Kernelmodus ab. Sie verfügen über eine Treiberschnittstelle dessen Funktionalität vom Betriebssystem abhängt. Die Geräteverwaltung nutzt die Treiberschnittstellen aller Treiber des Betriebssystems für den Zugriff auf die entsprechenden Geräte-Controller.

Ein Treiber hat u. a. folgende Aufgaben zu erfüllen:

- Er definiert ein Gerät und macht es dem Betriebssystem bekannt, initialisiert also die Geräte-Controller beim Systemstart.
- Er stellt ein logisches Programmiermodell bereit und übersetzt es in gerätespezifische Anforderungen.
- Er dient der Pufferung von Daten auf dem Weg vom Gerät zum Hauptspeicher und umgekehrt.
- Er übernimmt die Unterbrechungsbearbeitung für ein Gerät. In der Regel liegt im Treiber auch die passende Interrupt Service Routine (ISR) für das Gerät.
- Er dient der Koordination der nebenläufigen Zugriffe auf ein Gerät.

Es hängt vom jeweiligen Betriebssystem ab, ob Treiber statisch zum Systemstartzeitpunkt bekannt sein müssen oder während des Betriebs dynamisch installiert und gestartet bzw. angehalten werden können.

Die Anwendungsprogramme greifen üblicherweise über eine vordefinierte und standardisierte Schnittstelle mit Hilfe von Systemcalls auf die Geräteverwaltung zu. Typische Operationen sind *open, close, read* und *write*. Windows stellt z. B. eine einheitliche, generische Treiberschnittstelle namens *WDM* (Windows Driver Model) zur Verfügung. Über das *WDK* (Windows Driver Kit) wird die Treiberprogrammierung unterstützt, wozu auch die Ergänzung von Geräten zur Laufzeit (*Plug-and-Play*) gehört.

Die Geräteverwaltung kümmert sich um die anstehenden Zugriffsaufträge und läuft zusammen mit den Treibern im Kernelmodus ab. Die Geräte selbst verfügen meist über einen Controller, der als Kommunikationspartner eines Treibers zur Verfügung steht. Im Treiber wird meist ein Pufferspeicher (Cache) für lesende und schreibende Zugriffe verwaltet, um die Zugriffe zu beschleunigen. Ähnlich wie bei der Hauptspeicherverwaltung versucht man hier, Daten, die benötigt werden, im Puffer zu halten, und benutzt dazu verschiedene Strategien wie LRU usw.

Wie Abb. 8.2 zeigt, werden Ein-/Ausgabe-Geräte bei gängigen PC-Systemen über verschiedene Kommunikationssysteme (Bussysteme) via South- und Northbridge, also über den Chipsatz an die CPU angeschlossen. South- und Northbridge arbeiten wie interne Router. Die Southbridge bedient die Zugriffsrouten zu den externen Geräten. Die Northbridge übernimmt die Anbindung des Arbeitsspeichers.

PC-Systeme nutzen heute u. a. folgende Bussysteme für die Anbindung externer Geräte über die Southbridge:

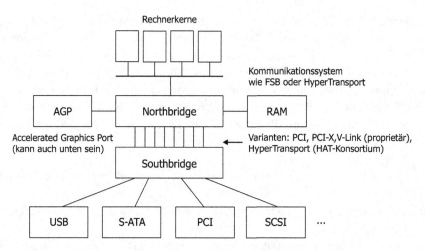

Abb. 8.2 Typische Anbindung von PC-Bussystemen an Rechnerkerne

- Der *PCI*-Bus bzw. dessen Vorgänger und der ISA-Bus für die Anbindung externer Geräte wie z. B. Festplatten. Der IDE-Bus dient zum Anschluss von sog. IDE-Plattengeräten bzw. CD-ROM-Laufwerken. Er hat seinen Ursprung im Platten-Controller-Interface des legendären IBM PC/AT.
- Der SCSI-Bus dient zum Anschluss von schnellen SCSI-Platten und sonstigen schnellen SCSI-kompatiblen Geräten über eine parallele Schnittstelle. SCSI steht für Small Computer System Interface. Bei SCSI unterscheidet man historisch SCSI-1, SCSI-2, SCSI-3, Wide-SCSI, Fast-SCSI, Ultra-SCSI, Ultra-Wide-SCSI, Ultra-Wide-2-SCSI, usw. Seit der Version 3 (*SCSI-3*) sind auch andere Transportschnittstellen möglich und seit 2006 gibt es das sog. *Serial Attached SCSI (SAS)*, das über ein serielles Kabel angeschlossen werden kann. SAS ist der Nachfolger von SCSI. Um an einen Computer SCSI-Geräte anschließen zu können, wird ein SCSI-Hostadapterbenötigt, der den Datentransfer auf dem SCSI-Bus kontrolliert. Das anzuschließende SCSI-Gerät besitzt einen SCSI-Controller, um die Daten über den Bus zu übertragen und mit dem Hostadapter zu kommunizieren.
- An den *USB*[1] (*Universal Serial Bus*) werden serielle Geräte angeschlossen und dies ohne die Notwendigkeit, einen zusätzlichen Treiber zu installieren. USB ist der Nachfolger der sog. seriellen Schnittstelle bei PCs, allerdings wesentlich schneller und flexibler. In einem PC ist heute üblicherweise ein USB-Hostcontroller, der über standardisierte USB-Anschlüsse mehrere USB-Schnittstellen (bis zu 127) unterstützt, über die USB-Geräte angeschlossen werden können. An eine USB-Schnittstelle können wiederum USB-Hubs angeschlossen werden, an die sich mehrere USB-Geräte anschließen

---

[1] USB ist eine sehr gute Unterstützung für das Plug&Play über das sog. „Hot Plugging". Man kann, ohne zusätzliche Interrupts oder E/A-Adressen zu reservieren, neue Geräte im laufenden Betrieb anstecken. Diese melden sich dann selbstständig bei der Geräteverwaltung an.

lassen. Heute werden alle möglichen Geräte über USB angeschlossen (USB-Festplatten, USB-Sticks, Digitalkameras, PDAs usw.).

Die in Abb. 8.2 ebenfalls skizzierte *Serial ATA (Serial AT Atachment)*, die auch als *S-ATA* oder *SATA* bezeichnet wird, ist eine serielle Schnittstelle zwischen Rechner und Festplatten, aber auch zu anderen Speichergeräten. Es handelt sich hier nicht um eine Bus-, sondern um eine Punkt-zu-Punkt-Schnittstelle zwischen Speichermedium und Rechner. Der Begriff *AT Attachment* ist die Bezeichnung des verwendeten Übertragungsprotokolls. Die Datenübertragung erfolgt im Gegensatz zur parallelen Übertragung wie bei USB-Geräten bitweise (seriell).

Typische Übertragungsraten zwischen CPU und Gerät bzw. Bussystem sind der Tab. 8.1 zu entnehmen.

Wie Abb. 8.2 zu sehen ist, werden Grafikkarten direkt an der Nordbrücke angeschlossen. AGP steht für *Accelerated Graphics Port* ist ein Standard zur direkten Anbindung von Grafikkarten an die Hauptplatine eines Rechners. Der Arbeitsspeicher (RAM) hängt ebenfalls direkt an der Nordbrücke und verfügt im Vergleich z. B. über Übertragungsraten von über 66 GByte/s in der Ausprägung *DDR5-SDRAM (Double Rate Synchronous Dynamic Random Access Memory)*. Wichtig ist hier natürlich auch die direkte Adressierbarkeit einzelner Bytes.

Tab. 8.1 Typische Übertragungsraten von Geräten und Bussystemen (Angaben in Bit/s bei serieller Übertragung oder in Byte/s je nach Gerätetyp)

Gerät/Bussystem	Transferrate [Bit/s] bzw. Datenrate [Byte/s]
Keyboard	ca. 10 Byte/s
Maus	ca. 100 Byte/s
Laserdrucker	ca. 100 KByte/s
Grafikkarten über AGP	ca. 2 GByte/s
ISA-Bus	16 MByte/s
USB 1.0 (Universal Serial Bus)	12 Mbit/s
USB 2.0	480 Mbit/s
USB 3.0	bis zu 20 GBit/s
USB 4.0	40 GBit/s
Thunderbolt-4-Schnittstelle	40 GBit/s
Fast Ethernet	100 MBit/s
Gigabit Ethernet	bis zu 400 Gbit/s
Serial Attached SCSI (SAS)	bis zu 2400 MByte/s
PCI Express Bus	bis zu 63 GByte/s
IDE-Festplatten mit ATA	ca. 130 Mbyte/s
S-ATA-Festplatten	bis zu 16 GBit/s
Solid State Disk (SSD)	bis zu 4 GByte/s
Bus-Kommunikationssystem wie AMD HyperTransport oder Intel QPI	50 GBit/s bis über 100 GByte/s

8.1.2   Gerätearten

Bei Geräten (Devices) unterscheidet man *blockorientierte, zeichenorientierte* und *sonstige* Geräte. Zeichenorientierte Geräte sind z. B. die Maus, eine Netzwerkkarte oder ein Drucker. Die Information zwischen der CPU und dem Gerät wird in einzelnen Zeichen ausgetauscht und einzelne Zeichen sind nicht adressierbar. Vielmehr erfolgt das Lesen und Schreiben in Zeichenströmen (Streams). Bei blockorientierten Geräten, wie Festplatten oder Bandlaufwerken, kann direkt auf Blöcke (Größe z. B. 512 – 32.768 Byte) positioniert bzw. zugegriffen werden. Blöcke sind also direkt adressierbar. Zu den sonstigen Geräten gehören z. B. Clocks (Systemuhren). Exemplarisch soll als Geräteart die Magnet- oder Festplatte näher betrachtet werden.

Magnetplatten Magnet- oder Festplatten, auch als Hard Disk Drives (HDD), bezeichnet, sind heute ein gängiges Speichermedium. Sie bestehen aus Kunststoff- oder Aluminiumscheiben, die mit einer hauchdünnen Magnetschicht überzogen sind, und meistens sind auch mehrere Schichten übereinander angeordnet. Eine beidseitige Plattenbeschichtung ist heute der Normalfall. Die Schreib-/Leseköpfe sind auf einem mechanischen Träger befestigt und mit kleinen Elektromagneten ausgestattet. Je Oberfläche ist ein Schreib-/Lesekopf notwendig. Meistens ist zu einer Zeit nur ein Schreib-/Lesekopf aktiv. Auf den Plattenoberflächen sind Spuren angebracht (siehe Abb. 8.3). Die Platten rotieren heute mit einer konstanten Drehzahl von über 5000 (Laptops) bis 15000 (Serverrechner) Umdrehungen/min um eine senkrechte Drehachse.

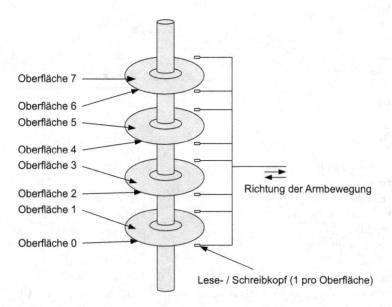

Abb. 8.3 Aufbau einer Festplatte

Physikalische und logische Sektoren Die Daten sind als Blöcke fester Größe in sog. Sektoren gespeichert. Die Plattenoberfläche ist physikalisch in kleine Kuchenstücke, sog. Kreissektoren aufgeteilt. Die Spurenanteile eines Kreissektors werden als logische Sektoren bezeichnet. Alle Spurenuntereinander nennt man Zylinder. Zylinder sind über eine Position der Schreib-/Leseköpfe ansprechbar. Der übliche Plattendurchmesser liegt heute meist bei 3,25, 2,5 oder 1,8 Zoll. Kleinere Plattendurchmesser spielen kaum eine Rolle. Es werden zwischen zwei und acht Platten übereinander gestapelt.

Die Lokalisierung von Sektoren erfolgt über vier Koordinaten, die über ein Quadrupel der Form (g, c, h, s) adressiert werden, wobei g das Laufwerk, c die Zylindernummer, h die Nummer des Schreib-/Lesekopfes und s die Sektornummer ist. Vom Betriebssystem werden nur die logischen Sektoren in durchnummerierter Reihenfolge adressiert. Das Mapping auf die Koordinaten wird durch den Platten-Controller durchgeführt. Die logischen Sektoren werden auch als *LSN* bezeichnet (Logical Sector Number).

Die Kapazität hängt von der Anzahl der Plattenoberflächen, der Anzahl an Spuren und der Größe der Spuren ab. Heutige Magnetplatten verfügen über Kapazitäten, die im Terabyte-Bereich (max. 16 TiB[2]) liegen. Die Formatierung der Spuren, d. h. die Belegung mit einzelnen Sektoren und der entsprechenden Verwaltungsinformationen wird über den Platten-Controller vorgenommen. Der Zugriff auf die Festplatte wird ebenfalls durch den Platten-Controller gesteuert. Die Zugriffszeiten heutiger HDDs liegen bei 3 bis 10 ms.

Das klassische konzentrische Aufzeichnungsverfahren hat den Nachteil, dass die innerste Spur mit der kleinsten Aufzeichnungslänge das Maß für den Sektor vorgibt. Die außen angeordneten Spuren verschwenden unnötig viel Platz. Neuere Verfahren benutzen daher zur Lösung des Problems eine unterschiedliche Anzahl von Kreissektoren. Es werden Gruppen benachbarter Ringe gebildet, die als Zonen bezeichnet werden.

Die Durchnummerierung der logischen Sektoren erfolgt, wie in Abb. 8.4 zu sehen ist, nach einem einfachen Schema entlang der Spur und nicht – wie man annehmen könnte – entlang der Zylinder. Der Grund dafür ist darin zu sehen, dass eine Verschiebung entlang der Spur elektronisch abgewickelt wird und daher schneller vonstatten geht als der mechanische Wechsel zum nächsten Zylinder. Die Abbildung zeigt zwei aufeinander folgende Plattenseitenoberflächen. Im Sektor 1 der Seite 0, also im Zylinder 0, der äußeren Spur liegt der erste logische Sektor mit der Nummer 0. Die Folgeseite 1 enthält dann erst den Sektor 8.

Bei optischen Plattenspeichern wie CD-ROM und DVD verwendet man eine andere Aufzeichnungsgeometrie. Auf der Oberfläche ist nämlich eine Aufzeichnungsspirale, und es sind keine einzelnen Spuren vorhanden.

Der Zugriff auf einen Sektor dauert im Vergleich zur CPU-Geschwindigkeit sehr lange und ergibt sich aus einer evtl. Wartezeit im Betriebssystem, der Suchzeit, der Drehwartezeit und der Transferzeit zur Übertragung der Daten in den Hauptspeicher bzw. vom Hauptspeicher auf die Platte. Die Suchzeit ist die Zeit, bis die Spur gefunden wird. Die

---

[2] Stand: 2019.

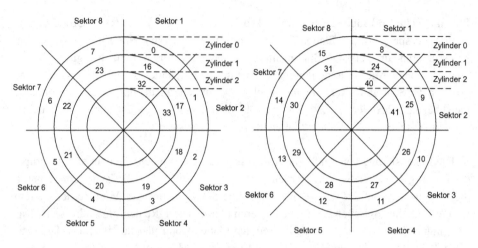

Abb. 8.4   Logische Blocknummerierung auf einer Festplatte (nach Glatz 2015)

Drehwartezeit ist die Positionierzeit innerhalb der Spur und ist im Mittel die Zeit für eine halbe Plattenumdrehung.

Für den Zugriff auf die Festplatte verwendet man verschiedene Strategien. Ein Plattentreiber muss die Lese- und Schreibaufträge möglichst optimal und fair bearbeiten. Mit der Strategie *FCFS* (First Come First Served) werden z. B. alle Schreib- und Leseaufträge in der Reihenfolge ausgeführt, in der sie ankommen, was recht einfach zu implementieren und auch fair ist. *SSTF* (Shortest Seek Time First) versucht dagegen, Aufträge in näherer Umgebung der aktuellen Schreib-/Lesekopf-Position auszuführen, um Kopfbewegungen zu minimieren. Wie bei der Prozessverwaltung mit SJFS besteht auch hier das Problem des Verhungerns von Aufträgen.

Solid State Disks   Neben den klassischen Magnetplatten, werden in der letzten Zeit auch Flash-Speicher (SSD = Solid State Drives oder Disks) in Rechnersysteme verbaut. Diese sind deutlich schneller und verfügen über Zugriffszeiten von 0,25 ms). Bei einer Kapazität von 100 TiB und mehr). SSDs haben den Vorteil, dass für den Zugriff keine mechanische Rotation mehr erforderlich ist, da es sich um Halbleiterspeicher[3] handelt. Nachteilig sind die höheren Kosten im Vergleich zu HDDs. Bei SSDs werden Flash-Speicher oder SDRAMS verwendet, deren Arbeitsweisen aber hier nicht weiter ausgeführt werden sollen.

Aus Sicht des Betriebssystems werden SSDs wie HDDs über logische Sektoren adressiert. Die physikalische Adressierung sieht etwas anders aus. SSDs sind intern in 4 KiB große Pages (Seiten) organisiert. 128 Pages bilden einen Block. Das Betriebssystem adressiert also logische Sektoren, der SSD-Controller muss diese auf Blöcke und Pages

---

[3] Darauf deutet die Bezeichnung „solid state" hin. In der Elektronik sind damit Geräte gemeint, die Halbleiterbauteile verwenden.

abbilden. Zu erwähnen ist auch, dass SSDs aufgrund ihrer physikalischen Eigenschaften zunächst den entsprechenden Pages löschen müssen, bevor sie neue Inhalte schreiben. Dies ist bei HDDs nicht erforderlich.

8.1.3 Kommunikation mit Controllern

Man unterscheidet zwei Verfahren zur Kommunikation der CPU und des Betriebssystems mit externen Controllern:

- Port-Mapped Ein-/Ausgabe
- Memory-Mapped Ein-/Ausgabe

Bei Port-Mapped-Ein-/Ausgabe werden die Register von Controllern über Portadressen in einem eigenen Adressraum, also nicht mit den bisher bekannten Adressen eines Prozesses, angesprochen. Eine eigene Signalleitung wird verwendet, um den für den nächsten Adressbuszugriff angesprochenen Adressraum zu adressieren. Dies kann entweder der virtuelle Adressraum eines Prozesses oder der Ein-/Ausgabe-Speicher sein. Letzterer ist der Adressraum mit dedizierten Geräteadressen.

Die Kommunikation mit den Geräten wird bei heutigen Systembus-orientierten Rechnerarchitekturen meist über das zweite Verfahren durchgeführt, also über „Memory-Mapped-Ein-/Ausgabe" durchgeführt. Man bildet dabei die Kontrollregister sowie die Ein-/Ausgabe-Pufferbereiche der Geräte-Controller (I/O-Controller) auf Adressen im virtuellen Adressraum ab. Diese Adressen werden als E/A-Adressen bezeichnet. Jedem Gerät wird eine bestimmte E/A-Adresse zugewiesen.

Die E/A-Adressen der einzelnen Geräte dürfen nicht miteinander kollidieren, sonst gibt es Konfliktsituationen, die zum Absturz des Systems führen können. Daher werden die Adressen heute z. B. unter Windows automatisch vergeben, und es erfolgt eine Überwachung auf Adresskonflikte durch das System.

In Abb. 8.5 ist das Grundprinzip des Memory-Mapping skizziert. Der Teil des Adressraums, auf den die E/A-Adressen abgebildet werden, liegt üblicherweise im geschützten

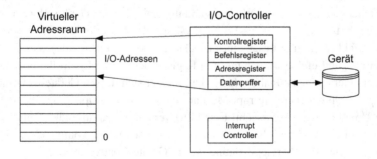

Abb. 8.5 Memory-Mapping (nach Brause 2017)

Kernel-Adressraum. Die den Geräten zugeordneten Adressen sind genau festgelegt. Im älteren Intel-Pentium-Prozessor werden z. B. die Puffer auf den Adressbereich zwischen 640 KiB und 1 MiB abgebildet, während die E/A-Ports für die Kontrollregister zwischen 0 und 64 KiB angesiedelt sind.

Die Adressierung der Geräteadressen funktioniert nun wie folgt: Wenn die CPU ein Kontrollregister oder einen Datenpuffer eines Gerätes adressieren möchte, legt sie die Adresse wie eine normale Hauptspeicheradresse auf den Adressbus. Über eine zusätzliche Signalleitung wird angegeben, ob es sich um eine Hauptspeicheradresse oder um eine Geräteadresse handelt. Im zweiten Fall wird die Anfrage von dem zuständigen Gerät beantwortet.

Unabhängig von der Geräteadressierung wird für den schnellen Zugriff der Geräte auf den Hauptspeicher der sog. *Direct Memory Access (DMA)* verwendet. Mit DMA werden ganze Datenblöcke zwischen dem Geräte-Controller und dem Hauptspeicher transportiert. Der Zugriff erfolgt über sog. *DMA-Controller* mit speziellen *DMA-Chips* (Hardwareunterstützung). In heutigen Chipsätzen ist der DMA-Controller bereits integriert, in älteren Motherboards liegt er auf einem eigenen Baustein.

DMA-Zugriffe auf den Geräte-Controller können parallel zur CPU-Bearbeitung ausgeführt werden. Die CPU stößt die Übertragung an und kann dann eine andere Aufgabe erledigen. Der DMA-Controller erzeugt bei Ende der Übertragung eine Unterbrechung an die CPU. Es gibt DMA-Controller mit unterschiedlicher Funktionalität. Die einfachen können nur einen Zugriff zu einer Zeit ausführen, die intelligenteren führen dagegen mehrere Zugriffe parallel aus.

Wenn ein Gerät Daten an den Speicher übertragen oder vom Speicher abholen möchte, wird in heutigen Systemen der Prozessor für kurze Zeit vom Kommunikationssystem getrennt und die Übertragung des Geräts mit hoher Geschwindigkeit in wenigen Takten ausgeführt. Anschließend wird die Verbindung zum Prozessor wieder hergestellt.

8.1.4 Geräteanbindung aus Sicht des Betriebssystems

Geräte verfügen über Geräte-Controller, mit denen die CPU kommuniziert. Wenn ein Prozess/Thread über einen Systemdienst auf ein Gerät zugreifen will, wird ihm in der Regel die CPU entzogen, da er in den Wartezustand übergeht, bis das Gerät sich nach der Ausführung des Auftrags meldet. Das Betriebssystem, im Speziellen der Geräteverwaltung, setzt den Befehl (z. B. zum Lesen eines Blocks auf einer Magnetplatte) über den Geräte-Controller ab. Die Befehle werden meist in Register der Geräte-Controller übertragen.

Wenn ein Gerät eine Aufgabe erledigt hat, meldet sich dessen Geräte-Controller über die in Kap. 3 besprochenen Interrupt-Mechanismen beim Interrupt-Controller, der wiederum eine Unterbrechung verursacht. Eine CPU veranlasst daraufhindie Kommunikation direkt mit dem Geräte-Controller über das Betriebssystem. Die Kommandos, welche die entsprechende Interrupt-Service-Routine an die Geräte-Controller senden kann, sind in der jeweiligen Controller-Spezifikation festgelegt. Da diese sehr hardwarenah sind, werden die Interrupt-Service-Routinen von den jeweiligen Herstellern in den Gerätetreibern mit ausgeliefert und in die Betriebssysteme integriert.

Abb. 8.6 zeigt einen typischen Ablauf einer Leseoperation auf ein blockorientiertes Gerät wie eine HDD. Ein Thread ruft in diesem Beispiel an der Systemschnittstelle den Systemcall *read* auf. Die gewünschten Daten sind nicht im Betriebssystem gepuffert und müssen vom Gerät besorgt werden. Das Betriebssystem ermittelt die physikalische Adresse und sendet einen Lesebefehl an den Geräte-Controller. Dieser führt den Auftrag asynchron aus. In der Zwischenzeit muss Thread 1 warten, bis er wieder in den Zustand *ready* versetzt werden kann. Dies ist erst der Fall, wenn die angeforderten Daten vorliegen. Wenn das Gerät die Daten besorgt hat, meldet der zuständige Geräte-Controller eine Unterbrechung über den IRQ, der dem Gerät zugeordnet ist, an den Interrupt-Controller, der schließlich im Kernel zur Ausführung der zuständigen Interrupt Service Routine (ISR) führt. Diese besorgt die Daten, möglicherweise nicht auf einmal, wie wir unter Windows gesehen haben (siehe DPC-Mechanismus). Sobald die Daten verfügbar sind, kann der Thread wieder in den Zustand *ready* versetzt werden. Der CPU-Scheduler wird dann schließlich dem Thread wieder eine CPU zuweisen, so dass der Systemcall *read* erfolgreich zu Ende geführt werden kann. Die angeforderten daten müssen dann noch in den Adressraum des Prozesses, dem der Thread angehört, kopiert werden. Unter Windows übernimmt diese Aufgabe beispielsweise der APC-Mechanismus.

Geräte (Drucker, Terminals, Maus etc.) werden beispielsweise unter unixoiden Betriebssystemen wie Linux und macOS logisch wie Dateien, als sog. *Special Files* behandelt. Hierfür gibt es spezielle Systemverzeichnisse wie das Verzeichnis /dev. Genauere Bezeichnungen sind vom jeweiligen Betriebssystem abhängig.

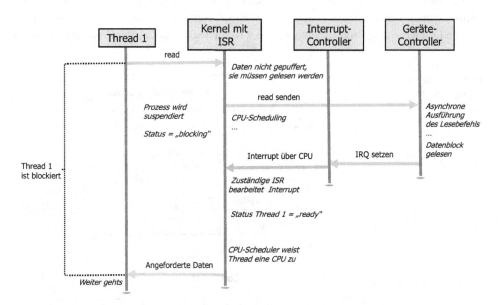

Abb. 8.6 Typischer Ablauf einer Ein-/Ausgabe-Operation

Jeder Gerätetreiber bietet eine typische Dienstschnittstelle mit Operationen wie *open*, *read*, *write* und *close* (Systemcalls) an. Bei den Special Files unterscheidet man sog. *Block Special Files*, wie z. B. /dev/hd1 (Festplatte) und *Character Special Files*, z. B. /dev/tty (Bildschirm, Tastatur). Unter macOS ist */dev/*tty z. B. eine typische Bezeichnung für ein zeichenorientiertes Terminal, */dev/disk0* für ein blockorientiertes HDD oder SDD.

8.2   Dateiverwaltung

8.2.1   Allgemeines

Persistent, also dauerhaft zu verwaltende Daten werden üblicherweise in Dateien (Files) gespeichert, die auf externen Medien wie HDDs oider SSDs abgelegt werden. Eine Datei ist ein abstrakter Mechanismus zur Speicherung und zum Finden von Informationen. Der Teil des Betriebssystems, der sich mit Dateien und deren Organisation befasst, wird als Dateiverwaltung bezeichnet. Die Dateiverwaltung liegt von der Schichtung her über der Geräteverwaltung und nutzt die Dienste der Geräteverwaltung zum Zugriff auf die Hardware. Abb. 8.7 zeigt die Einbindung der Dateiverwaltung in das Betriebssystem. Wie man sieht, ist die Dateiverwaltung als Schicht über der Geräteverwaltung eingebunden. Sie stellt die Dienste zur Verwaltung von Dateien zur Verfügung und nutzt intern die Dienste der Geräteverwaltung.

Zu jeder Datei sind bestimmte Informationen notwendig, die in speziellen Datenstrukturen gespeichert werden. Dateien werden in sog. *Dateisystemen (file system)* verwaltet. Dateisysteme werden in Universalbetriebssystemen wie Windows und unixoiden Betriebssystemen meist hierarchisch gemäß Abb. 8.8 organisiert, wobei Gruppen von Dateien in Dateiverzeichnissen zusammengefasst werden können. Zu jedem Verzeichnis wird

Abb. 8.7 Dateiverwaltung als eigene Schicht

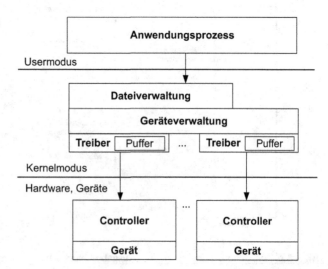

Abb. 8.8 Hierarchisch
organisiertes Dateisystem

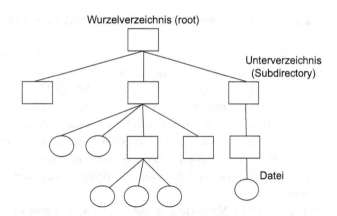

Verwaltungsinformation gepflegt. Durch die hierarchische Anordnung entsteht ein (umge-
drehter) Baum. Ein Verzeichnis wird auch als Katalog, Directory oder Ordner bezeichnet.
Jedes Verzeichnis kann wieder beliebig viele Unterverzeichnisse (subdirectories) oder als
Endknoten die Dateien selbst enthalten.

Unix verfügt z. B. über ein systemweites Dateisystem, während im Betriebssystem
MS-DOS für jedes Gerät (Floppy-Laufwerk, Festplatte) ein unabhängiges Directory verwaltet wurde. Hierarchische Verzeichnissysteme beliebiger Tiefe sind heute „State of
the Art".

Dateien haben einen Dateinamen und einen Inhalt. Jede Datei wird in einer Datenstruktur mit folgenden Informationen verwaltet: Name der Datei, Typ der Datei (Normal- oder
Katalogdatei), Länge der Datei in Byte, Blöcke, aus denen die Datei besteht, Zugriffsrechte zu dieser Datei, Passwörter zum Schutz der Datei, Statistikdaten, wie z. B. das
Datum der letzten Änderung usw.

Für die Bearbeitung von Dateien und Verzeichnissen stellen Betriebssysteme bestimmte
Systemdienste über Systemcalls zur Verfügung. Hierzu gehören:

- Erzeugen eines Katalogeintrags (directory)
- Löschen eines Katalogeintrags (inkl. des Dateiinhalts)
- Kopieren von Dateien
- Löschen einer Datei
- Ändern des Dateinamens oder eines Katalogs
- Übertragen eines Katalogeintrags in einen anderen Katalog

Die Bearbeitung von Dateien ist grundsätzlich block- oder zeichenweise möglich. Für
jede gefüllte Datei wird eine Liste mit von ihr belegten Blöcken auf dem externen Medium
geführt. Der Katalog enthält Hinweise auf die Blöcke, aus denen die Dateien bestehen.
Außerdem verwaltet das Dateisystem zudem eine *Pseudodatei* bestehend aus allen freien
Blöcken jedes Datenträgers und eine Pseudodatei mit einer Liste aller unzuverlässi-
gen Blöcke.

8.2.2 Dateisysteme in unixoiden Betriebssystemen

Im unixoiden Betriebssystemen erfolgt die Dateiverwaltung in einem beliebig tiefen, hierarchischen Dateisystem. Das klassische Unix-Dateisystem wird auch als UFS-Dateisystem) (Unix File System) bezeichnet. Wie in Abb. 8.9 dargestellt, heißt die Wurzel des Baums *„root"* oder das *Root-Directory* und wird mit „/" abgekürzt. Für die Organisation des Unix-Baumes haben sich gewisse Konventionen eingebürgert. Unter dem root-Verzeichnis befinden sich üblicherweise die *Home-Directories* der einzelnen User z. B. unter /usr oder /Users oder /home, Programme unter /bin, Konfigurationsdateien unter /etc sowie Libraries unter /lib. Darunter befinden sich dann weitere Subdirectories oder Dateien.

Die Namen der Verzeichnisse und Dateien stehen neben weiteren Informationen in den Datenstrukturen der Verzeichnisse. Im Dateisystem kann über das Kommando *cd* (change directory) traversiert werden. Mit dem Kommando *mkdir* (make directory) wird ein neues Verzeichnis angelegt, und mit *rmdir* (remove directory) wird es gelöscht. Mit dem Kommando *pwd* (print working directory) kann das aktuelle Verzeichnis, bei dem man sich gerade befindet, erfragt werden. Diese Kommandos und viele weitere werden über eine Kommandooberfläche (auch Shell genannt) wie die Bash zur Verfügung gestellt.

Externe Datenträger wie CDROM- oder DVD-Laufwerke können unabhängige Dateisysteme enthalten. Diese kann man mit dem Befehl *mount* an beliebiger Stelle in den Unix-Dateibaum einhängen. Danach gibt es keine logische Unterscheidung mehr zwischen Dateien auf der Festplatte und anderen Datenträgern. Mit dem Befehl *umount* wird ein „gemountetes" Verzeichnis wieder entfernt.

Dateisystem-Layout Ein Dateisystem hat unter unixoiden Betriebssystemen ein vorgegebenes Layout (vgl. hierzu Abb. 8.10), das die folgenden Bestandteile enthält:

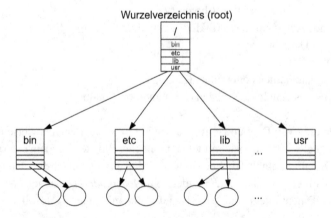

Abb. 8.9 Dateisystem-Layout unter unixoiden Betriebssystemen

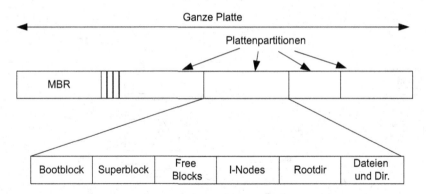

Abb. 8.10 Vereinfachtes Dateisystem-Layout (nach Tanenbaum und Bos 2016)

- Der *Master Boot Record* (MBR) auf Sektor 0 zum Booten des Rechnersystems.
- Am Ende des MBR liegt die *Partition Table*: Eine Platte kann i. d. R. in mehrere Partitionen eingeteilt werden.
- Der *Bootblock* wird beim Hochfahren gelesen und ausgeführt.
- Der *Superblock* enthält Verwaltungsinformationen zum Dateisystem wie etwa die Anzahl der Blöcke.
- In den sog. *Free Blocks* (z. B. Bitmap) werden die freien Blöcke des Dateisystems verwaltet.
- *Rootdir* enthält den Inhalt des Dateisystems (nach der Wurzel).

i-Nodes *i-Nodes* sind Einträge im Inhaltsverzeichnis des Dateisystems. Die sog. i-Nodes-Struktur wird je Datei verwaltet und ermöglicht eine flexible Zuordnung von Dateispeicher (Blöcken) zu Dateien. Hierüber sind alle Blöcke einer Datei im Zugriff. Neben den Verweisen enthält ein i-Node auch noch weiter Verwaltungsinformationen zur Datei wie die Dateigröße, der Zeitpuntkd es letzten Zugriffs, Zugriffsrechte usw. Abb. 8.11 zeigt die i-Node-Struktur eines typischen Unix-Systems.

In den unixoiden Betriebssystemen sind in den i-Nodes einer Datei nur eine begrenzte Anzahl von direkten Verweisen auf Blöcke in externen Speichern verfügbar. Die ersten 12 Verweise sind direkte Verweise, die folgenden drei Verweise sind indirekt und können wiederum eine oder mehrere Verweisebenen bilden. Diese indirekten Verweise zeigen also auf Listen von Verweisen und diese evtl. wieder auf Verweislisten usw. bis die letzte Ebene schließlich auf die eigentlichen Blöcke zeigt. Kleinere Dateien benötigen also evtl. nur die ersten Verweise, während große Dateien mehrstufige Verweishierarchien nutzen.

Journaling-Dateisysteme Heute gibt es natürlich in den verschiedenen Unix-Derivaten schon weiterentwickelte Dateisysteme, die beispielsweise bei einem Ausfall eines Rechnersystems nach dem Neustart ein Recovery durchführen können. Diese werden als

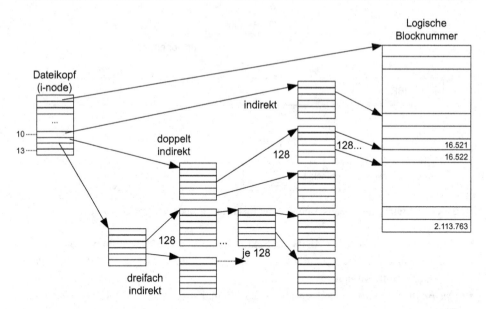

Abb. 8.11   i-Node-Struktur unter Unix

Journaling-Dateisysteme bezeichnet. Bei dieser Art von Dateisystemen werden alle Änderungen in Meta- und Nutzdaten einer Datei, mit dem Zweck, das Dateisystem und einzelne Dateien bei einem Systemausfall wiederherzustellen. Derartige Mechanismen gibt es im Windows-Dateisystem NTF und unter allen gängigen unixoiden Universalbetriebssystemen. Die genaue Funktionsweise wird hier nicht weiter betrachtet (siehe hierzu z. B. Tanenbaum und Bos 2016).

Netzwerkdateisysteme   Ebenso existieren seit langem netzwerkfähige Dateisysteme, bei denen es möglich ist, transparent für den Anwender ein logisch zusammengehöriges Dateisystem auf mehrere Rechner zu verteilen. Das bekannteste Dateisystem dieser Art ist das Network File System (NFS). Über einen speziellen „Mount-Befehl" können in einem lokalen Verzeichnis entfernte Verzeichnisse eingehängt werden. Beim Traversieren durch den Dateisystem-Baum erkennt man dann nicht, wo die Dateien eigentlich liegen. Verteilte Dateisysteme nutzt man heute bei Datei-Servern, welche gemeinsam genutzte Dateien verwalten.

Virtuelle Dateisysteme (VFS)   Dateisysteme werden in unixoiden Betriebssystemen in einem virtuellen Dateisystem (Virtual File System (VFS)) abstrahiert, so dass alle Dateisysteme in einem globalen Verzeichnisbaum eingebunden sind. Aus Sicht des Benutzers existiert ein großer Verzeichnisbaum, in dem beliebig navigiert werden kann. Netzwerkdateisysteme werden in diesen ebenfalls eingebunden.

In Abb. 8.12 ist die VFS-Architektur grob skizziert. Wie die Abbildung verdeutlicht, werden die Dateisysteme aus Sicht des Anwendungsprogramms vereinheitlicht.

Linux-Dateisysteme Das Dateisystem mit der Bezeichnung *ext2* (*Second Extended File System*) ist eines der ersten Linux-Dateisysteme und auch heute noch verbreitet. Nachfolgende Versionen werden als *ext3* (*Third Extended File System*) und *ext4* (*Fourth Extended File System*) bezeichnet. ext4 verfügt z. B. über eine maximale Dateigröße von einem Exabyte und beliebig vielen Unterverzeichnissen. Weiterhin wird eine Defragmentierung während des laufenden Betriebs unterstützt. Ab dem Dateisystem ext3 wurde auch ein *Journaling* eingeführt.

8.2.3 Dateisysteme unter Windows

Windows unterstützt eine Reihe von Dateisystem-Typen, was zum Teil historisch begründet ist. Hierzu gehören:

- CDFS (CD-ROM File System) ist ein einfaches Read-Only-Format für CD-ROMs. Windows implementiert den ISO-9660-Standard. Die Länge von Verzeichnis- und Dateinamen ist auf 64 Zeichen begrenzt. Es werden Dateigrößen bis zu 2 GiB unterstützt. Dieses Format ist aber schon veraltet. Es hat sich das UDF-Format durchgesetzt.
- UDF (Universal Disk Format) ist ISO-13346-konform. Es ersetzt CDFS und ist in der DVD-Spezifikation enthalten. Es unterstützt maximale Dateinamenlängen von 255 Zeichen, eine maximale Pfadlänge von 1023 Zeichen und Groß- und Kleinschreibung bei Datei- und Verzeichnisnamen. Dateigrößen im Tebibyte-Bereich sind möglich. UDF ist unter dem ISO-Standard 13346 normiert.
- FAT-16 (FAT = File Allocation Table) ist das alte MS-DOS-Dateisystem und nutzt 16-Bit-Plattenadressen.

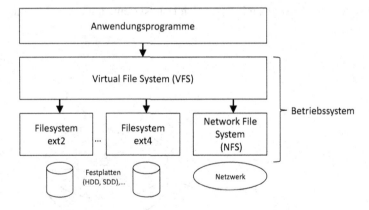

Abb. 8.12 Virtuelles Dateisystem (VFS)

- FAT-32 ist ebenfalls ein altes Dateisystem und nutzt 32-Bit-Plattenadressen. exFAT ist davon abgeleitet und soll ein universelles Format für USB-Sticks und SD-Karten werden.
- NTFS (NT Dateisystem) ist ein modernes, hierarchisches Dateisystem. NTFS nutzt 64-Bit-Plattenadressen.

Das x bei FAT-x gibt die Anzahl der Bits an, die das Dateisystem für die Identifikation eines Dateisystemblocks, *Cluster* genannt, verwendet. Ein Cluster entspricht einem oder mehreren logischen Sektoren auf dem Datenträger. In Abb. 8.13 ist z. B. ein Plattenstapel mit einem Cluster skizziert, der sich über vier Sektoren erstreckt.

Welche Clustergrößen bei den FAT-x-Formaten verwendet werden, hängt von der Formatierung des Datenträgers ab. Bei FAT-16 werden z. B. Datenträger mit einer Größe bis zu 32 MiB standardmäßig mit einer Clustergröße von 512 Byte formatiert, Datenträger zwischen 33 und 64 MiB mit einer Clustergröße von 1 KiB usw. Im Formatierungsbefehl *format* kann der Standardwert verändert werden.

Die einzelnen Cluster, die einer Datei zugeordnet sind, werden über sog. *Dateizuordnungsketten* miteinander verkettet. Im Dateiverzeichniseintrag steht der Anker für die jeweilige Datei.

FAT-12 In FAT-12 können demnach nur maximal 2^{12}, also 4096 Cluster adressiert werden. Als Clustergrößen werden in FAT-12 zwischen 512 Byte und 8 KiB (dies entspricht auch der Sektorgröße auf einer Festplatte) unterstützt, was eine maximale Dateisystemgröße von 32 MiB zur Folge hat.

Berechnung der maximalen Dateisystemgröße bei FAT-12:
$$8192 * 4096 = 33.554.432\,\text{Byte} = 32\,\text{MiB}$$

FAT-12 wurde vorwiegend für Disketten-Dateisysteme eingesetzt.

FAT-16 FAT-16 unterstützt schon maximal 2^{16}, also 65.536 Cluster mit einer Größe zwischen 512 Byte und 64 KiB. Damit lassen sich Dateisysteme mit einer Maximalgröße von 4 GiB verwalten.

Abb. 8.13 Sektoren und Cluster einer Festplatte

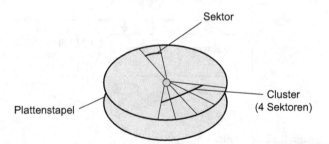

Berechnung der maximalen Dateisystemgröße bei FAT-16:

$$65.536 * 65.536 = 2^{16} * 2^{16} = 2^{32} = 4294.967.296 = 4\,\text{GiB}$$

FAT-32 FAT-32 verwendet 32-Bit lange Cluster-Identifikatoren, nutzt aber tatsächlich nur 28 Bit aus. Die maximale Clustergröße bei FAT-32 ist 32 KiB, was eine maximale Dateisystemgröße von 8 TiB ermöglicht. Allerdings wird die Größe auf 32 GiB begrenzt.

Berechnung der maximalen Dateisystemgröße bei FAT-32:

$$2^{15} * 2^{28} = 2^{43} = 8\,\text{TiB}$$

Unter Windows kann man auf einer Festplatte auch unterschiedliche Dateisystem-Typen (FAT und NTFS) konfigurieren. FAT-Dateisysteme werden nur noch aus Kompatibilitätsgründen zu älteren Windows-Derivaten unterstützt. NTFS ist das eigentliche Dateisystemformat und soll daher auch etwas ausführlicher betrachtet werden.

NTFS Bei NTFS werden 64 Bit für den Clusterindex bereitgestellt. Damit lassen sich maximal bis zu 16 EiB an Clustern adressieren. Allerdings wird das Maximum nicht ausgenutzt. Eine Datei kann maximal 16 TiB groß sein. Für Dateinamen können 255 Zeichen verwendet werden. Auch bei NTFS gibt es Standardwerte für die Vergabe der Clustergröße. Vor Windows NT 4.0 hingen die Standardwerte von der Größe des Datenträgers ab. Bis zu 512 MiB große Datenträger erhielten beispielsweise eine Standard-Clustergröße von 512 Byte. Ab Windows 4.0 wurde die Standard-Clustergröße für alle Datenträger auf 4 KiB gesetzt. Der Wert kann explizit beim Formatieren eines Datenträgers verändert werden (Kommando *format*).

NTFS unterstützt in neueren Versionen zudem u. a. folgende Mechanismen:

* Transactional NTFS (TxF) und Wiederherstellbarkeit von Dateisystemen bei Systemausfall
* Redundante Datenspeicherung
* Transparente Dateiverschlüsselung (EFS = Encrypting File Systems)

Wiederherstellbarkeit von Dateisystemen bedeutet, dass bei Systemausfall die Verzeichnisstruktur eines NTFS-Dateisystems konsistent rekonstruiert werden kann. Durch einen im Kernel implementierten Transaktionsmanager (*Kernel Transaction Manager*) werden seit Windows Vista hierzu sog. *atomare Transaktionen* für alle Operationen, die Verzeichnisstrukturen verändern unterstützt. Dieser Mechanismus wird als Transactional NTFS bezeichnet und unterstützt auch zusammenhängende Transaktionen auf mehrere Dateien und sogar verteilte Transaktionen über Rechnergrenzen hinweg. Im Falle eines Systemabsturzes wird, ähnlich wie bei Datenbanksystemen, ein Rollback auf den letzten konsistenten Stand durchgeführt. Nur Operationen, die vor dem Ausfall bereits vollständig abgearbeitet wurden, sind wirksam, alle anderen werden zurückgesetzt.

Die redundante Datenspeicherung für wichtige Dateisysteminformationen dient ebenfalls der Ausfallsicherheit. Wird ein Sektor auf dem Datenträger beschädigt, kann man bei NTFS trotzdem auf die kritischen Systemdateien zugreifen. Dies geschieht über die Unterstützung von *RAID* (Erläuterungen zu RAID kommen noch weiter unten) direkt im E/A-Manager (Softwarelösung). Bei Auftreten eines Fehlers (bad sector) werden die Daten von einer Spiegelplatte automatisch rekonstruiert.

Zudem unterstützt NTFS eine transparente Dateiverschlüsselung, die als EFS (Encrypting File System) bezeichnet wird. Mit EFS lassen sich einzelne Dateien oder ganze Ordner verschlüsseln.

Die logische Struktur (logische Partitionierung) eines NTFS-Dateisystems wird beim *Formatieren* erzeugt. Eine Festplatte kann also einen oder mehrere Datenträger enthalten, wobei, wie oben bereits erwähnt, neben NTFS- auch FAT-Datenträger möglich sind. Beispielkonfigurationen sind in Abb. 8.14 dargestellt.

Die Größe eines Clusters für ein NTFS-Dateisystem wird auch als Clusterfaktor bezeichnet und beim *Formatieren* festgelegt. Er ist immer eine 2er-Potenz und eine Anzahl von physischen Sektoren. Der Clusterfaktor entspricht der Anzahl an Bytes, die ein Cluster enthält (512 Byte, 1024 Byte, …). Zudem wird jedem Cluster eine logische Clusternummer zugeordnet, die als *LCN* (Logical Cluster Number) bezeichnet wird. Die LCN nummeriert die Cluster eines Datenträgers vom Anfang bis zum Ende durch. Über die LCN werden physische Orte auf dem Datenträger referenziert. Die Abbildung der LCN auf den physischen Ort rechnet NTFS einfach über den Clusterfaktor aus:

$$\text{Physische Adresse} = \text{LCN} * \text{Clusterfaktor}$$

Innerhalb einer Datei wird ebenfalls eine Cluster-Nummerierung vorgenommen, wobei die sog. VCN (Virtual Cluster Number) verwendet wird. Über die VCN wird für jede Datei eine Durchnummerierung der zugeordneten Cluster durchgeführt. VCNs werden auf LCNs abgebildet.

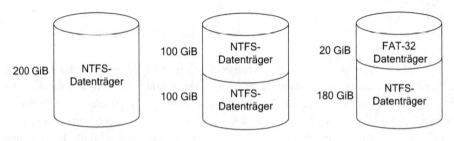

Abb. 8.14   NTFS-Partitionierungsbeispiele

Jedes Volume (Bezeichnung für logische Festplatte) wird in NTFS durch eine *Master File Table (MFT)*[4] beschrieben. Die MFT liegt auch in einer Datei. Jeder Eintrag in der MFT ist 1 KiB groß, enthält einen Datensatz (*Record*) und beschreibt eine Datei oder ein Directory mit Attributen (Name, Zeitstempel für den letzten Zugriff, Liste von Plattenadressen der Datenblöcke, …). Bei großen Dateien werden auch mehrere MFT-Einträge genutzt und miteinander verkettet. Der erste ist dann der Basisdatensatz.

Die ersten MFT-Dateien sind für den Benutzer nicht sichtbar. Deren Namen beginnen mit „$"und enthalten Metainformationen. Die erste Datei *$Mft* beschreibt die MFT selbst. Eine weitere, wichtige Datei ist *$Boot*, die als Startdatei dient. Hier wird der Bootstrapcode gespeichert. Der Aufbau der MFT ist in Abb. 8.15 skizziert. Ab dem Record 16 liegen die Beschreibungen von Benutzerdateien und Verzeichnissen.

Neben den dargestellten NTFS-Mechanismen gibt es noch eine Fülle von fortgeschrittenen Funktionen in NTFS, wie z. B. Unicode-Namen (16-Bit-Zeichensatz, mit dem man alle wichtigen Schriften darstellen kann), Komprimierung, Verschlüsselung und Defragmentierung. Zudem sind über den Volume-Manager eine logische Plattenverwaltung und eine Neupartitionierung der Dateisysteme dynamisch ohne einen Neustart des Systems möglich.

Die folgende Tab. 8.2 fasst die wichtigsten Eigenschaften der FAT- und des NTFS-Dateisystems nochmals zusammen:

Abb. 8.15 Master File Table unter Windows

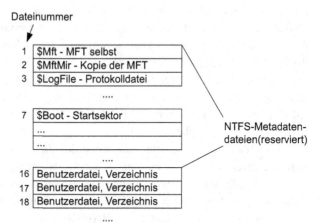

---

[4]Es gibt Dienstprogramme, mit denen man sich die MFT anschauen kann. Beispiel hierfür ist das Tool *nfi*, das auf der Microsoft-Support-Website zu finden ist.

Tab. 8.2 Parameter der Dateisysteme unter Windows

Dateisystemtyp	Anzahl Bit für Clusterindex	Anzahl Cluster	Unterstützte Clustergrößen	Max. Dateisystemgröße
FAT-12	12 Bit	$2^{12} = 4096$	512 Byte – 8 KiB	32 MiB
FAT-16	16 Bit	$2^{16} = 65536$	512 Byte – 64 KiB	4 GiB
FAT-32	32 Bit, aber nur 28 genutzt	$2^{28} = 268435456$	512 Byte – 32 KiB	8 TiB, begrenzt auf 32 GiB
NTFS	64 Bit	$2^{64} = 1{,}84467 * 10^{19}$	512 Byte – 64 KiB (Standard: 4 KiB)	16 EiB, wird nicht ausgenutzt

8.3   Storage-Systeme

8.3.1   RAID-Plattensysteme

Multiple Plattenspeicher, sog. *RAIDs* sind heute sehr verbreitet. RAID ist eine Abkürzung für *Redundant Array of Inexpensive Disks*. Mehrere kleine Platten werden hier als große virtuelle Platte verwaltet. „Inexpensive" wurde später durch das Attribut „Independent" ersetzt. Der Betrieb eines RAID-Systems erfordert mindestens zwei Festplatten (HDDS oder SSDs). Die Festplatten bilden einen Verbund, der aus Sicht des Betriebssystems als eine einzige logische Festplatte betrachtet wird. Die Daten werden je nach RAID-Verfahren über die einzelnen physikalischen Festplatten verteilt. Redundante Information wird zu den Nutzdaten ergänzt und ebenfalls auf die physikalischen Platten verteilt, um im Fehlerfall die Wiederherstellung einer Platte zu unterstützen.

Man verwendet RAID-Systeme zur Verbesserung der Leistung und zur Erhöhung der Ausfallsicherheit, wobei verschiedene Varianten unterschieden werden. Man unterscheidet Hardware- und Software-RAID. Im ersteren Fall wird der Plattenzugriff über einen entsprechenden RAID-Controller organisiert. Bei den älteren SCSI-Festplatten benötigt man zur Anbindung der SCSI-Festplatten an das Bussystem noch einen SCSI Host-Adapter. Für ein RAID kann man die alten SCSI-Festplatten genauso nutzen wie SSDs, SATA- oder SAS-Festplatten.

Von Software-RAID spricht man, wenn das Zusammenwirken der Festplatten über Software geregelt wird. Die meisten modernen Betriebssysteme unterstützen heute auch Software-RAID. Vorteil dieser Variante ist, dass keine eigene Controller-Hardware erforderlich ist, jedoch ist Software-RAID in der Regel langsamer als Hardware-RAID.

Es gibt heute viele Varianten von RAID-Systemen (RAID-0,-1,-2,-3,-4,-5,-6,-7 und verschiedene Kombinationen wie RAID 0+1 oder RAID 1+0). Man spricht auch von sog. *RAID-Levels*. Sie unterscheiden sich hauptsächlich hinsichtlich der Verteilung der Daten und der Ergänzung von redundanter Information. Einige RAID-Levels sollen hier kurz skizziert werden.

Bei den meisten RAID-Systemen wird der gesamte logische Plattenbereich in Streifen (Stripes) eingeteilt (siehe Abb. 8.16), wobei ein Streifen mehrere Blöcke enthält. Man spricht in diesem Zusammenhang von *Striping*.

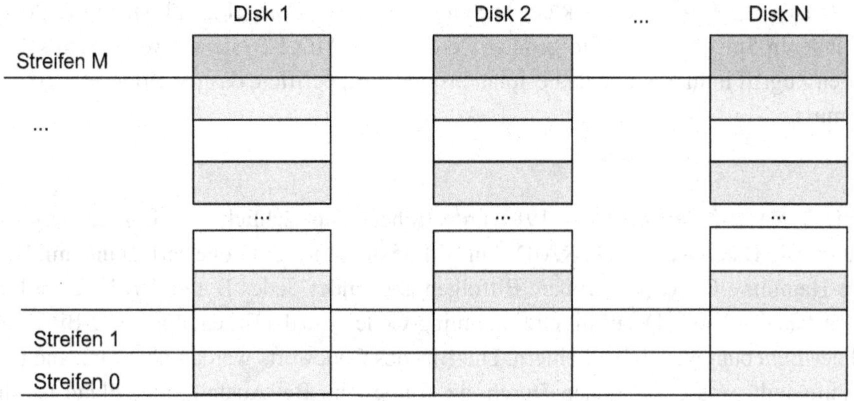

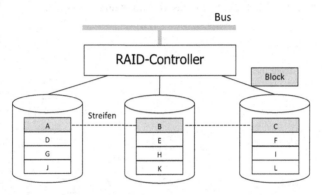

Abb. 8.16 Striping

Abb. 8.17 RAID-0-Systeme

RAID-0 In *RAID-0*-Systemen (Abb. 8.17) werden die Stripes über mehrere Platten eines Arrays verteilt. Die Größe der Stripes beeinflusst die Leistung erheblich. Üblich sind hier Stripe-Größen von 32, 64 und 128 KiB. Man spricht hier auch von *Striping-Granularität*. Die Verteilung übernimmt entweder das Betriebssystem oder ein eigener RAID-Controller (Hardware- oder Software-RAID). RAID-0-Systeme weisen z. B. einen hohen Ein-/Ausgabe-Durchsatz (E/A-Durchsatz) auf, sind also schnell, aber nicht ausfallsicher. Der hohe Durchsatz ergibt sich durch die parallele Abwicklung der Festplattenzugriffe. RAID-0 ist im eigentlichen Sinne kein echtes RAID-System, da keine Redundanz gespeichert wird.

RAID-1 In *RAID-1*-Systemen (Abb. 8.18) wird eine Vollspiegelung der Daten durchgeführt, was die Ausfallsicherheit verbessert, aber im Allgemeinen langsamer ist. RAID-1 bietet also die volle Redundanz der gespeicherten Daten, wobei die Kapazität des Systems höchstens so groß ist, wie der kleinste Spiegel. Fällt ein Spiegel aus, können die Platten des anderen Spiegels weiterhin genutzt werden. In RAID-1-Systemen wird beim schreibenden Zugriff immer auf beide Festplattenspiegel zugegriffen, da eine Kopie erstellt werden muss.

RAID-2 *RAID-2* (siehe Abb. 8.19) wurde früher hauptsächlich bei Großrechnern verwendet. Die Daten werden bei RAID-2 in Bitfolgen mit fester Größe zerlegt und mit Hilfe eines Hamming-Codes auf größere Bitfolgen abgebildet. Jedes Byte oder Wort wird um ein Paritätsbit ergänzt. Der ermittelte Hamming-Code dient der Erkennung von 2-Bitfehlern und der Behebung von 1-Bit-Fehlern. Die Bits des Codeworts werden über einzelne Platten aufgeteilt, was einen hohen Durchsatz ermöglicht. Bei Ausfall einer Platte ist eine Rekonstruktion möglich. RAID-2 benötigt im Vergleich zu RAID-1 weniger Festplatten und wäre dann sinnvoll, wenn die Festplatten eine hohe Fehlerrate aufweisen, was heute aber nicht mehr der Fall ist. Daher wird das Verfahren auch so gut wie gar nicht eingesetzt.

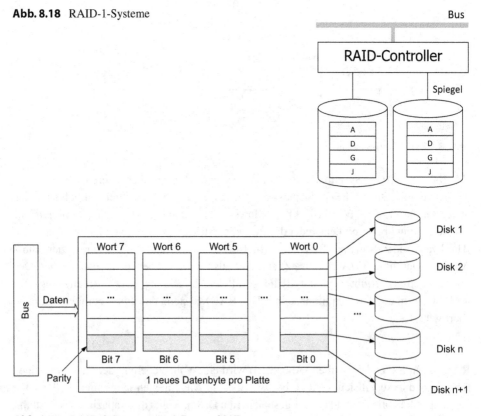

Abb. 8.18 RAID-1-Systeme

Abb. 8.19 RAID-2-Systeme (nach Brause 2017)

RAID-3 *RAID-3*-Systeme sind ein Vorgänger der RAID-5-Systeme, bei der Prüfdaten zusammengefasst und auf einer einzigen redundanten Platte gespeichert werden. Es wird auch kein Hamming-Code als Fehlerkorrekturcode, sondern nur ein einfaches Paritätsbit verwendet. RAID-3 dient damit der Reduzierung von Kosten. Der Ausfall einer Platte führt nicht zu einer Ausfallzeit, der Ausfall von zwei Platten schon. Das Verfahren ist in der Praxis auch nicht verbreitet und weitgehend durch RAID-5 abgelöst.

RAID-4 Bei *RAID-4* werden die Datenbits wie bei RAID-0 zu Streifen zusammengefasst. Pro Streifen wird eine Prüfsumme gebildet und auf einer eigenen Platte gespeichert. Die Ausfallsicherheit ist ähnlich zu RAID-3, der Speicheraufwand weniger als bei RAID-1. Nachteilig bei RAID-4 ist der Leistungsverlust beim Schreiben. Die dedizierte Platte mit Paritätsinformation kann zu einem Leistungsengpass werden und aufgrund des häufigen Zugriffs auch leichter ausfallen.

RAID-5 In *RAID-5*-Systemen (Abb. 8.20) sind die Paritätsabschnitte auf alle Platten verteilt, um eine gleichmäßige Plattenauslastung zu erreichen. Ansonsten ist RAID-5 sehr ähnlich zu RAID-4. Dies führt zu guter Leistung beim Lesen, aber schlechterer Leistung beim Schreiben. Durch die Paritätsinformation geht natürlich ein Teil der Gesamtkapazität der eingesetzten Festplatten für die Nettokapazität (Speicherplatz für die Nutzdaten) verloren. Die Nettokapazität errechnet sich wie folgt:

```
Nettokapazität des RAID-5-Systems =
Kapazität der kleinsten Platte * (Anzahl der eingesetzten Platten - 1).
```

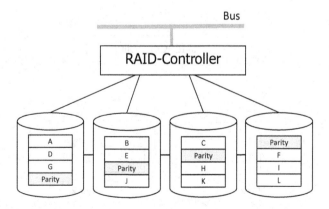

Abb. 8.20 RAID-5-Systeme

Bei Einsatz von 4 Festplatten zu je 200 GiB ergibt sich eine Nettokapazität von 600 GiB
für die Nutzdaten, 200 GiB wird für Redundanz benutzt. Der Verlust einer Platte hat keine
Auswirkungen, da die Platte wiederhergestellt werden kann. Der Verlust von zwei Platten
bedeutet den Ausfall des gesamten Systems. RAID-5 ist nicht so geeignet bei hoher Trans-
aktionslast.

RAID-6 *RAID-6*-Systeme sind wie RAID-5 aufgebaut, speichern aber doppelt so viele
Paritätsinformationen, so dass sogar der Ausfall von zwei Platten ohne Auswirkung bleibt.
Wenn n Festplatten für die Nutzdaten benötigt werden, ist ein RAID-6-System aus n + 2
Platten aufgebaut. RAID-6 zeichnet sich durch gute Leistung beim Lesen aus, die Schreib-
leistung ist allerdings schlechter als bei RAID-5. RAID-6 ist für sehr hohe Ausfallsicher-
heitsanforderungen gut geeignet.

RAID-10 *RAID*-10 (Abb. 8.21) vereinigt als Verbund von RAID-1 und RAID-0 die Vorteile beider Verfahren. Bei einem RAID-10-Verbund wird zunächst ein Striping vorgenommen und danach eine Spiegelung durchgeführt. Für RAID-10 benötigt man mindestens vier Festplatten. RAID-10-Systeme sind schnell sowie ausfallsicher und werden
heute häufig verwendet.

Weitere RAID-Varianten und eine weiterführende Beschreibung von RAID-Systemen
sind u. a. in (Stallings 2003); (Herrmann 2002) und (Brause 2017) zu finden.

8.3.2 NAS und SAN

NAS (Network Attached Storage) und SAN (Storage Area Networks) sind Speicher- oder
Storage-Systeme für typische verteilte Systeme in Client-/Server-Landschaften, bei

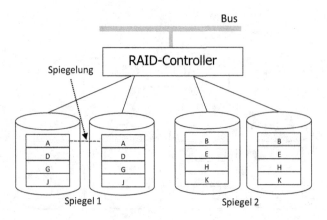

Abb. 8.21 RAID-10-Systeme

denen mehrere Rechner auf die gleichen Datenbestände zugreifen. Der externe Speicher, als Storage bezeichnet, wird in ein eigenes System, ein Plattensubsystem, ausgelagert, auf das mehrere Rechner über ein Netzwerk zugreifen können. Das jeweilige Betriebssystem der zugreifenden Rechner sorgt dafür, dass aus Sicht der Anwendungen keine Unterscheidung zu einem lokalen Speichersystem ersichtlich ist. Der Zugriff erfolgt also vollkommen transparent. In diesen Plattensubsystemen können alle Plattentypen (HDDs vom Typ SAS oder SATA, ältere SCSI-Geräte, SSDs usw.) und auch RAIDs eingesetzt werden.

Network Attached Storage Als NAS bezeichnet man Massenspeichereinheiten, die an ein lokales Netzwerk (LAN) angeschlossen sind (siehe Abb. 8.22). NAS-Systeme werden eingesetzt, um die hohen Aufwände bei der Installation und Administration eines dedizierten Dateiservers zu vermeiden. Ein Problem der Network-Attached-Storage-Systeme ist, dass diese zusätzlich das vorhandene Netzwerk mit den Zugriffen auf die Datenträger belasten. Bei Network-Attached-Storage-Systemen ist eine effiziente und flexible Nutzung der Speicherkapazität daher nur eingeschränkt möglich, für kleinere Netzwerke ist das Konzept aber völlig ausreichend.

Storage Area Network SAN (Storage Area Network) wurde entwickelt, um dem bei NAS-Systemen genannten Problem entgegenzuwirken. Ein Storage Area Network unterscheidet sich von einem gewöhnlichen LAN, indem es ein dediziertes Netzwerk zwischen Servern und von den Servern genutzten Speicherressourcen nutzt. Der Datenverkehr in einem SAN besteht hauptsächlich in der Übertragung von blockbasierten Daten. Ein SAN ist also auch ein Netzwerk, in dem große Datenmengen gespeichert und bewegt werden. Im SAN wird der gesamte Speicher, unabhängig vom Standort und Betriebssystem, zentral verwaltet und zu virtuellen Einheiten zusammengefasst. Der Speicher muss dazu nicht an ein und demselben Ort untergebracht sein. Abb. 8.21 zeigt ein typisches SAN mit vier Platten, auf die von zwei Servern zugegriffen wird.

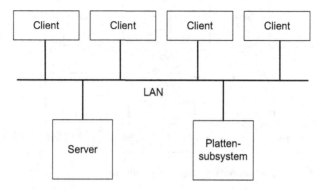

Abb. 8.22 NAS-System

Ein SAN repräsentiert einen Massenspeicher für die Serversysteme und ist für die schnelle Datenübertragung zwischen den einzelnen Speichern und Servern optimiert. So ist es z. B. möglich, die Datensicherung im SAN während des laufenden Betriebs zu machen, ohne dass es zu Überlastungen und Verzögerungen im Netzwerk kommen kann. Die Server sehen das SAN als eine Art Datenpool, der in voneinander getrennte logische Einheiten aufgeteilt ist. Mehrere redundante Wege zwischen dem Anwender und den Daten können auch vor möglichen Ausfällen schützen.

Ein großer Vorteil, den das SAN bringt, ist die Virtualisierung der vorhandenen Plattensubsysteme. Der verteilt vorhandene Massenspeicher kann virtuell wie eine einzige Festplatte behandelt werden. Ein weiterer Vorteil von SANs ist ihre Fehlertoleranz. So können alle wichtigen Elemente mehrfach redundant vorhanden sein. In einem typischen Storage Area Network wäre es denkbar, dass sich an zwei möglichst weit auseinanderliegenden Orten auf dem Betriebsgelände jeweils ein baugleiches Plattensubsystem befindet. Jedes Plattensubsystem kann über ein eigenes Netz angebunden werden.

SANs werden heute meistens über Glasfaserkabelnetze realisiert. Ein einfaches SAN besteht aus einem sog. Fibre-Channel-Switch, mehreren Plattensubsystemen und den Servern, die über so genannte Host-Bus-Adapter, mit dem Fibre-Channel-Switch verbunden werden. In diesem Umfeld werden Bandbreiten im höheren Gigabit/s-Bereich erreicht.

Diese Architektur wird auch als Fibre-Channel-Switched-Fabric bezeichnet und ist sehr leistungsfähig und ausfallsicher (siehe Abb. 8.23). Im Mittelpunkt steht ein Fibre-Channel-Switch, der zwischen den Servern und den Geräten eine direkte Punkt-zu-Punkt-Verbindung schalten kann. SANs verwenden ein Optimierungskonzept, das als *Multi-*

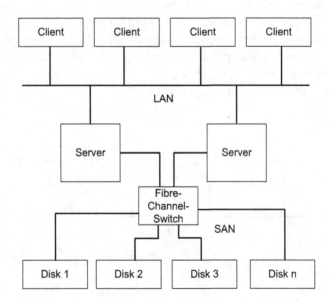

Abb. 8.23 Prinzipieller Aufbau eines Storage Area Network

Pathing bezeichnet wird. Wenn ein zugreifender Rechner über mehrere Host-Bus-Adapter ein Plattensubsystem erreichen kann, so wird der Datentransfer zwischen beiden Systemen auf beide Datenwege verteilt. Dies führt zu einer Steigerung der Übertragungsgeschwindigkeit. Zur Erhöhung der Ausfallsicherheit können in der „Fabric" auch mehrere Switche eingesetzt und miteinander redundant verbunden werden.

Obwohl Fibre-Channel sich als Übertragungsmedium für SAN durchgesetzt hat, kommen auch andere Techniken in Frage. Neben Fibre-Channel gibt es als weitere Technologien für SANs *iSCSI* (Internet Small Computer System Interface over IP) und das klassische Ethernet[5].

iSCSI ist ein Verfahren für Speichernetzwerke auf Basis der Internet-Protokolle IP und TCP. Bei diesem Verfahren werden die Informationen zwischen den Servern und den Festplattengeräten als SCSI-Daten in TCP/IP-Nachrichten verpackt und über IP-Netze transportiert. Hier können vorhandene Netzwerkkomponenten eingesetzt werden. Neue Hardware wie ein Fibre-Channel-Switch ist nicht nötig.

Bei der direkten Nutzung der Ethernet-Technologie ist ebenfalls keine eigene Netzwerk-Hardware nötig. Die Datenübertragung erfolgt direkt über diese Technologie.

8.4 Übungsaufgaben

1. Welche Aufgaben hat ein Gerätetreiber?
2. Erläutern Sie den prinzipiellen Aufbau einer Festplatte!
3. Was bedeutet Formatieren einer Festplatte?
4. Wie verwaltet Unix seine Dateien und wie werden Ein-/Ausgabegeräte behandelt?
5. Wozu ist der DMA-Mechanismus sinnvoll und wie funktioniert er prinzipiell?
6. Was bedeutet RAID?
7. Erläutern Sie die Arbeitsweise von RAID-1!
8. Was ist der Unterschied zwischen RAID-4 und RAID-5?
9. Welchen wesentlichen Vorteil bietet RAID-6 im Vergleich zu RAID-5 und welcher Nachteil wird dadurch erkauft?
10. Welche Vorteile bietet RAID-10?
11. Welchen Vorteil hat Software-RAID gegenüber Hardware-RAID?
12. Zu welchen Problemen kann Caching von Plattenspeicherinhalten in Treiberpuffern bei Ausfall eines Systems führen?
13. Was sind i-Nodes unter Unix und wozu dient die i-Node-Struktur?
14. Welche Dateisysteme unter Windows kennen Sie und wie unterscheiden sie sich?
15. Was bezeichnet man als SAN?

---

[5] Ethernet ist ein weit verbreiteter Standard mit vielen Varianten für lokale Netze.

Literatur

Brause, R. (2017). Betriebssysteme Grundlagen und Konzepte (4. Aufl.). Berlin: Springer Vieweg.

Glatz, E. (2015). *Betriebssysteme Grundlagen, Konzepte, Systemprogrammierung* (3., überarb. u. akt. Aufl.). Heidelberg: dpunkt. (sehr zu empfehlen).

Herrmann, P. (2002). *Rechnerarchitektur* (3. Aufl.). Braunschweig/Wiesbaden: Vieweg.

Stallings, W. (2003). *Betriebssysteme Prinzipien und Umsetzung* (4., überarb. Aufl.). München: Pearson Studium (Klassiker, umfangreich).

Tanenbaum, A. S., & Bos, H. (2016). *Moderne Betriebssysteme* (4., akt. Aufl.). (deutsche Übersetzung von Tanenbaum & Bos 2015). Hallbergmoos: Pearson Deutschland.

Betriebssystemvirtualisierung

9

Virtualisierung ist eines der Grundkonzepte in der Informatik. Einige Virtualisierungstechniken wie das Prozessmodell, der virtuelle Speicher und die Virtualisierung von Dateisystemen haben wir in den vorangegangenen Kapiteln bereits kennengelernt. Auch das Konzept der virtuellen Maschinen für Programmiersprachen (z. B. Java mit der JVM) wurde bereits erwähnt. Nicht behandelt wurden z. B. die Techniken der Netzwerkvirtualisierung (vLAN), die den Rahmen dieses Buches sprengen würden.

Dieses Kapitel geht auf die grundlegenden Konzepte der Betriebssystemvirtualisierung ein. Zunächst werden die Grundbegriffe, Einsatzgebiete und Anforderungen an die Virtualisierbarkeit erläutert, wobei insbesondere die Prozessor-Anforderungen betrachtet werden. Anschließend werden die verschiedenen Ansätze der Virtualisierung dargestellt und schließlich wird auf spezielle Mechanismen der Virtualisierung wie auf das CPU-Scheduling und auf die Speicherverwaltung eingegangen.

Zielsetzung des Kapitels

Der Studierende soll die Grundlagen, Ziele und Konzepte der Betriebssystemvirtualisierung erläutern können sowie wichtige Aspekte der Arbeitsweise von Virtualisierungstechniken verstehen.

Wichtige Begriffe

Virtualisierung, Betriebssystemvirtualisierung, Virtual Machine Monitor, VMM, Typ-1-Hypervisor, Typ-2-Hypervisor, Paravirtualisierung, Hardwarevirtualisierung, vollständige Virtualisierung, privilegierte, sensitive und kritische Maschinenbefehle.

© Springer Fachmedien Wiesbaden GmbH, ein Teil von Springer Nature 2020
P. Mandl, *Grundkurs Betriebssysteme*,
https://doi.org/10.1007/978-3-658-30547-5_9

9.1   Grundbegriffe und Einsatzgebiete

9.1.1   Virtualisierungsterminologie

Allgemein versteht man in unserem Zusammenhang unter Virtualisierung Methoden zur Abstraktion von Ressourcen mit Hilfe von Software. Um Virtualisierungskonzepte zu verstehen, sind im Folgenden zunächst einige Begriffe zu klären:

- Reale Maschine
- Virtuelle Maschine (VM)
- Hostbetriebssystem (Synonyme: Wirt, Host, Gastgeberbetriebssystem oder Hostsystem)
- Gastbetriebssystem (Synonyme: Gast, Guest, oder Gastsystem)
- Virtual Machine Monitor (VMM, Synonym: Hypervisor)

Unter einer *realen Maschine* verstehen wir die Hardware-Maschine mit dem Prozessor und allen erforderlichen Ressourcen. Eine *virtuelle Maschine* (VM) ist keine reale Maschine, verhält sich aber genau so.

Bei der Betriebssystemvirtualisierung unterscheidet man *Hostbetriebssysteme* und *Gastbetriebssysteme*. Im Hostbetriebssystem läuft eine virtualisierende Systemsoftware, die als *Virtual Machine Monitor* (*VMM*) oder *Hypervisor* bezeichnet wird.[1]

Das Gastbetriebssystem arbeitet so, als ob es über die volle Kontrolle der Hardware verfügt. In Wirklichkeit wird die Hardware aber vom Hostsystem kontrolliert und verwaltet. Sofern sich die Befehlssätze von Host und Gast unterscheiden, wird durch den VMM auch eine Emulation der Befehle durchgeführt.

Emulation versus Virtualisierung Im Unterschied zur *Emulation*, worunter man die komplette Nachbildung der Hardware in Software versteht, wird bei der Virtualisierung in der Regel nur ein geringer Teil der Befehle des kompletten Befehlssatzes nachgebildet, da die meisten Befehle bei der Virtualisierung direkt auf der Hardware (direkter Aufruf aus VM heraus) ablaufen.

Partitionierung In der Mainframe-Welt spricht man von Partitionierung als spezielle und umfassendere Form der Virtualisierung. In Mainframe- und Midrange-Systemen (IBM System z und IBM System p) wird nicht nur die CPU virtualisiert, sondern auch die Virtualisierung des Hauptspeichers, der Ein- und Ausgabe und der Datenspeicher werden durch die Firmware unterstützt, so dass ganze Betriebssysteme mit allen Ressourcen

---

[1] Je nach Kontext wird der Begriff VMM unterschiedlich verwendet. VMware bezeichnet z. B. in ihrer ESXi-Architektur einen Prozess, der eine VM kontrolliert und Teil des VM-Kernels ist, als VMM. Wir bleiben aber im Weiteren bei unserer Definition.

partitioniert werden können. Heutige Virtualisierungsprodukte aus dem Client-/Server-Umfeld erledigen vieles (noch) über die Software.

9.1.2 Einsatz der Virtualisierungstechnik

Virtualisierungstechniken bieten Lösungsansätze für viele Problemstellungen (Vogel et al. 2010), die hier nur kurz angerissen werden sollen und teilweise auch schwer voneinander abgrenzbar sind. Je nach Einsatzgebiet unterscheidet man:

- *Servervirtualisierung*: Bei diesem Ansatz werden serverseitig eingesetzte Rechnersysteme mit dem Ziel virtualisiert, die Anzahl der Serverrechner im Unternehmen zu reduzieren. Man spricht in diesem Zusammenhang auch von einer virtuellen Infrastruktur, von der man sich neben Kosteneinsparungen (Energie-, Hardware-, Lizenzeinsparung) auch eine einfachere Administrierbarkeit verspricht.
- *Desktopvirtualisierung*: Hier werden ganze Arbeitsplatzrechner einschließlich aller Anwendungen und Konfigurationen virtualisiert. Ziele sind ebenfalls eine einfachere Administrierbarkeit der Arbeitsplätze sowie eine Einsparung der Hardwareausstattung für den Arbeitsplatz.
- *Anwendungsvirtualisierung*: Bei dieser Art der Virtualsierung, bei der es sich im eigentlichen Sinne nicht um eine Betriebssystemvirtualisierung handelt, werden Anwendungen und deren Umgebungen virtualisiert.
- *Onlinevirtualisierung*: Die Onlinevirtualisierung entspricht im Wesentlichen dem Konzept des Terminalserver-Betriebs (Kap. 2), in dem die clientseitigen Anwendungen vollständig in sog. Serverfarmen ablaufen und nur noch die Präsentationsinformation zu den Arbeitsplatzrechnern übertragen wird. Auch hier wird nicht das Betriebssystem virtualisiert. Die Anwendungen laufen vielmehr zentral wie in der klassischen Mainframes-Technologie ab, was einen wesentlichen Vorteil bei der Administration mit sich bringt, da die Softwareverteilung auf die Serverseite beschränkt wird.

Auf die Anwendungsvirtualisierung soll kurz in Abgrenzung zur Betriebssystemvirtualisierung eingegangen werden. Hier werden in sog. Software-Containern isolierte virtuelle Laufzeitumgebungen für Anwendungen bereitgestellt. Ein zusätzliches Gastbetriebssystem ist nicht erforderlich, es läuft alles im Hostbetriebssystem. Diese Virtualisierungsvariante ist in Abb. 9.1 dargestellt. Die Container werden im Benutzermodus betrieben, während das Gastbetriebssystem wie üblich im Kernelmodus zum Ablauf kommt.

Anwendungsvirtualisierung wird beispielsweise von Internet Service Providern für gehostete Webdienste und im Cloud Computing genutzt. Containertechnologien sind u. a. *OpenVZ für Linux, Linux-VServer und Microsoft Application Virtualisation (App-V)*.[2]

---

[2] Siehe http://wiki.openvz.org, http://linux-vserver.org, http://www.microsoft.com, letzter Zugriff am 15.04.2020.

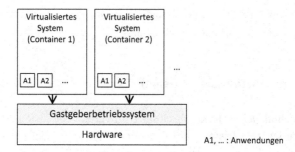

Abb. 9.1 Anwendungsvirtualisierung mit Containern

Eine Lösung, die sich seit 2013 immer mehr verbreitet ist die Containervirtualisierung
mittels *Docker*[3] Diese Lösung wurde ursprünglich für Linux entwickelt, ist aber heute
unter allen gängigen Betriebssystemen (Linux, macOS und Windows) verfügbar. Die Nutzung von Containern für die Verteilung von Anwendungskomponenten verteilter Anwendungen wird immer mehr zum Standard.

Virtualisierungstechnik wird heute auch zunehmend als Basistechnologie für das Cloud
Computing eingesetzt, um ganze virtuelle Rechnersysteme dynamisch bereitzustellen und
ggf. auf mehrere Rechenzentren zu verteilen.

9.1.3 Vor- und Nachteile der Virtualisierung

Der Einsatz der Virtualisierung bringt eine Reihe von Vorteilen mit sich, aber auch Nachteile sind zu erkennen. Man kann folgende Vorteile der Virtualisierung nennen:

- Es ist weniger Hardware bei günstiger Hardwareauslastung erforderlich
- Weniger Leistungsaufnahme für Rechner und Klimatisierung (Stromverbrauch nied-
  riger)
- Hohe Flexibilität beim Aufbau einer Infrastruktur durch schnelle Bereitstellung neuer
  VMs. Virtuelle Systeme sind auch nahezu beliebig vervielfältigbar und archivierbar.
  Zudem ist die Migration von Betriebssystemen auf andere Rechnersysteme sowie ein
  Technologiewechsel ohne Betriebsunterbrechung möglich
- Virtualisierung ermöglicht eine vereinfachte Wartung der kompakteren Hardware
- Virtualisierung unterstützt Verfügbarkeits- und Ausfallsicherheitskonzepte
- Virtualisierung unterstützt auch historische Anwendungen mit älteren Betriebssystem-
  versionen

---

[3] Siehe https://www.docker.com, letzter Zugriff am 15.04.2020.

Einige Vorteile können nur richtig ausgenutzt werden, wenn komfortable Administrationswerkzeuge verfügbar sind, was bei heutigen Virtualisierungsprodukten meist gegeben ist.

Nachteilig ist u. a. eine etwas geringere Leistung als bei realer Hardware. Man rechnet mit einem Overhead von 5 bis 10 Prozent für die Virtualisierung (Baun et al. 2009). Auch die Virtualisierung von spezieller Hardware, z. B. Hardware-Dongles und spezieller Grafikkarten ist schwierig. Hinzu kommt, dass bei Ausfall eines Serverrechners gleich mehrere virtuelle Rechner ausfallen, wodurch hohe Anforderungen an die Ausfallsicherheit der Hardware gestellt werden.

9.2 Virtualisierbarkeit der Hardware

Im Großrechnerumfeld werden Prozessoren schon lange so gebaut, dass eine Virtualisierung unterstützt wird. Intel, AMD und weitere Prozessorhersteller hatten spezielle Anforderungen an die Virtualisierung in der Vergangenheit nicht berücksichtigt, sieht man von der virtuellen Speichertechnik einmal ab. Die Notwendigkeit bestand bis vor einigen Jahren nicht.

Wichtig ist, dass der Hypervisor in der Lage sein muss, die Ressourcen kontrolliert auf die einzelnen VMs zu verteilen. Er benötigt also die alleinige Möglichkeit der Kontrolle über die Hardware.

Um eine effiziente Virtualisierungslösung zu konstruieren, muss die Hardware bei der Virtualisierung unterstützen oder man muss entsprechende Umwege über die Emulation durch Software gehen. Die grundlegenden Anforderungen und Lösungsansätze sollen im Weiteren diskutiert werden.

9.2.1 Hardware-Voraussetzungen

Nicht alle Prozessoren sind für die Virtualisierung von Betriebssystemen gleichermaßen geeignet. Aus Leistungsgründen ist es ein erstrebenswertes Ziel, dass kein einziger Maschinenbefehl emuliert werden muss und die Gastbetriebssysteme nicht merken, dass sie in einer virtuellen Umgebung arbeiten. Eine Ausnahme stellt das Zeitverhalten dar, da die Programmausführung in VMs doch ein wenig länger dauert als ohne Nutzung von Virtualisierungstechnik.

Vollständige Virtualisierung Man spricht von einer *vollständigen Virtualisierung* oder *Vollvirtualisierung*, wenn die Gastbetriebssysteme nicht verändert werden müssen, um in der Virtualisierungsumgebung zum Ablauf zu kommen. IBM-Prozessoren (System z) unterstützen z. B. vollständige Virtualisierbarkeit. Ist keine Vollvirtualisierung möglich, müssen die Gastbetriebssysteme angepasst werden. Wie wir noch sehen werden, wird bei neueren Prozessoren über spezielle Prozessorerweiterungen versucht, die Emulation bzw. Interpretation von Maschinenbefehlen zu vermeiden und damit die Leistung zu steigern.

Privilegierte und nicht-privilegierte Befehle Die grundlegenden Anforderungen an die Virtualisierbarkeit führen uns wieder zu den Konzepten des Zugriffsschutzes von Prozessoren. Wie bereits in Kap. 2 erläutert, gibt es privilegierte und nicht privilegierte Befehle im Befehlssatz von Prozessoren. Ein Maschinenbefehl ist dann privilegiert, wenn er eine Ausnahme und damit einen Trap in den höher privilegierten Modus erzeugt, sofern er im Benutzermodus aufgerufen wird. Wird ein privilegierter Befehl im Kernelmodus aufgerufen, löst er keine Ausnahme aus. Nicht privilegierte Befehle können in allen Modi, ohne eine Ausnahme zu erzeugen, ausgeführt werden.

Sensitive und kritische Befehle Es gibt zudem auch noch die Kategorie der sog. *sensitiven* Befehle, die entweder zustandsverändernd sind oder sich je nach Modus, in dem sie ausgeführt werden, unterschiedlich verhalten. Hierzu gehören z. B. Befehle für den Zugriff auf I/O-Geräte oder auf spezielle interne Adress- und Steuerregister. Sensitive Befehle sollten eine Teilmenge der privilegierten Befehle sein und bei einem Aufruf in einem nicht privilegierten Betriebsmodus eine Ausnahme und damit einen Sprung in einen privilegierten Betriebsmodus erzwingen. Nun gibt es aber bei Prozessoren zusätzlich noch die Kategorie der sog. *kritischen* Befehle. Diese sind sensitiv, aber nicht privilegiert (siehe Abb. 9.2). Sie lösen bei Aufruf im Benutzermodus keinen Trap aus und können somit von einer VMM nicht abgefangen werden. Die kritischen Befehle stellen, wie die Bezeichnung schon andeutet, ein Problem dar.

Bereits im Jahre 1974 wurden durch Popek und Goldberg (1974) die Hardware-Anforderungen für die effiziente Virtualisierbarkeit formal hergeleitet. Demnach ist eine Rechnerarchitektur virtualisierbar, wenn alle sensitiven Operationen privilegiert sind. Wenn alle sensitiven Befehle eine Teilmenge der privilegierten Befehle darstellen, kann auf jeden Fall ein Hypervisor nach (Popek und Goldberg 1974) konstruiert werden. Dies

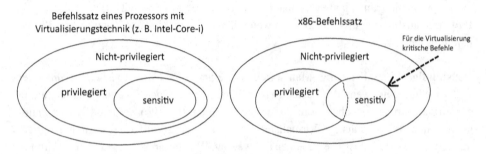

Abb. 9.2 Befehlstypen bei Intel-Core-i- und x86-Prozessoren

ist eine hinreichende, aber nicht notwendige Bedingung, es gibt also auch andere Möglichkeiten, Virtualisierbarkeit zu erreichen, jedoch mit eingeschränkter Effizienz, da die Hardware in diesem Fall nicht oder nicht so gut unterstützt.

Wir betrachten nun zunächst ältere Prozessoren der x86-Architektur hinsichtlich ihrer Virtualisierbarkeit, um danach neuere Prozessorgenerationen zu diskutieren.

9.2.2 Virtualisierung bei x86-Prozessoren

In der älteren Intel-x86-Architektur wird die Virtualisierung aufgrund fehlender Hardwareunterstützung erschwert. Die dahinterliegende Problematik soll kurz erläutert werden.

Abb. 9.2 stellt zum Vergleich einen Befehlssatz eines neueren Prozessors einem x86-Prozessor in einer Mengendarstellung gegenüber. Wie man sieht, sind im x86-Befehlssatz kritische Befehle vorhanden. Sie lösen bei Aufruf im Benutzermodus keinen Trap aus und können somit von einem VMM nicht abgefangen werden.

Von den insgesamt 250 x86-Befehlen gehören immerhin 17 zu dieser Kategorie. Beispiele dafür sind Befehle für Zugriffe auf die Global Descriptior Table (GDT). Der Befehl SGDT (Store Global Descriptior Table) löst z. B. im Benutzermodus keine Ausnahme aus und schon allein aufgrund dieser Tatsache kann der Zugriff auf die GDT bei x86-Prozessoren nicht virtualisiert werden. Weiterhin sind direkte Zugriffe auf den Stack (PUSHF, POPF) und auch einige Sprungbefehle (JMP, CALL) problematisch.

Was ist nun das eigentliche Problem? Viele Betriebssysteme nutzen nur zwei Zugriffsringe. Ring 0 wird für den Kernelmodus verwendet, Ring 3 für den Benutzermodus. In einer Virtualisierungsumgebung darf aber nur der Hypervisor privilegierte Befehle ausführen und damit müssen sowohl die Anwendungen als auch das Gastbetriebssystem im Benutzermodus ablaufen. Wenn nun einer der kritischen Befehle im Benutzermodus aufgerufen wird, erfolgt bei x86-Prozessoren kein Wechsel in den Ring 0, da kritische Befehle keinen Trap auslösen. Je nachdem, ob der Aufruf nun vom Anwendungsprogramm oder vom virtuellen Betriebssystem kommt, müsste aber im Hypervisor unterschiedlich reagiert werden, was aber bei x86-Prozessoren nicht möglich, da keine Ausnahme ausgelöst wird und somit auch kein Trap in den Hypervisor, der im höher privilegierten Modus arbeitet. Demnach können kritische Befehle bei Aufruf im Benutzermodus nicht erkannt und behandelt werden.

Trotzdem ist auch auf Basis von x86-Prozessoren eine Virtualisierung möglich. Die Schwächen der x86-Architektur werden in heutigen Virtualisierungslösungen im Hypervisor umgangen. Man spricht bei diesen Techniken auch von *Code-Patching* oder von *Binärübersetzung (Binary Translation)* Bei dieser Vorgehensweise werden kritische Befehle vor der Ausführung, also z. B. beim Starten eines Programms durch den Hypervisor erkannt und ausgetaucht. Dies ist eine typische Vorgehensweise eines Typ-2-Hypervisors (siehe unten). Diese veränderten Befehle führen einen Sprung in den Hypervisor aus, wo eine Emulation der kritischen Befehle erfolgen kann. Damit kann trotz der Schwächen der x86-Architektur eine vollständige Virtualisierung erreicht werden, die aber nicht ganz so effizient ist.

9.2.3   Virtualisierungstechniken in Prozessoren

In neueren Intel- und AMD-Prozessoren werden kritische Maschinenbefehle vermieden und die Prozessoren unterstützen die Virtualisierung über zusätzliche Techniken. Hierfür wurden zum einen die Befehlssätze der Prozessoren erweitert und zum anderen auch weitere Betriebsmodi eingeführt.

Bei AMD heißt die Hardwareerweiterung *Pazifica* oder *AMD-V* (vorher SVM = Secure-Virtual-Machine-Befehlssatz). Intel bezeichnet die Erweiterung mit *VMX* (Virtual Machine Extension), die frühere Bezeichnung war *Vanderpool* (Neiger et al. 2006).

Bei beiden Herstellern werden spezielle Befehle für die Virtualisierung unterstützt und weitere Betriebsmodi ergänzt. Die VMM (Hypervisor) läuft in einem neuen Root- oder Wirt-Betriebsmodus, der mehr Privilegien als der Ring 0 hat. Er wird auch als *Ring -1* bezeichnet. Damit wird dem Root-Betriebsmodus die Kontrolle über die CPU und andere Ressourcen übertragen. Die Gastbetriebssysteme nutzen dagegen den sog. Gast-Modus. Bei Intel-Prozessoren heißt der Root-Betriebsmodus auch *VMX root*. Als Betriebsmodus für aktuell laufende Gastbetriebssysteme wird *VMX non-root* verwendet. Der Gast-Modus erzeugt bei allen sensitiven Befehlsaufrufen Unterbrechungen (Traps) zum Sprung in den Hypervisor.

Die Virtualisierungstechnik der Prozessoren unterstützt auch eine neue Datenstruktur, um Kontextinformationen der virtuellen Maschinen zu sichern. Diese wird bei Intel-Prozessoren als *VMCS*-Datenstruktur (Virtual Machine Control Structure) und bei AMD-Prozessoren als *VMCB* (Virtual Machine Control Block) bezeichnet.

Der Hypervisor führt für jede VM eine derartige Datenstruktur und verwaltet darin die für eine VM notwendigen Informationen. In jedem Prozessorkern ist ein VMCS-Zeiger (64 Bit) verfügbar, der die VMCS-Adresse der aktuell laufenden VM enthält. In der VMCS wird u. a. ein Gastzustand (guest state area) und ein Hostzustand (host state area) verwaltet. Die Zustandsinformation enthält ähnlich dem klassischen PCB für Prozesse u. a. Inhalte von Registern (CS, SS, DS,...) aber auch von Steuer- und Kontrollregister (CR0, CR1, ...). Beim Übergang vom Root-Modus in den Non-root-Modus (auch als *VM Entry* bezeichnet) wird über den Prozessor der aktuelle Hostzustand in die host state area gerettet und der zuletzt gesicherte Zustand des zu reaktivierenden Gastsystems aus der VMCS in den Hardwarekontext, also in den Prozessor, geladen. Bei einem Zustandsübergang vom Non-root in den Root-Modus (auch als *VM Exit* bezeichnet) ist es umgekehrt. Für die Übergänge sind zwei neue Befehle definiert:

- VMENTRY: Über diesen Befehl übergibt der Hypervisor die Kontrolle an das Gastbetriebssystem

- VMEXIT: Über diesen Befehl übergibt das Gastbetriebssystem dem Hypervisor die Kontrolle

In Abb. 9.3 sind die Übergänge zwischen den neuen Modi nochmals dargestellt. Hier wird auch sichtbar, dass im Non-root-Modus alle Ringe wie ursprünglich verfügbar sind, weshalb eine Veränderung bestehender Betriebssysteme, die als Gastbetriebssysteme verwendet werden sollen, überflüssig ist. Der Root-Modus liegt einfach eine Privilegierungsstufe über Ring 0. Gastbetriebssysteme können auch nicht erkennen, dass sie in einer virtualisierten Umgebung ablaufen.

Über sog. *Hypercalls*, die prinzipiell wie Systemcalls funktionieren, kann ein dedizierter Einsprung vom Gastbetriebssystem in den Hypervisor erfolgen. Hierfür wird von den Prozessoren ein eigener Maschinenbefehl bereitgestellt, der bei Intel-Prozessoren mit VMCALL bezeichnet wird.

Darüber hinaus gibt es zudem einige neue Befehle, die anhand des Intel-Befehlssatzes kurz erläutert werden sollen (Intel 2005):

- VMON: Mit diesem Befehl kann man den Virtualisierungsmodus einschalten, so dass der Prozessor mit Virtualisierung arbeitet
- VMOFF: Mit diesem Befehl kann man den Virtualisierungsmodus ausschalten. Nach einem Aufruf des VMOFF-Befehls läuft der Prozessor klassisch (ohne Nutzung des Betriebsmodus VMX root)
- VMLANCH: Mit Aufruf des Befehls VMLAUNCH wird vom Hypervisor eine neue VM gestartet
- VMREAD und VMWRITE: Mit diesen Befehlen wird auf die spezielle Datenstruktur VMCS zugegriffen, die vom Hypervisor für jede VM verwaltet wird
- VMPTRLT: Dieser Befehl dient zum Auslesen des VMCS-Zeigers aus der Hardware
- VMPTRTS: Mit dem Befehl wird der VMCS-Zeiger in die Hardware gespeichert

Über die neuen Befehle und die neuen Betriebsmodi kann ein Virtualisierungsprodukt nun so gestaltet werden, dass eine Veränderung der Gastbetriebssysteme nicht erforderlich

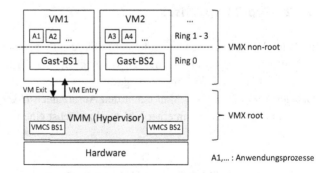

Abb. 9.3 Übergänge zwischen den Betriebsmodi *VMX root* und *VMX non-root*

ist. Wie wir unten noch sehen werden, gibt es aber auch noch weitere Lösungsansätze, falls keine Hardwareunterstützung gegeben ist. Man spricht hier von Paravirtualisierung.

Weitere Details zur Intel-Virtualisierungstechnik sind u. a. in (Neiger et al. 2006) und (Intel 2005) nachzulesen.

9.3   Varianten der Betriebssystemvirtualisierung

In (Baun et al. 2009) werden drei grundsätzliche konzeptionelle Ansätze der Virtualisierung unterschieden: Vollständige Virtualisierung, Paravirtualisierung und Hardwarevirtualisierung. Auf die vollständige Virtualisierung und auf die Hardwarevirtualisierung wurde bereits eingegangen.

Konkrete Ausprägungen der vollständigen Virtualisierung sind der Typ-1- und der Typ-2-Hypervisor. Diese Ansätze realisieren eine vollständige Virtualisierung und werden nun kurz eingeführt. Ebenso wird das Konzept der Paravirtualisierung erläutert. Die Grenzen zwischen den einzelnen Ansätzen sind aber heute fließend. Heute werden von den meisten Virtualisierungsprodukten die Virtualisierungstechniken der neueren Prozessoren sowie auch die Paravirtualisierung unterstützt.

9.3.1   Typ-1-Hypervisor

Ein Typ-1-Hypervisor ist direkt über der Hardware als Minibetriebssystem platziert (siehe Abb. 9.4). Der Hypervisor läuft in einem privilegierten Modus. Ohne Virtualisierungsunterstützung durch die Hardware wie etwa Intel VMX kann ein Typ-1-Hypervisor nicht realisiert werden (siehe auch Tanenbaum und Bos 2016). Auf älteren x86-Prozessoren funktioniert diese Variante also nicht.

Beispiele für Produkte dieser Kategorie sind *XenServer* von Citrix Systems, *vSphere ESX* von VMware und *Hyper-V* von Microsoft.[4]

9.3.2   Typ-2-Hypervisor

Ist keine Virtualisierungsunterstützung durch die Prozessoren gegeben, gibt es für eine Vollvirtualisierung auch noch die Möglichkeit des Typ-2-Hypervisors. Ein Typ-2-Hypervisor läuft, wie in Abb. 9.5 dargestellt, als einfaches Benutzerprogramm über einem Gastgeberbetriebssystem. Man nennt den Ansatz auch *Hosted*-Ansatz. Beim Start eines Anwendungsprogramms in einer VM wird zunächst eine Übersetzung sensitiver Befehle

---

[4] Siehe auch www.citrix.com, www.vmware.com und www.microsoft.com, letzter Zugriff am 13.04.2020.

Abb. 9.4 Typ-1-Hypervisor

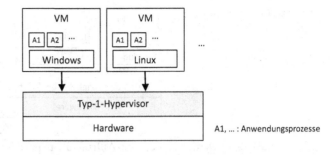

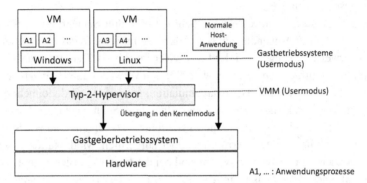

Abb. 9.5 Typ-2-Hypervisor

in spezielle Hypervisor-Prozeduren durchgeführt. Wie bereits erläutert, nennt sich dieses Verfahren *Binary Translation.*

Die Hardware führt in diesem Fall niemals sensitive Befehle aus, die vom Gastbetriebssystem abgesetzt wurden. Das Gastbetriebssystem sendet die sensitiven Befehle verpackt in Hypercalls an das Gastgeberbetriebssystem, wo diese dann ausgeführt werden.

Ein Typ-2-Hypervisor verursacht durch die neue Schnittstelle in der Regel mehr Overhead als ein Typ-1-Hypervisor und ist daher für einen echten Produktionseinsatz nicht so gut geeignet, aber für Test- und Entwicklungsumgebungen durchaus sinnvoll.

Beispielprodukte dieses Typs sind u. a. *Virtual Server PC* von Microsoft und *VMware Workstation.*[5]

9.3.3 Paravirtualisierung

Von Paravirtualisierung spricht man, wenn das Gastbetriebssystem verändert werden muss, weil die Schnittstelle zwischen Hypervisor und Gastbetriebssystem nicht mit der Hardwareschnittstelle übereinstimmt. Der Hypervisor ist in diesem Fall ein reduziertes Betriebssystem, das auch als paravirtualisiertes Betriebssystem bezeichnet wird. Vom

---

[5] Siehe auch www.vmware.com und www.microsoft.com, letzter Zugriff am 15.04.2020.

Abb. 9.6 Paravirtualisierung

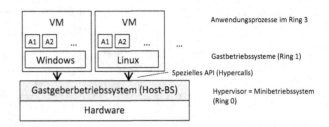

Gastbetriebssystem werden Hypervisor-Aufrufe über spezielle Systemaufrufe an den Hypervisor abgesetzt (Abb. 9.6).

Um Paravirtualisierung zu realisieren, benötigt man drei Schutzringe. Auf Intel-x86-Prozessoren laufen die Anwendungen beispielsweise im Ring 3, das Gastbetriebssystem läuft typischerweise in Ring 1 und der Hypervisor im Ring 0. Der Hypervisor wird über eine spezielle API aufgerufen (Baun et al. 2009) und verwaltet alle Hardwarezugriffe. Es handelt sich also nicht um eine Hardwareemulation, sondern es wird vielmehr eine dedizierte Schnittstelle zum Hypervisor festgelegt. Über diese Schnittstelle werden Hypercalls genutzt, um die privilegierten Operationen auszuführen. Hypercalls sind wie Systemcalls, werden aber über eine andere Interrupt-Nummer aufgerufen. Modifikationen sowohl im Gast- und als auch im Hostbetriebssystem sind bei der Paravirtualisierung notwendig.

Der Ablauf eines Hypercalls ist in Abb. 9.7 skizziert. Der Hypervisor fängt im Ring 0 die klassischen Systemcalls ab, prüft sie und gibt sie dann weiter an das Gastbetriebssystem, das seinerseits Hypercalls an den Hypervisor absetzt.

Der *ESXi-Hypervisor* des VMware-Produkts *vSphere* und vor allem der offene *Xen-Hypervisor* unterstützt die Paravirtualisierungstechnik[6]

9.3.4   Weitere Virtualisierungsansätze

Die Entwicklung im Bereich der Virtualisierung ist noch in vollem Gange und es werden ständig neue Lösungen erarbeitet. Unter anderem wird die Idee eines *Virtual Machine Interface* (VMI) als Schnittstelle zu einem Mikrokern (API mit Hypervisor-Befehlen) verfolgt.

Im Linux-Kern wird heute beispielsweise schon ein Hypervisor als Modul integriert (siehe Abb. 9.8). Diese Lösung wird als *KVM* (Kernel-based Virtual Machine) bezeichnet. KVM setzt allerdings voraus, dass die verwendeten Prozessoren Virtualisierungstechnik unterstützen.[7] Über das spezielle Linux-Device (siehe Kap. 8) mit der Bezeichnung*/dev/ kvm* wird die Virtualisierung des Speichers durchgeführt. Ein spezieller Prozess mit der Bezeichnung QEMU im Gastbetriebssystem wickelt Ein-/Ausgabe-Befehle ab.

---

[6] Siehe auch www.xenproject.org, letzter Zugriff am 15.04.2020.

[7] Siehe auch http://www.linux-kvm.org, letzter Zugriff am 15.04.2020.

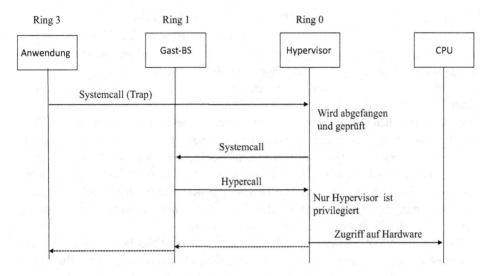

Abb. 9.7 Systemcall und Hypercall bei Paravirtualisierung (x86-Architektur)

Abb. 9.8 KVM als
Hypervisor in Linux integriert

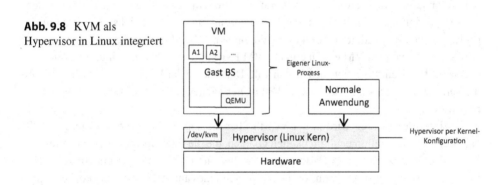

9.4 Betriebsmittelverwaltung bei Betriebssystemvirtualisierung

9.4.1 Interruptverarbeitung und Gerätesteuerung

Bei vollständiger Virtualisierung und auch bei der Paravirtualisierung übernimmt der Hypervisor die Kontrolle über die angeschlossenen externen Geräte und stellt somit den VMs eine Schnittstelle für die Ansteuerung externer Geräte zur Verfügung.

Dementsprechend erfolgt die Interruptbearbeitung auch im Hypervisor. Externe Geräte werden üblicherweise im privilegierten Modus gesteuert. Die Interrupts, die von den Geräten über einen Interrupt-Controller an die CPU gesendet werden (siehe Kap. 3), müssen bei der Virtualisierung über den Hypervisor bearbeitet werden. Die Interruptverarbeitung ist je nach Virtualisierungstechnik unterschiedlich gelöst.

Auftretende Interrupt Requests (IRQs) werden vom Hypervisor entgegengenommen und an die Gastbetriebssysteme verteilt. Es wird also im Hypervisor ein Multiplexing von Hardware-Interrupts durchgeführt. Die Gastbetriebssysteme erhalten Interrupts vom Hypervisor und erkennen nicht, dass der Hpervisor als Zwischenschicht agiert.

Beim Xen-Hypervisor wird in einem anderen Ansatz ein privilegiertes Linux-Gastbetriebssystem eingesetzt, *Domain0* genannt, das alle realen Gerätetreiber (real device drivers) enthält und über ein im Hypervisor platziertes Shared-Memory mit sog. virtuellen Gerätetreibern anderer Gastbetriebssysteme (*split device driver* genannt) kommuniziert. Im Hypervisor selbst wird kein Gerätetreiber betrieben (Coulouris et al. 2012). Dementsprechend muss auch die Interruptverarbeitung über diesen Weg ablaufen. Die echten Gerätetreiber im speziellen Domain0-System führen ein Multiplexing durch, um die Kommunikation mit den virtuellen Treibern der anderen Gastbetriebssysteme zu ermöglichen und die Interrupts entsprechend weiterzuleiten.

In neueren VMX-basierten Intel-Prozessoren und in AMD-Prozessoren wird die Interrupt-Verarbeitung ebenfalls über verschiedene Mechanismen unterstützt. Um Veränderungen in der Interrupt-Einstellung im Hypervisor überprüfen zu können, wird bei Intel-Prozessoren beispielsweise mit der Technik *External-Interrupt-Exiting* gearbeitet. Bei jeder Veränderung der Interrupt-Konfiguration wird ein Austritt aus einer VM in den Hypervisor initiiert, um die Änderungsaufforderung eines Gastbetriebssystems zu überprüfen. Über eine weitere Technik, die mit *Interrupt-Window-Exiting* bezeichnet wird, wird ebenfalls von der VM ein Übergang (VM Exit) in den Hypervisor initiiert, wenn ein Gastbetriebssystem Interrupts bearbeiten will. Damit kann der Hypervisor entscheiden, ob die Verarbeitung eines Interrupts an die VM weitergeleitet, selbst ausgeführt oder gar ignoriert werden soll.

Bei Intel-Prozessoren wird in der VCMS über die sog. *VM Execution Control Fields* eine Fülle von Einstellungsmöglichkeiten geboten, die die Interruptverarbeitung betreffen. So wird z. B. eine Bitmap (I/O-Bitmap) verwaltet, die jedem I/O-Port ein Bit zuordnet, über das gesteuert werden kann, ob bei Auftreten eines Interrupts an dem Port ein Einsprung in den Hypervisor (VM Exit) durchgeführt werden soll oder nicht. Zudem wird für jede mögliche Ausnahme (Exception) in einer Exception-Bitmap verwaltet, ob beim Auftreten der Ausnahme ein Einsprung in den Hypervisor erfolgen soll oder nicht. Für eine genauere Betrachtung der komplexen Möglichkeiten wird auf die Intel-Literatur verwiesen.[8]

9.4.2 CPU-Scheduling

Bei der Konfiguration von virtuellen Maschinen werden die virtuellen Ressourcen zugeteilt. Hierzu gehören auch die virtuellen CPUs (vCPU), die eine virtuelle Maschine erhalten soll. Die Zuteilung der physikalischen CPUs, also der tatsächlich in der Maschine

---

[8] Einstieg unter http://www.intel.de, letzter Zugriff am 15.04.2020.

vorhandenen Rechnerkerne (pCPU), auf die vCPUs ist Aufgabe des Hypervisors, bzw. genauer des im Hypervisor vorhandenen CPU-Schedulers.

Es stellt sich nun die Frage, wie der Hypervisor, bzw. dessen CPU-Scheduler die Rechnerkerne auf die einzelnen VMs verteilt, also welche Scheduling-Strategie verwendet wird. In Abb. 9.9 ist eine typische Konfiguration mit drei VMs skizziert, die jeweils eine oder zwei vCPUs zugeordnet haben. Diese Zuordnung erfolgt in der Regel zur Konfigurationszeit. Im konkreten Szenario sind zwei physikalische CPUs bzw. ein Dualcore-Prozessor vorhanden. Den beiden Rechnerkernen sind aktuell die vCPUs 2 und 4 zugeordnet. Die Entscheidung, welche vCPU eine pCPU erhält, liegt beim CPU-Scheduler.

In Kap. 5 haben wir schon einige Strategien der CPU-Zuteilung (FIFO, SJF, PP, RR, …) für das Scheduling von Prozessen bzw. Threads kennengelernt. Bei der Virtualisierung werden etwas abgewandelte Algorithmen verwendet. Einige Ansätze sollen im Folgenden diskutiert werden:

SEDF-Scheduler   SEDF steht für *Simple Earliest Deadline First* und kommt ursprünglich aus der Echtzeitverarbeitung. Dieses einfache Verfahren, das heute nicht mehr standardmäßig verwendet wird, aber z. B. im Xen-Hypervisor konfiguriert werden kann, arbeitet nach einem einfachen Prinzip. Die vCPUs werden in einer Warteschlange verwaltet und es wird bei einer Scheduling-Entscheidung diejenige vCPU für das Scheduling ausgewählt, bei welcher der geplante Abarbeitungszeitpunkt, also die Deadline, zeitlich am nächsten liegt.

Credit-Scheduler   Ein bekannter Scheduling-Algorithmus ist der *Credit-Scheduling-Algorithmus*, der u. a. im Xen-Hypervisor Anwendung findet. Der Algorithmus ähnelt dem CFS unter Linux. Jeder vCPU wird initial ein Kredit gewährt (z. B. ein Wert von 300 Kreditpunkten), der zeitgesteuert reduziert wird.

Zyklisch werden die Kreditpunkte (Credits) neu vergeben. Je mehr Kreditpunkte eine vCPU aktuell besitzt, desto höher ist auch ihre Priorität, was eine CPU-Zuordnung be-

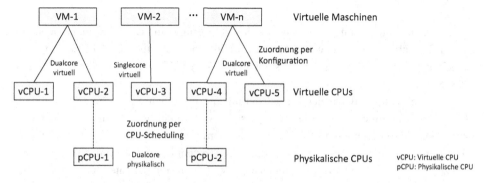

Abb. 9.9 Zuordnung von physikalischen auf virtuelle CPUs

günstigt. Solange eine vCPU noch Kredit hat, ist sie im Zustand „*under* fair share", wenn der gesamte Kredit verbraucht ist, wird der Zustand „*over* fair share" eingenommen.

Je pCPU wird eine Run Queue verwaltet und der Scheduler versucht eine möglichst gerechte und ausbalancierte Zuordnung von vCPUs zu pCPUs. Wenn alle Kreditpunkte der vCPUs einer pCPU verbraucht wurden, wird versucht, vCPUs aus Run Queues anderer pCPU zu bedienen.

Durch die Zuordnung von Gewichten (weight) kann zudem im Xen-Hypervisor bestimmten VMs (in Xen auch Domains genannt) eine bessere Priorisierung zugeordnet werden. Über diesen Mechanismus können VMs mit wichtigeren Anwendungen per Konfiguration begünstigt werden.

Nachteilig bei diesem Verfahren ist, dass keine Unterscheidung zwischen rechenintensiven und I/O-intensiven VMs vorgenommen wird. Es gibt hierfür aber eine Optimierungsmöglichkeit durch die Einführung eines *Boost*-Mechanismus, der I/O-lastige VMs (ähnlich wir beim Windows-Scheduler) priorisiert.

VMware nutzt in vSphere (vmware 2019) den Proportional-Share-Based-Algorithmus, der dem Credit-Scheduler sehr ähnlich ist. Eine ältere Scheduler-Variante, die auch nach einem ähnlichen Prinzip arbeitet, ist auch noch im Xen-Hypervisor implementiert und hat die Bezeichnung *Borrowed Virtual Time Scheduler (BVT)*.

Co-Scheduling Sind einer VM virtuell mehrere Kerne zugeordnet, ist die pCPU-Zuordnung etwas komplizierter. Der Scheduler muss entscheiden, ob er auch genau die Anzahl an physikalischen CPUs zur Verfügung hat, um alle vCPUs parallel zu bedienen, oder ob die VM mit einer geringeren Anzahl an pCPUs auskommen muss. Diese Aufgabe übernimmt der sog. Co-Scheduling-Algorithmus, der schon in „herkömmlichen" Betriebssystemen für das Scheduling zusammengehöriger Prozessgruppen Anwendung fand. Beim *strengen Co-Scheduling* muss die Anzahl der pCPUs der Anzahl an vCPUs entsprechen. Der Scheduler aktiviert also nur dann eine VM, wenn er aktuell genügend pCPUs zur Verfügung hat. Beim *Relaxed Co-Scheduling* sind Aufweichungen möglich, zu Lasthochzeiten kann auch eine VM mit einer geringeren Anzahl an pCPUs bedient werden. In VMware vSphere 4 wird der Co-Scheduling-Algorithmus (Relaxed) in verfeinerter Form verwendet.

Erwähnen sollte man noch, dass bei der Virtualisierung eine CPU-Affinität, wie sie in einigen Betriebssystemen unterstützt wird, ebenfalls möglich, aber bei der Zuteilung von vCPUs auf pCPUs in der Regel nicht sinnvoll ist. Die CPU-Zuteilung wird dadurch noch mehr erschwert.

Wie man sieht, sind bei der Virtualisierung die typischen Scheduling-Algorithmen klassischer Betriebssysteme nicht ganz passend, wenn man auch Einiges übernehmen kann. Neue Anforderungen, wie die simultane Zuordnung von mehreren pCPUs zu virtuellen Mehrkern-VMs kommen hinzu und müssen effizient behandelt werden. Weitere Details zu den genannten Algorithmen und andere Verfahren sind der Literatur oder dem Internet (vmware 2019) zu entnehmen und sollen in dieser Einführung nicht weiter erörtert werden.

9.4.3 Speicherverwaltung

Der Hauptspeicher muss auf die einzelnen Gastbetriebssysteme und auch auf den Hypervisor verteilt werden. Auch bei der Betriebssystemvirtualisierung dient das Konzept des virtuellen Speichers als Basis. Die Gastbetriebssysteme nutzen es ohnehin, aber der Hypervisor muss für jedes Gastbetriebssystem einen eigenen getrennten Speicherbereich bereitstellen, so dass sich die einzelnen VMs nicht behindern.

Adressumsetzung Aus Sicht eines Gastbetriebssystems wird für jeden Prozess ein virtueller Adressraum verwaltet und zudem wird der evtl. um eine Paging-Area verlängerte reale Adressraum als tatsächlich vorhandener Speicher gesehen. Der Hypervisor sieht dagegen den physikalisch vorhandenen Speicher, der durch die Hardware repräsentiert wird, sowie für jede virtuelle Maschine einen virtuellen Adressraum. Der vom Hypervisor verwaltete Hauptspeicher wird z. B. bei VMware-Lösungen als *host physical memory* bezeichnet, der Hauptspeicher aus Sicht eines Gastbetriebssystems als *guest physical memory* und der virtuelle Adressraum eines Gastbetriebssystems als *guest virtual memory*.

Zur bisher aus Kap. 7 bekannten Adressumsetzung von einer virtuellen in eine reale Adresse kommt bei der Betriebssystemvirtualisierung noch eine weitere Umsetzungsstufe hinzu. Reale Adressen sind nur innerhalb des Gastbetriebssystems eindeutig. Aus der realen Adresse, die bei klassischen Adressierungsverfahren auch die Hauptspeicheradresse darstellt, wird daher bei der Betriebssystemvirtualisierung die tatsächliche Adresse berechnet. Diese bezeichnet man in diesem Zusammenhang auch als *physikalische Adresse*.

Die Adressumsetzung erfolgt also in zwei Schritten: Im ersten Schritt erfolgt eine Umsetzung von der virtuellen Adresse der VM auf die reale Adresse der VM und im zweiten Schritt von der realen Adresse auf die physikalische Adresse im Hauptspeicher. Für die Realisierung der Adressumsetzung von der virtuellen zur realen Adresse können zwar die bekannten Seitentabellen verwendet werden. Die Adressumsetzung auf die physikalische Adresse ist aber aufwändig und muss vom Hypervisor ausgeführt werden. Sinnvollerweise wird die Adressumsetzung zumindest bei neueren Prozessoren durch die Hardware unterstützt. Ansonsten müsste nämlich die Adressumsetzung über den Hypervisor per Software abgewickelt werden, was zu Leistungseinbußen führen würde.

Schattentabelle und Hardwareunterstützung Die Umsetzung der realen auf die physikalische Adresse erfolgt bei der Virtualisierung über eine weitere Umsetzungstabelle, die als *Schattentabelle* (shadow page table) bezeichnet wird. Über diese Tabelle ist eine direkte Umsetzung einer virtuellen auf eine physikalische Adresse möglich. Allerdings ist auch hier noch ein enormer Aufwand zu tätigen, da die Schattentabelle bei jedem Kontextwechsel ausgetauscht werden muss. Dies liegt daran, dass gleichzeitig in einem Gastbetriebssystem laufende Prozesse die gleichen virtuellen Adressen verwenden, diese aber auf unterschiedliche physikalische Adressen abgebildet werden müssen.

Neuere Hardware unterstützt das Umsetzungsverfahren. AMD-Prozessoren stellen eine Technik mit der Bezeichnung *Nested Paging* bereit, bei Intel wird eine ähnliche Technik als *Extended Page Tables* (EPT) bezeichnet. Bei einer EPT-Aktivierung wird in der Hardware (genauer in der MMU) keine Adressumsetzung von der virtuellen auf die reale Adresse durchgeführt, sondern über sog. EPT-Tabellen direkt von der virtuellen auf die physikalische Adresse.

Wie in Abb. 9.10 am Beispiel einer zweistufigen Seitentabelle zu sehen ist, wird hardwaretechnisch zunächst eine Adressumsetzung auf die reale Adresse berechnet. Anschließend wird über einen EPT-Zeiger, der als Anker der aktuellen EPT-Tabelle dient, eine Umsetzung auf die physikalische Adresse durchgeführt. Die EPT-Tabelle enthält die erforderliche Abbildungsinformation (von realer nach physikalischer Adresse).

Die beteiligten Zeiger bzw. Adressen auf die aktuellen Tabellen (bei Intel sind es der Inhalt des CR3-Registers und der EPT-Zeiger) werden bei jedem Kontextwechsel von der Hardware automatisch mit den richtigen Werten belegt.

Durch diese Hardwareunterstützung muss der Hypervisor nicht mehr in die Adressumsetzung eingreifen, Seitenfehler müssen also nicht abgefangen werden, da die Hardware die Adressumsetzung vollständig übernimmt.

Ballooning Der Hypervisor benötigt für eigenen Programmcode und eigene Datenstrukturen ebenfalls Hauptspeicher. Dieser kann ggf. knapp werden, wenn die Gastbetriebssysteme zu viel Speicher belegt haben. In diesem Fall ist eine Bereinigung erforderlich. Da der Hypervisor die Replacement-Strategien (LRU, …) der einzelnen Gastbetriebssysteme nicht kennt und auch nicht kennen soll, ist ein weiterer Mechanismus erforderlich, um bei Bedarf Speicherplatz für den Hypervisor frei zu schaufeln. Diese Technik wird als *Balloo-*

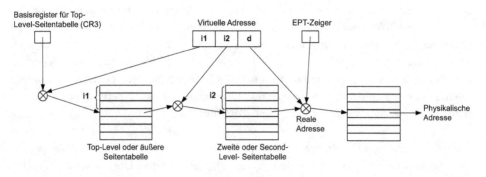

Abb. 9.10 Adressumsetzung mittels Extended Page Tables

ning bezeichnet. Ballooning wird von den gängigen Virtualisierungslösungen wie VM-ware vSphere und Xen unterstützt. Das Prinzip ist recht einfach. Wenn der Hypervisor selbst Speicher benötigt, initiiert er bei den Gastbetriebssystemen Replacement-Aktivitäten, indem er künstlich Speicher anfordert. Bei vSphere wird für diese Zwecke ein sog. *Balloon-Treiber* als Pseudotreiber im Gastbetriebssystem eingerichtet, der über einen speziellen Kommunikationskanal mit dem Hypervisor kommuniziert. Wenn der Hypervisor Speicher benötigt, initiiert er eine Speicheranforderung durch die Balloon-Treiber in den VMs. Die Balloon-Treiber fordern über die Systemschnittstelle des Gastbetriebssystems Speicher an, der vom Balloon-Treiber gar nicht benötigt wird. Der Speicher kann dann vom Hypervisor genutzt werden.

Zudem wird bei vSphere beispielsweise auch noch jeder VM ein eigener Swap-Bereich zugeordnet, der dafür benutzt wird, um kurzfristige Engpässe, die durch Ballooning nicht schnell genug aufgelöst werden können, zu überstehen.

TLB-Belegung Ein weiteres Problem, das bei Virtualisierung zu lösen ist, ist die Belegung des TLB. Wie in Kap. 7 erläutert dient der TLB dazu, Adressumsetzungen häufig benutzter Seiten zu beschleunigen, indem er direkt über die virtuelle Adresse die reale Adresse herausfindet. Da aber ohne weitere Identifizierungsinformation in den TLB-Einträgen eine Zuordnung zu VMs nicht möglich ist, müsste der TLB ohne weitere Unterstützung bei jedem Kontextwechsel neu geladen werden. Um diesen Missstand zu beheben, wird durch neuere Prozessoren ein sog. *Virtual Processor Identifier* (VPID) als eindeutige Identifikation einer VM (wie die PID für Prozesse) unterstützt. Die ID 0 referenziert auf den Hypervisor. VLIDs werden für die optimale Belegung des TLBs genutzt und dienen dort als weiteres Identifikationsmerkmal für die Zuordnung der TLB-Einträge zu den VMs. Damit wird es möglich, dass der TLB nicht bei jedem VM-Wechsel vollständig entlehrt und neu belegt werden muss.

9.5 Containerisierung

Wie bereits einleitend erwähnt nutzt man heute für den Betrieb von Anwendungskomponenten insbesondere verteilter Anwendungen (heute ist fast jede Anwendung verteilt) immer mehr das Konzept der Anwendungsvirtualisierung. Die Umstellung einer Anwendung auf *Anwendungscontainer* oder kurz *Container* bezeichnet man auch als *Containerisierung*. Die Anwendungen laufen mit ihren kompletten Umgebungen, die sie benötigen in einen oder mehreren Containern.

Eine Lösung, die sich stark verbreitet, ist *Docker*.[9] Sie soll deshalb kurz erläutert werden. Auch die Container selbst werden in dieser Lösung als *Docker* bezeichnet. Docker bezeichnet also nicht nur das Produkt, es kann auch als Anwendungscontainer verstanden

---

[9] Siehe https://www.docker.com, letzter Zugriff am 15.04.2020.

werden. Im Gegensatz zur Betriebssystemvirtualisierung wird Docker als Virtualisie-
rungsplattform für Anwendungen verstanden.

Ein Docker-Anwendungscontainer oder kurz ein *Docker-Container* ist eine eigenständige Ausführungsumgebung für eine Anwendung oder einen Teil einer Anwendung. Mehrere Docker-Container können auf einem Hostrechner ablaufen. Sie nutzen das Host-
Betriebssystem mit anderen Anwendungscontainern gemeinsam. Im Docker-Container
können nur Prozesse zum Ablauf kommen, die mit dem Host-Betriebssystem kompatibel
sind. Verfügt z. B. das Host-Betriebssystem über eine JVM, können im Container Java-
Anwendungen ablaufen. Reine Windows-Programme können aber beispielsweise nicht in
einem Docker-Container zum Ablauf kommen, der auf einem Linux-Hostbetriebssystem
gestartet wird.

Docker stellt eine Kommandosprache für die Erzeugung von Containern, für den Start
und deren Überwachung zur Verfügung. Es ist aber heute durchaus üblich, Anwendungen
auf viele kleinere Bestandteile (heute egerne als Microservices bezeichnet) zu zerlegen
und auf mehrere oder viele Anwendungscontainer zu verteilen. Da aber die Verteilung,
Verwaltung und Überwachung vieler Container, die auf mehrere (virtuelle oder reale)
Rechner verteilt sind, sehr komplex werden kann, nutzt man in der Regel noch weitere
Verwaltungstools, die auch als *Orchestrierer* oder *Docker-Plattformen* bezeichnet werden, wie etwa Kubernetes.[10] Die Erläuterung von Kubernetes würde aber in diesem Rahmen zu weit führen.

Docker bietet den Vorteil, dass man Ablaufumgebungen für Anwendungen komplett in
Containern isolieren kann. So kann man auch ältere Ablaufumgebungen unterstützen und
sich eigene Testumgebungen mit verschiedenen Umgebungsversionen einrichten. Dies ist
insbesondere dann interessant, wenn man mehrere Versionen einer Software verwalten
muss. Auf einem Host-Betriebssystem kann man so auch verschiedene Versionen einer
Software betreiben. Die Container laufen völlig unabhängig voneinander.

Alle größeren Cloud-Dienstleister bieten heute auch Kubernetes- und Docker-
Umgebungen an, so dass man Anwendungen „Containerisieren" und in die Cloud legen
kann, ohne dass man sich eine eigene Hardware anschaffen muss.

9.6   Zusammenfassung

Betriebssystemvirtualisierung und auch Anwendungsvirtualisierung sind sehr zukunfts-
trächtige Konzepte, das der Einsparung von Ressourcen (Hardware, Energieeinspa-
rung, …) und der Einsparung von Administrationsaufwand dienen sowie viele weitere
Vorteile bieten.

Verwaltungstools für die Administration einer Virtualisierungsumgebung sind dabei
extrem wichtig. Die vorhandenen Lösungen und Produkte im Client-/Server-Umfeld entwickeln sich ständig weiter. Als Vorbild dienen nach wie vor die Großrechner, die vieles

---

[10]Zu Kubernetes siehe https://kubernetes.io, letzter Zugriff am 15.04.2020.

bereits durch die Hardware unterstützen und Partitionierungsmöglichkeiten schon seit Jahrzehnten bereitstellen.

Die in diesem Kapitel dargestellten Ansätze sollten als Einstieg in die komplexe Materie der Virtualisierung dienen. Konkrete Umsetzungen und weitere Lösungsansätze gängiger Virtualisierungsprodukte (Intel VMX, AMD-V, EMC/VMware vSphere, Citrix Xen-Server, offene Xen-Lösung, Docker, Kubernetes, …) sind den einschlägigen Webseiten zu entnehmen. Es ist davon auszugehen, dass die Techniken in den nächsten Jahren noch stark weiterentwickelt werden. Zu beobachten wird sein, wie sich Techniken der Paravirtualisierung evtl. mit einer schlanken Architektur für einen Hypervisor-Mikrokernel kombinieren lassen und welche Aufgaben in Zukunft durch die Hardware übernommen werden können.

9.7 Übungsaufgaben

1. Was ist der Unterschied zwischen Emulation und Virtualisierung?
2. Was muss ein Prozessor nach Popek und Goldberg erfüllen, damit eine effiziente Virtualisierbarkeit gegeben ist?
3. Was ist im Sinne der Virtualisierung ein kritischer Maschinenbefehl?
4. Was versteht man unter einem Typ-1-Hypervisor?
5. Was versteht man unter einem Typ-2-Hypervisor?
6. Was versteht man unter Paravirtualisierung?
7. Was ist eine Schattentabelle im Sinne der Betriebssystemvirtualisierung?
8. Was bedeutet Ballooning bei der Speicherverwaltung eines Hypervisors?
9. Wozu dient der Virtual Processor Identifier bei der Verwaltung des TLB?

Literatur

Baun, C., Kunze, M., & Ludwig, T. (2009). Servervirtualisierung. *Informatik Spektrum, 34*(3), 197–205.

Coulouris, G., Dollimore, J., Kindberg, T., & Blair, G. (2012). *Distributed Systems Concepts and Design* (5. Aufl.). Boston: Pearson Education Limited.

Intel Corporation. (2005). *Intel®Virtualization Technology Specification for the IA-32 Intel®Architecture.* Intel Corporation.

Neiger, G., Santoni, A., Leung, F., Rodgers, D., & Uhlig, R. (2006). Intel Virtualization Technology: Hardware Support for Efficient Processor Virtualization. *Intel technology Journal, 10*(3), 166–177.

Popek, G. J., & Goldberg, R. P. (1974). Formal Requirements für Virtualizable Generation Architectures. *Communications of the ACM, 17*(7), 412–421.

Tanenbaum, A. S., & Bos, H. (2016). *Moderne Betriebssysteme* (4., akt. Aufl.). (deutsche Übersetzung von Tanenbaum & Bos 2015). Deutschland: Pearson.

VMware Corporation Inc. (2019). *vSphere Resource Management*. https://docs.vmware.com/en/ VMware-vSphere/6.7/vsphere-esxi-vcenter-server-672-resource-management-guide.pdf. Zugegriffen am 30.12.2019.

Vogel, R., Kocoglu, T., & Berger, T. (2010). *Desktopvirtualisierung*. Wiesbaden: Fachmedien Wiesbaden GmbH.

Schlussbemerkung

10

Dieses Buch sollte eine Einführung in die Grundlagen moderner Betriebssysteme geben. Es wurden vor allem die Betriebsmittel Prozess, Thread, Speicher, Datei und Gerät sowie Maßnahmen für ihre effiziente Verwaltung erläutert. Weiterhin wurde auf die Synchronisation nebenläufiger Prozesse bzw. Threads, die um Betriebsmittel konkurrieren, sowie auf die Kommunikation dieser eingegangen. Betriebsmittel sind zwar heute nicht mehr so knapp wie noch vor 30 Jahren, jedoch benötigen heutige Anwendungssysteme wesentlich mehr davon (vor allem externen und internen Speicher und CPU-Zeit), weshalb man auch heute noch auf eine vernünftige Nutzung der verfügbaren Ressourcen achten muss. Im Fokus unserer Betrachtung stand die Sichtweise eines Informatikers, der betriebliche Steuerungs- und Informationssysteme realisiert und auf Betriebssystemen zum Ablauf bringt. Weniger betrachtet wurden realzeitnahe Anwendungen.

Aus Sicht eines anwendungsorientierten Informatikers oder Wirtschaftsinformatikers werden die meisten Algorithmen, die in Betriebssystemen implementiert sind, in der praktischen Arbeit relativ selten benötigt. Trotzdem sollte man insbesondere bei Systemtests sowie bei der Beurteilung und beim Deployment von Anwendungssystemen wissen, wo die Grenzen eines genutzten Betriebssystems liegen können bzw. worauf man achten muss, um ein Anwendungssystem entsprechend in einer Betriebssystem- und Netzwerkumgebung effizient zum Ablauf zu bringen. Deshalb sind die grundlegenden Kenntnisse der Ressourcenverwaltung, wie sie in diesem Lehrbuch erläutert wurden, auch für die heutige Praxis von großer Bedeutung.

Eine weiterführende Beschäftigung mit Verfahren und Algorithmen aus der Welt der Betriebssysteme kann über die angegebene Literatur erfolgen. Die Techniken, Verfahren und Algorithmen sind weiterhin in Entwicklung, insbesondere wenn man Konzepte für verteilte und mobile Systeme und vor allem die sich immer weiter verbreitenden Virtualisierungstechniken und auch die Entwicklung im Cloud Computing-Umfeld beobachtet. Aber auch die heute gängigen Betriebssysteme müssen sich neuen Herausforderungen

© Springer Fachmedien Wiesbaden GmbH, ein Teil von Springer Nature 2020   291
P. Mandl, *Grundkurs Betriebssysteme*,
https://doi.org/10.1007/978-3-658-30547-5_10

stellen. Zukünftige Betriebssysteme müssen bald auch noch größere Adressräume und größere sowie schnellere externe Speichermedien unterstützen. Betriebssysteme müssen also weiterentwickelt werden, damit sie auch in Zukunft eine vernünftige Basis für neue Anwendungssysteme bereitstellen.

Lösungen zu den Übungsaufgaben 11

11.1 Einführung

1. *Nennen Sie fünf Betriebssystemkategorien!*
   - Mainframes (High-End-Systeme wie IBM OS/390, heute IBM System z) und Siemens Fujitsu BS 2000/OSD
   - Serverbetriebssysteme (Unix, Windows)
   - Echtzeitbetriebssysteme (VxWorks, QNX)
   - PC-Betriebssysteme (Windows-Derivate, Linux)
   - Embedded Systems (Steuerungssysteme)
   - Betriebssysteme für Handheld-Computer (iOS, Android)
   - Smartcard-Betriebssysteme (Chipkarte mit Java Virtual Machine, TCOS, JCOP)

2. *Was ist ein Von-Neumann-Rechner und wie unterscheidet er sich von einem Harvard-Rechner?*
   Ein Von-Neumann-Rechner besteht aus den vier Funktionseinheiten Leitwerk (Control Unit, CU), Rechenwerk (Processing Unit, PU), Speicher (Memory) sowie Ein-/Ausgabe (Input/Output, E/A). Das Leitwerk holt die Maschinenbefehle nacheinander in den Speicher und führt sie aus. Damit stellt das Leitwerk den „Befehlsprozessor" dar. Das Rechenwerk, auch Arithmetisch-Logische Einheit (ALU) genannt, stellt den „Datenprozessor" dar und führt logische und arithmetische Operationen aus. In einem gemeinsamen Speicher liegen die Maschinenbefehle und die zu verarbeitenden Daten. Rechenwerk und Leitwerk werden heute in der Regel in einem Prozessor, der als Zentraleinheit (CPU, Central Processing Unit) bezeichnet wird, zusammengefasst.

   Der Harvard-Rechner, der nach der Struktur des Mark-I-Rechners benannt ist, hat im Unterschied zum Von-Neumann-Rechner zwei getrennte Speicher, einen für die Daten und einen für die Maschinenbefehle. Beide Speicher werden auch über einen getrennten Bus mit der CPU verbunden.

© Springer Fachmedien Wiesbaden GmbH, ein Teil von Springer Nature 2020
P. Mandl, *Grundkurs Betriebssysteme*,
https://doi.org/10.1007/978-3-658-30547-5_11

3. *Wozu braucht man in Computern CPU-Register?*

Diese schnellen Speicher werden benötigt, um die Maschinenbefehle auszuführen. Je nach Maschinenbefehl werden eines oder mehrere Register benötigt. Die Maschinenbefehle schreiben ihre Operanden oft in Register oder lesen Operanden aus Registern. Man nennt die Register je nach Typ Integerregister, Universalregister, Gleitkommaregister, Datenregister, Segmentregister usw.

Ein weiteres, spezielles Register ist der Program Counter (PC, Programmzähler, Befehlszähler), der immer die Hauptspeicheradresse des nächsten auszuführenden Befehls enthält.

4. *Was ist ein Program Status Word (PSW) und wozu wird es verwendet?*

Ein PSW (= Program Status Word) ist ein Statusregister, das für Vergleichsoperationen benutzt wird und weitere Kontrollbits wie etwa den aktuellen Modus (Benutzermodus, Kernelmodus), in dem sich die Rechneranlage befindet, enthält.

5. *Was ist ein Mehrzweck- oder Universalbetriebssystem?*

Ein Mehrzweck- oder Universalbetriebssystem ist ein Betriebssystem, das für verschiedenste Anwendungen eingesetzt werden kann, aber meist nicht über Realtime-Eigenschaften verfügt. Es wird überwiegend für betriebliche und verwaltungstechnische Aufgabenstellungen, weniger für Realzeitprobleme eingesetzt wird.

6. *Was ist ein Mehrkernprozessor?*

Mehrkernprozessoren verfügen über mehrere vollständige CPUs. Viele Ressourcen mit Ausnahme des Busses und einiger Caches sind repliziert.

7. *Was versteht man unter einer Prozessorarchitektur?*

Die Prozessorarchitektur definiert die Grenze zwischen Hardware und Software und stellt für den Systemprogrammierer und den Compiler den sichtbaren Teil des Prozessors dar. Hierzu gehören der Befehlssatz, die Befehlsformate, die Adressierungsarten für Befehle, das Unterbrechungssystem und das Speichermodell (Register, Adressraumaufbau).

8. *Was ist mit einer Mikroarchitektur gemeint?*

Die Mikroarchitektur beschreibt die Implementierung der Prozessorarchitektur bzw. des Befehlssatzes. Hierzu gehören die Hardware-Struktur, der Entwurf der Kontroll- und Datenpfade im Prozessor, die Art und Anzahl der Ausführungseinheiten (Rechnerkerne), spezielle Mechanismen wie Pipelining und die Cache-Nutzung.

9. *Welche Unix-Standards kennen Sie und was standardisieren diese?*

Derzeit sind die wichtigsten Unix-Standards XPG (OpenGroup), SVID (System V), POSIX (IEEE) und SUS (The Single Unix Specification). Sie standardisieren in erster Linie Schnittstellen (Kommandoschnittstelle und Programmierschnittstellen für Kerneldienste).

10. *Was versteht man unter einem symmetrischen Multiprozessorsystem?*

Symmetrische Multiprozessorsysteme (SMP) benutzen eine Kopie des Betriebssystems, die alle Ressourcen, auch alle Rechnerkerne verwaltet.

11. *Was sind UMA-Multiprozessoren?*

Bei UMA-Multiprozessoren (Uniform Memory Access) verfügen alle Rechnerkerne über einen gemeinsamen Speicher, der über ein Kommunikationssystem (Bus) für alle erreichbar ist.

11.2 Betriebssystemarchitekturen und Betriebsarten

1. *Was versteht man unter einem Mikrokern?*

Im Gegensatz zu monolithischen Architekturen wird eine Betriebssystemarchitektur, die einen leichtgewichtigen Kernel enthält, als Mikrokern-Architektur bezeichnet. Der Kernel wird bei dieser Architekturvariante dadurch entlastet, dass Funktionalität in Anwendungsprozesse, sog. Serverprozesse, ausgelagert wird. Der Kernel übernimmt hier im Wesentlichen die Abwicklung der Kommunikation zwischen Client- und Serverprozessen. Clientprozesse greifen bei dieser Betriebssystemarchitektur auf den Mikrokern über eine Service-Request-Schnittstelle zu. Der Mikrokern leitet die Requests an die entsprechenden Serverprozesse, die in Anwendungsprozessen ablaufen, weiter und stellt umgekehrt den Clientprozessen die Ergebnisse zu.

2. *Nennen Sie ein Beispiel für ein Betriebssystem mit Mikrokern-Architektur!*
   - Mach von der Carnegy Mellon University (CMU)
   - Hurt, L4
   - Amoeba
   - Chorus.

3. *Was versteht man unter einem „echt" verteilten Betriebssystem im Gegensatz zu den heutigen Client-/Server-Systemen?*

In einem echt verteilten Betriebssystem ist der Kernel transparent auf mehrere Rechner im Netzwerk verteilt.

4. *Was versteht man unter Kommunikations-Middleware?*

Kommunikations-Middleware setzt man ein, um verteilte Anwendungssysteme zu realisieren. Kommunikations-Middleware wird in der Regel im Benutzermodus betrieben und stellt dem Anwendungsprogramm komfortable Dienste zur Kommunikation bereit.

5. *Nennen Sie vier Betriebsmittel, welche das Betriebssystem verwaltet! Welche davon sind hardware- und welche softwaretechnische Betriebsmittel?*

Betriebsmittel sind u. a.:
   - Speicher (Hardware)
   - Prozessor (Hardware)
   - Gerät (Hardware)
   - Datei (Software)
   - Nachricht (Software)
   - Prozess (Software)

6. *Erläutern Sie den Unterschied zwischen Teilnehmer- und Teilhaberbetrieb! In welcher Betriebsart wird üblicherweise ein Transaktionsmonitor eingesetzt?*

Im Teilnehmerbetrieb erhält jeder Anwender seinen eigenen Benutzerprozess sowie weitere Betriebsmittel vom Betriebssystem zugeteilt. Der Benutzer meldet sich über einen Login-Dialog beim System an und bekommt die Betriebsmittel dediziert zugeordnet.

Im Teilhaberbetrieb werden Prozesse und Betriebsmittel über einen Transaktionsmonitor zugeteilt. Im Gegensatz zum Teilnehmerbetrieb kommt der Teilhaberbetrieb mit wenigen Prozessen aus, um viele Dialoganwender zu unterstützen. Die wenigen Prozesse werden vom Transaktionsmonitor verwaltet und effizient an die Benutzer verteilt und zwar so, als ob jeder Benutzer einen eigenen Prozess zugeordnet hätte. Die Betriebsart Teilhaberbetrieb ist ideal für dialogorientierte Programme mit vielen parallel arbeitenden Anwendern, die meistens kurze und schnelle Transaktionen ausführen, wie dies etwa bei einem Buchungssystem für Flugbuchungen der Fall ist.

7. *Welche Aufgaben erfüllt ein Transaktionsmonitor, welche ein Application-Server?*

Ein Transaktionsmonitor ist ein Dienstprogramm, das oberhalb des Kernels angesiedelt ist und Aufgaben wie die Zugangskontrolle, die Verteilung der Anfragen auf bereitgestellte Prozesse und die Optimierung der Zugriffe sowie die Verwaltung der Ressourcen und auch die Zuordnung von Datenbankverbindungen übernimmt. Transaktionsmonitore werden im Teilhaberbetrieb eingesetzt und dienen dem Ablauf von Transaktionsprogrammen. Ein Application-Server erfüllt ähnliche Aufgaben wie der Transaktionsmonitor. Anstelle von Transaktionsprogrammen laufen im Application-Server Komponenten verteilter Anwendungen ab.

8. *Wie läuft eine Anfrage im Teilhaberbetrieb ab?*

Ein Terminal sendet eine Anfrage mit dem Transaktionscode (TAC) und den Eingabedaten an den Transaktionsmonitor. Ein Dispatcher sucht das entsprechende Transaktionsprogramm anhand des TACs und sendet diesem die Anfrage zu Bearbeitung weiter. Das Transaktionsprogramm bearbeitet die Anfrage ggf. über Datenbankzugriffe in einer Transaktion und sendet das Ergebnis an das Terminal zur Anzeige zurück.

9. *Nennen Sie einen Vorteil der Schichtenarchitektur bei Betriebssystemen!*

Die Abhängigkeiten von der Hardware sind in einer Schicht gekapselt, was eine Portierung auf eine andere Hardwareplattform erleichtert.

10. *Was versteht man unter Multitasking?*

Im Gegensatz zum Einprogrammbetrieb eröffnet Multitasking die Möglichkeit der „gleichzeitigen" oder aber auch „quasi-gleichzeitigen" Ausführung von Programmen in einem Betriebssystem.

11. *Benötigt man für Multitasking mehrere CPUs?*

Nein, nicht unbedingt. Multitasking kann auch über eine CPU realisiert werden, die nach einer vorgegebenen Strategie des Betriebssystems (Scheduling und Dispatching) auf die nebenläufigen Programme (Prozesse) aufgeteilt wird.

12. *Verfügen die Betriebssysteme Unix und neuere Windows-Derivate ab Windows 2000*
    über Mikrokern-Architekturen und wenn nein, wie sind sie konzipiert?
    Es sind alles keine echten Mikrokern-Architekturen. Unix verfügt meist über eine
    schichtenorientierte Architektur, Windows ebenso. Windows nutzt Konzepte des
    Mikrokerns, Subsysteme und Systemservices sind in den Benutzermodus ausgelagert.
    Nach der reinen Lehre ist es aber kein Mikrokern.

13. *Was ist ein Hybrid-Kernel?*
    Ein hybrider Kernel ergänzt den klassischen monolithischen Ansatz um Mikrokernel-
    Ansätze, verlagert also Teile des Monolithen vom Kernelmodus in den Usermodus.

14. *Was bezeichnet man als Timesharing?*
    Die Zuordnung des Prozessors nach Zeitintervallen an die nebenläufigen Programme
    wird als Timesharing bezeichnet.

15. *Wozu verwendet man Embedded Systems? Nennen Sie ein Beispiel!*
    Als Embedded System bezeichnet man ein Rechner- bzw. Steuerungssystem, das in
    Geräten (Telefone, DVD-Player, Waschmaschinen, Fernseher), Robotern oder Fahr-
    zeugen (Flugzeuge, Autos) eingebaut ist und dort seine Aufgaben meist unsichtbar
    verrichtet. Embedded Systems kann man weitgehend als geschlossene Systeme be-
    trachten, die eine dedizierte Aufgabe übernehmen. Das Betriebssystem ist klein aus-
    gelegt, da wenige Ressourcen verfügbar sind. Oft verfügen Embedded Systems auf-
    grund der knappen Ressourcen nicht über ein Betriebssystem. Die Software bedient
    dann direkt die Hardwareschnittstellen. Embedded Systems (eingebettete Systeme)
    sind oft auch Echtzeitsysteme.

16. *Wozu dient ein Terminalserver?*
    Terminalserver bedienen „dumme" Clientrechner (sog. Thin Clients), wobei die An-
    wendungsprogramme vollständig in den Servern ablaufen und die Clientrechner nur
    noch für Zwecke der Präsentation eingesetzt werden. Die Idee hinter Terminaldiens-
    ten ist die Zentralisierung von Betriebsmitteln, um die beteiligten Systeme leichter
    administrieren zu können. Der Anwender arbeitet mit der gewohnten Benutzerober-
    fläche, die Anwendungen laufen aber komplett im Server ab, ohne dass dies der Be-
    nutzer bemerken soll. Lediglich Bildschirmänderungen werden im Client dargestellt.
    Ein Server bedient je nach Leistungsfähigkeit mehrere oder viele Benutzer.

17. *Welche Dienstmodelle im Cloud Computing kennen Sie?*
    Man unterscheidet derzeit die Dienstmodelle Infrastructure as a Service (IaaS) für die
    Bereitstellung ganzer Rechnersysteme, Platform as a Service (PaaS) für die Bereit-
    stellung von Entwicklungsumgebungen und Software as a Service (SaaS) für die Be-
    reitstellung von Anwendungssystemen.

11.3 Interruptverarbeitung

1. *Was ist der Unterschied zwischen Polling und interruptgesteuerter Verarbeitung?*
   Unter Polling versteht man das zyklische Abfragen von einer Ereignisquelle bzw.
   mehreren Ereignisquellen (z. B. E/A-Geräte), um deren Kommunikationsbereitschaft

festzustellen bzw. um anliegende Ereignisse oder Kommunikationswünsche der Ereignisquelle abzufragen. Polling hat den Nachteil, dass die CPU ständig arbeiten muss und damit die Effizienz eines Systems beeinträchtigt ist. Die meiste Zeit wird umsonst nachgefragt. Allerdings ist das Verfahren relativ leicht zu implementieren.

Im Gegensatz zu Polling sind Interrupts (Unterbrechungen) sog. Betriebssystembedingungen oder asynchrone Ereignisse, die den Prozessor veranlassen, einen vordefinierten Code auszuführen, der außerhalb des normalen Programmflusses liegt. Überwachte Ereignisquellen müssen nicht ständig abgefragt werden, sondern die Ereignisquellen melden sich beim Auftreten eines Ereignisses, das behandelt werden muss.

2. *Was ist der Unterschied zwischen den Exception-Typen Fault und Trap? Nennen Sie jeweils ein Beispiel!*
Faults sind Unterbrechungen vor der Befehlsausführung wie z. B. Seitenfehler.

Traps sind Unterbrechungen nach der Befehlsausführung, die z. B. bei einer Division durch 0 auftreten.

3. *Wozu dient ein Systemcall und wie wird er üblicherweise von einem Betriebssystem wie Windows oder Unix ausgeführt?*
Ein Systemcall ist ein synchroner, also ein vorhersehbarer und reproduzierbarer Interrupt. Er wird auch als Software-Interrupt bezeichnet.

Ein Systemcall ist ein Dienstaufruf an das Betriebssystem, bei dessen Ausführung in den Kernelmodus gewechselt wird. Der Kontrollfluss wird dabei meist von einem Anwendungsprogramm an den Kernel übergeben.

4. *Was bedeutet „Maskierung" von Unterbrechungsanforderungen?*
Eine Maskierung ist das explizite Ausschalten eines Interrupts für ein bestimmtes Gerät. Die Maskierung erfolgt für gewöhnlich über ein Maskenregister (Interrupt Mask Register). Für jede Interrupt-Quelle wird in dem Register ein Maskierungsbit verwaltet. Wird das Bit auf 1 gesetzt, ist der Interrupt ausgeschaltet.

5. *Wie erkennt die CPU, dass eine Unterbrechungsanforderung ansteht?*
Die Prüfung, ob eine Unterbrechung ansteht, ist Teil des Befehlszyklus. Nach Ausführung eines Maschinenbefehls wird überprüft, ob ein Interrupt-Request anliegt. Ist dies der Fall, wird in ein spezielles Unterprogramm, die ISR, oder bei größeren Betriebssystemen in eine entsprechend davor geschaltete Verteilungsroutine, verzweigt.

6. *Was versteht man unter einer Interrupt-Vektor-Tabelle?*
Dies ist eine Tabelle, welche Interrupt-Vektoren, also die eigentlichen Einsprungadressen der Interrupt-Service-Routinen enthält und an einer vordefinierten Stelle im Kernelspeicher liegt. Der Index zur Adressierung innerhalb der Tabelle wird der CPU implizit durch den Interrupt-Controller anhand der belegten Adressleitungen übermittelt. Jeder Interrupt-Quelle wird ein fester Index auf diese Tabelle zugeordnet.

7. *Was ist eine Interrupt-Service-Routine und wann wird sie aufgerufen?*
Das Programmstück, das den Interrupt bearbeitet, wird als Interrupt-Service-Routine (ISR, Interrupt-Bearbeitungsroutine) bezeichnet. Für jeden Interrupt-Typen gibt es eine ISR. Eine ISR kann aber auch mehreren Interrupt-Typen zugeordnet werden. Das

Betriebssystem stellt für alle Interrupts eine passende ISR zur Verfügung. Ein Aufruf einer ISR erfolgt Eintreten des zugeordneten Interrupts.

8. *Was bedeutet Interrupt-Sharing?*

   Beim Interrupt-Sharing teilen sich mehrere Geräte eine Interrupt-Nummer. Bei Auftreten eines Interrupts muss dann ermittelt werden, welches Gerät den Interrupt tatsächlich ausgelöst hat. Diese Aufgabe erledigt meist das Betriebssystem.

9. *Was versteckt der Trap-Mechanismus zum Aufruf eines Systemdienstes vor dem Anwendungsprogramm?*

   Der Trap-Mechanismus dient dazu, dass der Aufruf eines Systemcalls von einem Anwendungsprogramm aus ermöglicht wird, ohne dass die tatsächliche Adresse der Systemroutine bekannt sein muss. Dieser Mechanismus versteckt also die Adresse der Systemroutine vor dem Anwendungsprogramm.

10. *Erläutern Sie die Abwicklung eines Hardware-Interrupts unter Linux. Gehen sie dabei auf Tasklets ein!*

    In Linux-Systemen wird ebenfalls eine Tabelle mit Referenzen auf die Interrupt-Handler (Interrupt-Service-Routinen, ISR) verwaltet. Jedem Interrupt wird über einen Index auf die Tabelle ein Interrupt-Handler zugeordnet. Bei Auftreten eines Interrupts wird zunächst in den Kernelmodus gewechselt, sofern nicht schon geschehen, und anschließend werden die Register gesichert.

    Alles was nicht unbedingt sofort erledigt werden muss, wird zunächst notiert und später abgewickelt. Dieser Mechanismus wird in Linux als Tasklet bezeichnet. Hierzu wird eine Datenstruktur namens tasklet_struct mit entsprechenden Informationen zur Verarbeitung der später auszuführenden Aufgabe erzeugt, und schließlich wird eine Registrierung des Tasklets über eine im Kernel vorhandene Scheduler-Funktion (tasklet_schedule) vorgenommen. Vom Tasklet-Scheduler wird eine Liste aller anstehenden Tasklets verwaltet und deren Abarbeitung vorgenommen.

11. *Erläutern Sie die Abwicklung eines Traps (Systemcalls)!*

    Traps werden durch einen speziellen Maschinenbefehl des Prozessors, den sog. Supervisor-Call oder SVC unterstützt. Bei Ausführung des Systemcalls über den Software-Interrupt wird wie folgt verfahren:

    - Der aktuelle Kontext des laufenden Programms, also die Information, welchen aktuellen Status eines Prozesses beschreibt, wird gesichert.
    - Der Program Counter wird mit der Adresse der passenden Systemroutine belegt.
    - Vom Benutzermodus wird in den Kernelmodus geschaltet.
    - Die adressierte Systemroutine wird durchlaufen.
    - Anschließend wird wieder der alte Kontext des Prozesses hergestellt und der Program Counter mit der Adresse des Befehls nach dem Systemcall belegt.

12. *Nennen Sie den Unterschied zwischen einem synchronen und asynchronen Interrupt!*

    Synchrone Interrupts treten bei synchronen Ereignissen auf. Dies sind Ereignisse, die bei identischen Randbedingungen (Programmausführungen mit gleichen Daten) immer an der gleichen Programmstelle auftreten. Synchrone Interrupts werden auch als Ausnahmen (Exceptions) bezeichnet. Ausnahmen werden von der CPU selbst ausgelöst und sind für das laufende Programm bestimmt.

Asynchrone Interrupts sind die klassischen Interrupt-Typen, die nicht an ein laufendes Programm gebunden sind. Sie treten unabhängig davon auf, was das System
gerade macht. Typische Beispiele für asynchrone Interrupts sind die Ankunft einer
Nachricht an einem Netzwerkadapter oder die Zustellung eines Plattenspeicherblocks
an die CPU. Beide Ereignisse unterbrechen in der Regel für kurze Zeit den Ablauf des
laufenden Programms. Asynchrone Interrupts sind nicht vorhersehbar und können
auch nicht ohne weiteres reproduziert werden.

13. *Warum verwendet Windows den DPC-Mechanismus?*
    Der DPC-Mechanismus (Deferred Procedure Call) wird eingesetzt, um die Bearbei-
    tungszeiten in der ISR möglichst kurz zu halten und damit das System nicht unnötig
    zu blockieren. Die adressierte DPC-Routine wird dann später mit niedrigerer Priorität
    auf IRQ-Level 2 (Dispatch/DPC-Level) aufgerufen und abgearbeitet.

14. *Welche Aufgabe hat ein Interrupt-Controller?*
    Ein Interrupt-Controller erzeugt aus einem IRQ (einer Interruptanforderung) eine
    Unterbrechung der CPU, die mit Hilfe eines passenden Programmstücks (einer ISR)
    bearbeitet werden muss.

15. *In welchem Interrupt-Request-Level wird die normale Programmausführung unter
    Windows durchgeführt und wie unterbrechbar ist dieser?*
    Die normale Programmausführung wird im niedrigsten Interrupt-Level, dem sog. Pas-
    sive-Level, ausgeführt und ist damit durch alle anderen Interrupts unterbrechbar.

16. *Welche Aufgabe haben die einzelnen Register des Interrupt-Controllers Intel
    8259A PIC?*
    Das Interrupt-Request-Register IRR speichert die Unterbrechungsanforderungen der
    angeschlossenen Geräte. Über das Interrupt-Masken-Register IMR lassen sich Inter-
    rupts ausblenden (maskieren). Im In-Service-Register ISR werden die gerade bearbei-
    teten Unterbrechungsanforderungen gespeichert.

17. *Wie wird sichergestellt, dass das unterbrochene Programm nach der Verarbeitung
    eines Interrupts wieder genau dort weitermachen kann, wo es unterbrochen wurde?*
    Dies wird dadurch sichergestellt, dass die ISRs vor der eigentlichen Verarbeitung die
    Register sichern, die sie benötigen. Am Ende der Verarbeitung werden die Register
    wieder mit den gesicherten Werten belegt. Die Sicherung der Register erfolgt übri-
    gens im Stack.

11.4 Prozesse und Threads

1. *Was ist in der Prozessverwaltung ein PCB, wozu dient er und welche Inhalte hat er?
   Nennen Sie dabei drei wichtige Informationen, die im PCB verwaltet werden!*
   Ein Eintrag in der Prozesstabelle heißt Process Control Block (PCB). Je nach Be-
   triebssystem gibt es deutliche Unterschiede im Aufbau. Einige Informationen sind
   aber prinzipiell sehr ähnlich. Hierzu gehört u. a die Information zur Identifikation des
   Prozesses, die Information zum aktuellen Prozesszustand sowie Informationen zu

sonstigen Ressourcen, die dem Prozess zugeordnet sind (Dateien, offene Netzwerk-verbindungen). Weitere Informationen, die für einen Prozess im PCB verwaltet wer-den, sind der Programmzähler, der Prozesszustand, die Priorität und die Prozessnum-mer sowie die aktuellen Registerinhalte.

2. *Threads werden heute von den meisten Betriebssystemen unterstützt. Was versteht man unter einem Thread?*
   Ein Thread stellt eine nebenläufige Ausführungseinheit innerhalb eines Prozesses dar. Threads werden im Gegensatz zu den traditionellen (schwergewichtigen, heavy-weight) Prozessen als leichtgewichtige (light-weight) Prozesse oder kurz LWP be-zeichnet.

3. *Wie verhalten sich Threads zu Prozessen im Hinblick auf die Nutzung des Prozess-adressraums?*
   Threads erhalten den vollen Zugriff auf den zugehörigen Prozessadressraum.

4. *Beschreiben Sie den groben Ablauf eines Prozess-Kontextwechsels und erläutern Sie, warum ein Thread-Kontextwechsel schneller sein kann, als ein Prozess-Kontextwechsel!*
   Bei einem Prozess-Kontextwechsel wird ein aktiver Prozess unterbrochen. Die ge-samte Information des unterbrochenen Prozesses, also der Prozesskontext, wird ge-sichert und der Prozesskontext des neu aktivierten Prozesses in die Ablaufumgebung (CPU-Register, MMU-Register, …) geladen.
   Ein Thread-Kontextwechsel innerhalb des laufenden Prozesses kann schneller sein als ein Prozess-Kontextwechsel, weil meist Speicherbereiche des gleichen Prozesses verwendet werden. Ein Austausch von Speicherbereichen ist daher oft nicht erforder-lich, was den Betriebssystem-Overhead reduziert.

5. *Was versteht man unter User-Level-Threads im Vergleich zu Kernel-Level-Threads und welche Beziehungen zwischen beiden sind möglich?*
   User-Level-Threads laufen auf der Benutzerebene (Benutzermodus), Kernel-Level-Threads dagegen auf der Kernelebene (Kernelmodus, Systemmodus) ab.

6. *Was bedeutet eine 1:n-Beziehung zwischen den Betriebsmitteln Prozess und Thread?*
   Ein Prozess kann mehrere Threads beherbergen. 1:n-Beziehungen, bei denen ein Pro-zess nahezu beliebig viele Threads enthalten kann, sind heute in Betriebssyste-men üblich.

7. *Erläutern Sie die beiden Möglichkeiten in Java, eigene Threads zu definieren und zu nutzen?*
   Es besteht die Möglichkeit, eine eigene Threadklasse zu implementieren, indem man diese von der Basisklasse Thread ableitet. Die Methode *run* muss überschrieben wer-den, da dies die Methode ist, die beim Starten eines Threads aufgerufen wird. Die andere Variante, einen Thread zu erzeugen, ist die Definition einer Klasse, die das Interface *Runnable* implementiert. In der Klasse wird ebenfalls die Methode *run* im-plementiert. Als *Runnable*-Objekt wird die Klasse angegeben, welche das Interface *Runnable* implementiert. Beide Varianten sind semantisch vollkommen identisch.

8. *In welcher Methode wird die eigentliche Arbeit eines Java-Threads ausgeführt?*
   In der Methode *run*, die über die Methode *start* aufgerufen wird.

9. *Was passiert beim Aufruf des Systemcalls fork unter Unix?*

   Mit dem Systemcall *fork* wird ein neuer Prozess als Kindprozess des erzeugenden Prozesses erzeugt.

10. *Welche Aufgabe hat ein Thread unter Windows?*

    Threads stellen die eigentliche Scheduling-Einheit des Windows-Betriebssystems dar.

11. *Kann es unter Windows sein, dass ein Thread mehreren Prozessen zugeordnet ist? Begründen Sie Ihre Entscheidung!*

    Nein, ein Thread wird innerhalb eines Prozesses erzeugt und ist diesem bis zur Terminierung zugeordnet.

12. *Warum ist der Einsatz von Threads sinnvoll?*

    Threads sind leichtgewichtiger als Prozesse. Ein Thread-Kontextwechsel innerhalb des laufenden Prozesses kann schneller sein als ein Prozess-Kontextwechsel, weil meist Speicherbereiche des gleichen Prozesses verwendet werden. Ein Austausch von Speicherbereichen ist daher oft nicht erforderlich, was den Betriebssystem-Overhead reduziert.

13. *Welche zwei grundsätzlichen Implementierungsmöglichkeiten für Threads gibt es und welche Vor- bzw. Nachteile haben diese jeweils?*

    Threads können auf der Benutzerebene implementiert werden. Vorteil dieser Implementierungsvariante ist die hohe Effizienz, da beim Thread-Kontextwechsel kein Umschalten in den Kernelmodus notwendig ist. Nachteilig ist, dass alle Threads eines Prozesses blockieren, wenn ein Systemaufruf innerhalb eines einzelnen Threads blockiert.

    Threads können auch auf der Kernelebene implementiert werden. Bei Kernel-Threads werden die Threads im Kernelmodus verwaltet. Die Implementierung von Threads auf Kernelebene hat Vorteile, aber auch Nachteile. Von Vorteil ist beispielsweise, dass das Betriebssystem in der Lage ist, die Zuteilung der Rechenzeit über die Threads zu gestalten und so einen Prozess nicht unnötig zu blockieren. Mit dieser Implementierungsvariante kann man auch Multiprozessorsysteme besser unterstützen, da das Betriebssystem ablaufbereite Threads selbstständig auf die verfügbaren CPUs verteilen kann. Ein weiterer Vorteil für Kernel-Threads ist, dass ein Prozess nicht blockiert ist, wenn ein Thread innerhalb des Prozesses blockiert ist. Ein anderer Thread des Prozesses kann weiterarbeiten. Nachteilig ist beispielsweise, dass im Kernel implementierte Threads nicht so effizient sind, da sie sich bei jedem Thread-Kontextwechsel an den Kernel wenden müssen (Software-Interrupt). Weiterhin ist die größere Systemabhängigkeit von Nachteil.

14. *Beschreiben Sie einen einfachen Zustandsautomaten eines Prozesses!*

    Ein einfacher Zustandsautomat für einen Prozess hat vier Zustände. Im Zustand „bereit" ist der Prozess zur Bearbeitung vorbereitet, im aktiven Zustand hat er eine CPU und im Zustand „blockiert" wartet er auf Ressourcen, um weitermachen zu können. Im Zustand „beendet" ist der Prozess dann schon nicht mehr im System vorhanden. Die Zustandsübergänge lassen sich wie folgt beschreiben:

- bereit → aktiv: Das Betriebssystem wählt den Prozess aus (Aktivieren)
- aktiv → bereit: Das Betriebssystem wählt einen anderen Prozess aus (Deaktivieren, Preemption, Vorrangunterbrechung)
- aktiv → blockiert: Der Prozess wird blockiert (z. B. wegen Warten auf Input, Betriebsmittel wird angefordert)
- blockiert → bereit: Der Blockierungsgrund wird aufgehoben (Betriebsmittel verfügbar)
- aktiv → beendet: Prozessbeendigung oder schwerwiegender Fehler (Terminieren des Prozesses)

15. *Erläutern Sie die Prozesshierarchie unter Unix!*

Unix organisiert die Prozesse in einer baumartigen Prozessstruktur, wobei der sog. init-Prozess der Urvater aller zeitlich folgenden Prozesse ist. Der Prozess init hat die PID 1.

Bei der Erzeugung eines Prozesses erbt der „Kindprozess" vom „Elternprozess" die gesamte Umgebung (inkl. Umgebungsvariablen), alle offenen Dateien und Netzwerkverbindungen sowie den Adressraum mit den Daten- und Codebereichen als Kopie. Er kann dann das gleiche Programm ausführen oder lädt sich bei Bedarf durch Aufruf des Systemcalls *execve* ein neues Programm und überlädt somit das Programm des Elternprozesses.

16. *Was ist ein „Zombie-Prozess" unter Unix?*

Ein Zombie ist ein Prozess in einem speziellen Zustand. In diesen Zustand gelangt ein Prozess, der terminieren will. Er verweilt solange in diesem Zustand, bis der Elternprozess eine Nachricht über das Ableben des Kindprozesses erhalten hat und terminiert erst dann.

17. *Skizzieren Sie die möglichen Zustandsübergänge eines Windows-Threads in den Zustand Running!*

Folgende Zustandsübergänge in den Zustand *Running* sind definiert:

- *Ready → Running:* Direkte Zuordnung eines Threads zu einem Prozessor.
- *Deferred Ready → Running:* Zuordnung des ersten Threads zu einem bereits festgelegten Prozessor aus einer speziellen Warteschlange.
- *Standby → Running*: Dieser Zustandsübergang wird für einen Thread durchgeführt, der schon einem Prozessor zugeordnet ist.
- *Waiting → Running*: Dieser Zustandsübergang kommt vor, wenn ein Thread die CPU abgegeben hat, um auf ein Ereignis zu warten, z. B. weil ein Seitenfehler aufgetreten ist. Nach Eintreffen des Ereignisses kann der Thread sofort wieder auf *Running* gesetzt werden.

18. *Erläutern Sie die beiden Running-Zustände eines Linux-Prozesses!*

Der Zustand *Running* wird aufgegliedert in einen Running-Zustand für Prozesse, die im User- und solche, die im Kernelmodus ablaufen.

11.5   CPU-Scheduling

1. *Welche Scheduling-Algorithmen sind für Echtzeitbetriebssysteme (Realtime-System) sinnvoll und warum?*
   Folgende Scheduling-Algorithmen für Realtime-Systeme sind u. a. bekannt:
   - Minimal Deadline First
   - Polled Loop
   - Interrupt-gesteuert

   Bei „Minimal Deadline First" wird der Prozess mit der kleinsten nächsten Zeitschranke (deadline) als erstes ausgewählt. Bei „Polled Loop" werden alle Geräte (Ereignisquellen) zyklisch nach einem anstehenden Ereignis abgefragt und dieses wird dann gleich bearbeitet. Interrupt-gesteuerte Systeme warten z. B. in einer Warteschleife auf Interrupts von Ereignisquellen und führen dann die geeignete Interrupt-Service-Routine (ISR) aus.

   Echtzeitsysteme erfordern andere Strategien bei der Auswahl des nächsten Jobs als batch- und dialogorientierte Systeme. Hier ist vor allem eine schnelle und berechenbare Reaktion auf anstehende Ereignisse wichtig. Es wird zwischen *hard real time* und *soft real time* unterschieden. Erstere müssen schnell reagieren, bei letzteren ist eine gewisse Verzögerung zumutbar.

2. *Welche Aufgaben haben im Prozess-Management der Dispatcher und der Scheduler?*
   Die Komponente im Prozessmanager, die für die Planung der Betriebsmittelzuteilung zuständig ist, heißt Scheduler. Die Komponente, die dann einen tatsächlichen Prozesswechsel ausführt, wird als Dispatcher bezeichnet.

3. *Nennen Sie jeweils zwei geeignete Scheduling-Verfahren für Batch- und Dialog-Systeme und erläutern Sie diese kurz!*
   Batchsysteme:
   - First Come First Served (FCFS): FCFS bearbeitet die im System ankommenden Aufträge in der Reihenfolge ihres Eintreffens.
   - Shortest Job First (SJF): SJF sucht sich dagegen immer den Job bzw. Prozess aus, von dem es die kürzeste Bedienzeit erwartet.

   Dialogsysteme:
   - Round Robin (RR): RR ist im Prinzip FCFS (siehe Batch-Strategien) in Verbindung mit einer Zeitscheibe (Quantum genannt). RR geht davon aus, dass alle Prozesse gleich wichtig sind. Ein Prozess erhält ein bestimmtes Quantum, und wenn es abgelaufen ist, wird der Prozess unterbrochen und ein anderer Prozess erhält die CPU. Der unterbrochene Prozess wird hinten in die Warteschlange eingetragen und kommt erst dann wieder an die Reihe, wenn die anderen Prozesse ihr Quantum verbraucht haben oder aus einem anderen Grund unterbrochen wurden. Die Frage nach der Länge der Zeitscheibe ist von großer Bedeutung für die Leistung des Systems.
   - Priority Scheduling (PS): PS wählt immer den Prozess mit der höchsten Priorität aus. Dies setzt natürlich die Verwaltung von Prioritäten voraus.

4. *Erläutern Sie den Unterschied zwischen preemptive und non-preemptive Scheduling*
   und nennen Sie jeweils zwei Scheduling-Strategien, die in diese Kategorien passen.
   Im non-preemptive, auch „run-to-completion"-Verfahren genannt, darf ein Prozess
   nicht unterbrochen werden, bis er seine Aufgaben vollständig erledigt hat. Beispiele:
   First Come First Served (FCFS) und Shortest Job First (SJF).
   Im Gegensatz dazu darf im preemptive Scheduling eine Unterbrechung stattfinden.
   Rechenbereite Prozesse können somit suspendiert werden. Dies setzt natürlich eine
   Strategie zur Vergabe der CPU voraus, die vom Betriebssystem unterstützt werden
   muss und in der Regel auf der Zeitscheibentechnik basiert. Dieses Verfahren ist für die
   Unterstützung konkurrierender Benutzer geeignet. Beispiele: Round Robin (RR) und
   Priority Scheduling (PS).

5. *Wie wird in Universalbetriebssystemen die CPU-Nutzung bei Timesharing-Prozessen*
   üblicherweise begrenzt und wie wird erkannt, dass die CPU-Nutzungszeit abge-
   laufen ist?
   Die Prozesse bzw. Threads(je nach Zuordnungsstrategie) erhalten bei der Aktivierung, also bei Zuordnung einer CPU eine Zeitscheibe , auch als Quantum bezeichnet.
   Das Quantum wird in den gängigen Betriebssystemen dynamisch anhand er aktuellen Situation zugeordnet (z. B. 200 ms). Bei jedem Tick wird über die Clock-Inter-
   rupt-Routine das Quantum um die abgelaufene Zeit reduziert und danach wird geprüft, ob das gesamte Quantum (hier die 200 ms) verbraucht wurde. Wenn es bereits
   verbraucht wurde, wird die CPU dem Prozess/Thread entzogen. In den meisten Fällen
   gibt ein Prozess/Thread die CPU aufgrund eines Blockierungszustands (z. B. Warten
   auf ein Gerät) ode weil ein höher priorisierte Prozess/Thread bereit wurde, vorher ab.

6. *Ermitteln Sie für folgende fünf Jobs die gesamte Verweilzeit und die durchschnittliche*
   Verweilzeit unter Berücksichtigung folgender Scheduling-Strategien (Angaben in ms).

Job	A	B	C	D	E
Ablaufzeit	8	12	20	16	5
Priorität	5	4	3	2	1

a) *Reines Priority Scheduling (höchste Priorität ist 5).*

b) *FCFS (First Come First Servedr) unter Berücksichtigung der Reihenfolge-An-*
   nahme: A, B, D, C, E

c) *SJF (Shortest Job First)*

d) *RR (Round Robin) ohne Prioritäten bei einem Quantum von 2 ms, wobei die Rei-*
   henfolge der Abarbeitung A, B, C, D, E sein soll.

Die Jobs treffen ungefähr gleichzeitig im System ein. Die reine Prozesswechselzeit
wird für die Berechnung vernachlässigt und die Aufträge werden nacheinander aus-
geführt. Eine Verdrängung (Preemption) wird nur im Fall d) ausgeführt.

zu a) Reines Priority Scheduling:

Job	A	B	C	D	E
Verweilzeit	8	20	40	56	61

Die Summe über alle Verweilzeiten ist V_{all} = 8 + 20 + 40 + 56 + 61 = 185 ms.
Die durchschnittliche Verweilzeit ist V_{avg} = V_{all}/5 = 37 ms.
zu b) FCFS:

Job	A	B	D	C	E
Verweilzeit	8	20	36	56	61

Die Summe über alle Verweilzeiten ist V_{all} = 8 + 20 + 36 + 56 + 61 = 181 ms.
Die durchschnittliche Verweilzeit ist V_{avg} = V_{all}/5 = 36,2 ms.
zu c) SJF:

Job	E	A	B	D	C
Verweilzeit	5	13	25	41	61

Die Summe über alle Verweilzeiten ist V_{all} = 5 + 13 + 25 + 41 + 61 = 145 ms.
Die durchschnittliche Verweilzeit ist V_{avg} = V_{all}/5 = 29 ms.
zu d) RR:
Scheduling-Reihenfolge:
A-B-C-D-E-A-B-C-D-E-A-B-C-D-E-A-B-C-D-B-C-D-B-C-D-C-D-C-D-C-C
Addition der Verweilzeiten:
A: 2 + 2 + 2 + 2 + 2 + 2 + 2 + 2 + 2 + 2 + 2 + 2 + 2 + 2 + 1 = 31 ms
B: 31 + 14 = 45 ms
C: 57 + 4 = 61 ms
D: 45 + 12 = 57 ms
E: 2 + 2 + 2 + 2 + 2 + 2 + 2 + 2 + 2 + 2 + 2 + 2 + 2 + 1 = 29 ms

Job	A	B	C	D	E
Verweilzeit	31	45	61	57	29

Die Summe über alle Verweilzeiten ist V_{all} = 31 + 45 + 57 + 61 + 29 = 223 ms.
Die durchschnittliche Verweilzeit ist V_{avg} = V_{all}/5 = 44,6 ms.

7. *Beweisen Sie, dass die SJF-Strategie für das Scheduling die optimale Strategie darstellt!*

Wir betrachten für den Beweis fünf beliebige Jobs mit den Bezeichnungen A, B, C, D und E und benennen die erwarteten Ausführungszeiten der Einfachheit halber für die folgende Berechnung mit a, b, c, d und e.

Die gesamte Verweilzeit aller Jobs im System ergibt sich dann wie folgt:

V_{all} = a + (a + b) + (a + b + c) + (a + b + c + d) + (a + b + c + d + e) = 5a + 4b + 3 c + 2d + e

Die durchschnittliche Verweilzeit ergibt sich dann aus

V_{avg} = (5a + 4b + 3c + 2d + e)/5

Der Job A trägt also am meisten zur durchschnittlichen Verweilzeit bei, der Job B steht an zweiter Stelle usw. Will man die durchschnittliche Verweilzeit minimieren, sollte zunächst der Job mit der kürzesten Verweilzeit ausgeführt werden, da die Ausführungszeit des ersten gestarteten Jobs für die Berechnung mit 5 multipliziert wird und damit am meisten Gewicht hat. Danach sollte der zweitkürzeste Job folgen usw.

8. *Nennen Sie Vergleichskriterien, nach denen Scheduling-Algorithmen verglichen werden können und erläutern Sie diese!*
   - Wartezeit: Zeit, die ein Prozess auf die Ausführung warten muss, also die Summe aller Zeiträume, in denen ein Prozess warten muss.
   - Bedienzeit (Servicezeit): Zeit, in der ein Prozess die CPU hält und arbeiten kann.
   - Antwortzeit: Zeit, in der ein Anwender auf die Bearbeitung seines Auftrags warten muss.
   - Durchsatz: Anzahl an Prozessen, die ein System in einer bestimmten Zeit bearbeiten kann.
   - CPU-Auslastung: Auslastung der CPU während der Bearbeitung von Prozessen in % der Gesamtkapazität.
   - Durchlaufzeit = Verweilzeit: Gesamte Zeit, in der sich ein Prozess im System befindet (Servicezeiten + Wartezeiten).

9. *Betrachten Sie folgende Aufträge an ein Betriebssystem mit ihren Ausführungszeiten (in ms):*

Job	A	B	C	D	E
Ablaufzeit	8	27	1	5	10

Berechnen Sie für die folgenden Scheduling-Algorithmen die durchschnittliche Wartezeit für die Ausführung:
a) *FCFS in der Reihenfolge A, B, D, C, E*
b) *SJF (kürzester Prozess ist C). Wie das System dies ermittelt ist nicht von Belang für diese Aufgabe*
c) *RR mit einem Quantum von 2 ms in der Reihenfolge A, B, D, C, E*
Der Overhead für den Prozesswechsel soll nicht betrachtet werden. Die Aufträge werden nacheinander ausgeführt.
zu a) FCFS:

Job	A	B	D	C	E
Wartezeit	0	8	35	40	41

Die Summe über alle Wartezeiten ist $W_{all} = 0 + 8 + 35 + 40 + 41 = 124$ ms.
Die durchschnittliche Wartezeit ist $W_{avg} = W_{all}/5 = 24{,}8$ ms.
zu b) SJF:

Job	C	D	A	E	B
Wartezeit	0	1	6	14	24

Die Summe über alle Wartezeiten ist $W_{all} = 0 + 1 + 6 + 14 + 24 = 45$ ms.

Die durchschnittliche Wartezeit ist $W_{avg} = W_{all}/5 = 9$ ms.

zu c) RR:

Scheduling-Reihenfolge:

A-B-D-**C**-E-A-B-D-E-A-B-**D**-E-A-B-E-B-**E**-B-B-B-B-B-B-B-B-**B**

Addition der Wartezeiten:

A: $0 + 2 + 2 + 1 + 2 + 0 + 2 + 2 + 2 + 2 + 1 + 2 = 18$ ms

B: $2 + 0 + 2 + 1 + 2 + 2 + 0 + 2 + 2 + 2 + 0 + 1 + 2 + 2 + 0 + 2 + 0 + 2 = 24$ ms

D: $2 + 2 + 0 + 1 + 2 + 2 + 2 + 0 + 2 + 2 + 2 + 0 = 17$ ms

C: $2 + 2 + 2 + 0 = 6$ ms

E: $2 + 2 + 2 + 1 + 0 + 2 + 2 + 2 + 0 + 2 + 2 + 1 + 0 + 2 + 2 + 0 + 2 = 24$ ms

Job	A	B	D	C	E
Wartezeit	18	24	17	6	24

Die Summe über alle Wartezeiten ist $W_{all} = 18 + 24 + 17 + 6 + 24 = 89$ ms.

Die durchschnittliche Wartezeit ist $W_{avg} = W_{all}/5 = 17,8$ ms.

10. *Warum sind Windows und Linux keine echten Realtime-Systeme, obwohl sie Realtime-Threads unterstützen?*

Es sind keine echten Realzeitsysteme, da sie keine harten Realzeitbedingungen unterstützen können. Es gibt zwar Prozesse vom Typ „Realtime", aber ein Kontextwechsel ist auch für diese Prozesstypen nicht deterministisch.

11. *Wie wird unter Windows verhindert, dass Threads mit niedriger Priorität verhungern?*

Unter Windows könnten Threads mit niedrigerer Priorität verhungern, da rechenintensive Threads höherer Priorität immer bevorzugt werden. Daher ist unter Windows noch ein Mechanismus implementiert, der einmal pro Sekunde prüft, ob ein Thread schon 300 ms oder länger nicht mehr die CPU hatte, obwohl er im Zustand „bereit" ist. Ist dies der Fall, wird seine Priorität auf 15 angehoben und sein Quantum wird verdoppelt. Nachdem er die CPU erhalten hat, wird er wieder auf den alten Zustand gesetzt. Ein Verhungern von Prozessen wird damit also vermieden.

12. *Wie funktioniert der RR-Scheduling-Algorithmus?*

RR (Round Robin) ist im Prinzip FCFS (First Come First Served) in Verbindung mit einer Zeitscheibe. RR geht davon aus, dass alle Prozesse gleich wichtig sind. Ein Prozess erhält ein bestimmtes Quantum (auch sog. Zeitscheibe oder engl. „time slice" genannt) und wenn es abgelaufen ist, wird der Prozess unterbrochen und ein anderer Prozess erhält die CPU. Der unterbrochene Prozess wird hinten in die Warteschlange eingetragen und kommt erst dann wieder an die Reihe, wenn die anderen Prozesse ihr Quantum verbraucht oder aus einem anderen Grund unterbrochen wurden. Die Frage nach der Länge der Zeitscheibe ist von großer Bedeutung für die Leistung des Systems.

13. *Warum ist der Scheduling-Algorithmus Shortest Remaining Time First (SRTF) kaum zu realisieren?*

SRTF wählt den Prozess mit der kürzesten noch verbleibenden Zeit als nächstes aus und wäre theoretisch für Dialogprozesse optimal. Er ist kaum zu realisieren, da in Betriebssystemen keine Informationen über die verbleibende Prozesszeit vorliegen.

14. *Erläutern Sie den Aufbau und die Nutzung der Datenstruktur für den O(1)-Scheduler Run-Queue unter Linux!*

Die zentrale Datenstruktur des Schedulers wird auch in Linux als Run-Queue bezeichnet. Für jede CPU wird unter Linux eine eigene Run-Queue verwaltet. Ein Loadbalancing-Mechanismus verteilt die Prozesse/Threads auf die CPUs. Die Datenstruktur enthält im Wesentlichen Referenzen (Zeiger) auf die eigentlichen Prozess-Queues. Diese werden repräsentiert durch die Datenstruktur *prio_array* und werden auch als Priority-Array bezeichnet.

Linux unterscheidet eine Prozess-Queue für aktive (active) und eine für abgelaufene (expired) Prozesse. In der *active Queue* sind alle Prozesse mit einem Quantum > 0 enthalten. In der *expired Queue* werden alle Prozesse, deren Quantum bereits abgelaufen ist, verwaltet. Sobald ein Prozess sein Quantum abgearbeitet hat, wird er in die expired Queue umgehängt. Wenn alle Prozesse der active Queue ihr Quantum abgearbeitet haben, wird das Quantum für alle Prozesse der *expired Queue* neu ermittelt, und es werden einfach die entsprechenden Zeiger auf die *active* und die *expired Queue*, die in der *Run-Queue* verwaltet werden, ausgetauscht.

15. *Welche Bedeutung haben die statische und effektive (dynamische) Priorität, der Bonus und das Quantum für für den O(1)-Scheduler unter Linux?*

Die statische Priorität wird beim Prozessstart vergeben. Die effektive Priorität wird zur Laufzeit ermittelt. Neben der Priorität verwaltet der Kernel für jeden Prozess einen Bonuswert, der zur statischen Priorität addiert wird. Der Bonus beeinflusst die Auswahl des nächsten Prozesses unmittelbar. Der Wertebereich für den Bonus liegt zwischen −5 und +5. Ein negativer Wert bedeutet eine Verbesserung der Priorität, da 0 die höchste Priorität ist, ein positiver Wert eine Verschlechterung der Priorität. Einen Bonus erhalten Prozesse, die viel „schlafen", also auf Ein-/Ausgabe warten. Je mehr ein Prozess warten muss, desto höher wird sein Bonus. Mit dem Bonus werden also vor allem interaktive Prozesse begünstigt, die oft auf Eingaben des Benutzers warten. Das Quantum (Länge der Zeitscheibe) wird anhand der statischen Priorität ermittelt. Je höher die Priorität ist, umso höher ist auch das Quantum.

16. *Wie ermittelt der für den O(1)-Scheduler unter Linux den nächsten zu aktivierenden Prozess?*

Linux verwaltet in der *Run-Queue* für jede Priorität eine Liste von Prozessen im RR-Verfahren. Wenn der aktive Prozess sein Quantum verbraucht hat oder vorher unterbrochen wurde, wird der nächste Prozess aus der RR-Queue mit der höchsten

Priorität aktiviert. Erst wenn alle Prozesse einer Prioritäts-Queue abgearbeitet wurden, wird die Queue mit der nächst niedrigen Priorität abgearbeitet. Wird wieder ein Prozess mit höherer Priorität ablaufbereit, wird der laufende Prozess unterbrochen.

17. *Was ist ein Priority Boost unter Windows?*

Wenn ein Thread unter Windows auf Ein-/Ausgabe wartet, wird die Priorität angehoben, damit er nach der Wartezeit schnell wieder die CPU zugeteilt bekommt. Die Anhebung wird als priority boost bezeichnet. Es wird maximal auf die Priorität 15 angehoben. Wie stark die Anhebung tatsächlich ausfällt, hängt davon ab, auf was gewartet wird. Letztendlich entscheidet dies der Gerätetreiber des Gerätes, an dem gewartet wird.

Die Priorität wird aber anschließend wieder Zug um Zug herabgesetzt. Je abgelaufenes Quantum wird die Priorität des Threads um 1 reduziert, bis wieder die Basispriorität erreicht ist. Bei der Reduktion ist die Unterbrechung eines Zeitquantums durch höher priorisierte Threads jederzeit möglich. Das Zeitquantum wird dann zunächst aufgebraucht, bevor die Priorität um 1 vermindert wird. Ein erneutes Warten auf Ein-/Ausgabe kann dabei erneut zu einem Priority Boost führen.

18. *Erläutern Sie kurz die Idee des CFS unter Linux?*

Die Idee von CFS ist es, eine möglichst faire Verteilung der CPU-Zeit durch die Modellierung einer idealen Multitasking-CPU zu erreichen. Wenn also beispielsweise vier Prozesse aktiv sind, dann ist es das Ziel des CFS allen Prozessen jeweils 25 Prozent der CPU zuzuteilen. Bei n Prozessen soll also jeder Prozess einen Anteil von 1/n der verfügbaren CPU-Zeit erhalten. Es erfolgt keine Prioritätenberechnung und damit wird keine Unterscheidung der Prozesse nach Prioritäten unterstützt. Alle Timesharing-Prozesse erhalten als Priorität den Wert 0 zugeordnet. Der CFS ordnet den Prozessen auch keine Quanten (Zeitscheiben) zu, sondern verfolgt eine recht einfache Strategie.

19. *... Ermitteln Sie auf Basis der aktuellen Situation für die sieben Threads A, B, C, D, E, F und G die Scheduling-Reihenfolge bei Priority-Scheduling mit Round Robin je Prioritäts-Warteschlange (Queue) und einem statischen, also zur Laufzeit nicht veränderten Quantum von 100 Millisekunden bei einer Hardware mit einer CPU (Singlecore-Prozessor). Die reine Threadwechselzeit (Kontextwechsel) wird für die Berechnung vernachlässigt. Die Verdrängung (Preemption) eines Threads bevor sein Quantum abgelaufen ist, erfolgt nur, wenn der Thread vorher beendet wird ...*

a) *Tragen Sie die Scheduling-Reihenfolge durch Markierungen der Kästchen in die Tabelle ein. Ein Kästchen steht für einen Zeitslot von 100 Millisekunden.*

Thread																
A				x							x					x
B	x							x								
C						x							x			
D		x							x							
E			x							x					x	
F					x							x				
G							x							x		

b) *... Tragen Sie die Scheduling-Reihenfolge durch Markierungen der Kästchen in die Tabelle ein. Ein Kästchen steht für einen Zeitslot von 100 Millisekunden.*

Thread															
A		x				x		x							
B	x			x											
C			x				x								
D	x				x										
E			x			x		x							
F			x			x									
G				x			x								

20. *Welches Scheduling-Verfahren nutzt macOS?*
macOS unterstützt die veschiedene Threadtypen (User, System, Kernel und Realtime) und verwendet für alle Thread-Typen ein prioritätsgesteuertes, verdrängendes Scheduling mit unterschiedlichen Prioritätsintervalle von 0 bis 127,wobei jeder Thread-Typ sich in einem festgelegten Prioritätsintervall bewegen darf.

11.6   Synchronisation und Kommunikation

1. *Was bezeichnet man in der Prozessverwaltung als Blockieren, Verklemmen und Verhungern?*
Blockieren: Ein Prozess P1 belegt ein Betriebsmittel, ein zweiter Prozess P2 benötigt dasselbe Betriebsmittel ebenfalls und wird daher blockiert, bis P1 sein belegtes Betriebsmittel freigegeben hat.

Verhungern (Starvation): Ein Prozess erhält trotz Rechenbereitschaft keine CPU-Zeit zugeteilt, z. B. weil ihm immer wieder Prozesse mit höherer Priorität vorgezogen werden.

Verklemmung: Zwei oder mehrere Prozesse halten jeder für sich ein oder mehrere Betriebsmittel belegt und versuchen ein weiteres zu belegen, das aber von einem anderen Prozess belegt ist. Es liegt ein Zyklus von Abhängigkeiten vor. Kein Prozess gibt seine Betriebsmittel frei und alle Prozesse warten daher ewig. Dieser Zustand wird auch als Deadlock bezeichnet.

2. *Bei Betriebssystemen, bei systemnahen Programmen, aber auch bei Anwendungssoftware muss man sich als Entwickler von nebenläufig auszuführenden Aktionen mit kritischen Abschnitten befassen. Was versteht man unter einem kritischen Abschnitt?*
Ein kritischer Abschnitt ist ein Codeabschnitt, der zu einer Zeit nur durch einen Prozess bzw. Thread durchlaufen und in dieser Zeit nicht durch andere nebenläufige Prozesse bzw. Threads betreten werden darf. Ein Prozess bzw. Thread, der einen kritischen Abschnitt betritt, darf nicht unterbrochen werden. Sofern das Betriebssystem in dieser Zeit aufgrund einer Scheduling-Entscheidung eine Unterbrechung zulässt, darf

der Prozess bzw. Thread, der den kritischen Abschnitt belegt, durch andere Prozesse, die die CPU erhalten, nicht beeinflusst werden.

3. *Welche Maßnahmen sind zu treffen, damit es beim Durchlaufen eines kritischen Abschnitts nicht zu Inkonsistenzen kommt? Gehen Sie dabei auf den Begriff des gegenseitigen Ausschlusses (mutual exclusion) ein!*

Um Inkonsistenzen zu vermeiden, muss ein kritischer Abschnitt geschützt werden. Dies kann durch gegenseitigen (oder wechselseitigen) Ausschluss (engl.: mutual exclusion) erreicht werden. Prozesse, die einen kritischen Abschnitt ausführen wollen, müssen warten, bis dieser frei ist. Mit einem wechselseitigen Ausschluss wird also die Illusion einer atomaren Anweisungsfolge geschaffen, denn echt atomar wird sie natürlich nicht ausgeführt. Es kann ja immer noch vorkommen, dass ein nebenläufiger Prozess zwischendurch die CPU erhält.

4. *Was sind Semaphore? Gehen Sie dabei kurz auf die Semaphoroperationen P() und V() ein!*

Das Semaphor-Konzept ist ein Konzept zur Lösung des Mutual-Exclusion-Problems auf Basis von Sperren. Ein Semaphor verwaltet intern eine Warteschlange für die Prozesse bzw. Threads, die gerade am Eingang eines kritischen Abschnitts warten müssen, und einen Semaphorzähler. Es kommt auf die Initialisierung des Semaphorzählers an, wie viele Prozesse in den kritischen Abschnitt dürfen. Für den Eintritt in den bzw. Austritt aus dem kritischen Abschnitt gibt es zwei Operationen:

- P() wird beim Eintritt in den kritischen Abschnitt aufgerufen. Der Semaphorzähler wird um 1 reduziert, sofern er größer als 0 ist. Wenn er gerade auf 0 steht, wird der Eintritt verwehrt, der Prozess/Thread wird in die Warteschlange eingereiht und suspendiert.
- V() wird beim Verlassen des kritischen Abschnitts aufgerufen. Der Semaphorzähler wird wieder um 1 erhöht, so dass ein weiterer Prozess/Thread in den kritischen Abschnitt darf.

5. *Warum müssen die Semaphor-Operationen P() und V() selbst wieder ununterbrechbar sein?*

Semaphor-Operationen müssen selbst wieder ununterbrechbar, also atomar sein, weil eine Unterbrechung zu Inkonsistenzen in der Warteschlangenbearbeitung oder im Semaphorzähler führen kann. Die korrekte Implementierung eines Semaphors benötigt daher am besten auch eine unteilbare Hardware-Operation wie etwa TSL.

6. *Welche Auswirkung hat die folgende, falsche Nutzung eines binären Semaphors?*

```
V(); ... kritischer Abschnitt ...; P();
```

Diese Anweisungsfolge führt dazu, dass alle Prozesse nur noch im kritischen Abschnitt zugelassen sind. Sie kommen alle problemlos in den kritischen Abschnitt hinein.

7. *Welche Auswirkung hat die folgende, falsche Nutzung eines binären Semaphors?*

```
P(); ... kritischer Abschnitt ...; P();
```

Diese Anweisungsfolge führt dazu, dass nach kurzer Zeit kein Prozess mehr in den kritischen Abschnitt darf und die ersten Prozesse möglicherweise auch im kritischen Abschnitt verbleiben.

8. *Welche vier Kriterien sind nach Dijkstra für die Behandlung kritischer Abschnitte zu beachten?*

Nach Dijkstra ist bei kritischen Abschnitten folgendes zu beachten:

* Mutual exclusion: Zwei oder mehr Prozesse dürfen sich nicht gleichzeitig im gleichen kritischen Abschnitt befinden.
* Es dürfen keine Annahmen über die Abarbeitungsgeschwindigkeit und die Anzahl der Prozesse bzw. Prozessoren gemacht werden. Der kritische Abschnitt muss unabhängig davon geschützt werden.
* Kein Prozess außerhalb eines kritischen Abschnitts darf einen anderen nebenläufigen Prozess blockieren.
* Fairness Condition: Jeder Prozess, der am Eingang eines kritischen Abschnitts wartet, muss ihn irgendwann betreten dürfen (kein ewiges Warten).

9. *Der Ablauf zweier konkurrierender Prozesse wird in* Kap. 6 *als Petrinetz dargestellt. Beantworten Sie hierzu folgende Fragen:*

a) *Über welche Stelle wird der kritische Abschnitt realisiert und warum?*

Die Stellen S12 und S22 stellen kritische Abschnitte dar, da nur ein Prozess zu einer Zeit eine der Stellen belegen kann.

b) *Welche Transitionen sind Ein- bzw. Ausgänge des kritischen Abschnitts?*

Die Eingänge in den kritischen Abschnitt sind die Transitionen t11 und t21, die Ausgänge sind t12 und t22.

c) *Welche Stelle bewirkt den gegenseitigen Ausschluss?*

Die Stelle S0 realisiert den gegenseitigen Ausschluss, da die Transitionen t11 und t21 nur alternativ, also einander ausschließend schalten können.

d) *Welche Stellen bezeichnen einen unkritischen Abschnitt?*

Die Stellen S11 und S21 stellen unkritische Abschnitte dar.

10. *Was ist ein Mutex im Sinne der Synchronisation konkurrierender Prozesse?*

Vereinfachte binäre Semaphore werden auch als Mutex bezeichnet. Ein Mutex verfügt praktisch über eine Variable, die nur zwei Zustände, nämlich locked und unlocked annehmen kann, und verwaltet keine Warteschlange für wartende Prozesse.

11. *Semaphore zur Kontrolle des Eintritts in einen kritischen Abschnitt müssen effizient implementiert werden. Nehmen Sie zu dieser Aussage Stellung und betrachten Sie dabei die Implementierungsvariante mit Polling (Busy Waiting).*

Semaphor-Operationen werden meist von nebenläufigen Prozessen häufig durchlaufen und können somit bei ineffizienter Implementierung Auswirkungen auf die Leistung haben. Würde die P()-Operation mit Polling realisiert, so würde ein Prozess, der gerade am Eingang des kritischen Abschnitts wartet, den Rechnerkern nicht freigeben, bis sein Quantum abgelaufen ist. Daher ist Polling eine schlechte Implementierungsvariante.

12. *Ein TSL-Befehl (Test and Set Lock) wird verwendet, um atomare Aktionen zu implementieren.*

    a) *Welche Operanden hat ein TSL-Befehl?*

    Ein Register (z. B. R1) und eine Speicherzelle z. B. mit dem namen LOCK (Befehl: TSL R1, LOCK).

    b) *Welche Werte können die Operanden annehmen und was bedeuten sie?*

    Das Register und die Hauptspeicherzelle können jeweils die Werte 0 und 1 annehmen. Es gelten folgende Regeln: Der Inhalt der Speicherzelle wird mit dem TSL-Befehl in das Register geladen, wobei der Wert der Speicherzelle auf 1 verändert wird. Das Register enthält nach der Operationsausführung den alten Wert der Speicherzelle, und dieser Wert kann anschließend dahingehend überprüft werden, ob der Lock schon vorher gesetzt war oder nicht. Wenn das Register nun den Wert 1 enthält, dann ist die Sperre schon gesetzt gewesen, 0 bedeutet, der laufende Prozess erhält die Sperre.

13. *Zeigen Sie, wie man den TSL-Befehl für die Implementierung einer Sperre mit den Operationen lock und unlock verwenden kann. Skizzieren Sie dabei grob die Algorithmen in einem Assembler-ähnlichen Pseudocode!*

```
MyLock_lock:
    TSL R1, LOCK         // Lies LOCK und setze Wert von LOCK auf 1
    CMP R1, #0           // Vergleiche Registerinhalt von R1 mit 0
    JNE MyLock_lock      // Erneut versuchen, falls Lock nicht gesetzt werden
    konnte
    RET                  // Kritischer Abschnitt kann betreten werden
MyLock_unlock:
    MOVE LOCK, #0        // LOCK auf 0 setzen (freigeben)
    RET                  // Kritischer Abschnitt kann von anderem Prozess
    betreten werden
```

14. *Nennen Sie die vier notwendigen und hinreichenden Bedingungen, die zu einem Deadlock führen!*

    Ein Deadlock kann nur eintreten, wenn folgende vier Bedingungen eintreffen:

    - Mutual Exclusion für die benötigten Betriebsmittel.
    - Prozesse belegen Betriebsmittel und fordern weitere an.
    - Kein Entzug eines Betriebsmittels ist möglich.
    - Zwei oder mehrere Prozesse warten in einer Warteschleife (circular waiting) auf weitere Betriebsmittel.

15. *Warum lassen sich Deadlocks bei nebenläufigen Prozessen schwer ganz vermeiden?*

    Deadlock-Vermeidung wird durch die Aufweichung mindestens eines der Kriterien erreicht. Deadlocks lassen sich a priori aber nur schwer vermeiden, weil sonst nur jeder Prozess ohne Gefahr eines Deadlocks zum Ablauf kommen dürfte. Alle Betriebsmittel müssten im Vorfeld reserviert werden.

16. *Welche Alternative zur Behandlung von Deadlocks kennen Sie?*
Eine in der Praxis häufig eingesetzte Technik ist das Erkennen und Beseitigen von Deadlocks zur Laufzeit, wobei man hierzu sog. Betriebsmittelbelegungsgraphen einsetzt. Dies sind Graphen, die als Knoten Ressourcen und Prozesse/Threads enthalten, und Kanten, welche die Belegung der Ressourcen durch Prozesse/Threads aufzeigen. Als Maßnahmen zur Beseitigung eines Deadlocks sind das Abbrechen eines Prozesses/Threads oder das Entziehen eines Betriebsmittels möglich.

17. *Erläutern Sie die Arbeitsweise der Java-Synchronisationsprimitive synchronized!*
Die Synchronisationsprimitive *synchronized* ermöglicht eine Zugriffsserialisierung, die auf Klassen- oder Objektebene erfolgt, je nachdem, ob man sie auf statische Methoden oder Instanzmethoden anwendet. Im Folgenden ist der Rumpf einer synchronisierten Methode dargestellt.

```
public synchronized void method1()
{
    ...
}
```

Auch die Nutzung von *synchronized* in Anwendungsblöcken ist möglich, wobei hier ein Objekt angegeben wird, für das der Zugriff zu serialisieren ist. Verwendet man als Objekt *this*, gilt auch hier die Serialisierung für das ganze Objekt:

```
synchronized (object1)
{
    ...
}
```

Die Aufrufe einer synchronisierten Methode oder der Zugriff auf das mit synchronized gekennzeichnete Objekt werden strikt serialisiert und verzögert, wenn ein anderer Thread gerade im synchronisierten Code ist. Damit lässt sich ein kritischer Abschnitt deklarativ implementieren.

18. *Nennen Sie Kritikpunkte der Java-Umsetzung des Monitor-Konzepts von Hoare oder Brinch Hansen. Wo liegen die Schwachstellen und wie kann man sie umgehen?*
Es ist keine reine Umsetzung des Monitorkonzepts nach Hoare oder Brinch Hansen, da nicht alle public-Methoden zwingend als *synchronized* deklariert sein müssen und auch nicht nur private Variablen zugelassen sind. Weiterhin gibt es auch die Möglichkeit, öffentliche Variablen zu deklarieren, auf die ein beliebiger Zugriff von außen möglich ist. Brinch Hansen kritisiert dies, da der Compiler hier keine Möglichkeit der Überprüfung hat.

Man kann die Probleme durch disziplinierte Programmierung umgehen (keine Variable als public und alle Methoden mit *synchronized* deklarieren).

19. *Was sind Race Conditions?*

Race Conditions sind Situationen, bei denen zwei oder mehr Prozesse gemeinsame Betriebsmittel nutzen und die Endergebnisse der Nutzung von der zeitlichen Reihenfolge der Operationen abhängen.

20. *Nehmen wir an, zwei Prozesse P1 und P2 greifen auf zwei gemeinsame globale Variablen a und b lesend und verändernd in der folgenden Form zu.*

```
// Globale Variablen
int a = 10;
int b = 0;
```

Prozess P1:	Prozess P2:

```
(1.1) b = 5;          (2.1) b = -5;
(1.2)   = a + b;      (2.2) a = a + b;
```

Zeigen Sie zwei nebenläufige Ablaufsequenzen auf, die jeweils zu einem anderen Wert der Variable a führen! Wie könnte man diese Situation vermeiden?

Ablaufsequenz 1:

```
P1: b = 5;
P1: a = a + b; (a = 15)
P2: b = -5; (b = -5)
P2: a = a + b; ( a = 10)
```

Ergebnis: $b = -5, a = 10$

Ablaufsequenz 2:

```
P1: b = 5;
P2: b = -5;
P1: a = a + b; (a = 5)
P2: a = a + b; ( a = 0)
```

Ergebnis: $b = -5, a = 0$

Die Situation lässt sich durch die Nutzung eines Synchronisationsmechanismus vermeiden, über den man einen kritischen Abschnitt definiert, in dem die Variablen a und b bearbeitet werden dürfen. Durch diesen kritischen Abschnitt müssen beide Prozesse. Die Realisierung kann z. B. mit einem einfachen Lock, einem Mutex, einem Semaphor oder einem Monitor erfolgen.

21. *Erläutern Sie kurz die Funktionsweise von Pipes!*

Wie der Name andeutet handelt es sich bei einer Pipe um einen Datenstrom von einem Prozess zu einem anderen. Daten, die ein Prozess in ein Ende der Pipe schreibt, können auf der anderen Seite von einem anderen Prozess gelesen werden. Eine Pipe stellt damit einen unidirektionalen Datenstrom bereit. Die Daten werden von einem Prozess ohne Nachrichtenbegrenzer in die Schreibseite eingetragen, die von einem lesenden Prozess aus dem anderen Ende (Leseseite) entnommen werden können. Eine bidirektionale Kommunikation zweier Prozesse kann über die Einrichtung von zwei Pipes erreicht werden. Eine Pipe stellt einen Pufferbereich fester Länge dar. Das Auslesen erfolgt in der Reihenfolge, in der die Daten eingetragen werden (FIFO-Puffer).

11.7   Hauptspeicherverwaltung

1. *Welche grundlegenden Gedanken stecken hinter dem Konzept des virtuellen Speichers?*
   Folgende Gedanken sind grundlegend für die virtuelle Speichertechnik:
   - Ein Prozess sollte auch dann ablaufen können, wenn er nur teilweise im Hauptspeicher ist. Wichtig ist hierbei, dass die Teile des Prozesses (Daten und Code) im physikalischen Speicher sind, die gerade benötigt werden.
   - Der Speicherbedarf eines Programms sollte größer als der physikalisch vorhandene Hauptspeicher sein können.
   - Ein Programmierer sollte am besten nur einen kontinuierlichen (linearen) Speicherbereich beginnend bei Adresse 0 sehen und sich nicht um die Zerstückelung (Fragmentierung) des Hauptspeichers auf mehrere Benutzer kümmern.

2. *Welche Aufgabe hat eine Verdrängungsstrategie und was ist ein Seitenfehler?*
   Die Strategie, die verwendet wird, um eine zu verdrängende Seite auszuwählen, wird als Seitenersetzungsstrategie (Replacement-Strategie) bezeichnet.
   Ein page fault (Seitenfehler) ist ein Trap, den die MMU erzeugt, wenn von einem Prozess eine physikalische Adresse angesprochen wird, die nicht im Hauptspeicher geladen ist. Das Betriebssystem springt in den Kernelmodus und zwar auf eine spezielle Interruptroutine zur Bearbeitung des Seitenfehlers und versucht unter Beachtung der Seitenersetzungsstrategie und der Vergabestrategie die Seite in einen Frame zu laden.

3. *Was bedeutet Demand-Paging und welche Alternative wäre denkbar?*
   Demand Paging ist eine Abrufstrategie, bei der die Einlagerung nur auf Anforderung, also wenn die Daten benötigt werden, durchgeführt wird.
   Eine alternative Strategie ist Prepaging. Im Gegensatz zu Demand Paging werden hier Seiten in den Hauptspeicher geholt, die noch nicht angefordert wurden.

4. *Wie viele Seitentabellen müssen bei virtueller Adressierung vom Betriebssystem verwaltet werden, wenn mit einer einstufigen Seitentabelle gearbeitet wird und gerade 10 Prozesse aktiv sind?*
   Es müssen 10 Seitentabellen verwaltet werden, eine je Prozess.

5. *Ein virtueller Adressraum wird mit 32 Bit langen virtuellen Adressen adressiert. Eine virtuelle Adresse enthält jeweils 10 Bit für den Index in der Top-Level-Seitentabelle und 10 Bit für den Index in der Second-Level-Seitentabelle.*

   a) *Wie viele Second-Level-Seitentabellen gibt es maximal je Prozess?*

   $2^{10} = 1024$ je Prozess, da 10 Bit für den Index der Top-Level-Tabelle zur Verfügung stehen. Die 1024 Einträge verweisen auf 1024 Second-Level-Tabellen.

   b) *Wie groß sind die Seitenrahmen im Hauptspeicher?*

   2^{12} Byte = 4096 Byte, da 12 Bit für die Größe einer virtuellen Seite zur Verfügung stehen und die Größe einer physikalischen Seite (Frame) der Größe der virtuellen Seite entspricht.

   c) *Wie groß ist der gesamte virtuelle Adressraum eines Prozesses?*

   2^{32} Byte = 4 GiB, da insgesamt 32 Bit für die Adressierung zur Verfügung stehen.

6. *Welcher Seitenersetzungsalgorithmus wäre theoretisch optimal und warum ist dieser praktisch nur schwer zu realisieren?*

   Ein optimaler Algorithmus würde die Seitenrahmen für eine Ersetzung auswählen, die am spätesten von allen belegten Seitenrahmen wieder benötigt würden. Er ist als „Algorithmus von Belady" bekannt.

   Der Grund für die schwierige bzw. unmögliche Realisierung ist, dass es nicht praktikabel ist, das Verhalten eines Prozesses hinsichtlich seiner Speicherzugriffe sicher vorher zu bestimmen. Das Betriebssystem kann zum Zeitpunkt des Seitenfehlers nicht wissen, wann welche Seite als nächstes verwendet wird.

7. *Warum ist der LRU-Algorithmus zur Seitenersetzung bei der virtuellen Adressierung schwer zu realisieren? Welcher Algorithmus ist eine gute Alternative hierzu?*

   Damit man die am längsten unbenutzte Seite schnell im Zugriff hat, muss man einigen Aufwand bei jedem Zugriff leisten. Eine Möglichkeit ist die Verwaltung einer nach der zeitlichen Nutzung sortierten linearen Liste, bei der die am längsten nicht benutzte Seite im ganz obersten Element liegt. Der hohe Aufwand ergibt sich durch das Umhängen der Elemente bei jedem Zugriff. Die aktuell genutzte Seite muss nämlich bei jedem Zugriff an das Ende der Liste gehängt werden. Aufgrund des hohen Aufwands implementiert man heute meistens sog. Pseudo-LRU-Algorithmen, wobei auch das R- und das M-Bit benutzt werden. Zwei dieser Algorithmen sind Clock-Page- und Second-Chance.

   Eine gute Alternative zum LRU-Algorithmus ist der NFU-Algorithmus (Not-Frequently Used) in Verbindung mit einem passenden Aging-Mechanismus.

8. *Welche Probleme ergeben sich bei sehr großen virtuellen Adressräumen in Bezug auf die Verwaltung der Seitentabellen?*

   Die Umsetzung einer virtuellen Adresse auf eine reale Adresse ist im Vergleich zur klassischen Adressierung mit zusätzlichen Hauptspeicherzugriffen auf die Seitentabellen verbunden und verschlechtert damit die Leistungsfähigkeit. Anstatt eines Hauptspeicherzugriffs auf die adressierten Daten sind bei zweistufiger Adressierung drei Hauptspeicherzugriffe erforderlich, da neben den adressierten Daten auch die Top-Level- und die Second-Level-Seitentabelleneinträge aufgesucht werden müssen. Hinzu kommt, dass mit zunehmender Adressraumgröße auch der Speicherplatz für die Verwaltung der Seitentabellen enorm wächst.

9. *Welche Möglichkeiten gibt es, die hohe Belastung der Seitentabellenverwaltung insbesondere bei großen Adressräumen zu optimieren?*

Zur Optimierung der Speicherzugriffe gibt es Adressumsetzpuffer (Translation Lookaside Buffers, kurz: TLB) und die invertierten Seitentabellen.

10. *Erläutern Sie das Working-Set-Verfahren, das Windows einsetzt!*

Jeder Prozess erhält ein sog. Working-Set, also eine Arbeitsmenge an Frames, die im Rahmen einer Working-Set-Strategie zugeordnet werden. Jeder Prozess verfügt über einen Working-Set von mindestens 20 bis 50 Seiten und maximal 40 bis 345 Seiten je nach verfügbarem Hauptspeicher. Stark „pagende" Prozesse können ihren Working-Set auch erhöhen, aber nur bis maximal 512 Seiten.

11. *Erläutern Sie die Grundprinzipien des TLB und der invertierten Seitentabelle mit Hashing!*

Ein Adressumsetzpuffer (TLB) ist ein eigener, schneller Speicher, der eine Tabelle darstellt, in der eine Zuordnung von virtuellen auf reale Adressen verwaltet wird. Es werden die aktuell am häufigsten benutzten Seitennummern in die Tabelle eingetragen. Bei jeder Adressumsetzung wird zunächst geprüft, ob die aktuelle virtuelle Adresse im Adressumsetzpuffer liegt. Wenn ja (TLB hit), muss kein Zugriff auf die Seitentabellen erfolgen, da die reale Adresse des gesuchten Frames schon ermittelt worden ist und man sich somit weitere Hauptspeicherzugriffe erspart. Im anderen Fall (TLB miss) muss wie bisher über die klassische Adressumsetzung über die Seitentabelle(n) ein Mapping auf die physikalische Adresse vorgenommen werden.

Bei invertierten Seitentabellen mit Hashing erfolgt die Suche nach einer Seite nicht über die klassische Seitentabellenindizierung, sondern über eine Hash-Tabelle, in der die virtuelle Seitennummer als Suchkriterium dient. Die invertierte Seitentabelle wird dann i. d. R. komplett im Hauptspeicher gehalten und muss nicht, wie bei großen „herkömmlichen" Seitentabellen, ausgelagert werden.

12. *Was versteht man unter einem Shared Memory? Nennen Sie Einsatzmöglichkeiten!*

Ein Shared Memory ist ein von mehreren Prozessen gemeinsam genutzter Speicherbereich, der nur einmal in den Hauptspeicher geladen wird. Auf gemeinsam genutzte Speicherbereiche verweisen mehrere Seitentabelleneinträge verschiedener Prozesse.

Shared Memory kann genutzt werden, um Codeteile, die mehrere Prozesse benötigen, nur einmal in den Hauptspeicher zu laden. Hier spricht man von Shared Libraries. Weiterhin kann man Shared Memory verwenden, um mehreren Prozessen globale Datenbereiche zur Verfügung zu stellen. Mit Hilfe dieser Speicherbereiche kann dann eine Art Prozesskommunikation stattfinden (Beispiel: Caches von Datenbankmanagementsystemen, auf die mehrere Datenbank-Benutzerprozesse nebenläufig zugreifen).

13. *Welche grundsätzlichen Speicherverwaltungsmechanismen sind in Unix-Systemen vorzufinden?*

Grundsätzlich wird die virtuelle Speichertechnik mit Demand Paging als Strategie für das Einlesen von Daten (Abrufstrategie) verwendet. Meist werden mehrstufige Seitentabellen verwaltet. Zur Seitenersetzung wird in Unix-Systemen oft eine Art Clock-Page-Algorithmus verwendet.

14. *Das Betriebssystem Windows verwendet eine recht aufwändige Logik zur Verwaltung der Frames in der Speicherverwaltung. Frames werden in sog. Auslagerungslisten geführt.*

(a) *Welche Auslagerungslisten gibt es und welche Typen von Frames werden dort verwaltet?*

Folgende Auslagerungslisten werden verwaltet:

- Die *Modified-Page-List* enthält Seiten, die bereits für eine Seitenersetzung ausgewählt, aber noch nicht ausgelagert wurden. Diese Seiten sind noch einem Prozess zugeordnet.
- Die *Standby-Page-List* enthält Frames, die bereits sauber gemacht wurden, also eine Kopie auf der Paging-Area haben und noch einem Prozess zugeordnet sind.
- Die *Free-Page-List* enthält saubere Frames, die keine Zuordnung zu einem Prozess haben.
- Die *Zeroed-Page-List* enthält Frames, die bereits mit Nullen initialisiert wurden.

(b) *Erläutern Sie, welche System-Threads bei der Verwaltung der Auslagerungslisten mitwirken!*

Es gibt einige Systemthreads, die unter dem Prozess mit dem symbolischen Namen *System* ablaufen und für die Hauptspeicherverwaltung gewisse Aufgaben erledigen. Sie versuchen u. a. nach bestimmten Verfahren, freien Speicher zu schaffen und sind für die Verwaltung der dargestellten Listen zuständig. Vor allem sind dies folgende Threads:

- Ein zyklisch arbeitender Working-Set-Manager-Thread wird einmal pro Sekunde oder bei Bedarf aufgerufen, um den Arbeitsspeicher frei zu machen. Geänderte Frames werden auf die Paging-Area geschrieben.
- Der *Swapper-Thread* läuft im Abstand von wenigen Sekunden, sucht nach Threads, die schon länger nichts tun und legt deren Frames in die Modified- oder Standby-Page-List.
- Der *Modified-Page-Writer-Thread* schreibt die Frames aus der Modified-Page-List in die Paging-Area, wenn diese Liste verkleinert werden muss.
- Der *Zero-Page-Thread* befüllt die Frames der Free-Page-List mit Nullen und hängt sie in die Zero-Page-List um.

15. *Wozu dient die Buddy-Technik in der Speicherverwaltung und wie funktioniert sie?*
Die Buddy-Technik ist eine Placement-Strategie und dient der Verwaltung der freien Seitenrahmen. Bei dieser Technik werden die freien Speicherbereiche immer zu zwei „Partnern" zusammengefasst, die man als Buddies bezeichnet. Die beiden Speicherbereiche können unabhängig voneinander vergeben werden. Sofern beide frei sind, fasst die Speicherverwaltung sie zu einem großen Paar zusammen, das gewissermaßen als Buddy der nächsten Stufen dient.
Mit dieser Technik steigt die Wahrscheinlichkeit, dass bei einer Speicheranforderung die richtigen Speichergrößen zur Verfügung stehen, und es wird das externe Fragmentierungsproblem reduziert.

16. *Es seien 3 RAM-Seitenrahmen im Hauptspeicher verfügbar, der Rest der Seiten wird auf einer Paging-Area abgelegt. Folgende Referenzreihenfolge, in der die Seiten mit den Nummern 0 bis 6 angesprochen werden, sei gegeben:*
0-1-2-3-4-0-1-5-6-0-1-2

a) *Skizzieren Sie den optimalen Algorithmus (Belady) für die Seitenersetzung und zählen Sie die Anzahl der Seitenersetzungen.*

Referenz	0	1	2	3	4	0	1	5	6	0	1	2
Hauptspeicher	0	0	0	0	0	0	0	0	0	0	0	0
	-	1	1	1	1	1	1	1	1	1	1	1
	-	-	2	(3)	(4)	4	4	(5)	(6)	6	6	(2)
Paging-Area				2	2	2	2	2	2	2	2	6
					3	3	3	3	3	3	3	3
								4	4	4	4	4
								5	5	5	5	5

Anzahl der Seitenersetzungen: 5

b) *Skizzieren Sie die Seitenersetzungen unter Nutzung des FIFO-Verfahrens und ermitteln Sie die Anzahl der Seitenersetzungen.*

Referenz	0	1	2	3	4	0	1	5	6	0	1	2
Hauptspeicher	0	0	0	(3)	3	3	(1)	1	1	(0)	0	0
	-	1	1	1	(4)	4	4	(5)	5	5	(1)	1
	-	-	2	2	2	(0)	0	0	(6)	6	6	(2)
Paging-Area				0	0	2	2	2	2	2	2	6
				1	1	3	3	3	3	3	3	3
								4	4	4	4	4
								0	1	5	5	

Anzahl der Seitenersetzungen: 9

17. *Es seien 3 RAM-Seitenrahmen im Hauptspeicher verfügbar, der Rest der Seiten wird auf einer Paging-Area abgelegt. Folgende Referenzreihenfolge, in der die Seiten mit den Nummern 1 bis 7 angesprochen werden, sei gegeben:*
2-5-6-2-1-2-5-3-2-7-2

Zeigen Sie, dass bei FIFO-Seitenersetzung 6, bei LRU 4 und bei der optimalen Strategie nach Belady 3 Seitenersetzungen notwendig sind, um die Referenzreihenfolge abzuarbeiten.

FIFO:

Referenz	2	5	6	2	1	2	5	3	2	7	2
Hauptspeicher	2	2	2	2	(1)	1	1	(3)	3	3	3
	-	5	5	5	5	(2)	2	2	2	(7)	7
	-	-	6	6	6	6	(5)	5	5	5	(2)
Paging-Aea					2	5	6	6	6	6	6
								1	1	1	1
										2	5

Anzahl der Seitenersetzungen: 6

LRU:

Referenz	2	5	6	2	1	2	5	3	2	7	2
Hauptspeicher	2	2	2	2	2	2	2	2	2	2	2
	-	5	5	5	(1)	1	1	(3)	3	3	3
	-	-	6	6	6	6	(5)	5	5	(7)	7
Paging-Area					5	5	6	6	6	6	6
								1	1	1	1
										5	5

Anzahl der Seitenersetzungen: 4

Belady:

Referenz	2	5	6	2	1	2	5	3	2	7	2
Hauptspeicher	2	2	2	2	2	2	2	2	2	2	2
	-	5	5	5	5	5	5	(3)	3	3	3
	-	-	6	6	(1)	1	1	1	1	(7)	7
Paging-Area					6	6	6	6	6	6	6
								5	5	5	5
										1	1

Anzahl der Seitenersetzungen: 3

18. *Warum ist der Working-Set-Algorithmus so aufwändig zu implementieren?*
Weil bei jeder Seitenersetzung die gesamte Seitentabelle eines Prozesses durchlaufen werden muss.

19. *Welche Vorteile bringt im Vergleich zum Working-Set-Algorithmus der WSClock-Algorithmus?*
Der WSClock-Algorithmus nutzt wie der Clock-Page-Algorithmus eine ringförmige Liste für die Suche nach dem Ersetzungskandidatner und ist dadurch effizienter als der klassische Working-Set-Algorithmus.

20. *Wie ist die virtuelle Adresse ab Linux-Version 2.6.11 standardmäßig aufgebaut und wie viele Seitentabellen werden für die Adressumsetzung verwendet?*
Linux nutzt standardmäßig vierstufige Seitentabellen. 36 Bit werden für die Indizierung der Seitentabellen verwendet, wobei jeweils neun Bit pro Index genutzt werden. Die verbleibenden 12 Bit werden für das Offset verwendet, standardmäßig werden also 4 KiB-Seiten benutzt.

21. *Wie verwaltet macOS die Seitenrahmen?*
Es werden vier Listen Listen von Seitenrahmen verwaltet. Freie Seitenrahmen werden in der sog. *free queue* verwaltet. Aus dieser Liste werden bei Seitenfehlern Frames besorgt. Die *inactive queue* enthält Seitenrahmen mit aktuell nicht referenzierten Seiten, die aber noch den Seitentabellen (VM maps) von Tasks zugeordnet sind. In der *active queue* werden die Seitenrahmen mit Seiten verwaltet, die einem Task zugeordnet sind und in der letzten Zeit verwendet wurden. Schließlich werden in der *speculative queue* inaktive Seiten verwaltet, von denen macOS annimmt, dass Sie bald wieder benötigt werden

11.8 Geräte- und Dateiverwaltung

1. *Welche Aufgaben hat ein Gerätetreiber?*
Ein Gerätetreiber hat u. a. folgende Aufgaben zu erfüllen:
- Er definiert ein Gerät und macht es dem Betriebssystem bekannt, initialisiert also die Geräte-Controller beim Systemstart.
- Er stellt ein logisches Programmiermodell bereit und übersetzt es in gerätespezifische Anforderungen.
- Er dient der Pufferung von Daten auf dem Weg vom Gerät zum Hauptspeicher und umgekehrt.
- Er übernimmt die Unterbrechungsbearbeitung für ein Gerät. In der Regel liegt im Treiber auch die passende Interrupt Service Routine (ISR) für das Gerät.
- Er dient der Koordination der nebenläufigen Zugriffe auf ein Gerät.

2. *Erläutern Sie den prinzipiellen Aufbau einer Festplatte!*
Magnet- oder Festplatten bestehen aus Kunststoff- oder Aluminiumscheiben, die mit einer hauchdünnen Magnetschicht überzogen sind, und meistens sind auch mehrere Schichten übereinander angeordnet. Eine beidseitige Plattenbeschichtung ist heute der Normalfall. Die Schreib-/Leseköpfe sind auf einem mechanischen Träger befestigt und mit kleinen Elektromagneten ausgestattet. Je Oberfläche ist ein Schreib-/Lesekopf notwendig. Meistens ist zu einer Zeit nur ein Schreib-/Lesekopf aktiv. Auf den Plattenoberflächen sind Spuren angebracht. Die Platten rotieren mit einer konstanten Drehzahl von ca. 5000 bis 15000 U/min um eine senkrechte Drehachse.

Die Daten sind als Blöcke fester Größe in sog. Sektoren gespeichert. Die Plattenoberfläche ist physikalisch in kleine Kuchenstücke, sog. Kreissektoren aufgeteilt. Die

Spurenanteile eines Kreissektors werden als logische Sektoren bezeichnet. Alle Spuren untereinander nennt man Zylinder. Zylinder sind über eine Position der Schreib-/Leseköpfe ansprechbar.

3. *Was bedeutet Formatieren einer Festplatte?*
   Beim Formatieren wird die logische Struktur (logische Partitionierung) eines Dateisystems erzeugt.

4. *Wie verwaltet Unix seine Dateien und wie werden Ein-/Ausgabegeräte behandelt?*
   Im klassischen Unix erfolgt die Dateiverwaltung in einem hierarchischen Dateisystem. E/A-Geräte werden wie Dateien angesprochen.

5. *Wozu ist der DMA-Mechanismus sinnvoll und wie funktioniert er prinzipiell?*
   Mit DMA (Direct Memory Access) werden ganze Datenblöcke zwischen dem Geräte-Controller und dem Hauptspeicher transportiert. Der Zugriff erfolgt über sog. DMA-Controller mit speziellen DMA-Chips (Hardwareunterstützung). DMA-Zugriffe auf den Geräte-Controller können parallel zur CPU-Bearbeitung ausgeführt werden. Die CPU stößt die Übertragung an und kann dann eine andere Aufgabe erledigen. Der DMA-Controller erzeugt bei Ende der Übertragung eine Unterbrechung an die CPU.

6. *Was bedeutet RAID?*
   RAID steht für Redundant Array of Inexpensive (heute Independent) Disks. Mehrere kleine Platten werden hier als große virtuelle Platte verwaltet. Der Betrieb eines RAID-Systems erfordert mindestens zwei Festplatten. Die Festplatten bilden einen Verbund, der aus Sicht des Betriebssystems als eine einzige logische Festplatte betrachtet wird. Die Daten werden je nach RAID-Verfahren über die einzelnen physikalischen Festplatten verteilt. Redundante Information wird bei den meisten RAID-Varianten zu den Nutzdaten ergänzt und ebenfalls auf die physikalischen Platten verteilt, um im Fehlerfall die Wiederherstellung einer Platte zu unterstützen. Es gibt mehrere RAID-Varianten (RAID-0, RAID-1, ...) und auch Kombinationen (RAID-10).

7. *Erläutern Sie die Arbeitsweise von RAID-1!*
   In RAID-1-Systemen wird eine Vollspiegelung der Daten durchgeführt. RAID-1 bietet die volle Redundanz der gespeicherten Daten, wobei die Kapazität des Systems höchstens so groß ist, wie der kleinste Spiegel. Fällt ein Spiegel aus, können die Platten des anderen Spiegels weiterhin genutzt werden. Bei RAID-1 wird bei schreibendem Zugriff immer auf beide Festplattenspiegel zugegriffen, da eine Kopie erstellt werden muss.

8. *Was ist der Unterschied zwischen RAID-4 und RAID-5?*
   Bei RAID-4 werden die Datenbits wie bei RAID-0 zu Streifen zusammengefasst. Pro Streifen wird eine Prüfsumme gebildet und auf einer eigenen Platte gespeichert. In RAID-5-Systemen sind die Paritätsabschnitte auf alle Platten verteilt, um eine gleichmäßige Plattenauslastung zu erreichen. Ansonsten ist RAID-5 sehr ähnlich zu RAID-4.

9. *Welchen wesentlichen Vorteil bietet RAID-6 im Vergleich zu RAID-5 und welcher Nachteil wird dadurch erkauft?*

RAID-6-Systeme sind wie RAID-5 aufgebaut, speichern aber mehr redundante Prüfdaten, so dass sogar der Ausfall von zwei Platten ohne Auswirkung bleibt. Wenn n Festplatten für die Nutzdaten benötigt werden, ist ein RAID-6-System aus n + 2 Platten aufgebaut.

RAID-6 zeichnet sich durch gute Leistung beim Lesen aus, die Schreibleistung ist allerdings schlechter als bei RAID-5.

10. *Welche Vorteile bietet RAID-10?*

RAID-10 vereinigt als Kombination von RAID-0 und RAID-1 die Vorteile beider Verfahren. Es wird Striping und anschließend eine Spiegelung durchgeführt, d. h. RAID-10-Systeme sind schnell und ausfallsicher.

11. *Welchen Vorteil hat Software-RAID gegenüber Hardware-RAID?*

Bei Software-RAID ist keine eigene Controller-Hardware erforderlich, da die Verwaltung der RAID-Platten im Betriebssystem erfolgt.

12. *Zu welchen Problemen kann Caching von Plattenspeicherinhalten in Treiberpuffern bei Ausfall eines Systems führen?*

Caching kann zu Inkonsistenzen führen, wenn das System ausfällt. Es kann nämlich sein, dass zum Ausfallzeitpunkt noch nicht alle Daten aus dem Cache auf einen persistenten Speicher geschrieben wurden.

13. *Was sind i-Nodes unter Unix und wozu dient die i-Node-Struktur?*

i-Nodes sind unter Unix spezielle Datenstrukturen, in denen die Dateiverwaltung je Datei festhält, welche physikalischen Blöcke dieser zugeordnet sind. Über i-Nodes sind alle Blöcke, die eine Datei hat, im Zugriff.

14. *Welche Dateisysteme unter Windows kennen Sie und wie unterscheiden sie sich?*

Windows kennt vor allem folgende Dateisysteme:

- CDFS (CD-ROM File System) ist ein einfaches Read-Only-Format für CD-ROMs. Windows implementiert den ISO-9660-Standard. Die Länge von Verzeichnis- und Dateinamen ist auf 31 Zeichen begrenzt. Es wird nicht zwischen Groß- und Kleinschreibung bei Datei- und Verzeichnisnamen unterschieden. Die Hierarchie der Verzeichnisse ist auf acht Ebenen limitiert. Dieses Format ist aber schon veraltet.
- UDF (Universal Disk Format) ist ISO-13346-konform. Es ersetzt CDFS und ist in der DVD-Spezifikation enthalten. Es unterstützt maximale Dateinamenlängen von 255 Zeichen, eine maximale Pfadlänge von 1023 Zeichen und Groß- und Kleinschreibung bei Datei- und Verzeichnisnamen.
- FAT-16 (FAT = File Allocation Table) ist das alte MS-DOS-Dateisystem und nutzt 16-Bit-Plattenadressen.
- FAT-32 ist ebenfalls ein altes Dateisystem und nutzt 32-Bit-Plattenadressen.
- NTFS (NT Filesystem) ist ein modernes, hierarchisches Dateisystem. NTFS nutzt 64-Bit-Plattenadressen.

15. *Was bezeichnet man als SAN?*

Ein SAN ist ein Netzwerk, in dem große Datenmengen gespeichert und bewegt werden. Im SAN wird der gesamte Speicher, unabhängig von Standort und Betriebssystem, zentral verwaltet und zu virtuellen Einheiten zusammengefasst. Der Speicher muss dazu nicht an ein und demselben Ort untergebracht sein.

Die Server sehen das SAN als eine Art Datenpool, der in voneinander getrennte logische Einheiten aufgeteilt ist. Mehrere redundante Wege zwischen dem Anwender und den Daten können auch vor möglichen Ausfällen schützen.

11.9 Betriebssystemvirtualisierung

1. *Was ist der Unterschied zwischen Emulation und Virtualisierung?*

Bei der *Emulation* wird die komplette Hardware in Software nachgebildet, während bei Virtualisierung in der Regel nur ein geringer Teil der Befehle des kompletten Befehlssatzes nachgebildet werden.

2. *Was muss ein Prozessor nach Popek und Goldberg erfüllen, damit eine effiziente Virtualisierbarkeit gegeben ist?*

Nach Popek und Goldberg ist eine Rechnerarchitektur virtualisierbar, wenn alle sensitiven Operationen privilegiert sind. Wenn alle sensitiven Befehle eine Teilmenge der privilegierten Befehle darstellen, kann auf jeden Fall ein Hypervisor nach Popek und Goldberg konstruiert werden.

3. *Was ist im Sinne der Virtualisierung ein kritischer Maschinenbefehl?*

Kritische Befehle sind sensitiv, aber nicht privilegiert und verursachen daher bei der Betriebssystemvirtualisierung gewisse Probleme, weil das Gastgeberbetriebssystem nicht erkennen kann, ob sie vom Anwendungsprogramm oder vom Hostbetriebssystem abgesetzt werden.

4. *Was versteht man unter einem Typ-1-Hypervisor?*

Ein Typ-1-Hypervisor dient der Betriebssystemvirtualisierung, ist direkt über der Hardware als kleines Minibetriebssystem platziert und läuft im Kernelmodus (Ring 0) oder in einem speziellen, privilegierten Modus.

5. *Was versteht man unter einem Typ-2-Hypervisor?*

Ein Typ-2-Hypervisor dient der Betriebssystemvirtualisierung und läuft als einfaches Benutzerprogramm über einem Gastgeberbetriebssystem. Man nennt den Ansatz auch Hosted-Ansatz.

6. *Was versteht man unter Paravirtualisierung?*

Hier handelt es sich um eine Technik zur Betriebssystemvirtualisierung. Von Paravirtualisierung spricht man, wenn man das Gastbetriebssystem verändert. Der Hypervisor ist in diesem Fall ein reduziertes Betriebssystem, das auch als paravirtualisiertes Betriebssystem bezeichnet wird. Vom Gastbetriebssystem werden Hypervisor-Aufrufe über spezielle Systemaufrufe (API) an das Gastgeberbetriebssystem abgesetzt.

7. *Was ist eine Schattentabelle im Sinne der Betriebssystemvirtualisierung?*

Die Umsetzung der realen auf die physikalische Adresse erfolgt bei der Virtualisierung z. B. über die Schattentabelle. Über diese ist eine direkte Umsetzung einer virtuellen auf eine physikalische Adresse möglich.

8. *Was bedeutet Ballooning bei der Speicherverwaltung eines Hypervisors?*

Wenn der Hypervisor selbst Speicher benötigt, initiiert er bei den Gastbetriebssystemen Replacement-Aktivitäten, indem er künstlich Speicher anfordert. Hier spricht man von Ballooning.

9. *Wozu dient der Virtual Processor Identifier bei der Verwaltung des TLB?*

Der Virtual Processor Identifier (VPID) ist eine eindeutige Identifikation einer VM (vergleichbar mit der PID für Prozesse) und kann als Identifikationsmerkmal für die Zuordnung der TLB-Einträge zu den VMs genutzt werden. Damit wird es möglich, dass der TLB nicht bei jedem VM-Wechsel vollständig entlehrt und neu belegt werden muss.

Anhang

Zahlenbezeichnungen

Die großen Zahlen ab Billion sind meist nicht so geläufig. Deshalb soll die folgende Tabelle diese zusammenfassen. Die Vorsilben zu „-illion" und „-illiarde" leiten sich aus dem Lateinischen ab (Tab. A.1).

Es sei noch erwähnt, dass das gezeigte Namensystem als System der *langen Leiter* bezeichnet wird. Es ist das heute anerkannte Referenzsystem für Zahlennamen. Trotzdem verwenden die USA, Brasilien und weitere Länder das System der kurzen Leiter, bei dem die Billion nur das 1000-fache einer Million ist. Der europäischen Billion entspricht das US-amerikanische Trillion usw. Eine Billion ist also im US-amerikanischen Sprachraum

Tab. A.1 Zahlennamen für große Zahlen

Zahl	Zahlenname
10^3	Tausend
10^6	Million
10^9	Milliarde
10^{12}	Billion
10^{15}	Billiarde
10^{18}	Trillion
10^{21}	Trilliarde
10^{24}	Quadrillion
10^{27}	Quadrilliarde
10^{30}	Quintillion
10^{33}	Quintilliarde
	…
10^{60}	Dezillion
10^{63}	Dezilliarde
10^{66}	Undezillion
10^{69}	Undezilliarde
	…

© Springer Fachmedien Wiesbaden GmbH, ein Teil von Springer Nature 2020   329
P. Mandl, *Grundkurs Betriebssysteme*,
https://doi.org/10.1007/978-3-658-30547-5

1000^3, eine Trillion 1000^4, eine Quadrillion 1000^5 usw. Auch das britische Englisch nutzt zunehmend den US-amerikanischen Sprachgebrauch.

Metrische Grundeinheiten

Es sind weltweit sowohl die sog. metrischen als auch die angelsächsischen Einheiten in Gebrauch. Die metrischen Grundeinheiten sind in den folgenden Tabellen nachzulesen. Die Groß- und Kleinschreibung ist auch hier nicht einheitlich geregelt. Beide Schreibweisen sind in Gebrauch (Tab. A.2 und A.3).

In der Informatik werden als Sonderfall für die Angaben von Speicherplatzgrößen Zweierpotenzen verwendet. Dies ist aber nicht aus den Maßeinheiten ersichtlich.

Beispiele hierzu sind:

Kbyte, KByte, kB oder KB = 2^{10} = 1024 Byte (Kilobyte)

Mbyte, MByte oder MB = 2^{20} = 1024 * 1024 Byte = 1.048.576 (Megabyte)

Gbyte, GByte oder GB = 2^{30} = 1024 * 1024 * 1024 Byte = 1.073.741.824 (Gigabyte)

Tbyte, TByte oder TB = 2^{40} (Terabyte) …

Tab. A.2 Metrische Grundeinheiten 1

Exponentendarstellung	Ausgeschriebene Zahl	Präfix
10^{-3}	0,001	Milli
10^{-6}	0,000001	Micro
10^{-9}	0,000000001	Nano
10^{-12}	0,000000000001	Pico
10^{-15}	0,000000000000001	Femto
10^{-18}	0,000000000000000001	Atto
10^{-21}	0,000000000000000000001	Zepto
10^{-24}	0,000000000000000000000001	Yocto

Tab. A.3 Metrische Grundeinheiten 2

Exponentendarstellung	Ausgeschriebene Zahl	Präfix
10^3	1000	Kilo
10^6	1.000.000	Mega
10^9	1.000.000.000	Giga
10^{12}	1.000.000.000.000	Tera
10^{15}	1.000.000.000.000.000	Peta
10^{18}	1.000.000.000.000.000.000	Exa
10^{21}	1.000.000.000.000.000.000.000	Zetta
10^{24}	1.000.000.000.000.000.000.000.000	Yotta

Die Schreibweisen sind zwar in der Praxis noch üblich, zur Vermeidung von Mehrdeutigkeiten hat die Internationale Elektrotechnische Kommission (kurz: IEC = International Electrotechnical Commission) aber eine Normierung der Schreibweisen von Einheitenvorsätzen für die binäre Verwendung vorgeschlagen. Diese wurden auch durch die ISO (International Standardization Organisation) und durch die DIN (Deutsche Industrie Norm) übernommen. Die weltweite ISO-Norm hat die Bezeichnung IEC 80000-13:2008. Die folgende Tabelle führt die Bezeichnungen und Bedeutungen auf (Tab. A.4).

Bei Angaben zu Datenübertragungsraten werden aber keine Zweierpotenzen verwendet, z. B. ist ein Kbit/s = 1000 Bit pro Sekunde und ein Mbit/s = 1.000.000 Bit pro Sekunde.

Wichtige Datenstrukturen für Betriebssysteme

Betriebssysteme verwalten verschiedene Daten bzw. Objekte.[1] Der Zugriff auf diese muss oft sehr effizient sein. Hierzu werden einige grundlegende Datenorganisationsformen bzw. Datenstrukturen verwendet. Dieser Anhang gibt, ergänzend zu den Hauptkapiteln, eine kurze Einführung in einige Datenstrukturen, die in Betriebssystemen häufig eingesetzt werden. Weitere Informationen zu Datenstrukturen sind in (Güting und Dieker 2003) zu finden.

Datenstrukturen werden in der Informatik in Form ihrer Datenelemente sowie der darauf möglichen Operationen definiert. Datenstrukturen können über die Notationen von Programmiersprachen, über XML oder auch verbal beschrieben werden. Je nach Programmiersprache beschreibt man eine Datenstruktur als Struktur (COBOL, C) oder als Objektklasse (C++, Java, C#). Wird der Schwerpunkt der Beschreibung auf die Operationen gelegt, so kann man für deren formale Beschreibung eine algebraische Spezifikation bzw. sog. Abstrakte Datentypen (ADTs) verwenden.

Wir betrachten die folgenden in Betriebssystemen recht häufig verwendeten Datenstrukturen:

Tab. A.4 Dezimal- und Binärpräfix-Notation

Dezimalpräfix-Notation		Binärpräfix-Notation	
Bezeichnung	Bedeutung	IEC-Bezeichnung	Bedeutung
Kilobyte (kB)	10^3 = 1000 Byte	Kibibyte (KiB)	2^{10} = 1024 Byte
Megabyte (MB)	10^6 = 1.000.000 Byte	Mebibyte (MiB)	2^{20} = 1.048.576 Byte
GigaByte (GB)	10^9 Byte	Gibibyte (GiB)	2^{30} Byte
TeraByte (TB)	10^{12} Byte	Tebibyte (TiB)	2^{40} Byte
PetaByte (PB)	10^{15} Byte	Pebibyte (PiB)	2^{50} Byte
ExaByte (EB)	10^{18} Byte	Exbibyte (EiB)	2^{60} Byte
ZettaByte (ZB)	10^{21} Byte	Zebibyte (ZiB)	2^{70} Byte
YottaByte (YB)	10^{24} Byte	Yobibyte (YiB)	2^{80} Byte

---

[1] Je nach Betrachtungsweise, daten- oder objektorientiert.

- Zeiger- und Referenztypen
- Sequenzen bzw. diverse Listen
- Stapelspeicher (auch Kellerspeicher oder Stack)
- Warteschlangen (Queues)
- Hashtabellen

Andere Datenstrukturen wie Bäume und sonstige Graphen würden den Rahmen dieser Einführung sprengen. Bäume werden beispielsweise häufig für die Datenorganisation in Dateisystemen und in Datenbanksystemen verwendet.

Zeiger- und Referenztypen

Ein Zeiger (auch Pointer) ist ein Verweis auf ein Objekt oder auf Daten im Hauptspeicher, also im Prinzip ein Verweis auf eine Speicheradresse, die in einer Programmiersprache über einen symbolischen Namen angesprochen werden kann. Zeiger und Referenzen werden oft nicht richtig verstanden. Offensichtlich fällt die Vorstellung, dass eine Variable als Wert eine Adresse enthält, die man auch noch zur Laufzeit verändern kann, nicht leicht. In der Assemblerprogrammierung spricht man hier einfach von Adressen. In den Sprachen C und C++ (vor allem in C) werden Zeiger häufig genutzt. Man kann Zeiger zur Laufzeit dynamisch mit Werten belegen und auch gewisse Operationen mit ihnen ausführen.

Der Ausdruck $p++$ für eine Zeigervariable mit dem symbolischen Namen p bedeutet z. B. in der Sprache C, dass sich der Wert des Zeigers verändert. Es wird genau die Länge des Typs von p auf den Wert von p addiert. Ist p also ein Zeiger auf eine Integervariable, so wird – je nach Rechnerarchitektur – 2 oder 4 zu p addiert. Dies entspricht der Länge eines Integerwertes in Byte, die dieser im Speicher benötigt. Ist p vom Typ *Kunde*, so wird die Länge in Byte, die eine Datenstruktur vom Typ *Kunde* benötigt, zu p addiert.

Von Java behauptet man oft, dass es eine Sprache ohne Zeiger sei, man spricht eher von Referenzen. Dies führt oft zur Verwirrung. Man kann dies aber auch anders sehen: In Java gibt es schon Zeiger, allerdings kann der Programmierer im Gegensatz zu C diese nicht direkt beeinflussen.

Zeiger bzw. Referenzen sind dynamische Typen, die man hauptsächlich benötigt, wenn man zur Laufzeit Daten bzw. Objekte erzeugt und zu gegebener Zeit wieder freigibt. Die Daten/Objekte werden durch das Laufzeitsystem der Sprache im sog. Heap[2] verwaltet. Während man sich in den Sprachen C und C++ selbst um die Bereinigung des Heaps kümmern muss, gibt es in Sprachen wie Java und C# in der Speicherverwaltung innerhalb des Laufzeitsystems einen sog. Garbage Collector, der sich darum kümmert.

Man definiert einen Zeigertyp auf einen bestimmten Objekttyp in C bzw. C++ üblicherweise wie folgt:

---

[2] Ein Speicherbereich für dynamisch erzeugte Datenbereiche.

```
int *p1;
```

In diesem Fall wird eine Zeigervariable mit dem Namen p1 auf einen Integerwert deklariert.

Man kann auch Zeiger auf eigene Datentypen verwenden. Der Bezeichner *typedef* führt einen neuen Datentyp ein. Dies sieht etwas komplizierter aus, wie das folgende Beispiel andeuten soll:

```
typedef struct { int i, double d} MyType;
MyType *Pointer_auf_MyType;
```

Das Zeichen „*" bedeutet, dass der nachfolgende Bezeichner der Name eines Zeigers ist. Der Typ, auf den der Zeiger verweisen kann, ist im obigen Beispiel *MyType*. Dies ist im Prinzip eine Datenstruktur bestehend aus einem Integer- und einem Doublewert.

Die Deklaration eines Zeigers (hier mit dem Namen p2) vom Typ *Pointer_auf_MyType* sieht dann wie folgt aus:

```
Pointer_auf_MyType *p2;
```

In Java ist jede Variable, die eine Instanz einer bestimmten Objektklasse repräsentiert, eine Referenz, die wie folgt deklariert werden kann:

```
// Klasse MyType wird definiert
class MyType { … }
...
MyType p1; // Referenz p1 wird erzeugt
MyType p2; // Referenz p2 wird erzeugt
```

Die Variablen p1 und p2 sind in diesem Fall Referenzen auf Objekte der Klasse *MyType*, die allerdings erst einen richtigen Wert (eine Adresse) erhalten, wenn eine Instanz von *MyType* zugewiesen und damit einer der Konstruktoren von *MyType* durchlaufen wird. Dies kann wie folgt aussehen:

```
// Objekt vom Typ MyType wird instanziiert und Standardkonstruktor
// wird durchlaufen
p1 = new MyType();
```

In Abb. A.1 sind die beiden Variablen skizziert. *p1* verweist bereits auf eine konkrete Instanz, hat also als Wert eine definierte (Adresse, *p2* hat dagegen einen undefinierten Wert, da noch keine konkrete Referenz auf eine Instanz zugewiesen wurde).

Wie viel Speicherplatz das Laufzeitsystem eines Compilers oder Interpreters (je nach Sprache) für die Referenzen belegt, hängt von der Größe des Adressraums und dem Aufbau der Adressen ab. Bei einem 32-Bit-Adressraum benötigt eine Referenz 32 Bit.

Abb. A.1 Java-Referenzen

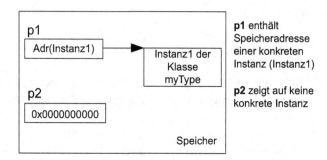

Wie bereits angedeutet, benötigt man Zeiger oder Referenzen insbesondere für die Erzeugung und Manipulation dynamischer Datenstrukturen. Die Elemente von Listen oder Warteschlangen werden häufig mit Zeigern implementiert, falls die Anzahl der zu verwaltenden Elemente von vorneherein nicht bekannt ist und diese sich während der Programmlaufzeit stark verändern kann.

Sequenzen, Listen

Datentypen mit einem Wertebereich, der aus einer endlichen Folge (einer Sequenz) von Objekten des gleichen Typs besteht, bezeichnet man als Sequenzen. Allgemein ist eine Sequenz $<a_1, \ldots, a_n>$ eine Folge aus n Elementen des gleichen Grundtyps. Als Grundtypen kommen wiederum alle möglichen Datentypen in Frage. Es kann sich hier z. B. um Objekte des Typs *Prozess* (Name frei vergeben) handeln, der wie folgt definiert werden kann (hier in Java):

```java
class Process {
    int type;
    int status;
    Date creationDate;
    ...
};
```

Ohne Bezug auf eine konkrete Implementierung zu nehmen, werden Sequenzen meistens auch als Listen bezeichnet, von denen es verschiedene Ausprägungen und Implementierungsvarianten gibt.

Eine konkrete Ausprägung einer Liste mit der Bezeichnung *MyList* soll hier beispielhaft etwas formaler angelehnt an (Güting und Dieker 2003) beschrieben werden:

```
algebra MyList
sorts list, elem, bool
ops
   empty : → list
   first : list → elem
   rest : list → list
```

```
append : list x elem → list
concat : list x list → list
isempty : list → bool
sets list = {<a₁,…, aₙ> | n >= 0, aᵢ ∈ elem}
functions
empty = 0
first (a₁…aₙ) = a₁, falls n > 0; sonst undefiniert
rest (a₁…aₙ) = a₂…aₙ, falls n > 0; sonst undefiniert
append (a₁…aₙ, x) = x a₁…an
concat (a₁…aₙ, b₁…bₘ) = a₁…aₙ * b₁…bₘ
isempty (a₁…aₙ) = (n = 0)
end MyList
```

In diesem Beispiel wird eine Liste mit Elementen vom Typ *elem* spezifiziert, die eine Reihe von Operationen (*ops*) mit den Bezeichnungen *first*, *rest*, *empty*, *append*, *concat* und *isempty* bereitstellt. Die Operation *first* liefert z. B. das erste Element der Liste, die Operation *concat* ermöglicht das Verbinden zweier Listen, und die Operation mit dem Namen *append* dient dem Anhängen eines neuen Elements vorne an die Liste. Je nach Listenausprägung können noch weitere Operationen, wie *insert* für das Einfügen eines Elements, an einer bestimmten Stelle hinzukommen.

Die Liste wird als Menge von Elementen dargestellt, wobei eine Liste auch leer sein kann (siehe *sets*). In *functions* wird die Funktionsweise der Operationen näher spezifiziert. Hier wird z. B. genau gezeigt, wo ein neues Element durch die Operation *append* abgelegt wird. Das neue Element mit der Bezeichnung *x* wird in diesem Fall ganz vorne an die Liste angefügt.

Listen sind üblicherweise dynamische Datenstrukturen, in denen eine beliebige, anfangs noch nicht feststehende Anzahl von Objekten gespeichert werden kann. Man kann nun Listen auf vielfältige Weise implementieren. Mögliche Varianten sind einfache Arrays, einfach und doppelt verkettete Listen mit Hilfe von Zeigern bzw. Referenzen und einfach oder doppelt verkettete Listen in Arrays. Bei verketteten Listen verweist jedes Element immer auf das Folgeelement und je nach Organisation evtl. auch auf das vorhergehende Element. Man spricht von einer Verkettung der Elemente.

Implementierung in einfachen Arrays Arrays (auch als Felder bezeichnet) sind einfache Implementierungen von Sequenzen bzw. Listen zur Speicherung von mehreren Elementen des gleichen Typs. Die Elemente werden hintereinander im Speicher abgelegt. Der Zugriff auf ein Element im Array erfolgt über einen numerischen Index.

Arrays sind meist in Programmiersprachen verfügbar oder als erweiterte Arrays in Bibliotheken (C, C++), Packages (Java) oder Namespaces[3] (C#). Ein Beispiel für etwas komfortablere Arrays ist in Java und C# unter dem Namen *ArrayList* zu finden.

---

[3] Unter einem Namespace (Namensraum) versteht man in C# eine logische Gruppierung von Typen, der vergleichbar mit Java-Packages ist. Namensräume können hierarchisch organisiert sein.

Arrays können meist beliebig viele Dimensionen annehmen. Eindimensionale Arrays heißen auch Vektoren, und zweidimensionale Arrays heißen Tabellen oder Matrizen. In Abb. A.2 ist ein eindimensionales Array mit Integer-Elementen dargestellt.

Die Adressierung eines Elements in einem eindimensionalen Array kann wie folgt aussehen, wobei in der Regel das erste Element mit dem Index 0 adressiert wird:

```
Adresse eines Elements i = Anfangsadresse des Arrays + (i * Länge des
Elements)
```

Einfache sequenzielle Implementierungen von Listen in Arrays sind recht unflexibel. Das Einfügen und Löschen von Elementen ist aufwändig und erfordert meist ein Verschieben der restlichen Elemente. Effizient sind Arrays, wenn die Anzahl der Elemente von Anfang an bekannt ist und Elemente selten wieder entfernt werden.

Für das Suchen und Löschen muss eine Vergleichsoperation vorhanden sein. In den Daten muss es also eine Schlüsselinformation geben, um die entsprechende Stelle in der Liste finden zu können. Wenn eine Sortierung der Elemente nach einem Index möglich ist, kann ein Element auch schnell aufgefunden werden. Die Suche nach anderen Kriterien muss aber sequenziell erfolgen, da das Suchkriterium jeweils mit dem entsprechenden Wert jedes Elements verglichen werden muss.

Implementierung in verketteten Listen Sequenzen sollten in dynamischen Datenstrukturen verwaltet werden, wenn die Anzahl der Elemente stark von der Laufzeit abhängig und auch nicht vorhersehbar ist. Je nach Problemstellung können diese einfach verkettet oder auch doppelt verkettet sein. Bei einfach verketteten Listen hat jedes Element neben den Nutzdaten (data) einen Zeiger (next), der auf das Folgeelement verweist (siehe Abb. A.3). Darüber hinaus ist ein Anfangszeiger (*Anker*) und meist auch ein Zeiger auf das Ende der Liste (im Bild mit *Last* bezeichnet) notwendig. Auf letzteren könnte allerdings auch verzichtet werden, da man beim Traversieren der Liste auch bis zum letzten Element kommt.

Abb. A.2 Eindimensionales Array mit Integerwerten

Index	
0	1333
1	1444
2	1555
3	132
4	1400
5	2
6	15
7	4

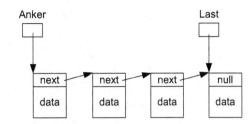

Abb. A.3 Lineare, einfach verkettete Liste

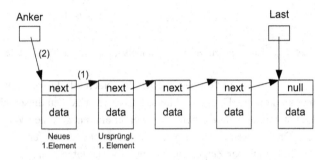

Abb. A.4 Anhängen eines Listenelements an eine einfach verkettete Liste

Die oben beschriebene Operation *append* zum Anhängen eines Listenelements an den Anfang der Liste könnte dann, wie in Abb. A.4 dargestellt, realisiert werden. Es sind zwei Aktionen notwendig. Zunächst muss der next-Zeiger des neuen Elements auf das ursprünglich erste Element gestellt werden. Im zweiten Schritt muss der Anker so verändert werden, dass er auf das neue Element verweist. Die anderen Listenelemente sind von der Operation nicht betroffen. Wie wir in späteren Kapiteln noch sehen werden, müssen diese beiden Aktionen ganz oder sie dürfen gar nicht ausgeführt werden. Würde die Operation nach der ersten Aktion beendet, hätte man einen inkonsistenten Zustand in der Liste. Darüber wird im Zusammenhang mit parallelen Zugriffen auf gemeinsam genutzte Ressourcen durch mehrere Prozessen die Rede sein (Kap. 6).

Etwas komplizierter wäre eine Operation *insert*, welche die Aufgabe hätte, ein Listenelement nach einem bestimmten anderen Listenelement, also nicht zwangsläufig am Anfang der Liste einzufügen. Für diese Aufgabe ist ein Vergleichskriterium in den Nutzdaten notwendig, und die Liste muss von vorne bis zu dem Element traversiert werden, welches das Kriterium erfüllt. Das Einfügen als erstes Element stellt dann einen Spezialfall dar.

Wie in Abb. A.5 dargestellt, wird bei der Operation *insert* zunächst über einen Hilfszeiger bis zu dem Element traversiert, welches das Kriterium erfüllt. Anschließend wird der next-Zeiger des einzufügenden Elements auf das Folgeelement des gefundenen Elements gestellt. Schließlich wird in einer dritten Aktion der next-Zeiger des gefundenen Elements auf das neue Element gestellt. Wenn das Element an das Ende angehängt wird, ist zusätzlich noch eine Veränderung des Last-Zeigers erforderlich. Das Gleiche gilt für den Anker beim Einfügen des Elements an den Anfang der Liste. Der Leser möge sich nun selbst überlegen, wie das Löschen eines Elements an einer bestimmten Stelle (delete-Operation) aussehen könnte.

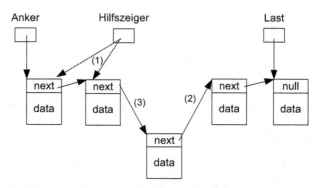

Abb. A.5 Einfügen eines Listenelements in eine einfach verkettete Liste

Einfach verkettete Listen haben den Nachteil, dass sie nur in eine Richtung traversiert werden können. Doppelt verkettete Listen vermeiden diesen Nachteil, indem Sie zu jedem Listenelement neben einem next-Zeiger auch noch einen Vorgänger-Zeiger (pred) verwalten. Dies kostet natürlich beim Einfügen und Entfernen von Elementen mehr Aufwand. Ein Beispiel über Zeiger einer doppelt verketteten Liste ist in Abb. A.6 skizziert.

Die Operationen zum Anhängen, Einfügen und Löschen sollen hier nicht weiter vertieft werden.

Implementierung von verketteten Listen in Arrays Verkettete Listen können auch in statischen Arrays verwaltet werden. Dies ist sinnvoll, wenn die Anzahl der Elemente von vorne herein bekannt ist. Bei einer Veränderung der maximalen Anzahl allerdings muss eine aufwändige Reorganisation durchgeführt werden.

Die Indizes auf die Elemente geben hier die Position innerhalb der Liste an. Abb. A.7 zeigt ein Beispiel einer einfach verketteten Liste mit acht möglichen Elementen, von denen fünf aktuell belegt sind. Die Liste beginnt in dem Element mit dem Index 3 und ist über ein Nachfolgerfeld, in dem der Index des nächsten Elements steht, verlinkt.

Auch mehrere Listen können in einem Array verwaltet werden, was in Betriebssystemen insbesondere bei der Verwaltung von Speicherbereichen häufig angewendet wird (mehr dazu in Kap. 7).

Die gezeigten Operationen stellen nur einige sinnvolle Beispiele dar. Je nach Nutzung der Liste sind weitere, spezielle Operationen denkbar. Listen werden natürlich nicht nur zur Verwaltung von Objekten in Betriebssystemen benötigt. In nahezu jedem komplexeren Anwendungssystem wird diese Art der Datenorganisation in der einen oder anderen Form verwendet. Allerdings programmiert man die abstrakten Datentypen heute nicht mehr selbst, sondern nutzt weitgehend Basisdatentypen oder Basisklassen aus dem Fundus vorhandener Bibliotheken bzw. Paketen. Man spricht in der objektorientieren Programmierung hier auch von sog. Collection-Klassen (siehe z. B. in Java), deren Implementierung nicht mehr nach außen sichtbar ist. Diese Klassen sind heute so generisch konzipiert, dass sie alle möglichen Basisdatentypen aufnehmen können.

Abb. A.6 Lineare, doppelt
verkettete Liste

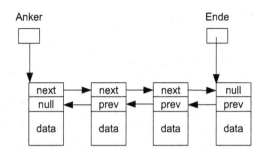

Abb. A.7 Lineare, einfach
verkettete Liste im Array

Index	Wert	Nachfolger
0	1200	-1 (undef.)
1		
2		
3	1300	4
4	1400	6
5		
6	1500	7
7	200	0

Listen-anfang → 3

Stapelspeicher, Stack

Ein Stapelspeicher (Kellerspeicher, engl. Stack) dient dazu, eine beliebige Anzahl von
meist gleich großen „Objekten" zu speichern. Die Objekte werden wie in einem Stapel
immer oben drauf gelegt und können auch nur von oben, also in umgekehrter Reihenfolge,
wieder entnommen (gelesen) werden. Dies entspricht von der Organisationsform dem
LIFO-Prinzip (Last-In-First-Out, deutsch: zuletzt hinein – zuerst heraus). Für die Definition und damit die Spezifikation des Stapelspeichers ist es unerheblich, welche Objekte
darin verwaltet werden. Ein Stack ist im Prinzip ein Spezialfall einer Liste. Für die Bearbeitung der Datenstruktur werden die folgenden, speziellen Operationen benötigt, deren
Namen historisch festgelegt sind:

- *push*, um ein Objekt im Stapelspeicher zu speichern (ganz oben).
- pop, um das zuletzt gespeicherte Objekt wieder zu lesen und damit auch vom Stapel zu
  entfernen.
- Optional gibt es noch die Operation *top* bzw. *peek*, um das oberste Objekt ausschließlich zu lesen und nicht zu löschen.

Die *top*-Operation ist nicht zwingend vorgeschrieben, wird aber oft implementiert, um
pop/push zu ersetzen, da es oft interessant ist, das oberste Element zu „testen". Die Schnittstellensignatur für einen Stack kann formal etwas vereinfacht wie folgt angegeben werden
(Güting und Dieker 2003):

```
algebra MyStack
sorts stack, elem, bool
ops
    // Anlegen eines Stack
    empty : → stack
    // Einfügen eines Elements
    push : stack x elem → stack
    // Abholen eines Elements mit Löschen
    pop : stack → stack
    // Auslesen eines Elements ohne Löschen
    top : stack → elem
    // Abfrage, ob Stack leer ist
    isEmpty : stack → bool
    ...
end MyStack
```

Die Implementierung eines Stack kann vielfältig gestaltet sein. Man kann einen Stack in einer verketteten, dynamischen Liste, in einer verketteten Liste innerhalb eines Arrays oder auch in einem einfachen Array bzw. Vektor realisieren. Ein Zeiger verweist üblicherweise immer auf das oberste Element (siehe Abb. A.8).

Stacks werden heute vielfältig verwendet. Beispielsweise nutzt man sie in vielen Programmiersprachen[4] zur Parameterübergabe sowie zur Rückgabe der Ergebnisse bei Prozeduraufrufen. Lokale Variablen von aufgerufenen Prozeduren (Unterprogrammen) werden ebenfalls auf dem Stapel gespeichert.

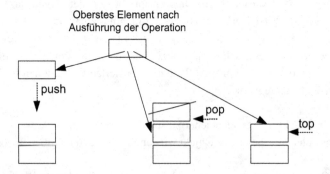

Abb. A.8 Stapelspeicher-Operationen

---

[4] Die Verwendung eines Stapelspeichers zur Übersetzung von Programmiersprachen wurde 1957 Friedrich Ludwig Bauer und Klaus Samelson unter der Bezeichnung „Kellerprinzip" patentiert. Siehe hierzu: Deutsches Patentamt, Auslegeschrift 1094019, B441221X/42m. Verfahren zur automatischen Verarbeitung von kodierten Daten und Rechenmaschine zur Ausübung des Verfahrens. Anmeldetag: 30. März 1957. Bekanntmachung der Anmeldung und Ausgabe der Auslegeschrift: 1. Dezember 1960.

Weiterhin werden sie in Betriebssystemen z. B. zur Speicherung des aktuellen Zustands bei einem Wechsel von einem Prozess zu einem anderen (Kontextwechsel, siehe Kap. 5) verwendet. Bei Mikroprozessoren werden sie meist von der Hardware direkt verwaltet, was enorme Leistungsvorteile bringt. Es gibt meistens ein spezielles Hardwareregister, das als Stackpointer oder Stapelzeiger bezeichnet wird. In Multitasking-Betriebssystemen gibt es für jedes nebenläufige Programm einen eigenen Stapelspeicher. Beim Umschalten zwischen den Programmen, die in Prozessen oder Threads ablaufen, wird der dazugehörige Stapelspeicher durch das direkte Belegen des Stapelzeigers in einem speziellen Register initialisiert. Auch im Java-Interpreter werden Stacks verwendet. Die Stackpointer werden hier meist in der Software realisiert.

In der theoretischen Informatik nutzt man den Kellerspeicher in sog. Kellerautomaten als formales Beschreibungsverfahren, um bestimmte Sprachen näher zu betrachten. Kellerautomaten sind nichtdeterministische endliche Automaten, die um einen Kellerspeicher erweitert werden. Sie werden von Compilern zur Syntaxanalyse verwendet.

Warteschlangen, Queues

Warteschlangen sind ebenfalls spezielle Listen, bei denen Elemente nur vorne eingefügt und hinten, also am anderen Ende entnommen werden können. Man bezeichnet die Organisationsform daher als FIFO (First-In-First-Out). Die Elemente, welche als erstes eingefügt wurden, werden als erstes auch wieder entnommen. Eine Warteschlange kann eine beliebige Menge von Objekten aufnehmen und gibt diese in der Reihenfolge ihres Einfügens wieder zurück. Für Queues sind folgende Hauptoperationen sinnvoll:

- *enqueue* zum Hinzufügen eines Objekts
- *dequeue* zum Auslesen und Entfernen eines Objektes

Die Schnittstellensignatur für eine Warteschlange kann formal etwas vereinfacht wie folgt angegeben werden (Güting und Dieker 2003):

```
algebra MyQueue
sorts queue, elem, bool
ops
    // Anlegen einer Queue
    empty : → queue
    // Erstes Element
    front: queue → elem
    // Einfügen eines Elements
    enqueue: queue x elem → queue
    // Abholen eines Elements
    dequeue: queue → queue
    // Abfrage, ob Queue leer ist
    isempty : queue → bool
    ...
end MyQueue
```

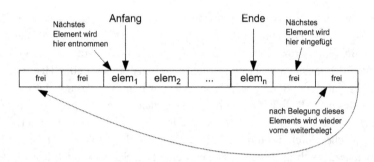

Abb. A.9 Queue-Implementierung in einem Array

Mit der Operation *dequeue* wird immer das Objekt aus der Warteschlange gelesen, welches als erstes mit *enqueue* hineingelegt wurde. Warteschlangen sind im praktischen Leben sehr häufig anzutreffen. Man findet sie z. B. vor jeder Kasse im Kino oder in einem Geschäft. Die Person, die vorne am nächsten zur Kasse steht, wird als erstes bedient und dann aus der Warteschlange „entfernt".

Man kann nun Warteschlangen über viele Varianten implementieren. Eine einfache Implementierung kann in einem statischen Array erfolgen. Allerdings ist es sinnvoll, das Array zyklisch zu verwalten. Das letzte Element verweist hier wieder an den Anfang. Bei dieser Organisationsform kann bei richtiger Dimensionierung der Array-Größe erreicht werden, dass der Speicherplatz nicht ausgeht. Nach dem letzten Platz im Array wird bei einer *enqueue*-Operation wieder der erste Array-Platz mit Index 0 belegt, sofern dort Platz ist. Man nennt diese Art der Implementierung auch Ringpuffer. Abb. A.9 zeigt eine mögliche Implementierung einer zyklischen Queue innerhalb eines Arrays als Ringpuffer. Wenn der Puffer voll ist, wird im Extremfall das älteste Element überschrieben. Eine saubere Im-plementierung muss aber einen Pufferüberlauf vermeiden, indem im schlimmsten Fall eine Reorganisation durch zusätzliche Speicheranforderung erfolgt, um Datenverluste zu vermeiden. Der Anfangszeiger verweist auf das Element, welches als nächstes entnommen wird, der Ende-Zeiger auf das zuletzt eingefügte Element. Nach Belegung des letzten, physikalisch verfügbaren Platzes im Array wird wieder der erste Platz im Array belegt, falls dieser frei ist. Ist er nicht frei, gibt es einen Pufferüberlauf.

Eine andere Implementierungsvariante zeigt Abb. A.10. Hier wird die Queue als einfach verkettete, dynamische Liste organisiert. Der Anfangszeiger zeigt auf das Element, das als nächstes über eine *dequeue*-Operation entnommen wird. Der Ende-Zeiger zeigt auf das letzte Element der Queue. Eine *enqueue*-Operation würde den Ende-Zeiger verändern. Das aktuell letzte Element würde dann das vorletzte Element werden.

Eine besondere Form der Queue ist die sog. Vorrang- bzw. Prioritätswarteschlange, bei der vom FIFO-Prinzip abgewichen wird. Bei der *enqueue*-Operation wird hier zusätzlich nach einer Priorität sortiert. Die dequeue-Operation liefert das Element mit der höchsten

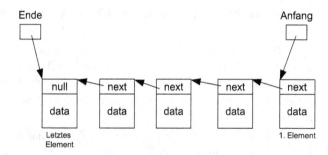

Abb. A.10 Queue-Implementierung als einfach verkettete Liste

Priorität. Queues werden in Betriebssystemen vielfältig, z. B. für die Verwaltung von Aufträgen (Jobs), Druckaufträgen, eingehenden Nachrichten usw. verwendet. Prioritätswarteschlangen findet man auch häufig bei Algorithmen, die sich mit der Zuordnung von Prozessen zu Prozessoren befassen (siehe Kap. 5).

Hashtabellen

Eine Hashtabelle ist eine spezielle Indexstruktur, die sich dazu eignet, Elemente aus großen Datenmengen schnell aufzufinden. Beim Einsatz einer Hashtabelle für die Suche in Datenmengen nutzt man ein Hashverfahren zur Auffindung der gesuchten Elemente. Das Hashverfahren wird über eine Hashfunktion realisiert, die aus einem Element-Schlüssel einen sog. Hash-Wert ermittelt, der den Index des gesuchten Elements innerhalb der Tabelle darstellt. Die Hashfunktion findet im Idealfall genau einen Hash-Wert, der den Index auf ein Element repräsentiert, die Hashfunktion kann aber auch zu einem Hash-Wert mehr als ein Element finden. Diesen Fall nennt man Kollision. Hashfunktionen sind also in der Regel nicht ein-eindeutig.

Als Zugriffsoperationen auf Hashtabellen benötigt man mindestens:

- Suchen nach einem Element über einen Element-Schlüssel
- Einfügen eines Elements inkl. des Element-Schlüssels
- Löschen eines Elements über einen Element-Schlüssel

Hashverfahren benötigt man vor allem dann, wenn die Menge der möglichen Schlüssel sehr groß, die Menge der tatsächlich vorhandenen Schlüssel aber relativ klein und von vornherein nicht bekannt ist.

Ein praktisches und anschauliches Beispiel für ein Hashverfahren ist die Suche nach Telefonnummern in einem Telefonbuch. Im Telefonbuch repräsentieren die Namen (Personen, usw.) die Schlüssel. Man sucht über einen Namen eine Telefonnummer. Auch hier kann es Kollisionen geben, wenn z. B. der Name „Mandl" gesucht wird und dieser mehrfach vorkommt.

Die Implementierung einer Hashtabelle kann in einem einfachen Array erfolgen. Wie bereits angedeutet, ist eine Hashfunktion im Allgemeinen nicht unbedingt linkseindeutig (injektiv), was bedeutet, dass zwei verschiedene Schlüssel zum selben Hash-Wert führen können, und damit wird im Array der gleiche Index angesprochen. Daher speichert man im Array meist nicht die Elemente, sondern wiederum Verweise (Zeiger) auf Container, die dann jeweils für einen Index alle passenden Elemente enthalten. Dieser Container muss dann sequenziell nach dem tatsächlich gewünschten Element durchsucht werden. Es gibt aber auch andere Implementierungsmöglichkeiten, die an dieser Stelle nicht diskutiert werden sollen.

Eine Hashtabelle T ist also ein Array von Zeigern auf die eigentlichen Elemente. Eine Hashtabelle T der Größe m hat die Indizes 0, 1, …, m − 1. Die zugehörige Hashfunktion h ist eine Funktion von der Schlüsselmenge in eine Teilmenge der natürlichen Zahlen und liefert für einen gegebenen Schlüssel s eine Adresse h(s) in der Hashtabelle. Damit ergibt sich:

`h: U → {0, 1, …, m-1}`, wobei U die Menge aller möglichen Schlüssel ist.

Durch die Hashfunktion wird eine gegebene Schlüsselmenge S als Teilmenge von U in die Hashtabelle eingetragen. Die Schlüsselmenge U sollte durch die Hashfunktion möglichst gleichmäßig über den Adressenbereich verteilt werden, was einer ausgewogenen Verteilung entspricht. Werden zwei Schlüssel s und s' auf den gleichen Index und damit die gleiche Adresse abgebildet, ist also h(s) = h(s'), dann ergibt sich eine Kollision. Sind die Elemente in der Hashtabelle ausgewogen verteilt, gibt es nur wenige Kollisionen. Damit ist der letzte Suchschritt auch relativ schnell möglich. Natürlich kann es auch zu sehr ungleichmäßigen Verteilungen im Array kommen, wenn der Schlüssel nicht richtig gewählt ist. Im schlimmsten Fall kann durch die Hashfunktion h die ganze Menge S auf eine Adresse abgebildet werden. Ein Beispiel für eine typische Hashfunktion ist h(s) = s mod m. Um bei dieser Modulo-Funktion eine gleichmäßige Verteilung der Schlüssel zu erhalten, sollte *m* eine Primzahl sein. Es lässt sich nachweisen, dass bei einer Primzahl Kollisionen reduziert werden können.

Vorteil des Hashverfahrens ist im Allgemeinen, dass die Suche in der Regel sehr schnell vonstatten geht. Ein weiterer Vorteil ergibt sich durch den geringen Speicherbedarf im Vergleich zu Arrays, bei denen man gewöhnlich einen Index und damit ein Array-Feld für jedes Element reserviert. Als nachteilig an Hashtabellen kann festgehalten werden, dass aufgrund der fehlenden Injektivität eine Suche vom Hashwert zum Schlüssel, also genau umgekehrt, einen wesentlich höheren Aufwand erfordert. In diesem Fall muss man im Durchschnitt die Hälfte der Elemente durchsuchen, bis man den Schlüssel zu einem Hashwert findet.

Es gibt viele Anwendungsfälle für Hashtabellen. Man spricht hier auch von assoziativen Arrays, wozu Wörterbücher, Dictionaries usw. gehören. Wichtig sind Hashtabellen auch für Datenbanksysteme. Hier werden sie als Index für Tabellen verwendet. Ein sogenannter Hashindex kann unter günstigen Bedingungen zu idealen Zugriffszeiten führen. Weiterhin findet man Hashverfahren bei der Im-plementierung von Cache-Speichern und auch bei Compilern. In Betriebssystemen benutzt man diese Datenstruktur u. a. zum schnellen Auffinden von Adressen bei der Speicherverwaltung.

Literatur

Mandl, P. (2019). *Internet Internals*. Wiesbaden: Springer Vieweg.

Mandl, P. (2018). *TCP und UDP Internals*. Wiesbaden: Springer Vieweg.

Oracle. (2019). *Java Platform Standard Edition*. https://www.oracle.com/technetwork/java/javase/overview/index.html/. Zugegriffen am 30.12.2019.

Richter, L. (1985). *Betriebssysteme* (Klassiker). Wiesbaden: Vieweg+Teubner.

Russinovich, M., & Solomon, D. A. (2005). *Microsoft Windows Internals* (4. Aufl.). Redmond: Microsoft Press.

Russinovich, M., & Solomon, D. A. (2009). *Microsoft Windows Internals* (5. Aufl.). Redmond: Microsoft Press.

Tanenbaum, A. S. (2003). *Computernetzwerke* (4., überarbeitete Auflage). München: Pearson Education. (Klassiker zu Computernetzen, sehr ausholend).

Tanenbaum, A. S. (2009). *Moderne Betriebssysteme* (3., akt. Aufl.). München: Pearson Education. (Klassiker, sehr umfangreich).

Tanenbaum, A. S., & Wetherall, D. J. (2011). *Computer Networks* (Fifth Edition). Boston: Pearson Education. (Klassiker, sehr umfangreich).

Stichwortverzeichnis

© Springer Fachmedien Wiesbaden GmbH, ein Teil von Springer Nature 2020
P. Mandl, *Grundkurs Betriebssysteme*,
https://doi.org/10.1007/978-3-658-30547-5

Printed in the United States
By Bookmasters